本书出版得到
广东省东方历史研究基金会
资 助

东方历史学术文库

奉系与东北铁路

易丙兰 ◇ 著

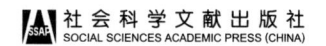

社会科学文献出版社
SOCIAL SCIENCES ACADEMIC PRESS (CHINA)

《东方历史学术文库》学术委员会

主　任　章百家

副主任　牛大勇（常务）　徐思彦

委　员　（以姓氏笔画为序）

牛　军　牛大勇　王奇生　王海光

邓小南　仲伟民　张　丽　张盛发

李丹慧　李剑鸣　杨奎松　汪朝光

沈志华　陈东林　徐　蓝　徐秀丽

徐思彦　章百家　彭　卫　韩　钢

《东方历史学术文库》
改版弁言

从 1998 年起，文库改由社会科学文献出版社出版。

设立文库的初衷，"出版前言"都讲了，这是历史记录，改版后仍保留，这也表明改版并不改变初衷，而且要不断改进，做得更好。

1994 年，面对学术著作出书难，由于中国社会科学出版社的毅然支持，文库得以顺利面世，迄 1997 年，已出版专著 25 部。1998 年，当资助文库的东方历史研究出版基金面临调息困难时，社会科学文献出版社又慨然接过接力棒，并于当年又出了改版后专著 6 部。5 年草创，文库在史学园地立了起来，应征书稿逐年增多，质量总体在提高，读者面日益扩大，听到了肯定的声音，这些得来不易，是要诚挚感谢大家的；而需要格外关注的是，我们的工作还有许多缺点、不足和遗憾，必须认真不断加以改进。

如何改进？把这几年想的集中到一点，就是要全力以赴出精品。

文库创立伊始就定下资助出版的专著，无例外要作者提供完成的书稿，由专家推荐，采取匿名审稿，经编委初审、评委终审并无记名投票通过，从制度上保证选优原则；评委们对专家推荐的书稿，是既充分尊重又认真评选，主张"宁肯少些，但要好些"；前后两家出版社也都希望出的是一套好书。这些证明，从主观上大家都要求出精品。从客观来说，有限的资助只能用在刀刃上；而读者对文库的要求更是在不断提高，这些也要求非出精品不可。总之，只有出精品才能永葆文库的活力。

出精品，作者提供好书稿是基础。如"出版前言"所指出的，开辟研究的新领域、采用科学的研究新方法、提出新的学术见解，持之有故，言之成理，达到或基本达到这些条件的，都是好书。当然，取法乎上，希望"上不封顶"；自然，也要合格有"底"，初步设想相当于经过进一步研究、修改的优秀博士论文的水平，是合格的"底"。有了好书稿、合格的书稿，还需推荐专家和评委的慧眼，推荐和评审都要出以推进学术的公心，以公平竞争为准则。最后，还要精心做好编辑、校对、设计、印装等每一道工序，不然也会功亏一篑。

5周岁，在文库成长路上，还只是起步阶段，前面的路还长，需要的是有足够耐力的远行者。

《东方历史学术文库》编辑委员会
1998年9月

《东方历史学术文库》
出版前言

在当前改革大潮中，我国经济发展迅猛，人民生活有较大提高，思想观念随之逐步改变，全国热气腾腾，呈现出一派勃勃生机，举国公认，世界瞩目。社会主义市场经济在发展而尚待完善的过程中，不可避免地也会产生一定的负面效应，那就是在社会各个角落弥漫着"利之所在，虽千仞之山，无所不上；深渊之下，无所不入"的浊流。出版界也难遗世而独立、不受影响，突出表现为迎合市民心理的读物汗牛充栋，而高品位的学术著作，由于印数少、赔本多，则寥若晨星。尚无一定知名度的中青年学者，往往求出书而无门，感受尤深。这种情况虽然不会永远如此，但已使莘莘学子扼腕叹息。

历史科学的责任，是研究过去，总结经验，探索规律，指导现实。我国历来有重视历史的传统，中华民族立于世界之林数千年者，与此关系匪浅。中国是东方大国，探索东方社会本身的发展规律，能更加直接为当前建设有中国特色的社会主义所借鉴。

新中国成立以来，国家对历史学科十分关心，但限于财力尚未充裕，资助项目难以面面俱到。我们是一群有志于东方史研究的中青年学人，有鉴于此，几年前自筹资金设立了一个民间研究机构，现为中国史学会东方历史研究中心。创业伊始，主要是切磋研究。但感到自己研究能力毕竟有限，于是决定利用自筹资金设立"东方历史研究出版基金"，资助有关东方历史的优秀研究成果出版。凡入选的著作，均以《东方历史学术文库》作为丛书的总名。

我们这一举措，得到了老一辈史学家的鼓励、中青年同行的关注。胡绳同志为基金题词，在京的多位著名史学专家慨然应邀组成学术评审委员会，复蒙中国社会科学出版社允承出版，全国不少中青年学者纷纷应征，投赐稿件。来稿不乏佳作——或是开辟了新的研究领域；或在深度和广度上超过同类著作；或采用了新的研究方法；或提出了新的学术见解，皆持之有故，言之成理。百花齐放，绚丽多彩。这些给了我们巨大的鼓舞，也增强了我们办好此事的信心。

资助出版每年评选一次。凡提出申请的著作，首先需专家书面推荐，再经编辑委员会初审筛选，最后由学术评审委员会评审论证，投票通过。但由于基金为数有限，目前每年仅能资助若干种著作的出版，致使有些佳著不能入选，这是一大遗憾，也是我们歉疚的。

大厦之成，非一木能擎。史学的繁荣，出版的困难，远非我们这点绵薄之力能解决其万一。我们此举，意在抛砖引玉，期望海内外企业界，或给予我们财务支持，使我们得以扩大资助的数量；或另创学术著作基金，为共同繁荣历史学而努力。

《东方历史学术文库》编辑委员会
1994 年 9 月

序

金冲及

东北铁路，在中国近代历史上占有十分引人注目的地位。许多重大事件，特别是中国近代对外关系中不少问题同它直接有关。

可以回顾一下，从19世纪末起，它便成为日、俄（苏）、英、美竭力争夺的重要焦点。以后，日本军国主义者更把中国东北看作它的"生命线"，以南满铁路（简称满铁）作为侵略东北的重要基地。发动九一八事变的"关东军"原来便是驻扎在南满铁路和旅大租借地的。他们还掌握着从沈阳通向中朝边境西侧的安奉铁路，控制着吉长等多条铁路，威胁要修建从吉林通向中朝边境东侧的吉会铁路，为夺占整个中国东北地区做准备。局势一天比一天险恶，这是大家都熟悉的事实。

当时，东北地方当局（也就是奉系）考虑到挽回利权和发展东北社会经济这两个因素，在对日本做了不少让步的同时，先后自主兴建以沈阳为中心的东西两条干线，这是积极的尝试。日本军国主义者不满他们提出的要求没有得到满足，炸死了张作霖。年轻的张学良有着强烈的爱国心和较多的新知识，在力图实现东北铁路自主化方面跨出更大的步子，着手兴建葫芦岛海港，策划推进东北路港一体化。这个计划由于九一八事变而被迫中断。

奉系的张氏父子和先后主持东北交通工作的王永江、常荫槐特别是高纪毅，在当时极端困难的环境中，对自主经营东北铁路还是做出不少成绩。1918~1931年，由东北当局投资或官商合办、民办的自主修建铁路近1600公里，居全国之首。是则是，非则非。奉系在这方面做出的贡献，是值得肯定而不应忘却的。

但是，在很长时间内，人们对这些情况了解很少，学界在这方面的研究也很薄弱。这大概有几个原因，第一，东北铁路兴修和控制的主导权终究还掌握在外国侵略者手中，东北自主经营铁路的规模和作用毕竟有限。但即便有限，在当时的条件下已属不易，何况从全国范围来说，它的规模还很不小。第二，有关东北铁路的中日文资料，保存下来的为数惊人，包括满铁档案、东北多地档案馆所藏资料、中外报刊、个人信札和回忆录等。这些原始资料浩如烟海，每每使人望洋兴叹，或者望而却步，不敢轻易下决心全力投入。但谁都知道，资料如此丰富，而且十分重要，正说明它是令人羡慕的"富矿"，只待有心人分工合作，一定可以取得前人没有达到的丰硕成果。第三，当时的地方当局，包括张氏父子所属的奉系在内，本是旧中国北洋军阀的组成部分，谈到他们做过的对国家民族有益的事，不免存在顾忌。其实，对真心的唯物主义者来说，一切都应该根据事实来做判断，对复杂的事物做具体分析，不能一说好就一切都好，没有半点不好，说不好就一切都不好，没有一件是好的。这是实事求是应有的态度。

前面讲到对东北铁路的研究过去有不够的地方，应该说，现在的情况已经有很大改变，尤其是东北学者在这方面做出了许多很有价值的成果。

本书的作者易丙兰曾长期在东北从事教学和研究工作，在北京大学历史系攻读博士学位时，又选择"奉系与东北铁路"这个相当重要而现有研究还不足的题目，以别人看来有点"费劲"的功夫，在好几年时间里全力以赴地投入这项研究工作。她大量阅读卷帙浩繁、不少还相当枯燥散落的中日文原始资料，经过细心综合梳理，化为条理分明、令人一目了然的系统论述。对一些相当复杂的问题，又经过反复思考，力求做到持论公允。特别是对奉系在艰难处境下为推行东北铁路自主化所做的努力,用事实说话,既不拔高,也不含糊其辞。此中经历的甘苦,读者可以想见。虽不能说全书百无一失,但对奉系与东北铁路这事涉全局而以往研究不足的问题进行了系统而清楚的论述,并且有所创见,是值得关心这个问题的读者一读的。

2018 年 4 月 20 日

目 录

绪 论 ………………………………………………………………… 1
  一 选题旨趣 …………………………………………………… 1
  二 既有研究 …………………………………………………… 4
  三 研究思路与内容 …………………………………………… 12

第一章 东北铁路的缘起与早期发展 ……………………………… 16
  第一节 中东铁路与近代东北铁路的缘起 …………………… 16
  第二节 国际势力角逐中的东北路权 ………………………… 22
  第三节 东北早期自主筑路的尝试和挫折 …………………… 57
  小 结 …………………………………………………………… 71

第二章 东北铁路自主化的新起步 ………………………………… 73
  第一节 奉系在东北统治的确立及初期筑路活动 …………… 73
  第二节 奉系铁路自主化政策的形成 ………………………… 79
  第三节 奉海铁路与东北铁路自主建设的新起步 …………… 87
  第四节 吉海铁路与东干线的形成 …………………………… 99
  第五节 沟通黑龙江腹地的呼海铁路 ………………………… 108
  第六节 打通铁路与西干线建设 ……………………………… 122
  小 结 …………………………………………………………… 131

第三章　合办、包工铁路的尝试与困境 ………………………… 135
第一节　天图铁路 ……………………………………………… 135
第二节　洮昂铁路 ……………………………………………… 150
第三节　吉敦铁路 ……………………………………………… 162
小　结 …………………………………………………………… 173

第四章　1927~1928 年的奉日"满蒙铁路"交涉 ……………… 176
第一节　奉日路权冲突的加剧 ………………………………… 177
第二节　张作霖时期的满蒙铁路交涉 ………………………… 187
第三节　东北易帜前后的吉敦路延长线、长大线修筑风波 …… 212
小　结 …………………………………………………………… 218

第五章　奉系与中东铁路
　　　　——从《奉俄协定》到中东路事件 …………………… 222
第一节　从《中苏解决悬案大纲协定》到《奉俄协定》 …… 222
第二节　中东路事件 …………………………………………… 247
小　结 …………………………………………………………… 259

第六章　东北易帜后路港一体化的推进与被迫中断 …………… 261
第一节　路港一体化发展策略的形成 ………………………… 261
第二节　铁路新线建设 ………………………………………… 276
第三节　东西四路联运的实施 ………………………………… 283
第四节　寻找自主出海口——葫芦岛开港 …………………… 293
第五节　九一八事变与东北路港自主化的被迫中断 ………… 308
小　结 …………………………………………………………… 329

第七章 自建铁路与近代东北社会变迁 …… 331
 第一节 自建铁路与近代东北经济 …… 332
 第二节 自建铁路与近代东北社会变迁 …… 356
 小　结 …… 376

结　论 …… 378
 一　奉系铁路建设的特点和成败 …… 379
 二　奉系主导建设的铁路与东北现代化 …… 382
 三　东北铁路与奉苏、奉日关系 …… 384

参考文献 …… 388

后　记 …… 409

绪　论

一　选题旨趣

铁路是工业革命的成果以及工业化的重要内容，它自出现起就极速地改变了世界的经济和社会面貌。

在近代中国，铁路这一新兴事物是随着西方列强的侵入而出现的。尽管鸦片战争后林则徐、魏源、徐继畬等一些早期思想家都对铁路、火车这一新事物有所关注，但在长达三四十年的时间里，中国人对铁路和火车的认识一直处在朦胧状态，中国修筑铁路的主张遭到保守观念和势力的强力阻挠。国力的羸弱和铁路发展观念的滞后导致中国的铁路发展远远落后于英美等西方国家。到1880年代，唐胥铁路的建成才标志着中国有了第一条真正运营的铁路。

而且，从19世纪末起，日、俄、英、美等国家将铁路视为推进其在华政治、经济和军事利益的重要工具，争相抢夺中国的铁路修筑权、管理权等权益，形成近代中国独特的路权问题，进而导致近代中国铁路发展的一个基本特征是，铁路受外国资本势力的强势控制，借款、合办或包工铁路占主导地位，铁路的自主化程度极低。1931年，全国铁路里程共计13960公里，外国资本所占比重为88%，中国自主铁路不到1700公里，仅占12%。[①] 在地域分布上，

[①] 宓汝成：《帝国主义与中国铁路（1847～1949）》，经济管理出版社，2007，第279页。

铁路路线由于外力的干预而极不平衡，乃至连铁路轨距、设备规格都各不相同。

因此，铁路，以及围绕铁路的修筑权、管理权、运营权等相关权益产生的路权问题，是中国近现代史研究的重要课题之一。而近代东北地区，在铁路方面，无论是"路"的建设与发展还是"权"的互动和竞争，以及铁路引起的社会变迁，都具有极其特殊的地位。这在1910年代中期到1931年以张作霖、张学良父子为首的奉系主政期间表现得最为明显和突出。

第一，东北是近代中国铁路网最密集和成系统的地区，① 奉系主政东北后，着力推进铁路建设，使得东北成为唯一建成了比较完整的自主铁路体系的地区。

"在中国近现代史上，从奉天崛起的奉系军阀形成了实力雄厚的政治军事集团，它独树一帜，多次进兵关内，逐鹿中原，举足轻重于各派军阀之间，后退蹴关外而至'九一八'事变前衰败，但其实力仍仅次于蒋介石的军事力量而居全国第二。"② 奉系作为北洋军事集团的外围力量，能够在北洋时代屹立长久，而且在北洋时代后期成为操纵北洋政府的主要力量之一，一个基本因素在于奉系有坚实的根据地——东北。东北作为奉系的发家地和根据地，始终是它的政治、军事、经济等各类活动的中心。

在奉系对东北的经营中，铁路是发展最显著的领域。1920年前，东北铁路营业里程中由中国自主投资、建设和管理的不到200公里，③ 东北铁路交通的主导权操控在以日、俄为代表的西方势力下。

---

① 1916年，全国铁路营业里程共计10346公里，其中东北地区有3584.4公里，占34.6%。1931年，全国铁路营业里程增加到13960公里，东北激增到6225.9公里，其比重上升到44.5%。到1946年时，全国铁路营业里程共计26857公里，东北高达11525.9公里，占42.9%。

② 辽宁省档案馆编《奉系军阀档案史料汇编》第1册，江苏古籍出版社、香港地平线出版社，1990，"出版说明"，第1页。

③ 《营业公里表》，铁道部统计处编《中华国有铁路会计统计汇编（1915～1929年）》，1931。

然而，从1910年代中期到九一八事变爆发前，东北地方当局"乃于毫无工作，毫无建设之中，对于铁路却修建不已"，① 东北的新建铁路如同"春笋怒发"。② 1918～1931年，由东北当局投资或官商合办、民办的自主建设、自主经营和管理的铁路里程近1600公里，居全国之首。如时人所指出的，在1920年代的中国铁路渐进发展时期，"修筑之新路大部均在东北四省之内"。③

第二，路权是近代中外关系的重要主题。东北"以国家疆界之接壤，共国际上之重要，视内地各省为有加"，④ 是东北亚国际政治格局中的重点地区，自19世纪后期起就引起群强的长期竞争；东北还是中外路权冲突最频繁、最激烈的地区，路权问题深刻地影响着近代中、日、俄（苏）三国之间的关系。特别是在奉系主政期间，1927年的安国军政府搜查苏联使馆事件、1928年的皇姑屯事件、1929年的中东路事件、1931年的九一八事变等种种剧烈冲突，无一不与路权有或深或浅，或远或近的关联，并影响着中苏、中日关系的整体走向。以至1931年即有研究者发出"满蒙问题，为中日俄问题之主干，而东北铁路问题，又为满蒙问题之主干，换言之，亦即东北铁路问题为中日俄之主干耳"⑤ 的论断。

第三，铁路作为第一次工业革命的成果，引发了社会的巨大变革。它不仅对经济成长产生了积极影响，"也加速了落后地区的开发和城市化的进程，促使整个社会人口结构的演变，它打破了社会的封闭性，增强了社会的流动性，从而对现代生活方式的传播和文化观念的更新都产生了积极的影响。……从而深刻地影响着整个社会

---

① 张恪惟：《东北抗日的铁路政策》（1931年），文海出版社，1982，第4～5页。
② 海珊：《一年来对于东省经济状况之杂感》，《东省经济月刊》第3卷12号，1927年12月，第5页。
③ 萨福均：《三十年来中国之铁路工程》，中国工程师学会编辑刊行《三十年来之中国工程》，1946，第11页。
④ 东北文化社编辑刊行《东北年鉴（民国20年）》，1931，第3页。
⑤ 黄文涛：《中日俄竞争下之东北铁道网》，南京书店，1931，第1页。

转型"。① 东北作为近代中国唯一具有发达和完整铁路系统的地区，其交通格局变迁、经济发展、城市化进程、社会生活的变迁乃至思想文化的嬗变无一不与铁路息息相关。

正是基于奉系主政时期东北铁路的上述特殊性，本书选择"奉系与东北铁路"为主题展开研究。希望通过这一研究，厘清近代东北交通史的一些基本史实和发展脉络，审视奉系在军事和政治活动之外的另一重面相，检视路权对奉俄（苏）关系、奉日关系发展变化的深刻影响，揭示铁路与东北现代化进程间的内在逻辑联系，从而丰富近代交通史、奉系、中外关系史和社会史的研究。此外，本书虽然是对民国时期的东北铁路的研究，但历史具有长期性和延续性，奉系时代铁路发展的影响仍长期存在。而且，当前中国已全面进入高铁时代，并广泛向外输出高铁模式，以铁路为代表的交通进步与经济发展和社会变迁的关系是值得我们关注和思考的现实问题，本书作为一项基础性的史学研究，可以提供了解近代东北的经济和社会生活的一个角度，它的一些经验和得失也能够为当前提供参考。

二 既有研究

（一）国内研究概况

国内对奉系与东北铁路的关注始于1920～1930年代。这一时期，国内的收回利权运动和经济建设方兴未艾、中外路权冲突尤其是中日路权纷争不断，引起了不少论者从铁路史研究和日本侵华史研究两种角度关注东北铁路问题。

一方面，许多亲历者注意到这一时期东北铁路的发展成绩，简

---

① 汪建丰：《铁路与欧美主要国家现代化》，吉林人民出版社，2005，第11页。

要介绍和积极评价了奉系主政下的东北铁路建设成果,① 指出奉系的铁路发展策略具有抗日的性质。② 另一方面,日本在东北铁路上的不断进逼和中日路权交涉的频繁,激起了人们对东北铁路的深层思考,如王同文等十几人在1928年组织了满蒙铁路研究会,着重研究东北铁路问题。特别是九一八事变后,东北沦陷带来的强烈民族危机感催生了研究东北的热潮,北平、南京等地出现了东北问题研究会、东北学会、黑白学会等研究组织,不少人撰文讨论九一八事变的缘起及其与东北路权问题的关系,出现了一批以揭露日本帝国主义侵略东北为主题的著作。③ 他们敏锐地观察到,东北处在"强邻之日肆压迫与侵略"④ 的环境下,路权问题是影响中日关系的重要因素,也是九一八事变前中日关系的核心和焦点。⑤

在史料整理方面,最有代表性的是国民政府交通部交通史编纂委员会编辑并发行的48册《交通史》,其中《交通史路政编》共有18册。

1950~1970年代,对奉系与东北铁路的研究进入更为丰富的阶段,最显著的成果是满铁史研究的兴起以及相关资料的整理和出版。这一时期,学术界侧重于以侵略与反侵略为主线考察奉系与近

---

① 比较有代表性的如,曾鲲化:《中国铁路史》,出版地不详,1924;谢彬:《中国铁道史》,中华书局,1929;交通史编纂委员会编辑刊行《交通史路政编》(共18册),1935;祁仍奚:《东北铁路要览》,商务印书馆,1930;李德周、吴香椿:《东北铁路大观》,北宁铁路运输处计核课庶务股,1930;《东北年鉴(民国20年)》。其中,《东北年鉴(民国20年)》最为详尽地介绍了东北铁路的发展状况,对日、奉在东北路权上的冲突也有较多的关注。
② 王同文:《东北铁路问题研究》,交通大学管理学院,1933;张恪惟:《东北抗日的铁路政策》(1931年)。
③ 比较典型的如,章勃:《日本对华之交通侵略》,商务印书馆,1931;张恪惟:《东北抗日的铁路政策》(1931年);金士宣:《中国东北铁路问题汇论》,天津大公报馆,1932;林同济:《日本对东三省之铁路侵略》,华通书局,1931;陈觉:《日本侵略东北史》,商务印书馆,1931;王一新:《日本侵略东北之新经济政策》,中华国风社,1932;范任宇:《二十年来列强环伺下之东北问题》,民智书局,1932;王同文:《东北铁路问题研究》,交通大学管理学院,1933;方乐天:《东北问题》,商务印书馆,1934;陈晖:《中国铁路问题》,新知书店,1936;等等。
④ 金士宣:《中国东北铁路问题汇论》,第1页。
⑤ 万良炯:《中日问题》,商务印书馆,1937,第11页。

代铁路问题，揭示北洋军阀在阶级关系和阶级本质上的反动性，突出它们对中国早期现代化的阻滞，[①] 强调奉系首脑张作霖作为"投靠日本帝国主义"的"反动的军阀"、"反动历史人物"[②] 的一面。

史料整理方面，比较有代表性的有吉林省社会科学院《满铁史资料》编辑组编的《满铁史资料》第 2 卷《路权篇》（中华书局，1979）、宓汝成编的《中国近代铁路史资料（1863～1911）》（中华书局，1963）等。前者收录了 1906～1945 年满铁及日本外务省等机构与东北路权相关的资料，共计 100 万多字，以揭露日本对东北侵略为主题。对奉系与东北铁路问题，它侧重突出日、奉的勾结和合作，认为奉系经常出让国家利权，以换取日本帝国主义的财源和其他支持，对日、奉在东北铁路上的矛盾与分歧，将其归结为"由于人民群众反帝爱国运动不断高涨，投降派卖国也不得不有所顾忌"。[③] 后者全面收录了近代铁路发展的相关档案和报刊、著作等资料，按 1863～1889 年、1889～1900 年、1900～1911 年三个阶段分三册出版。该丛书的主线一是帝国主义如何侵略中国铁路、攘夺中国路权；二是清政府的铁路修建及其与列强的勾结；三是人民群众反对帝国主义侵略、夺回利权。虽然这些资料并未涉及奉系主政时期的东北铁路问题，但编者提出了"铁路的主权掌握在谁的手里，是我国近代铁路史的核心问题"[④] 的重要观点。另外，台湾地区整理和出版的《中俄关系史料·中东铁路》收录了 1917～1921 年中俄有关中东铁路交涉的档案资料，其中包括东北地方政府与一战后中东路处置的相关资料。

1960 年代，宓汝成著成《帝国主义与中国铁路（1847～1949）》[⑤]

[①] 曾业英主编《五十年来的中国近代史研究》，上海书店出版社，2000，第 574～575 页。
[②] 常城主编《张作霖》，辽宁人民出版社，1980，第 1～3 页。
[③] 吉林省社会科学院《满铁史资料》编辑组编《满铁史资料》第 2 卷《路权篇》第 1 册，中华书局，1979，第 13 页。
[④] 宓汝成编《中国近代铁路史资料（1863～1911）》第 1 册，中华书局，1963，第 3 页。
[⑤] 此书成稿于 1960 年代，1970 年代中期修改，初版于 1980 年。见"说明和致谢"，宓汝成：《帝国主义与中国铁路（1847～1949）》，经济管理出版社，2007。

一书。作者提出，资本—帝国主义势力、中国反动统治集团和中国广大人民群众三种力量的相互作用和矛盾的展开，决定着中国近代铁路发展的总历程。东北路权也是此书探讨的内容之一，作者认为，九一八事变前中日在东北路权上的矛盾是日本发动军事进攻的朕兆。① 不过，由于篇幅所限，这一部分的讨论多是提纲挈领，未有详尽论述。

这一时期，奉系相关的档案史料也陆续出版，如《奉系军阀密信》《奉系军阀密电》《奉系军阀档案史料汇编》等，这些史料虽重点反映奉系的政治和军事活动，但对奉系在铁路发展方面的活动也偶有涉及。

1980年代以来，对近代铁路的研究更加深化，如铁路个案、铁路管理、铁路与外债、铁路附属地、铁路史资料等方面都有不少成果。值得注意的是，除了传统的铁路史研究领域有新的进展外，② 研究者在研究视域上，从交通史拓展到政治学、社会学、经济学乃至人类学等领域，探讨铁路与政治、区域经济、社会变迁、城市发展的论著层出不穷，近代铁路的研究进入更为多元化时期。③

---

① 宓汝成：《帝国主义与中国铁路（1847~1949）》，上海人民出版社，1980，第309页。
② 如王晓华、李占才《艰难延伸的民国铁路》，河南人民出版社，1993；杨勇刚：《中国近代铁路史》，上海书店出版社，1997；罗文俊、石峻晨：《帝国主义列强侵华铁路史实》，西南交通大学出版社、中国铁道出版社，1998等。在铁路外债史上，如王致中《中国铁路外债研究（1887~1911）》，经济科学出版社，2003；马陵合：《清末民初铁路外债观研究》，复旦大学出版社，2004等。铁路附属地方面，如程维荣《近代东北铁路附属地》，上海社会科学院出版社，2008等。铁路管理体制方面，如寇兴军《中国近代铁路体制演变史（1835~1949）》，中华书局，2016。
③ 最多的论著是关于铁路与区域经济、政治、社会变迁方面，如张瑞德《平汉铁路与华北的经济发展（1905~1937）》，中研院近代史研究所，1987；张瑞德：《中国近代铁路事业管理的研究——政治层面的分析（1876~1937）》，中研院近代史研究所，1991；熊亚平：《铁路与华北乡村社会变迁》，人民出版社，2011；郭海威：《陇海铁路与近代关中经济社会变迁》，西南交通大学出版社，2011；朱从兵：《铁路与社会经济——广西铁路研究（1885~1965）》，合肥工业大学出版社，2012；王明东：《民国时期滇越铁路沿线乡村社会变迁研究》，云南大学出版社，2014；章建：《铁路与近代安徽经济社会变迁研究（1912~1937）》，合肥工业大学出版社，2015。

与此同时，在军阀史研究方面，尽管仍有一些论者延续此前的对奉系的封建性、反动性评价模式，强调奉系在路权上与日本的妥协与合作，①但整体上，学术界越来越关注奉系在中国早期现代化进程和转型中的活动和影响。

在交通史方面，全面论述1920年代东北铁路建设的代表性著作是王贵忠的《张学良与东北铁路建设——二十世纪初叶东北铁路建设实录》（香港同泽出版社，1996）。本书的最大特点和价值在于运用中日文档案对1910~1930年代初期东北的自建铁路进行了比较完整的梳理，论述了张学良治理东北时期的铁路运营政策及其在东北近代化过程中的作用。不过，由于作者侧重在全面概述东北各铁路的建筑情况，对奉系与东北当局的铁路发展策略、具体路线的决策考量、日方对它的回应、中日在筑路过程中的纠葛等问题的论述相对薄弱。

从中日关系角度考察东北铁路问题的论著以胡玉海和董说平的《近代东北铁路与对外关系》（辽宁大学出版社，2007）和《中日近代东北铁路交涉研究》（辽宁大学出版社，2011）、车维汉的《奉系对外关系》（辽宁人民出版社，2000）最具有代表性。其中，《近代东北铁路与对外关系》和《中日近代东北铁路交涉研究》在资料的使用和分析框架上大致相同，针对奉系主政期间的路权问题，侧重于中日"满蒙五路""满蒙新五路"交涉，强调奉系与日本以国家主权换取派系利益的一面。《奉系对外关系》一书则认为1920年代初期以来奉系的自建铁路形成了与满铁的抗衡之势，从而引起奉日之间的路权矛盾以及"满蒙铁路"交涉，肯定了奉系对日本在路权上的要求进行的抵制。此外，还有部分论者对打通铁路等个案引发的中日路权交涉进行了分析。②

---

① 任松：《张作霖与日本"满蒙铁路交涉问题"考略》，《辽宁大学学报》1982年第3期；车维汉：《吉会铁路交涉始末》，《辽宁大学学报》1982年第6期。
② 郑言：《打通铁路建设与中日交涉》，《日本研究》1992年第2期。

由于"满蒙铁路"交涉的重要性,从此问题入手考察奉系与日本的路权矛盾的论著最丰富。分析的重点主要有:奉系及主导人物在"满蒙铁路"交涉中的策略和谋略;① 奉系与日本在路权上矛盾的发展历程及其与皇姑屯事件、九一八事变的关系。② 行文各有侧重,但都将东北路权问题视作事变前日奉矛盾尖锐的表现和九一八事变发生的重要动因。

从日方角度来观察奉系与东北铁路问题的论著最典型的是苏崇民的《满铁史》(中华书局,1990)。作者以满铁侵华史及满铁发展历程为主线,概述了满铁对东北的掠夺与危害,对奉系与满铁在路权上的关系有专门章节分析,揭示了满铁这一主角在东北路权问题中的作为以及东北路权问题的复杂性。

在中东铁路上,越来越多的论者关注到奉系与中东铁路的密切关系。如薛衔天在《中东铁路护路军与东北边疆政局》(社会科学文献出版社,1993)中对吉林和黑龙江当局收回中东路权益的肯定,马蔚云在《从中俄密约到中苏同盟——中东铁路六十年》(社会科学文献出版社,2016)中对《奉俄协定》和中东路事件的讨论。还有系列专文探讨以张学良为首的东北当局和南京政府发动中东路事件的原因、中苏交涉过程及中东路事件的后果。③

---

① 习五一:《"满蒙铁路交涉"与日奉矛盾的激化》,《近代史研究》1992年第5期;王海晨:《从"满蒙交涉"看张作霖对日谋略》,《史学月刊》2004年第8期。
② 杨天石主编《中华民国史》第2编第5卷,中华书局,1996,第686~700页;吕福元:《日奉铁路交涉与"九一八"事变》,《民国档案》1991年第4期;宓汝成:《日本在"九一八""七七"前夕发动的两次铁路交涉析》,《第二届近百年中日关系史国际研讨会论文集》,中华书局,1993;范丽红:《张作霖父子与"满蒙铁路悬案交涉"》,《炎黄春秋》2005年第5期;王贵忠:《中日满蒙新五路交涉与皇姑屯事件》,郭俊胜主编《张作霖与日本关系》,辽宁大学出版社,2008,第213~225页;张德良:《中日铁路交涉案与九一八事变》,《党史纵横》1997年第12期。
③ 杨奎松:《蒋介石、张学良与中东路事件之交涉》,《近代史研究》2005年第1期;张盛发:《列强在中国东北的争夺与中东铁路所有权的历史演变》,《俄罗斯中亚东欧研究》2007年第5期;刘显忠:《中东路事件研究中的几个问题》,《历史研究》2009年第6期。

此外，研究者在考察近代东北铁路时，越来越关注它对近代东北经济、政治和社会等方面带来的积极效应，有整体的勾勒，① 也有针对南满铁路、中东铁路的具体分析。② 在奉系的自建铁路上，研究者肯定了奉系在铁路建设上的成效，分析了它的一些特点，概述了这些铁路在东北交通现代化、经济发展、城市化进程、治边等方面的影响。整体上从铁路与近代东北交通现代化、区域经济发展、城市化进程等与现代化密切相关的视角考察近代东北铁路的成果增多。③

史料整理上，路史资料方面，以宓汝成编写的《中华民国铁路史资料（1912～1949）》、江沛主编的《中国近代铁路史资料选辑》（共计104册）、曹宁主编的《民国时期铁路史料汇编》（共计20册）以及殷梦霞等选编的《民国铁路沿线经济调查报告汇编》（共计15册）最有代表性，其中部分内容涉及东北铁路。解学诗整理的

---

① 戴五三：《东北早期铁路发展对地区经济和社会的影响》，《社会科学战线》1992年第2期；李淑云：《铁路交通与东北近现代经济发展》，《辽宁师范大学学报》1999年第4期；李书源、徐婷：《铁路与近代东北交通体系的重构（1898～1931）》，《社会科学辑刊》2014年第4期；刘莉：《近代交通变革与城市结构变动——以东北城市为例（1860～1931）》，《浙江学刊》2016年第6期；佟银霞：《1920年代东北地方政府的铁路政策及其成效》，《东北师大学报》（哲学社会科学版）2017年第6期。
② 于春英：《中东铁路与近代牡丹江地区城镇的兴起》，《东北亚论坛》2008年第1期；江沛、程斯宇：《安奉铁路与近代安东城市兴起（1904～1931）》，《社会科学辑刊》2014年第5期；李书源、徐婷：《铁路与近代东北区域经济差异：1898～1931年》，《江西师范大学学报》2014年第4期；刘威：《铁路交通与近代开原城市的形成》，《关东学刊》2016年第3期；何一民、韩英：《中东铁路与民初东北城市发展变迁》，《深圳大学学报》2016年第5期。
③ 王海晨：《论民国时期东北地方政府自办铁路的意义》，《辽宁大学学报》2004年第3期；马尚斌：《东北自建铁路网计划的演变及其特点》，《辽宁大学学报》2004年第5期；李淑云：《"九一八"事变前的东北铁路建设》，《辽宁大学学报》1999年第3期；杨小红：《从铁路政策看东北地方政府的治边思路》，《辽宁大学学报》（哲学社会科学版）2004年第3期；曲晓范、王凤杰：《沈（阳）吉（林）铁路的修建与1920年代奉天、吉林两省东部地区的城市化》，《史学集刊》2011年第2期；杨乃坤、曹延汹：《近代东北经济问题研究1916～1945》，辽宁大学出版社，2005；马尚斌：《奉系经济》，辽海出版社，2000。

20册《满洲交通史稿》（社会科学文献出版社，2012）集中了满铁调查部有关近代东北交通的原始资料，大部分内容被此前的《满铁史资料》路权篇以及《满铁档案资料汇编》选译和收录。另外，1990年代以来，奉系和满铁资料大量集中出版，如《满铁调查报告》《奉系军阀档案史料汇编》《东北边疆档案选辑》《满铁档案资料汇编》等。

（二）国外研究概况

国外学术界对本课题的相关研究，以日本最为突出。不过，二战结束后，日本学术界对本课题的研究存在巨大的立场差异。东亚同文会、"满洲国史编纂刊行会"和"满史会"等机构在对二战史、东北近代史、中日关系史的研究中，认为日本是"满洲开发"的功臣，将奉系为代表的东北官民在铁路上的作为定性为排斥日本利益的敌对行动，为日本发动九一八事变辩护。

与此同时，自1970年代以来，更多日本学者将奉系与东北铁路研究置于中国民族主义浪潮和区域政治下进行考察，注重日本满蒙政策与奉系自主化发展之间的冲突及其与中日关系演变的关系。比较有代表性的有：李明对满蒙悬案与张氏父子的研究，尾形洋一对东北交通委员会的研究，芳井研一对满蒙铁路交涉的研究，铃木隆史对日本帝国主义与东北的研究，西村成雄对张学良和东北区域政治的研究。[①]

英美学术界对本课题的探讨，加文·麦柯马克（Gavan McCormark）的《张作霖在东北》最为出色，作者虽对铁路问题着

[①] 尾形洋一「東北交通委員会と所謂『満鉄包囲鉄道網計画』」『史学杂志』1977年8月；芳井研一「『満蒙』鉄道問題の展開と田中内閣」『人文科学研究』1985年7月；李明「所謂『満蒙懸案交渉』と張学良の対応」『社会科学研究』1986年3月；〔日〕铃木隆史：《日本帝国主义对中国东北的侵略》，吉林省伪皇宫陈列馆译，吉林教育出版社，1996；〔日〕铃木隆史：《日本帝国主义与满洲》，周启乾译，金禾出版社，1998；〔日〕西村成雄：《张学良》，史桂芬译，中国社会科学出版社，1999。

墨不多，但将东北路权问题置于中国军阀政治与日本军国主义的发展与冲突的大视野中考察，极具启发性。

三 研究思路与内容

综上可见，国内外学术界对有关奉系与东北铁路的研究已有一定的基础，为本书提供了可贵的借鉴，也提出了一些仍须探索的问题。

第一，横向上看，与学术界对华北、广西、安徽等地区的铁路的研究相比，对近代东北铁路的研究，无论是线索梳理，还是多视角和多学科的交叉研究都相对薄弱，概述性研究较多，深度研究不够。这与近代东北铁路网之发达居全国之冠的地位是不相符的。纵向上看，学术界在讨论东北铁路时，中东铁路和南满铁路仍是研究重点，[①] 对奉系及其主导的铁路交通近年来的探讨增多，但多为泛论性论述，系统性和专题性研究略显不足，难以反映近代东北铁路的全貌及其复杂性和特殊性。

第二，在分析框架上，现有研究多侧重或考察"路"的发展，或揭示"权"的冲突，层面相对单一；研究模式上，多侧重日本进逼—奉系回应的单线研究；研究内容上，整体考察多偏于脉络梳理，个案研究比较集中在"满蒙悬案"上，其他个案关注不够。这些研究比较广泛地揭示了近代东北路权受外力控制、西方势力利用铁路对东北实施侵略以及奉系与日本等外力合作的一面。然而，奉系毕竟是纵横北洋时代和南京政府初期的强势政治军事集团，这样的研究模式未能充分呈现奉系这一东北主政者在铁路交通上的能动性和主导性，难以丰富展现东北官民这一内在力量在近代东北铁路上的

[①] 有关国内学术界对中东铁路和南满铁路的研究现状可参考武向平的《三十年来我国满铁研究现状述评》，(《日本问题研究》2009 年第 2 期) 和马蔚云的《中国学者中东铁路学术研究回顾》(《中国边疆史地研究》2016 年第 4 期)。

作为与影响。

第三，在史料发掘和使用上，已有研究主要利用的是在1990年代以前出版和发现的史料，新近出版的资料、大量未刊中日文献、满铁资料、方志资料等利用率比较低。

有鉴于此，本书试图通过对奉系与东北铁路的实证性研究，在上述三方面有所突破。本书不是对近代东北铁路的建造技术和管理的讨论，而是以铁路为切入点，探究奉系在铁路交通领域的施政以及它与日、俄（苏）等国围绕路权产生的多角博弈。由于铁路交通的发展以及东北路权问题的演进都具有相当强的时序性，本书的分析以时序为基础，兼顾专题性，围绕三个层面展开：①从"路"的层面上考察奉系在铁路交通发展上的政策导向、具体实践以及铁路建设的成败得失；②从近代东北亚国际政治角度分析东北铁路在"权"的层面出现的奉系与日、俄（苏）长达十多年的互动，以及路权对近代奉日、奉俄（苏）关系的影响；③将铁路视为生产力的一部分，探究自建铁路对近代东北的早期现代化的多重效应。具体章节安排如下。

第一章，东北铁路的缘起与早期发展。概述从甲午战争到第一次世界大战结束的20多年间，英、俄、日、美等势力对东北路权的角逐，以及东北官民早期的铁路发展思路及尝试。

第二章，东北铁路自主化的新起步。以档案文献为基础，结合报刊、方志等资料，探讨奉系铁路自主化发展策略的形成，对张作霖主政时期东西铁路干线建设进行实证研究。

第三章，合办、包工铁路的尝试与困境。对天图、洮昂、吉敦路三条路线进行个案研究，探讨奉系与日本是如何合作的，双方之间又存在怎样的利益冲突，日本是如何渗透和控制这些路线的，以及这些铁路的发展困境及其后果。

第四章，1927~1928年的奉日"满蒙铁路"交涉。以1927~1928年的奉日满蒙铁路交涉为个案，讨论东北铁路自主化对日本的"满蒙政策"的冲击、1927~1928年的满蒙铁路交涉的具体经过及其引发的奉日关系的变动。

第五章，奉系与中东铁路——从《奉俄协定》到中东路事件。探讨奉系与俄（苏）对中东路的处理、双方在中东路管理和利益等方面的冲突、中东路事件及其对奉系的影响。

第六章，东北易帜后路港一体化的推进与被迫中断。讨论张学良主政东北后在铁路发展策略上的新调整、铁路—港口一体化计划及其实施、中日路权冲突的加剧及东北路港自主建设的被迫中断，在此基础上，探究路权问题与九一八事变的内在联系。

第七章，自建铁路与近代东北社会变迁。从交通格局变迁、贸易发展和资源开发、城市化进程、移民实边、日常生活等角度考察自建铁路引发的社会变迁，探析自建铁路对东北早期现代化的影响和作用。

史料的收集与运用决定了本书的可行性及可靠性。本书主要利用的资料有以下几种。

（1）奉系相关档案、日本外交文书、专题性史料。这类资料有来自辽宁省档案馆、吉林省档案馆、日本外务省外交史料馆保存的大量未刊文献，其中有反映奉日官方在东北铁路上的决策和交涉活动的史料，还有大量具体铁路建设及运营的资料，部分资料时间跨度十多年、内容达数千页。

已刊文献也极为丰富：奉系相关档案中比较有代表性的如《奉系军阀档案史料汇编》《奉系军阀密信》《奉系军阀密电》《辽宁省档案馆珍藏张学良档案》等，不少内容与东北铁路相关；日本外务省编纂的外交文书收录了许多与东北铁路相关的官方文书；相关中外关系史和专题性资料汇编，如《中日关系史料》《中俄关系史料》《"九·一八"事变档案史料精编》《张学良文集》《东北边疆档案史料选辑》等；铁路史资料比较有代表性的如《中华民国铁路史资料（1911~1949）》《中国近代铁路史资料》《满铁史资料》路权篇、《满铁档案资料汇编》《满洲交通史稿》等。这些史料是本书的核心资料。

（2）铁路出版物、满铁资料等。各铁路局、铁道部等机构的出版物是了解铁路建设与运营的直接史料，比较有代表性的如《交通史路政编》等。满铁围绕东北铁路有大量相关调查和讨论，也是重要资料来源。如辽宁省档案馆和黑龙江省档案馆整理出版的《满铁调查报告》、辽宁省档案馆保存的满铁各机构的出版物等。

（3）期刊、文史资料、方志资料等也是重要的辅助资料。方志和年鉴资料如《东北年鉴》、期刊如中东铁路局主办的《中东经济月刊》和《东省经济月刊》等对了解东北铁路交通的概况及沿线的经济和社会状况很有帮助。文史资料则提供了一些档案文献未涉及的生动细节，可作为补充性史料。

第一章
东北铁路的缘起与早期发展

在近代中国，东北及东北路权绝不仅仅是中国的内政和地方问题，更是东北亚国际政治的一部分。近代东北铁路是在西方列强向中国的扩张与竞争的过程中出现并发展的。从1890年代中后期到1920年代初，日、俄（苏）、英、美等国均积极加入东北路权的争夺中，形成了东北路权中群强相争的紧张局面，引发了中外的频繁互动。

在这20多年的时间内，列强围绕东北路权大致进行了怎样的角逐？东北铁路受外力操控的局面是如何形成并强化的？面对19世纪末20世纪初路权外溢渐趋严重的形势，清末民初的东北官民又是如何应对的？其成效如何？梳理这些问题，有助于我们理解近代东北铁路问题的历史脉络及复杂性，也为讨论奉系统治东北时期的铁路问题提供重要的背景铺垫。

第一节 中东铁路与近代东北铁路的缘起

1880年代，俄国在巴尔干、土耳其、阿富汗等近东和中亚地区的扩张遭到英、德、奥的阻击，迫使其重新调整对外政策，将巩固和扩张的重点转向远东地区，中国东北是其远东政策的核心，修建铁路则是最重要的手段。

从 1850 年代起,俄国陆续有在西伯利亚修建铁路的计划,但没有实质性进展。1891 年,俄国正式从东西两端同时修建西伯利亚铁路。1892 年,被称为"远东事务的灵魂"、长期关注和从事铁路交通的谢尔盖·尤利耶维奇·维特(1849~1915)担任财政大臣,西伯利亚铁路的修筑进入飞速推进阶段,到 1895 年,西伯利亚铁路已建成 1254 俄里[1]。

此时正值中日甲午战争爆发,日本在中国东北的发展态势引发了俄国对远东形势的不安。《马关条约》订立后,俄国认为"这个条约使日本在我们的权益范围内获得进攻大陆的立足点",[2] 为此,它联络德、法两国,积极干涉辽东半岛问题,并利用清政府因《马关条约》订立后财力支绌、亟须借用外债的机会于 1895 年 7 月与之订立《四厘借款合同》,随后又于 12 月成立华俄道胜银行。俄国这些举动的目标之一,就是进一步实现具有政治、经济和军事意义的西伯利亚铁路的修筑。

按照原定计划,西伯利亚铁路当在此前的基础上,经过赤塔、波克洛夫斯基后沿着黑龙江北岸到伯力,与乌苏里铁路相接。但这一计划不仅路线过长、资金耗费巨大,并且沿线地形极为复杂、施工难度大,经济效益也相对有限。维特大力鼓吹由赤塔取道中国东北后与乌苏里铁路连接。他在一份节略中毫不讳言地指出,"必须用种种方法将中国北部的铁路网转入己手,首先要将由外贝加尔穿过满洲到海参崴的干线握在手中",并且详细分析了经由中国东北完成西伯利亚铁路将在列强在华竞争中对俄国的多重影响。他表示,"从政治及战略方面来看,这条铁路将有这种意义,它使俄国能在任何时间内在最短的路上把自己的军事力量运到海参崴及集中于满洲、

---

[1] 1 俄里合 1.0668 公里。
[2] 〔俄〕维特伯爵:《维特伯爵回忆录》,肖洋、柳思思译,中国法制出版社,2011,第 60 页。

黄海海岸及离中国首都的近距离处","由经济方面说来……由上述满洲线一方面对俄国港口的联结,另方面对西伯利亚和欧俄的联结,会提供非常有利俄国商业的条件……在建筑上述干线以后,短期间自然会由该线建筑支线到中国内地,并将促进后者与俄国间经济的密切接近","一旦此线操在俄国手中,有把握说,以后在中国北部任何铁路线或支线在未得俄国同意以前便不得建筑"。①

1895年11月,俄国正式向清政府提出"借地修路"的要求,开启了中俄间长达半年的交涉。自认为是唯一熟悉远东地区经济政治形势之人的维特运筹帷幄,打算利用李鸿章1896年访俄的机会实现其目标。为免其他欧洲国家抢占与李鸿章接触的先机,维特特意派遣沙皇的亲信、华俄道胜银行董事长乌赫托姆斯基亲自迎接李鸿章。

1896年5月,李鸿章与维特开始会谈。维特把实现"借地筑路"作为头等大事,为此,他向李鸿章表态,俄国愿意承认和支持保持中国完整的原则、许诺紧急状态时向中国提供军事援助,并以此为诱饵,提出"必须修建一条里程尽可能最短的铁路,这条路线将经过蒙古和满洲的北部而抵达符拉迪沃斯托克"。②

对于维特的提议,李鸿章起初比较犹豫,认为若同意俄国的要求,"于华权利有碍,各国必多效尤"。为了打动李鸿章,沙皇尼古拉二世随后在密谈中极力劝诱,声称"俄国地广人稀,断不致侵占他人尺寸土地。中俄交情最密,东省接路,实为将来调兵捷速,中国有事亦便帮助,非仅利俄"。③

清政府内部一些人士也意识到俄国借地修路的流弊,认为"惟

---

① 《财政大臣维特的节略》,张蓉初译《红档杂志有关中国交涉史料选译》,三联书店,1957,第169~178页。
② 《维特伯爵回忆录》,第65页。
③ 《专使李鸿章致总署报俄户部要求筑路先密陈电》《专使李鸿章致总署递国书后俄皇借回宫验收礼物为名再见密谈情形代奏电》,王彦威、王亮编,李育民、刘利民、李传斌、伍成泉点校整理《清季外交史料》(5),湖南师范大学出版社,2015,第2386、2394页。

有中国自造铁路,在边界处所与彼路相接,庶通商之权利尚可稍分,而辽海之形胜不致坐失"。① 不过,在整体外交思路上,清政府内部"联俄制日"的声浪渐高。刘坤一、张之洞等封疆大吏在分析甲午战争后中国面临的现状时,既深感列强"虎视眈眈,皆思择肥而噬",又认为"各国之患犹缓,惟日本之患为急",而中国"力不能敌,不可不亟联邦交",主张与俄国"深相结纳,互为声援",② 甚至将与俄国"立密约以结强援"视为"今日救急要策"。③ 这些想法与长期以来就有联俄想法的李鸿章不谋而合。与尼古拉二世密谈后,李鸿章的态度发生转变。

1896年6月3日,中俄订立了《御敌互相援助条约》(即《中俄密约》)。其中,第四至六条主要与中东铁路有关。第四条约定,"俄国为将来转运俄兵御敌并接济军火、粮食,以期妥速起见,中国国家允于中国黑龙江、吉林地方接造铁路,以达海参崴",至于具体修建,"可由中国国家交华俄银行承办经理"。④ 俄国由是取得中东铁路的修筑权。

《中俄密约》订立后,按照合同第四条,中俄就华俄道胜银行进行谈判。9月2日,驻俄、德、奥、荷四国公使许景澄与华俄道胜银行董事长乌赫托姆斯基订立了中俄《银行合同》,约定"中国政府以库平银五百万两与华俄道胜银行伙作生意","所有赔赚照股摊认"。⑤ 合同言语宽泛,没有规定中国在该银行中的具体管理权限,银行的权力完全由俄方操纵。9月8日中俄再订立《合办东省铁路公司合同》,共计12款。合同约定由华俄道胜银行建造、经理中东铁路,并另外设立中国东省铁路公司负责。尽管合同提出公司总办

---

① 《总署奏俄人在东三省借地造路关系甚大应自行查勘兴办片》,《清季外交史料》(5),第2336页。
② 《密陈联俄拒倭大计折》,《刘坤一奏疏》(2),岳麓书社,2013,第957页。
③ 《署江督张之洞奏今日救急要策莫如与俄立密约以结强援片》,《清季外交史料》(5),第2307页。
④ 王铁崖编《中外旧约章汇编》第1册,三联书店,1957,第650~651页。
⑤ 王铁崖编《中外旧约章汇编》第1册,第671~672页。

由中国政府选派，实际上，总办"专责在随时查察该银行暨铁路公司于中国政府所委办之事是否实力奉行"，① 并不具有实质管理权。而且，合同特意在一些涉及具体权利的内容上模糊表达，为此后俄国进一步伸张其势力埋下伏笔。

12月4日，俄国又在未与中国方面商洽的情况下单方面颁布了共计30款的《中东铁路公司章程》，详细规定了公司的组织、管理、职权等。章程虽明面上表示设立有中方人员参与的董事局，并由中国督办担任总董，实际上所谓总董不过"专为监督铁路公司切实遵办对于中政府所应尽之责任"，而俄方的协董则"就近管理公司一切事务"，而且，章程擅自提出铁路公司在中东铁路沿线有司法权、关税权、警卫权等，② 遗患无穷。

可以说，到1896年，俄国以东北路权为引子，"事实上把中国东北地区变成了它独占的势力范围"，③ 从而在列强瓜分东北的过程中占据了优势和先机。

1897年3月，东省铁路公司在圣彼得堡正式成立，并在北京设立分公司。董事即总办由驻俄公使许景澄担任，副董事长则是俄国指派的克尔别兹。7月起，俄方组织的工程队前往中国东北境内进行路线勘探工作，8月，绥芬河至满洲里方向工程开始动工。

1898年3~5月，俄国又利用强租旅顺和大连的机会，迫使清政府订立《旅大租地条约》和《续订旅大租地条约》，进一步攫取东北路权。《旅大租地条约》第八款规定，东省铁路公司可以"由该干路某一站起至大连湾"，"由该干路至辽东半岛营口、鸭绿江中间沿海较便地方，筑一支路"。④ 7月6日，中俄进一步达成《东省铁路公司

---

① 王铁崖编《中外旧约章汇编》第1册，第650~651、672~674页。
② 黑龙江省档案馆编《中东铁路》（1），黑龙江省档案馆，1986，第2~16页。
③ 中国社会科学院近代史研究所：《沙俄侵华史》第4卷（上），中国社会科学出版社，2007，第51页。
④ 《旅大租地条约》《续订旅大租地条约》，王铁崖编《中外旧约章汇编》第1册，第742页。

续订合同》，共计7款。根据该合同，中东铁路干路的支路定名为"东省铁路南满洲支路"，中东铁路公司还有在辽河及其支流航行和运输、开采森林和煤炭、在辽东半岛租地内自行酌定税则等利权。[1]

1898年6月，以哈尔滨为中心，中东铁路东、西、南三线同时施工，进入全面建设阶段。为确保此路的质量和迅速完成，俄国投入了大量人力物力，各种工程材料多从美国和欧洲进口，工程最盛时期，仅筑路工人就达到17万人之数。

1901年3月，哈尔滨至绥芬河的东线完工通车，同年底，中东路最西端至哈尔滨的西线接通，1903年，哈尔滨至旅顺口的南线贯通。1903年7月，中东铁路正式运营，并由新近成立的中东铁路管理局主管其运营。此路里程几近2500公里，轨距为1524毫米（通行的宽轨标准为1435毫米），干线西起满洲里，中经哈尔滨，东至绥芬河，贯穿黑龙江和吉林两省，支线从哈尔滨起，纵贯奉天和吉林两省，干支线形成一"丁"字形。

中东铁路是东北境内修建的第一条铁路交通大动脉，它改写了近代东北的经济和社会面貌。同时，中东铁路是俄国远东政策的产物，它的建成，直接标志着西伯利亚铁路的贯通，揭开了列强争夺东北路权的序幕，引发了国际关系的变化。此外，尽管《东省铁路公司合同》明确规定，铁路和铁路用地的主权归属于中国，实际上俄国屡屡逾越条约限制，不断扩充其特权。如成立中东铁路护路军，取得各种司法、市政、地亩等特权，又不断通过合法或非法途径拓展铁路用地，形成特殊的"路区"或铁路附属地，其性质已经远非用于铁路的建造和维护等，实际上成为"在中国境内具有殖民地性质的独立王国，也是其向中国其他地区扩张和进行各种干涉中国内政活动的基地"。[2] 围绕中东路产生的诸多利权纷争，深刻地影响着中俄关系的变化。

---

[1] 《东省铁路公司续订合同》，梁为楫、郑则民主编《中国近代不平等条约选编与介绍》，中国广播电视出版社，1993，第352~353页。

[2] 程维荣：《近代东北铁路附属地》，上海社会科学院出版社，2008，第3页。

第二节　国际势力角逐中的东北路权

1895 年前后,东北成为英、俄、日、美等多方争夺的重点,正如有论者指出的,"满洲问题在 1895 年已完全作为一个国际问题出现,并且占据了首要的和最急切的地位"。[①] 俄国获得中东铁路修筑权、占领旅大租借地后,迅速引发了其他列强的强烈反应,东北路权形成激烈的多强竞争的局面。

一　从英、俄竞争到日俄战争（1895～1905）

（一）英、俄争夺关内和关外路权

19 世纪最后的几年中,在中国势力范围的瓜分战中,矛盾最尖锐的是英、俄两国,这也反映在对东北路权的争夺中。

1890 年,清政府鉴于东北在国防军事上的重要价值,以及俄国向东北扩张的现实,决定修筑关东铁路,拟先从关内修筑,再经奉天展修至吉林,从而贯通关内外。该计划出台后,英、俄、德、比等为抢夺此条铁路的修筑权和参与权纷纷向清政府施压。1891 年 4 月,清政府设立北洋官铁路局,以英国人金达为总工程师,修筑滦川至山海关段。同年 9 月,关东铁路开工,到甲午战争爆发时,已经修到山海关附近的中后所,全长 193 公里。

甲午战争结束后,英国游说清政府,要求承办关东铁路的关外段。此举引起了俄国的警惕。阿穆尔总督杜霍夫斯科伊明确表示,俄国的目标是要将"满洲的道路"变成"俄罗斯民族旗帜的骄傲和希望","只为今日的经济打算盘,满足于仅仅一条满洲线时,要真正巩固俄国的荣誉与尊严,俄国在远东将来的力量及威力是非常冒险的",因此"不能忽略尽速将通过吉林及沈阳到中国关外境界的海

[①] 〔苏〕鲍里斯·罗曼诺夫:《俄国在满洲》,陶文钊等译,商务印书馆,1980,第 7 页。

参崴铁路的支线及其通过波西图港及牛庄港的支线抓在我们手里的重要性。中国政府在原则上早已决定建筑山海关—沈阳—吉林线,因为没有钱才停顿下来,而目下对于此线已出现竞争者了。上帝保佑我们,此线不要落在外国人手里,尤其是英国人之手!不能不把此线包括在我们的租借中,并且必须坚持……它由吉林不直达波西图,可是一定要和我们的海参崴线联结"。[1] 这一表态实质是要将关外线与中东铁路连成一片,建成俄国控制东北乃至向关内扩张的一大干线。因此,对俄国而言,与英国争夺关外铁路的修筑权势在必行。

不过,此时的清政府决定暂不修筑关外段,转而先行修筑津芦(天津—卢沟桥)铁路,按照关东铁路的关内段模式,仍由金达负责。

1897年,津芦铁路完工前,为打破俄国在东北路权上的优势,金达在英国驻华公使窦纳乐的授意下,再次建议清政府将关东铁路延展至关外。清政府重新启动关外铁路计划。英国汇丰银行趁机与清政府接洽借款筑路事宜。英、俄再度因关外路权大起纠纷。

1897年8月,俄国公使巴布罗福出面向清政府表示,"惟锦州以北铁路……此工为俄国之要,修造之时,必不能置俄人于度外,应先与俄国相商……若借助于俄矿师,更属秉公之道,如有用款,亦可相助觅求",进而要求清政府免除金达的职务,代之以俄国工程师。俄国甚至明确向英国提出,邻接俄国边界的中国各省内,除俄国外,不应有任何其他国家的势力。英国则称,"除非认为山海关向北延展的铁路是一条俄国的铁路,俄国便没有理由反对中国政府雇佣它所愿意的任何一个国籍的工程师",决不同意辞去金达。双方围绕关外铁路的借款和金达的撤换问题互不相让。[2] 俄国还力图争取德

---

[1] 《阿穆尔总督杜霍夫斯科伊的节略》(1896年1月11日),《红档杂志有关中国交涉史料选译》,第164~165页。
[2] 宓汝成编《中国近代铁路史资料(1863~1911)》第1册,中华书局,1963,第332~336页。

国对它在东北优势的确认,1898年1月,它向德国表示,"中国北部各省,包括全部满洲、直隶及新疆在内,是我们独占行动范围的原则……我们不能让任何外国政治势力侵入这些地区"。①

1898年3～5月,俄国取得旅顺和大连的租借权以及中东路南满支线的修筑权后,在关外铁路上稍做让步,不再强行要求撤换金达。同时,清政府一些官员面对咄咄逼人的俄国,深感不安,产生了与英国联合牵制俄国的想法。6月,中英订立《关内外铁路借款草合同》,结果再度招致俄国的抗议。清政府在英俄双方的斗法中左右摇摆,但最终同意了俄国的要求,即关外铁路"借款不得以此路作押,中国国家嗣后应永为此路之主,永不得以此路或此路之一段改为外国人产业,亦不得归外国人经营,也不准外国人干预铁路相关之事"。②

不过,英俄之间出于划分势力范围的共同需求,有妥协乃至合作。1898年8月,英国向俄国提议,为了避免冲突,两国协商解决在华利益范围,俄国在关外路权上不再强硬抗拒英国。10月10日,关内外铁路督办胡燏棻与英国中英公司订立《关内外铁路借款合同》,清政府向英国借款230万英镑,年息5厘,主要用于建筑山海关附近的中后所至新民的铁路、至营口的支线和女儿河至南票煤矿的支线,以3年为期,主要工程和办事人员均用英人。③英国依靠这一合同染指了关外路权。

经过多次讨价还价,1899年4月28日,英俄两国最终通过照会和补充照会达成了瓜分路权的一致意见。双方以长城为分界线,英国表示不主动寻求长城以北的路权,也不阻挠俄国对此地区路权的要求,俄国则相应表示不主动寻求长江流域的路权。在东北路权问题上,俄国不再反对英国贷款修筑关外(山海关—牛庄)铁路,但"不得认为这一事实就构成了所有权或外国控制权,该路仍为中国铁路,由中国政府管理,不得抵押或让给非中国人的公司";小黑山到

---

① 孙瑞芹译《德国外交文件有关中国交涉史料选译》第1卷,商务印书馆,1960,第210页。
② 宓汝成编《中国近代铁路史资料(1863～1911)》第1册,第337页。
③ 《关内外铁路借款合同》,王铁崖编《中外旧约章汇编》第1册,第829～833页。

新民屯的支线则由中国自行建造，可允许欧籍工程师定期视察；俄国有权申请"从满洲干线向南，穿行那条以新民屯和牛庄为起讫点的地区之内的铁路建设或让与权"。①

不过，英俄的妥协极为短暂。很快，俄国就多次照会清政府，要求取得中东路某站至北京的铁路权益。6月，清政府在俄国的压力下，声明"北京向北或向东北俄界方向"的铁路若有借外力修筑时，优先与俄国政府或公司商讨，"断不允他国或他国公司承造之"。②

1900年，俄国又利用义和团运动的爆发，趁乱出兵东北，占领了关外铁路，还直接向直隶进发，控制了关内铁路。为独霸东北，11月8日，俄国迫使盛京将军增祺订立《奉天交地暂且章程》；1901年2月16日，又向清政府提出《中俄协定》十二条约稿。在路权上，所谓十二条约稿不仅要扩大俄国在中东铁路上的权力，而且提出东北、蒙古和新疆诸多地方"矿路及他项利益，非俄允许，不得让他国或他国人，非俄允许，中国不得自行造路"，中国照现行路章"自干路或枝路向京造一路，直达长城"。③ 这些要求的深层含义是要"取消和限制中国在东北军事、行政、经济、财政等项主权"，"巩固俄国在东北的全面优势"，④ 将东北变为俄国的独占殖民地。尽管俄国的这些要求最终被清政府断然拒绝，但它在1900~1901年迫使清政府订立近十个合同和草约，攫取了东北的大量路、矿利权，俄国呈现独霸东北的姿态。

(二) 日、俄矛盾的激化

1900年前，尽管英俄是东北路权的主要竞争者，但其他列强也不甘人后。特别是俄国占领旅大租借地并试图将东北变为其独占范

---

① 宓汝成编《中国近代铁路史资料（1863~1911）》第1册，第338~339页。
② 《北京以北建造铁路来往照会》，王铁崖编《中外旧约章汇编》第1册，第908~909页。
③ 中国科学院近代史研究所近代史资料编辑组编《杨儒庚辛存稿》，中国社会科学出版社，1980，第73~74页。
④ 常城、崔丕：《世界列强与东北——"九·一八"事变前日本和欧美列强对东北的争夺》，中国大百科全书出版社，1995，第95页。

围后，其他列强群起相争。

美国试图用它强大的经济实力从东北路权中分一杯羹。1896年4月，美国向俄国表示：愿意以由美国银行、金融和铁路界组成的辛迪加——合兴公司为主要力量，建设一条与华北铁路相连的东北铁路，以巩固西伯利亚铁路、开发东北富源、增加中国政府的收入；由于俄国目前精力有限，如若以美国的财力动工修筑将来可与俄国铁路相连的东北铁路，俄美双方都将获益；具体而言，在东北的铁路干线为辽东湾某海港为起点，向北经牛庄、沈阳和吉林，从齐齐哈尔或其他地方与俄国西伯利亚铁路相接，并从沈阳向南延伸到朝鲜边境，由合兴公司发行债券筹资，建筑、经营和管理亦由其按美国方法进行，铁路股票合兴公司占60%。① 此时正着眼于获得对东北铁路整体控制权的俄国根本不愿意有其他势力插手，没有回应美国的建议。

此后，美国又尝试通过"门户开放"与各国在华利益的竞争中占得一席之地。尽管美国提出"门户开放"原则是针对列强各国的，但俄国无疑是重点对象。美国国务卿海约翰在1899年9月6日发给俄国关于第一次"门户开放"的照会中，直接要求"在俄国实际上已经占领和经管的领土上"确保美国人的"商业权利"有"进一步的、清楚的、更为正式的明确"，提出"美国的原则是尤其恳切地希望俄国政府和所有在中国有切身利益的各大国发表一个正式声明"。② 在1900年7月的第二次"门户开放"照会中，美国再度表示希望"维护各国在中国各地平等公正贸易之原则"。然而，正如有学者所指出的，"门户开放原则从一开始就有名无实"，"这个政策没有使美国获得在华贸易均等的权利，更没有保证中国的领土和行政的完整"。③

---

① 宓汝成编《中国近代铁路史资料（1863~1911）》第2册，中华书局，1963，第372~375页。
② United States Department of State, *Papers Relating to the Foreign Relations of the United States: 1899, the annual message of the president transmitted to Congress*, pp. 140-141.
③ 董小川：《美俄关系史研究：1648~1917》，东北师范大学出版社，1999，第308、309页。

不过，在甲午战争后的东北争夺战中，俄国面临的最大竞争对手是日本。明治维新期间，明治天皇提出要"开拓万里之波涛，布国威于四方"。1889年山县有朋组阁后，发表"利益线论"，号召日本向朝鲜和中国东北、台湾以及中国关内地区不断推进，日本近代大陆政策作为国策正式形成。① 而以侵略中国东北和内蒙古东部地区为目标的"满蒙政策"则是大陆政策具体实施的重要一步。自1870年代初步萌发起，满蒙政策就以它的确定性和不可变性、军事性和强占性、长期性和不间断性成为日本独占满蒙的侵略总方针，② 甲午战争正是该政策在1890年代的第一次大规模演练。

俄、法、德三国干涉还辽的旧恨，以及俄国在中国东北的步步进逼引发的新仇，使日本急切希望打破俄国在东北的垄断。1901年初，日本驻华公使小村正太郎向李鸿章表示，"我日本所注意者，莫过于东三省之事……俄得志于东三省，我日本亦大有不利"。③ 为了制约俄国在东北的发展势头，日本还大力发展同盟外交。特别是1901年5月桂太郎任首相后，与外相小村寿太郎积极推动日英同盟。小村寿太郎在12月7日的元老会议上，明确提出从日本在韩国的利益、俄国在东北的地位以及它掌握着铁路和驻兵权的现实考虑，日本应当与英国结盟，这将为日本带来制止俄国势力的发展、提升日本在中国的势力、财政和通商的利益等六方面的好处。④

与此同时，英国在未能如愿与德国建立同盟后，也越来越倾向于日英同盟。1902年1月30日，《英日同盟条约》正式订立，共计6条。在这一文件中，日本首次提出在中国的"特殊利益"的内容，即"英国之利益以关于中国者为主，日本利益除在中国者外，尚有

---

① 沈予：《日本大陆政策史（1868~1945）》，社会科学文献出版社，2005，第53页。
② 薛子奇、刘淑梅、李延龄：《近代日本"满蒙政策"演变史》，吉林人民出版社，2001，第2页。
③ 宓汝成编《中国近代铁路史资料（1863~1911）》第2册，第533页。
④ 「第一回日英協約一件」日本外務省編纂『日本外交文書』第34卷、外務省、1955、66~69頁。

在朝鲜之政治上商务上及工业上之利益",双方约定,两国在中国或朝鲜"为保护其臣民之生命及财产须加干涉时,得采取为保护利益所必需之措置"。①

这次"纯属针对俄国的军事攻守同盟"② 无疑给日本在朝鲜和中国东北的进一步扩张一剂强心针。1902年10月2日,日本阁议通过有关中国和朝鲜的经营策略,提出要利用日英同盟后的机遇推动日本在中国与朝鲜的事业,以谋求与日本现有地位相符的利权,并特别关注到俄国、德国、法国等以铁路为手段的经营,不仅提出在朝鲜修筑铁路是"对韩政纲之精髓",也明确表态要关注中国的铁路问题。③ 这也预示着日俄之间的矛盾将更加不可调和。

日英商讨同盟期间,清政府正就交收东三省事宜与俄国进行艰难交涉。1902年4月8日,中俄订立《交收东三省条约》,约定俄国以六个月为一期、共分三期撤军。在铁路问题上,约定由中国"极力保护铁路暨在该铁路职事各人",俄国交还占据的"山海关、营口、新民厅各铁路",但中国"不可准他国占据俄国所退各地段","日后在东三省南段续修铁路,或修枝路,并或在营口建造桥梁、迁移铁路尽头等事,应彼此商办",俄国交还各铁路的费用由中国赔偿。④

俄国根本没有打算按约行事。1902年底到1903年春,俄国调整其远东政策,经过激烈的争论,俄国政府一致决定继续占领东北。沙皇尼古拉二世在1903年5月7日直接指示要根据俄国的政治经济任务,明确为俄国在远东的战备而必须采取的措施。

面对俄国的这种远东政策,日本国内与俄国武力争夺东北和朝

---

① 步平等编《东北国际约章汇释(1689~1919年)》,黑龙江人民出版社,1987,第235页。
② 常城、崔丕:《世界列强与东北——"九·一八"事变前日本和欧美列强对东北的争夺》,第101页。
③ 「韓国鉄道敷設ニ関スル件」日本外務省編纂『日本外交文書』第35巻、外務省、1956、498~503頁。
④ 《交收东三省条约》,王铁崖编《中外旧约章汇编》第2册,第39~41页。

鲜的主张也越来越强烈。因此，尽管从1903年7月起到1904年初，日、俄就中国东北和朝鲜问题谈判十多次，但俄国远东政策与日本满蒙政策间的尖锐利益冲突决定了谈判根本不可能取得成功。1904年1月，谈判破裂。2月，日俄战争爆发。

这场战争以俄国失败告终，双方在美国调停下媾和，于1905年9月订立《朴茨茅斯条约》正约和附约。正约共计15条，核心内容是划分日俄两国在朝鲜和中国东北的权益，双方约定：俄国承认日本在朝鲜的特殊利益及"指导、保护、监理"等方面的措置权；旅顺口、大连湾并其附近领土、领水的租借权转让给日本；长春至旅顺口的铁路及一处支路，并铁路内附属的一切权利财产、一切煤矿转让给日本；两国在东北决不经营以军事为目的之铁道，但辽东半岛租借权所及地域不受此限制。附约约定在条约施行后18个月内，日俄在东北的军队除辽东半岛租借地外一律撤退。[①]

日俄战争改写了近代东北的国际政治格局，深刻地影响了东北的命运，东北路权也成为日俄的斗争筹码。日本不仅在日俄战争期间擅自修筑了安东（今丹东）至奉天（今沈阳）间的轻便铁路和新民至奉天间的新奉铁路，更通过《朴茨茅斯条约》获得了侵略东北的重要据点——旅大租借地，掌握了南满铁路，从而在东北路权的争夺战中后来居上。

二 群强竞争时代（1905~1911）

日俄战争后，俄国在东北的优势地位被打破，势力处于收缩状态。东北形成了日俄分踞南北的态势。从1906年起，东三省的安东、大东沟、奉天等商埠相继开放，美、英、德等国在这些商埠派驻领事，为这些国家的资本向东北渗透提供了条件。此前进入东北一度受挫的美国更希望凭借其强大的资本再谋发展。为此，英、美

[①] 褚德新、梁德主编《中外约章汇要（1689~1949）》，黑龙江人民出版社，1991，第370~374页。

等国利用东北官民要求创设铁路的潮流，试图与东北官民合作，以对抗日、俄，形成了东北路权角逐中多强竞争的局面。

（一）日本在东北路权上的稳定和扩张

大致而言，日俄战争后的数年内，日本在东北路权上的举动主要集中在以下几个方面。

第一，巩固日俄战争期间夺取的东北路权，确认日俄战争的战果。

由于《朴茨茅斯条约》约定俄国有关东北利权的"转让"还需要中国的同意，因此，日俄媾和后不久，日本为了迫使清政府承认它对俄国在东北权益的承继，从1905年11月17日至12月22日，与清政府就东北问题会谈20多次。

在路权问题上，中日双方围绕战争期间日本强行修筑的新奉铁路和安奉铁路展开了激烈的争论。中国方面要求收回新奉铁路和安奉铁路，但日本却提出，安奉铁路仍由日本继续经营，并在两年内改造成宽轨铁路。

不仅如此，日本还要求清政府对每次会议的要领以会议记录形式保留，从而形成有17条内容的会议节录，意图迫使清政府让渡更多权益。在路权方面，节录第十一号中提出，"中国政府为维持东省铁路利益起见，于未收回该铁路之前，允于该路附近不筑并行干路及有损于该路利益之枝路"；第十九号中提出，长春至吉林省城的吉长铁路由中国自行筑造，不敷之款，向日本借款；第二十号中提出将新奉铁路售予中国，辽河以东的所需款项由日本借贷半数。[①] 这些会议记录并非两国间正式签订的条约和协定，不具备法律效力，但日本却在此后一直援引它们作为扩张其利益的依据，是日本此后所宣称的在满蒙的"特殊权益"和"特殊地位"的肇始。尤其是所谓南满铁路"平行线"（或并行线）之说，并非中日两国协定中的内容。日本后来也承认，日本并未在会议中与中国就并行问题达成一

---

① 《清季外交史料》（7），第3526、3536、3540页。

致意见，"在彼我交换之会议录中，毫无记载。即在我方保存的最详细的会议录中，亦未发现此种记载"，① 但日本后来屡次以此为由，阻挠中国的自主铁路建设，进一步扩充对东北路权的控制。中日双方围绕"平行线"是否存在以及是否合法，还形成了数十年悬而未决的难题。

1905 年 12 月 22 日，中日正式达成《会议东三省事宜条约》（共 3 款）及附约（共 12 款）。正约中，清政府承认《朴茨茅斯条约》中有关旅大租借地和南满铁路的第五款和第六款"允让日本国之一切概行允诺"，日本正式获得辽东半岛租借地以及南满铁路。在附约中，中国又出让了诸多新权益，如在奉天、吉林和黑龙江省共开埠 16 处、日俄战争期间日本强行修筑的安奉铁路由日本继续经营、南满洲铁路各所需材料豁免一切税捐和厘金、日本在鸭绿江右岸有伐木权等。② 由此，日本确认了日俄战争中获得的战利品，并扩充了其在华利益。

第二，成立具有国策性的南满铁道株式会社，确立以铁路为经营东北的先锋的政策。

1906 年 1 月，日本成立满洲经营委员会。3 月，该经营委员会提出，"满洲的经营，以修筑归于帝国权力内的铁路及开采其附属之煤矿作重点，较为得策。盖因满洲的利源应随铁路的发达而逐步开发，设若恣意着手各种事业，终将徒劳无益"。③ 6 月 7 日，日本政府发布成立南满洲铁道株式会社的敕令，章程明确规定满铁的总裁、副总裁均由政府任命，他们及理事的报酬和津贴由政府确定，日本政府对满铁的事务有监视之权。④ 8 月，满铁正式成立，原台湾民政

---

① 苏崇民、解学诗主编《满铁档案资料汇编》第 3 卷，社会科学文献出版社，2011，第 65 页。
② 王铁崖编《中外旧约章汇编》第 2 册，第 338～341 页。
③ 宓汝成编《中国近代铁路史资料（1863～1911）》第 2 册，第 553 页。
④ 「満州鉄道関係雑纂」日本外务省编纂『日本外交文書』第 39 卷第 1 册、外務省、1959、632～633 頁。

长官后藤新平担任第一任满铁总裁。满铁名义上为公司性质，实质上满铁的设立"整个过程都是日本政府一手排演的"，[1]"政府……就未把会社作为一个营利的铁路事业看待，而是想要把它当作帝国殖民政策或者发展我帝国主义的先驱队加以扶植的"，[2]其资本和成员构成上也无一不体现出浓厚的官方色彩。

对于满铁的具体经营策略，早在满铁成立前夕，后藤新平与台湾总督儿玉源太郎就在《满洲经营策梗概》中指出，"战后满洲经营的惟一要诀在于，表面上经营铁路，背地里百般设施"。就任满铁总裁后，后藤新平进一步提出"文装的武备"论，提出"南满经营……的主体必须是南满洲铁道株式会社"，"殖民政策归根结底就是文装武备"，"文装武备就是用文事设施以备他人侵略，一旦有事兼可有助于武断行动"。[3]并提出，"我在满洲必须居于以主制客以逸待劳的地位……其得心应手之计，必当第一经营铁路；第二开发煤矿；第三移民；第四兴办畜牧业农业设备……一旦战机对我有利，则进而做好入侵帝国的准备；于我不利，则肖然不动持和以待时机"。[4]可见，这些理论的实质就是将满铁打造为日本军事侵略和政治侵略的左臂右膀。因此，从成立起，满铁就将巩固和夺取东北路权、为日本的进一步侵略做前锋作为它的中心事业。

第三，利用满铁强行改筑安奉铁路，谋求吉长、吉会和新法等铁路权益。

长约304公里的安奉铁路虽属轻便铁路，但在日俄战争期间，它是日军的重要补给线。日本在取得此条铁路的接续经营和改造权后，此路被让渡给满铁管理。满铁急切修整此路，多次违背此前与清政府的协议，自行划定铁路用地，擅自动工进行各种房屋、路事

---

[1] 苏崇民：《满铁史》，中华书局，1990，第23页。
[2] 《满铁档案资料汇编》第1卷，第318页。
[3] 《满铁档案资料汇编》第3卷，第378页。
[4] 〔日〕满史会编著《满洲开发四十年史》上册，东北沦陷十四年史辽宁编写组译，新华出版社，1988，第10页。

工程，还在鸭绿江架设连接朝鲜和中国安东的过江铁桥。日本之所以如此强硬地改筑安奉路，目的正如1909年6月22日的阁议决定所指出的，"该铁路作为韩国铁路接通南满、东清二路的线路，它将有助于改善韩国铁路；同时，也有必要早日完成该路改筑工程，开辟一条以釜山为最南端终点的欧亚交通大道，以利帝国的活动"。①

清政府多次抗议满铁的筑路活动，强调安奉铁路是独立的铁路，并非满铁支线，但满铁仍置之不理，继续强行施工，既无实力也无心力的清政府无可奈何。1909年8月，中日签订《安奉铁路节略》，1910年4月，订立《鸭绿江架设铁桥协定》。这两个文件实际承认了日本对安奉路和鸭绿江铁桥的侵占，安奉路成为南满路的支线之一，完全为日本占有。

在新奉路上，尽管日俄战争结束后中日双方曾约定将其出售给中国，并由日方提供部分改筑费用借款。不过，日方认为，如仅满足于在新奉铁路上提供改筑费用的一半，"实际上将难以取得该铁路的实权"。② 1906年底，日本外务大臣林董与驻华公使林权助决定，趁与清政府交涉新奉铁路的机会，将其与吉长（吉林—长春）铁路一并解决。③ 1907年4月，日本与清政府签订《新奉吉长铁路协约》。对于新奉铁路，该协约约定，中国政府以日元166万元价格收回，改为自办铁路，并将辽河以东所需款项向南满筹借一半。关于吉长路，该条铁路虽由中国自办，但须向南满借款半数，嗣后吉长铁路添造支路，或再展接，不敷之款项，也仍应向南满筹借。而且，协约还提出，路务管理上须聘用日本人，尤其是总工程师须由日本人担任。④ 1908年11月，中日又订立《新奉吉长铁路借款续约》，日方取得了吉长路中的管理权和会计权。次年8月，中日再签订新

---

① 吉林省社会科学院《满铁史资料》编辑组编《满铁史资料》第2卷《路权篇》第2册，中华书局，1979，第386页。
② 《满铁史资料》第2卷《路权篇》第2册，第449页。
③ 「満州鉄道関係雑纂」『日本外交文書』第39卷第1册、684頁。
④ 王芸生：《六十年来中国与日本》第5卷，三联书店，1980，第25~26页。

奉、吉长两路借款细目合同，中国向满铁借32万日元修筑新奉铁路辽河以东的路线，借款250万日元修筑吉长路。

日本之所以积极谋求吉长路的权益，主要在于这条铁路能使满铁的势力向吉林腹地延伸，"修建吉长铁路，不仅在军事上、商业上对帝国最为必要，即对我南满铁路之经营，亦必需尽速交涉"。①

1910年5月，吉长路动工，1912年完工通车，全长127.7公里。不过，仅仅百余公里的吉长铁路并非日本野心的终点，它更大的企图是将此路延长，建设其重点谋划的战略大干路——吉林至朝鲜会宁间的吉会铁路。

在军事上，这条铁路一旦建成，将使日本在东北获得除南满铁路之外的另一条交通动脉，朝鲜和中国东北因此可实现直通。而且，从地理距离来看，从日本本土到东北，经由吉会路比取道大连和南满铁路更为便捷。此外，朝鲜的会宁与清津港之间在日俄战争前已有铁路贯通，吉会路修成后，与清津港可直接联络，使日本在中国东北和朝鲜形成铁路—港口交错的交通体系，东北、朝鲜和日本可真正实现海陆交通一体化。在经济利益方面，吉会路沿途所经过的东北境内各地，大多未经开发，农业和森林资源极为丰富。从经济角度看，这条路线的开通无异于为日本提供一个源源不断输入各种物资的途径。

日本曾直言，吉会路"在政略上，尤其是在战略上是极其必要的"，"吉会间的路线……非常安全，由此可以从满洲安全地输入军需物资，而当大陆一旦有事，需要派兵之际，就可以利用该路线从日本国内各地同时迅速出兵，一举冲入敌人腹地断绝其后路，以达到先发制人。另一方面，……吉会路线横贯南北满中间，……从经济价值方面看却是无限宝库，一旦建成铁路，则在稳定治安、促进地方开拓的同时，以谋林、农、畜、矿各业的进一步发展，该线即

---

① 《日本内阁关于吉长铁路借款细目合同的决定》，中国人民银行总行参事室编《中国清代外债史资料（1853~1911）》中册，中国金融出版社，1991，第550页。

可发挥经济铁路的全部机能"。为此，日本提出了庞大的"两路两港"计划。两路即南满铁路和吉会铁路，两港即清津港和大连港，这一计划实际就是将日本本土与朝鲜、东北在交通上连为一体，进而为日本的军事等活动提供便利条件。日本明确表示，"把吉长铁路延长到会宁，中间连接韩国铁路而达日本海，是帝国政府多年的希望"。①

那么，如何实现吉会路呢？1907 年发生的"间岛问题"② 给日本提供了机会。

1908 年 12 月，日本外务大臣小村寿太郎指示驻华公使伊集院彦吉，为实现日本政府多年修筑吉会路的希望，应将吉会铁路作为解决"间岛问题"的一个重要条件，这样即便不能一举实现，也能够为将来解决此路奠定基础。③ 1909 年 2 月 6 日，伊集院彦吉向清政府外务部提出"东三省六案"④ 交涉，其中第六案为"间岛问题"，其他如新法（新民屯—法库门）铁路、大营（大石桥—营口）支路、京奉路展修三案均直接与路权相关。

在"东三省六案"交涉中，清政府最重视的是延吉的主权问题，表示如果日本在延吉问题上稍做退让，其他各案"当于无可退让之中竭力酌量退让"。⑤ 最终，经过 8 个月的唇枪舌剑，9 月 4 日，中日订立《东三省交涉五案条款》和《图们江中韩界务条约》（即《间岛协约》）。在《东三省交涉五案条款》中，清政府丧失了更多

---

① 《满铁史资料》第 2 卷《路权篇》第 2 册，第 515 页。
② "间岛"指的是今天吉林省延边自治州的部分地区，是日本当时对延吉、汪清、和龙、珲春四地的称呼。1907 年 1 月，日本擅自派人前往延吉一带调查，8 月，日军非法在延古龙井设立"统监府间岛派出所"，宣称"间岛"属于朝鲜领土，并在局子街、头道沟、朝阳川等地设立 14 个"分遣所"。由此引发了中日两国的"间岛问题"，其实质是有关"间岛"归属权的问题。
③ 《满铁史资料》第 2 卷《路权篇》第 2 册，第 517~518 页。
④ "东三省六案"指的是：新法铁路问题；大营支路问题；京奉铁路展修至奉天城根问题；抚顺、烟台煤矿问题；安奉铁路沿线矿务问题；"间岛问题"。
⑤ 《外致伊集院延吉案如全允其他各案中国亦当互让略》，《清季外交史料》（8），湖南师范大学出版社，2015，第 4065 页。

路矿权利,如承诺修筑新法铁路先与日本商议,承认大营支路为南满路支路。在《图们江中韩界务条约》第六条中,约定"中国政府将来将吉长铁路延长至延吉南边界,在韩国会宁地方与韩国铁路联络,其一切办法与吉长铁路一律办理,至应何时开办,由中国政府酌量情形,再与日本国政府商定",① 日本由此取得了吉会路的修筑权。在此后的20多年中,日本为实现吉会路的修筑,与中国交涉数十次,演变成九一八事变前中日间的又一悬案。

第四,与俄国划分东北路权的势力范围,排斥其他国家资本和势力进入东北。

尽管日俄两国间矛盾不断,但日俄战争后,双方在短时间内都无力进行大规模的争斗,同时英美等国资本利用东北开埠和清政府对东北实施"均势开放"政策的机会,试图向东北渗透,插手东北铁路。寻求暂时的妥协和共处、抵制其他国家侵入东北、分享利益成为日俄两国的共同需求。1907年2月起,双方正式就东北和朝鲜问题举行谈判。

7月30日,包括公开协定、秘密协定、附款和换文4个部分的《日俄协定》订立。其中,秘密协定共有4条,基本内容是划定中国东北南、北两部分各为日、俄的势力范围,俄国承认日本与朝鲜的政治关系并不阻挠其继续发展,日本承认俄国在外蒙古的特殊利益并不加任何干涉。在附款中,日俄两国在中国未参与、未知情的情况下,擅自确立"南满"与"北满"分界线:从俄、韩边界西北端起画一直线至珲春,从珲春画一直线到毕尔滕湖之极北端,再由此画一直线至秀水甸子,由此沿松花江至嫩江口止,再沿嫩江上溯至嫩江与洮儿河交流之点,再由此点起沿洮儿河至此河,横过东经一百二十二度止。②

1910年,由于美国远东政策的挑战以及东北当局寻求引入英美

---

① 王铁崖编《中外旧约章汇编》第2册,第599~602页。
② 《沙俄侵华史》第4卷(下),第13页。

力量以制衡日俄，日俄两国再度协商，于7月4日订立了由公开协定和秘密协定构成的第二次《日俄协定》。在承认前一次协定的原则的基础上，双方提出，各自有权在自己的势力范围内"巩固和发展特殊利益"，一旦出现侵犯这些特殊利益的事件，两国应相互予以支持。在路权问题上，为合作排斥美国势力，协定表示要"互相友好协作，改进两国各在满洲的铁路及改善各该铁路间的联络，并相约不得进行为实现此项目的的一切有害的竞争"。①

这两次日俄协定使得东北亚国际关系出现重大调整，日俄双方在东北路权上由竞争转向协作，但它们对东北视为己物、瓜分东北的举动也让东北的处境更为复杂和充满危机。

(二) 英美资本在东北铁路的再次碰壁

日俄战争前后，日本在东北亚的急进以及步步得逞不仅引发了日俄关系的变化，也引起了英美等其他列强的警惕，它们力图以各种方式渗入东北路权。

1899年英国获得关外铁路借款权后，关外铁路于当年通至锦州，1900年，锦州至打虎山段通车，1903年，又展修至新民。1907年，中国作价收回新奉路后，北京至奉天的京奉铁路实现全线贯通。至此，关内外的铁路交通动脉告成（奉天站至城根的十多里距离因需穿过南满铁路，清政府曾提出建设天桥通过，日本以与南满路抵触拒绝。1909年，"东三省六案"交涉中，日本表示允许新奉路延长到奉天城根），这对于东北交通来说具有标志性意义。不过，在东北路权上，英国并不满足于京奉路的部分路权，更不满足于此前与俄国达成的瓜分协议。日俄战争后，它利用俄国战败的机会，与美国一起，图谋更多权益。

东北是美国重要的贸易出口地。1899年，美国向中国东北输出的棉织品达到438万元，远超过英国等其他国家，1901年，美国与英国对东北输出的棉布差额达到942倍。② 因此，维持美国在东北的

---

① 宓汝成编《中国近代铁路史资料（1863~1911）》第2册，第546~547页。
② 王学良：《美国与中国东北》，吉林文史出版社，1991，第6页。

贸易优势，扩大其市场和影响力是美国的重要目标。在直接势力范围的划分中，美国无法与日俄两国抗衡，它急于利用经济势力，将其机会均等主义和门户开放主义推广到东北。

日俄战争结束后，美国直接以调停人身份干预日俄两国的战后谈判，并且在《朴茨茅斯条约》的第四条中体现了美国门户主义的精神。"凡中国在满洲为发达商务工业起见，所有一切办法列国视为当然者，不得阻碍"。① 美国试图以此为契机，进一步打开东北的门户。投资铁路成为它的首选。

日俄战争一结束，美国"铁路大王"哈里曼就迫不及待地前往东北进行考察，并提出在美国的控制下，建筑一条贯穿日本、中国东北、俄国乃至大西洋的环球铁路计划。在这一计划中，第一步就是掌握东北的铁路修筑权。为此，哈里曼预备以美国资本改造南满铁路，并从俄国手中购买中东铁路。

日本政界和财政界不少人担忧日本独资控制南满铁路既有财政困难，还有国际关系、军事、政治方面的风险，因此对哈里曼的计划颇感兴趣。1905年10月，哈里曼与日本首相桂太郎达成关于东北铁路的备忘录，议定美国可购买南满铁路及其附属物，铁路经营权和利润则美日两国各享一半。美国认为，"美国资本能够投入南北满交通运输干线中，而日本作为南满铁路股东所拥有的重要资产能够变成现款"，② 是个两全其美的解决办法。但最后这一方案在日本国内遭到以外相小村寿太郎为首的部分人士的严厉批评和反对，他们认为，这既违反了《朴茨茅斯和约》，也将遭到日本民众的反对，更将导致日本夺取东北路权的心血付之一炬。③ 最后，在小村寿太郎的强烈反对下，1906年1月，日本向哈里曼宣布备忘录无效。

哈里曼的败北并未熄灭美国资本家投入东北铁路的勃勃野心。

---

① 褚德新、梁德主编《中外约章汇要（1689～1949）》，第371页。
② 《满铁档案资料汇编》第3卷，第5页。
③ 宓汝成编《中国近代铁路史资料（1863～1911）》第2册，第596～601页。

1906年10月，曾长期在华并与哈里曼相识的司戴德就任美国驻沈阳总领事。司戴德利用日俄战争后东北当局急于引进英美资本建设铁路以开发东北和制衡日俄的有利形势，试图与东北当局合作以促成美国资本在东北的立足。1907年，司戴德与东北当局约定向美国借款2000万美元设立东三省银行，并计划由哈里曼出资，但因哈里曼资金紧张并对此计划兴趣不大而流产。随后，司戴德又着力于与英国资本一同参与东北地方当局的新法（新民屯—法库门）铁路和锦瑷（锦州—瑷珲）铁路计划。

1907年11月，东北当局与英国保龄公司订立新民至齐齐哈尔铁路合同。在日本以此路与南满路平行、有损其利益为由阻挠此路的修筑后，司戴德曾鼓动英国方面不要退让。保龄公司向英国政府表示，新法路不属于南满路竞争线，希望得到官方支持。1908年3月，牛庄外侨商会讨论新法路问题，认为新法路对发展东北贸易极为重要，对日本的阻挠表示强烈抗议。[1] 然而，此时根本无意与日本发生冲突的英国政府公开表示不支持英国资本投入此路，清政府最后也在日本的干扰下表示计划暂缓。

1909年3月塔夫脱就任美国总统后，情况有所变化。在对华政策上，塔夫脱政府的基本方针是"联合英、法、德，利用清政府，以达到突破日俄东北'势力范围'的目的"。[2] 美国政府组织银行团，支持美国资本在中国的投资。司戴德和哈里曼因此重新燃起投资中国铁路的信心，对东北当局提出的锦瑷铁路尤其热衷。10月2日，司戴德代表美国与东北当局订立锦瑷铁路合同草案，约定向美国银行团借款4000万美元分段修筑锦瑷铁路，工程则由英国保龄公司承担。[3] 美国银行团还与保龄公司订立了关于锦瑷路的备忘录，商

---

[1] 《满铁档案资料汇编》第3卷，第51~52页。
[2] 吴心伯：《金元外交与列强在中国（1909~1913）》，复旦大学出版社，1997，第1页。
[3] 交通铁道部交通史编纂委员会编撰发行《交通史路政编》第15册，1935，第794~802页。

定双方合作事宜。结果,一方面,此时的美国银行团更倾向于获得湖广铁路借款;另一方面,这一计划被日俄两国视为侵夺它们在东北利益的威胁之举,极力破坏,日本一面向清政府施压,一面运动英国,锦瑷铁路计划被迫搁浅。

司戴德参与东北铁路的尝试屡屡受挫的同时,美国国务卿诺克斯正筹划提出更庞大的解决东北铁路的计划,这就是1909年11月6日出台的"东北铁路中立化"计划(即诺克斯计划)。该计划的核心内容是"将满洲所有公路铁路,依照一个计划,置于一个经济的科学的公正的管理机关之下……铁路所有权属于中国,而由愿意参加的有关国家供给款项",提供资本的国家,以英美为主,可容纳法、德、日等国。诺克斯表示,如若这一计划不能全部实现,最低限度也要由英美资本投资锦瑷铁路。美国还向清政府示意,此计划"将会给中国带来莫大利益。……曾由铁路的营运及建筑引起的一切政治纠纷,自当消归无有"。[1]

不过,这一谋图包办东北铁路的计划如同哈里曼计划一样,应者寥寥。法国表示暂时不做决定,德国虽口头欢迎,也并无实际行动,俄国则担心这将导致俄国在远东地位的失落。[2] 日本认为,无论是锦瑷铁路计划还是东北铁路中立化问题,"任何人都必须承认,无论从日中关系看,或从以满洲为中心的国际关系看,都是非常多事的",[3] 公开表示"建立这种不适用于中国其他部分的特殊制度,并非必要或有益"。[4] 尽管1910年4~6月司戴德曾前往欧洲做最后的努力,但遭遇俄国的断然反对,诺克斯计划和锦瑷路计划均成泡影。

诺克斯计划的破产表明美国资本多年来向东北扩张、分享东北路权的努力最终失败。从日俄战争到辛亥革命爆发前的数年中,日、俄、英、美等国在东北铁路上的争夺以俄国收缩、英美受挫、日本地位巩固告终。

---

[1] 宓汝成编《中国近代铁路史资料(1863~1911)》第2册,第645~647页。
[2] 王学良:《美国与中国东北》,第129页。
[3] 《满铁史资料》第2卷《路权篇》第2册,第412页。
[4] 宓汝成编《中国近代铁路史资料(1863~1911)》第2册,第652~653页。

三 日本在东北路权中的独大（1911～1918）

1911年，辛亥革命爆发。民国肇建后的复杂局势和欧洲列强因一战而无暇东顾的现实，为日本进一步谋求在华势力提供了机遇。自辛亥革命到一战结束，日本不仅进一步强化了它在南满的权益，还在东蒙、北满一带获得了数条铁路权益，形成在东北路权上的独大局面。

（一）从"满蒙五路"到"满蒙四路"

辛亥革命爆发后，日本内阁与军方虽在满蒙问题上形成渐进扩张与武力解决之别，[①] 但利用中国混乱局势谋求在东北更多权益特别是路权显然是日本政府内部各种势力的共识。日本驻华公使山座圆次郎在1913年11月给外务大臣的电报中分析："列国在中国获取利权（特别是铁路）的竞争必将日趋激烈，因此帝国政府亦必须及早努力，在各方面取得利权。"[②] 在这样的背景下，"满蒙铁路"问题形成。

1913年3月初，因有英国人试探修筑奉天至吉林间铁路，并且中国此时正掀起自筑铁路运动，日本担心它在东北的特权受损，预备抢先获得南满及东蒙一带的路权，并下令满铁进行详细规划。

3月底，满铁提出"满蒙五路"计划。该计划以满铁本线四平街站至郑家屯、郑家屯至洮南府、满铁本线开原站至海龙、海龙至吉林以及满铁抚顺站至营盘、山城子或兴京五条路线为主，以满铁本线至赤峰、朝阳等地的路线为辅。日本政府对此计划稍加修改后，于8月正式向成立不久的袁世凯政府提出满蒙铁路交涉，要求北京政府向日本借款修建几条路线：四平街起，经郑家屯至洮南府；由开原起，至海龙城；由长春之吉长铁路车站起，贯越南满铁路，至洮南府；洮南府至承德府及由海龙府起至吉林省城。

[①] 《近代日本"满蒙政策"演变史》，第73～78页。
[②] 《满铁史资料》第2卷《路权篇》第2册，第612页。

此时的袁世凯政府正急需日本的承认和支持，很快接受了日本的要求。10月5日，北京政府外交总长孙宝琦与山座圆次郎签订《中日满蒙五路借款修筑预约办法大纲》（即《满蒙五路借款大纲》），日本获得四平街至洮南府、开原至海龙、长春至洮南府三条铁路的借款权以及洮南府至承德府、海龙府至吉林两条铁路的借款优先权。①

此后，日本政府决定在借款细目问题上，由横滨正金银行承担。为了尽快达成借款细目协定，日本外务省、横滨正金银行、满铁还决定私下以5万元运动交通次长叶恭绰。1913年底到1914年初，日本驻华公使多次与北京政府交通总长朱启钤、交通次长叶恭绰讨论满蒙铁路修筑及借款细节，要求全面参与这些路线。与此同时，1914年2月和4月，日本陆军省多次要求以南满铁路为中心，以奉天为起点，构建控制整个南满交通的铁路网，明确表示，"本铁路网，为保护我方在满蒙的特殊利权，乃系军事上所必需"，并且这些铁路在质量和规格上都应与南满铁路一致。②

1914年7月，第一次世界大战爆发。英、法、德、俄等国正在欧洲激烈厮杀。8月23日，日本对德宣战。随后，日军进攻山东，控制胶济铁路，抢占德国在华势力范围。1915年1月，为加强对北京政府的控制、排除其他列强的在华势力，日本驻华公使日置益向北京政府提出"二十一条"要求。其中第二号共计7条，主要内容是：旅顺、大连的租借期限和南满铁路以安奉铁路的经营期限全部延长为99年；在南满洲和东部内蒙古，日本人有经营工商业等各项生意的自由，可享有土地租借权或所有权，有开矿权；中国必须经日本同意后，才能在南满洲和东部内蒙古允许他国人建造铁路或为建造铁路向他国借款；吉长铁路委托日本经营管理99年等。③ 这一

---

① 《满铁史资料》第2卷《路权篇》第2册，第609~611页。
② 《满铁档案资料汇编》第4卷，第175~183页。
③ 王芸生：《六十年来中国与日本》第6卷，第74~75页。

要求实质上是要将东北和东部内蒙古的大片地区变为日本完全控制的殖民地。

5月25日，北京政府代表陆征祥与日本驻华公使日置益签订了《关于南满洲及东部内蒙古之条约》及附件。在日本的威逼下，袁世凯政府几乎全部满足了日本在南满洲和东部内蒙古的这些要求。其中，条约的第一、第七条以及附件直接与路权相关：将旅顺、大连租借期限并南满洲及安奉两铁路之期限均展至99年为期（其中旅大租借地到1997年、南满路到2002年、安奉路到2007年）；嗣后中国如在南满洲及东部内蒙古建造铁路需用外资时，"可先向日本国资本家商借"；尽快根本上改定吉长铁路合同。此外，日本还获得了在南满洲的商租权、居住权、经营权等，并且商租"含有不过三十年之长期限及无条件而得续租之意"。[①] 由此，日本在东北路权上的利益继续扩大，而自此形成的"商租权"问题也成为九一八事变前中日另一悬案。

"满蒙五路"借款细则也由1915年12月7日《四郑铁路借款合同》的订立而部分解决，四郑路的总工程师、会计主任、行车总管、养路工程师都由日本人担任，日本由此获得了四郑路的主控权。

袁世凯死后，北京政府由皖系首脑段祺瑞执政。在日本，大隈内阁倒台，寺内正毅组阁。寺内正毅组阁前，其智囊人物和私人代表西原龟三在中国与皖系不少人物接触，并提出了对华政策的建议。西原龟三的核心理念是，日本对华政策既不能"宋襄之仁"，也不能强横蛮干，而应先缔造日本在华的经济基础，即从对华投资着手，"实现日中货币之并用流通"，辅以王道主义。[②]

1917年1月，寺内内阁在西原龟三建议的基础上提出五点对华政策方针。该方针明面上表示尊重和拥护中国的独立和领土完整，

---

① 《关于南满洲及东部内蒙古之条约》，王铁崖编《中外旧约章汇编》第2册，第1100~1111页。
② 西原龟三：《西原借款回忆》，中国社会科学院近代史研究所近代史资料编辑组编《近代史资料》1979年第1期，中华书局，1979，第118~120页。

对中国的任何政党或派系，均保持不偏不倚的态度，实质上则强调日本在中国享有"特殊利益"和"优越地位"，并提出"努力使列强逐步承认帝国在中国的优越地位"，除了福建和山东外，该方针还强调，"在南满洲和内蒙古东部，帝国政府将按既定方针逐步增进帝国的特殊权益。"① 在实现手段上，寺内内阁提出要以资本输出为主。为此，日本大藏省制定了对华借款主要方针，并支持兴业、朝鲜、台湾三银行组成特殊银行团负责对华经济借款。西原龟三全面参与了这些对华借款。铁路借款是这一对华借款计划中的重要部分。

此时日本在东北路权上的目标有两个——吉会铁路和"满蒙四路"。在吉会路上，1909 年日本初步获得修筑特权后，一直试图尽快实现，但遭到中国民间的强烈反对，并且在具体交涉中遭遇中国政府的各种抗拒，进展缓慢。1917 年 10 月，北京政府交通部与满铁签订《吉长铁路借款合同》，日本获得吉长路的"指挥、经理、营业"权益，朝修筑吉会路的目标前进了一步。1918 年 5 月，西原龟三第六次来华，其任务之一是交涉吉会铁路问题。6 月，北京政府交通总长曹汝霖与兴业银行代表特殊银行团签订了《吉会铁路借款预备合同》，日本以预付款 1000 万日元取得建筑吉会路的特权。

"满蒙四路"是 1913 年"满蒙五路"的变种和延续。1918 年，此前的"满蒙五路"除四郑路之外，其他四条路线均无进展。因此，西原龟三与皖系北京政府商量借款问题时，日本政府认为可趁机解决"满蒙四路"问题。9 月，北京政府与日本特殊银行团签订《满蒙四铁路借款预备合同》，日本获得热河至洮南、长春至洮南、开原至吉林以及洮热线某点至某海港四条路线的借款权。

如果说吉会路是日本大陆政策的一条战略性的主干，"满蒙四路"则不仅可进一步巩固日本在东北腹地的控制力，还可将东蒙、热河纳入其势力范围，这些路线最终可与南满线连接，形成日本控

---

① 外务省编纂『日本外交年表竝主要文書』上册、原書房、1965、文書、424~425頁。

制下的南满和东蒙铁路网。尤其是洮热线，北上可与俄国一争高下，南下则可侵入内蒙古以及华北，成为日本扩张势力的两个触角。

此外，尽管此前日本与俄国通过密约方式瓜分了东北路权，但日本并不满足于仅能控制南满。它还利用俄国因参加一战和十月革命爆发而财政紧张、局势混乱的机会谋求北满路权。最具有代表性的是在1919年6月，它利用俄国在十月革命后的混乱局势，由正金银行与俄亚银行达成了瓜分滨黑（哈尔滨—黑河）铁路的协议，染指了黑龙江境内的路权。

（二）蓝辛—石井协定

日本在华势力的急剧扩张引起了其他列强的不满，尤其是美国。日本向中国提出"二十一条"要求后，美国于1915年3月照会日本，一方面表态美国"有理由反对日本关于山东、南满和蒙古东部的'要求'"，但美国"坦率地承认，版图的接近造成日本和这些地区之间的特殊关系"；另一方面明确提出美国"不能无视一个外国在政治、军事或经济上统治中国"。5月11日，美国向中日两国声明，表示"不能承认在日中两国政府之间缔结的或可能缔结的有损于合众国及其公民的条约权力、中华民国的政治或领土完整，或关于中国的国际政策，即众所周知的'门户开放'政策的任何协定或承诺"。[1] 这两个照会明确体现出美国对华政策的基本主旨：坚持"门户开放"和"利益均沾"，反对打破各国在华势力的平衡。

为了抗衡日本在中国的攻势，美国在一战期间加大对华投资，其中，投资中国工矿交通是首选。如美国的裕中公司在1916年与北京政府订立了1000万美元的《承造铁路增订合同》，取得在湖南、广西、陕西、甘肃、广东等地长达1500英里的铁路的修筑权。但最后因俄、法、英等国家的群起反对和袁世凯政府垮台而未能成功。美国利益坚顺公司、广益公司、芝加哥大陆商业信托储蓄银行也纷

---

[1] 阎广耀、方生：《美国对华政策文件选编（从鸦片战争到第一次世界大战）》，人民出版社，1990，第200~201页。

纷与北京政府订立借款协定，但都遭遇日本的梗阻。

此外，在中国是否参战的问题上，美日之间也发生矛盾，并直接影响到北京政府的府院之争。不过，日美间有矛盾和争夺的一面，也有寻求妥协的需要。

1917年8月，为缓和与美国的关系，让美国承认日本在东北的利益和地位，为战后媾和会议上争取其他国家认同日本在华既得利益做铺垫，日本派遣前外相石井菊次郎为特使前往美国。日美此次会谈的重点就是中国问题。石井菊次郎与美国国务卿蓝辛会谈了两个月。双方在基本立场上差异很大：美国坚持在中国推行"门户开放"和"机会均等"，日本则谋求美国承认日本的在华利益。最后，双方在11月2日以换文方式达成蓝辛—石井协定。该协定中，"美国政府承认日本在中国，特别在中国之与日本属地接壤的部分，有特殊利益"，"两国政府并宣告，两国政府永远遵守所谓'门户开放'或在华工商业机会均等的原则"。①

这一协定标志着日美两国在对华利益上暂时达成谅解和妥协。日本承认美国的"门户开放"原则，美国则认同日本在山东和满蒙享有"特殊利益"。对于东北而言，"列强欲藉机会均等，以平分满蒙，日本欲藉特殊地位，以独占满蒙。列强之目的，在使满蒙门户开放；而日本之目的，则欲使满蒙由特殊地位而变为新领土"。② 关于日本所谓"满蒙特殊利益"或"特殊地位"，蓝辛曾表示这"仅仅是由于和另一国家接连致关系该国的安宁和繁荣而产生的特殊利益"，③ 实际并没有明确界定。④ "既无明确之界说，又无固定之体

---

① 北京大学历史系中国近代史教研组编《中国近代史参考资料》，1972，第274页。
② 王同文：《东北铁路问题之研究》下册，交通大学管理学院，1933，第10页。
③ 复旦大学历史系中国近代史教研组编《中国近代对外关系史资料选辑1840~1949》上卷第2册，上海人民出版社，1977，第389页。
④ 所谓日本在东北的"特殊地位""特殊利益"说，当时并没有明确的含义，极为宽泛。1932年，日本针对国际联盟李顿调查团的报告书提出的意见说明中，将日本在东北的"特殊地位"界定为"日本对于该地根据条约所享有之各项特殊权利之总和，并加上由于毗邻的地理位置与因历史交涉而形成之自然结果"。

质，经济利益之外，复加以政治利益；既得利益之外，又包未得利益。盖绝不根据任何双方诚意协定之条约，乃随时随地用强权武力，以作无限制的扩张"。① 但这一论调却被日本反复使用，以抵制其他国家势力进入东北、胁迫中国出让各种利权、干预中国的各种地方事务。

四 一战后的"统一管理"中国铁路方案

第一次世界大战结束前后，面对日本在华势力独大的现状，英美等国急切寻求限制日本扩张势头的解决之道，为此，它们推出了中国铁路"国际共管"方案。

西方"国际共管"中国铁路的设想由来已久。1900年粤汉铁路借款后不久，英法德俄等国就试图与美国统一投资和包揽中国的铁路。1913年，美国人李雅向北京政府交通部提出拟筑中国全国铁路意见书，主张由美国投资中国铁路建设。1916年，英国公使朱尔典向北京政府提议，对于英国借款修筑的铁路，设立总监督来统一管理。

1917~1918年，一战即将结束，英美等国再度筹划"统一"中国铁路，主张中国所有已经建设或将建设的铁路由各国组成的银行团审查，不能向某个国家单独秘密借款。美国驻华公使芮恩施认为，"如果能使世界各国提供的资金用于支持一个统一的国家……各国都将从中获益，远胜于各自在一个角落里贮存的私利"，"中国各条铁路都按照不同国家的借款规定经营，实在是祸害的根源，这是很恶劣的做法，它破坏了铁路事业"。②

1918年6~7月，美国组织了由42家银行参与组成的财团。10月，美国对英、日、法发表关于新银行团计划的声明，核心内容是：英、美、法、日各成立对华借款财团，在此基础上组成对华投资的

---

① 王同文：《东北铁路问题之研究》下册，第10页。
② 〔美〕芮恩施：《一个美国外交官使华记》，李抱宏、盛震溯译，商务印书馆，1982，第251~252页。

国际银行团；各国财团应与国际银行团共享对华借款的优先权和取舍权；国际银行团的业务主要包括行政借款、实业借款和铁路借款，但借款条件和条款不应损害中国政府政治和主权。[①]

美国的提议迎合了英国等势力在中国卷土重来的心理，日本也在三国的压力下同意加入。1919 年 5 月，四国银行团代表在巴黎磋商国际银行团的相关事宜，决定"将来的借款事业和一切现存的契约和借款选择权将进行公募者，全部视为共同事业"，"各国团体须将其所有或管理的此种契约及选择权全部提供给借款团"。对英、法、美三国而言，各国共享借款权的原则有利于它们获得更多在华权益；对日本来说，这意味着其在华利益要被其他国家分享。显然，日本决难同意这一方案，尤其反对他国动摇它在东北的优势地位。

6 月，横滨正金银行代表小田切在日本政府的指令下，向美国声明："对日本有特殊利益的满蒙地方的一切权利和选择权，必须从协定案所定的关于共同事业的规定中除外……这是出于对上述地区在地理上和历史上有着极为特殊的关系这样的事实，而且上述特殊关系一向为英、美、法、俄各国所承认。"不过，日本的这一要求遭到英美等国的强烈反对，它们表示："英、德、法、美各国借款团不能同意或考虑上述声明。"

此后，日本虽表面承认巴黎会议的决议，却仍多次向英美提出"满蒙除外"的要求。1920 年 5 月，由于英、法已经让步，美国银行团也不得不表示同意日本在东北铁路上的要求，四国达成妥协，表示："一、南满铁路与其现有支线以及该铁路附属事业矿山均不属于借款团的范围；二、洮南至热河铁路及洮热铁路的某一点至海港的铁路包括在借款团规约的条款之内；三、吉林至会宁、郑家屯至洮南、长春至洮南、开原经海龙至吉林、吉林至长春、新民至奉天以及四平街至郑家屯各铁路，均在新借款团的共同活动范围之外。"[②]

[①] 〔美〕菲尔德：《美国参加银行团的经过》，吕浦译，商务印书馆，1965，第 120 页。
[②] 《满铁史资料》第 2 卷《路权篇》第 1 册，第 218~220、238 页。

表面上看，日本由于这三条协议丧失了一条铁路的特权，实际上它获得了英、法、美对它在东北的优势地位的承认，确认和巩固了它在东北路权的既得权益。

除了新银行团的活动外，英美等国还通过各种手段在中国鼓吹铁路统一方案。1919年1月，英国银行团代表梅尔思提出统一中国铁路管理案，建议由英法美日等组成的万国统理铁路委员会统管中国铁路，交通部由该委员会和中方人员组成。在华英美报刊也积极鼓吹各国统一管理中国铁路。北京政府交通部顾问美国人贝克草拟了英美中法日五国共同管理中国铁路的计划书，英美公使公开表示支持。

这一"铁路统一"计划在中国引起轩然大波。在总统徐世昌号召下组织的外交委员会的核心成员汪大燮、熊希龄和林长民等人认为，"铁路统一"有利于中国，可打破列强的在华势力范围，主张"凡外资外债建造已成、或未成、或已订合同尚未开工各铁路，其资本及债务合为一总债，以各路为共同抵押品，由中国政府延用外国专门家辅助中国人员经理之"。① 但以梁士诒、叶恭绰及曹汝霖为首的交通系等人则激烈反对。梁士诒认为，"将各路归之共同管理，不特不能打破势力范围，且更变为庞大势力范围"，② 并组织铁路救亡会，频繁活动，并且试图组织中国资本团与各国银行团对抗。叶恭绰表示，"赞同国际投资"，但"反对共同管理"，"主张自行统一"。与此同时，国内的工商界也纷纷反对"铁路统一"方案。由于国内意见纷纭，北京政府最终提出妥协方案，要求巴黎和会的中国代表团在和会上提出，其内容主要是：含有政治性借款的铁路暂时不提出统一管理，而借外债未开工的铁路，或已开工而未修成的铁路，

---

① 叶恭绰：《梁士诒反对铁路共管案之努力》，陈奋主编《梁士诒史料集》，中国文史出版社，1991，第32页。
② 宓汝成编《中华民国铁路史资料（1912~1949）》，社会科学文献出版社，2002，第408页。

吸纳外国资本团加入，其他预备扩展线路暂时不议。①不过，最终，中国代表团并没有遵照北京政府指令在巴黎和会上提出该方案。1919年6月，交通部明确表示坚决反对各国共管中国铁路。

外交委员会成员被称为英美派，也是研究系的主力，曹汝霖则被视为亲日派，与梁士诒、叶恭绰等均属于交通系，但曹被视为新交通系，梁、叶则为旧交通系，此场争论被人们视为亲日势力与亲美势力以及新旧交通系的斗争。②新银行团是英美等国为对抗日本在中国的独大局势而提出的，中国国内的"铁路统一"案纷争则是英美日等国争夺中国势力范围在北京政府内部的折射，正所谓"'铁路统一'案与新银行团问题……牵涉美日在华争夺主控权，及势力范围于'门户开放'的对抗，也涉及交通系对铁路的控制权，各方皆有立场与说辞，内情复杂"。③

英美等国未能如愿"共管"中国铁路，但在中东铁路问题上，"国际共管"却一度成为现实。

五 中东铁路的"国际监管"

（1）美日斗法下走向"国际监管"下的中东铁路

一战爆发后，俄、法、德等国在欧洲战场厮杀，远东形势发生了有利于美日两国的变化。日本积极谋求向北满一带的扩张，美国的资本和商品也大量涌入东北，日美在东北以及远东的较量加剧，并都将目光转向了中东铁路。

1916年日俄进行第四次密约交涉。日本利用俄国驱逐德国在华利益、需要日本经济和军事援助的机会，要求俄国将哈尔滨以南的中东铁路南线让渡与日本。1917年，它又以向俄国政府提供军火援

---

① 《交通史路政编》第6册，第3785页。
② 叶景莘：《巴黎和会期间我国拒签和约运动的见闻》，中国人民政治协商会议全国委员会文史资料研究委员会编《文史资料选辑》第2辑，中华书局，1960，第148~149页。
③ 唐启华：《巴黎和会与中国外交》，社会科学文献出版社，2014，第257页。

助为条件,要求俄国用第二松花江至宽城子间的中东铁路转让给日本。

同时,美国也计划向中东铁路渗透。俄国二月革命爆发后,美国认为这是它向中国东北和西伯利亚发展的机遇。美国派遣曾任巴拿马运河总工程师的约翰·史蒂文斯前往俄国,被任命为俄国的交通顾问,并组织了有300多人的美国工程师西伯利亚铁路工作团。史蒂文斯向克伦斯基政府提出,愿意给予对方各种经济援助,由美国的铁路技术人员对西伯利亚铁路进行改良和监督,并将中东铁路的监督权让渡给美国。

十月革命的爆发如同一石激起千层浪,改变了战争的进程,让国际关系更加变幻莫测。

从1917年底到1918年初,英、法、美、日等决定武装干涉苏俄革命、出兵西伯利亚。1918年5月,十月革命爆发前被俘虏的捷克士兵组成的捷克军团在西伯利亚一带暴乱,协约国以此为由,加快了出兵西伯利亚的步伐,扩大武装干涉的规模。7月2日,协约国最高军事会议在有关干涉俄国的决议中,以"保护俄国"为借口,提出组成一支由日军为主、包括美国以及其他协约国部队组成的联军在西伯利亚作战。[①] 8月,美、意、法等其他几个国家的武装力量大规模出兵西伯利亚。

在各国武装出兵西伯利亚的过程中,日本抢得了先机,并率先在中东路上布局。1918年5月16日和5月19日,日本与北京政府分别订立《中日陆军共同防敌军事协定》和《中日海军共同防敌军事协定》,以防止德俄势力东渐为幌,约定中日共同出兵西伯利亚,采取"协同军事行动","为军事输送使用东清铁路",[②] 为武力取代帝俄在北满的地位、控制西伯利亚、独占中东铁路

---

① 齐世荣主编《世界通史资料选辑》现代部分第一册,商务印书馆,1983,第17~18页。
② 复旦大学历史系中国近代史教研组编《中国近代对外关系史资料选辑1840~1949》上卷第二分册,上海人民出版社,1977年,第401~402页。

铺路。

在扩大出兵的过程中,日本也时刻注意控制中东路。8月10日,日本令早前出兵海参崴的部队"根据情况,准备以一部沿黑龙铁路和黑龙江西进",并以保护侨民为借口令关东都督将部分驻满部队向满洲里、哈尔滨、海拉尔等地推进,擅自占领中东铁路沿线重要站点。日本还突破日美将出兵人数限定,不断增兵。最高峰时,日本驻扎在西伯利亚和满洲里的总兵力,军事人员有4.47万人,铁路从业人员等非军事人员有2.77万人。[1] 从中可见日本强烈的独占中东铁路的姿态。日本参谋本部提出,"准许美国干预中东铁路是关系我国存亡的重大问题",主张"关于中东铁路全线,决不能让日、俄、中三国以外的国家进行干预"。[2]

"对经济上'和平地'占领西伯利亚和过去沙皇俄国其他地区、甚至在北满完全替代俄帝国主义的希望,美帝国主义者在十月革命后显然从未放弃",[3] 协约国决定出兵干涉西伯利亚后,美国担心中东铁路落入日本手中,认为如若任意日本占领中东路,"不啻以北满全归日本势力范围"。[4] 因此,它不仅反对日本单独出兵西伯利亚,还利用史蒂文斯的影响,打算仿照西伯利亚铁路,通过技术人员参与中东铁路的方式与日本相抗衡。

十月革命后,史蒂文斯与中东铁路局局长霍尔瓦特达成协议,允许美国技术人员充当中东铁路顾问。1918年3月,史蒂文斯率领的120名美国工程师前往哈尔滨等中东铁路重要站点担任顾问,为美国插手中东铁路制造便利条件。美国还向北京政府表示,"日本沿道布置军队,愈图侵占",不如将中东铁路"交由美国驻西比利亚铁

---

[1] 日本防卫厅战史室编纂《日本军国主义侵华资料长编》(上),天津市政协编译委员会译校,四川人民出版社,1987,第112~116页。
[2] 《满铁档案资料汇编》第3卷,第365页。
[3] 〔苏〕B.阿瓦林:《帝国主义在满洲》,北京对外贸易学院俄语教研室译,商务印书馆,1980,第208页。
[4] 《中俄关系史料——中东铁路》(一),中研院近代史研究所,1960,第178~179页。

路委员会派员兼管",① 企图在控制中东铁路上与日本一争高下。

不过,由于俄国革命后远东地区的政治局势极为复杂,不仅涉及旧俄各种势力和新生苏维埃政权,英法等其他列强也对此虎视眈眈,利益纠葛极深,无论是日本还是美国,都难以单独控制和解决中东铁路。1918年8月,美国转而寻求"国际共管"中东铁路。

1918年底,英、美、法、意就西伯利亚铁路和中东铁路问题展开谈判,各国大致同意共同监管原则,但日美又在各国监管权力大小发生激烈较量。美国提出由史蒂文斯行使铁路的管理权,革除霍尔瓦特及俄籍职员。日本则坚持管理权不能掌握在史蒂文斯手中,主张保留霍尔瓦特等人的职务。

1919年1月15日,美日在东京订立《关于监管东清即西伯利亚等铁路之规定办法》,这次会议是国际监管中东路的预备会议。2月17日,美日两国将此办法通知中国。3月5日,协约国共同监管西伯利亚铁路和中东铁路委员会在海参崴正式成立。14日,共管委员会正式宣布对中东铁路和西伯利亚铁路实施监管,中东铁路由此进入国际共管之下。

以美日东京协议为基础,共管委员会通过监管章程,约定由特别共同联军委员会监管联军活动范围内之铁路,下设技术部和联军军事运输部。中东铁路名义上是国际共管,但在委员会中起主要作用的还是日美两国。史蒂文斯利用其作为技术部长的职务,将技术部的总部设在哈尔滨,积极推进美国资本流入中东铁路,很快就提出2000万美元担保计划。在分段监管的分配上,主要也是由美日两国占有。日本认为,它监理的铁路只占西伯利亚和中东铁路(总长6755英里)的28%,与美国相比处于劣势。不甘心的日本随后提出改变哈尔滨以南的中东铁路南线的轨距,试图将中东路与南满路连

---

① 《发国务院、交通、陆军部、参陆办事处、督办参战处密函》,《中俄关系史料——中东铁路》(一),第179页。

成利益共同体，但被美国拒绝。①

此外，日本还试图利用谢苗诺夫的白俄势力控制中东铁路。1919年夏秋之间，日本频繁勾结谢苗诺夫，暗中协助其向中东铁路沿线进兵。日本驻奉天领事积极在谢苗诺夫与张作霖之间周旋，劝诱张作霖，让他默许谢苗诺夫的军队占领满洲里至哈尔滨的中东铁路沿线地区，此举遭到张作霖的拒绝以及鲍贵卿的抵制，日本借用外力抢占中东路的企图破灭。

（2）从新四国银行团到华盛顿会议

美日之间在中东路上的交锋不仅发生在监管委员会内部，还延伸到新四国银行团中，并在华盛顿会议上激烈碰撞。

早在1918年7月，美国就倡议重组对华银行团（1910年英、美、德、法四国组成了银行团，1913年日、俄加入后变为"六国银行团"）。美国提出，银行团的目的之一是要"将中国主要铁路干线置于外人有效管理之下，由外人监督员管理下的铁路警察保护铁路"。②

1919年5月，英、美、法、日等国在巴黎召开会议，讨论新四国银行团的成立事宜。尽管美国表示"新银团的活动应防止将来建立特别的势力范围"，日本却认为这恰恰是为了制约日本在华势力的发展。6月18日，日本提出，"日本有特殊利益的满蒙地方的一切权利和选择权，必须从协定案所定的关于共同事业的规定中除外"。这一表态实际上排斥其他国家的资本进入东北，因而遭到英美的共同反对，但日本随后不断"从日本与满洲及内蒙古的关系而言，或从日本的实际需要而言，足以说明与日本是有着特殊关系的"③为由，要求英美法承认日本在东北享有"特殊权益"。对于日本的表

---

① 《满铁史资料》第2卷第1册，第346页。
② 中国人民银行金融研究所编《美国花旗银行在华史料》，中国金融出版社，1990，第326页。
③ 傅文龄主编《日本横滨正金银行在华活动史料》，中国金融出版社，1992，第520页。

态，美国认为这是"政治上排他权利的主张，或者似欲确立所谓日本之势力范围"，始终未予同意。①

1920年3月2日，日本又提出所谓"对帝国国防及在经济方面的生存安全"有重大关系者除外的提议，要求英美承认其在南满铁及其支线以及作为附属事业的矿山、洮热铁路及该线某地至海港的铁路以及吉长、新奉、吉会、四郑、郑洮、长洮、开吉铁路上日本有"保留为保障其安全而采取必要措施的自由"。②结果再度遭到英美的反对，但为了拉拢日本参与银行团，英美同时表示，尽量避免采取有害于"日本生命攸关的利益的任何行动"。

最终，5月11日，四国达成协议，英美法实质上确认了日本在东北的"特殊利益"。10月15日，新四国银行团正式成立，美国银行团的代表正是史蒂文斯。尽管新四国银行团并不是直接针对中东铁路设立的，但它成立后，美日两国却在中东铁路问题上频发矛盾。

日本认为，如果中东路与俄、中两国以外的国家关系加强，"不仅严重影响南满铁路，恶化我与南满的经济关系，而且必然进一步给我们的政治地位造成重大影响"，必须"竭力防止中东铁路归于其他外国势力之下，同时也力图至少将中东铁路南线取到手中"。为此，1920年，日本针对中东路问题提出三种方法、四种实现途径、六种方案。③

美国认为，"日本人正阴谋策划控制该路"。1920年，它提议从西伯利亚撤兵、西伯利亚铁路国际管理委员会解散。此后，美国与华俄道胜银行合作，试图利用银行团，通过借款方式继续参与中东铁路，以遏制日本。1921年6月，美国提议由银行团向中东路提供3000万日元借款，用于偿还旧债、改善铁路状况。对此，日本"仍

---

① 章伯锋、李宗一主编《北洋军阀（1912~1928）》第3卷，武汉出版社，1990，第1302页。
② 日本外务省编纂「日本外交文書」大正9年第2册上、1973、195~196页。
③ 《满铁档案资料汇编》第3卷，第381~388页。

认为中东铁路是俄国的财产，它不属于中国银行团范围内之事"，[①]以否认中国对中东铁路的主权的方式阻止美国介入中东路。8月，史蒂文斯再度提出改革方案，目的是"欲将全部中东铁路置于其技术部的管理之下，对中东铁路进一步扶植其势力。"[②] 这一方案遭到中、日、俄各方反对，仍未能成功。

1921年底，华盛顿会议召开，中东铁路再度引发激烈纷争。

美国试图利用华盛顿会议推进中东铁路国际化，为四国银行团投资中东铁路做铺垫，在会议开始前就由史蒂文斯起草了相关计划，还与远东共和国有所接触。美国的这一方案目的在于"阻某国之单独管理"，所谓的某国，即指日本，并且表示如果中东铁路仅由中俄两国解决，"则使第三国无以置议，且难于阻止日本以对待南满铁道之态度对待中东铁路"。[③]

1922年1月18日，华盛顿会议太平洋及远东问题委员会第二十次会议正式讨论中东路问题。美国提出设立各国共同派人组成的财政委员会监督中东路的一切财政，取代联合技术部；财政不充裕时，由银行团提供借款；路政由中东铁路公司管理，财政委员会不予以干涉；在护路和警政上也由财政委员会负责给养。对于上述两个问题，中国都不予认同，提出："中国对于该路应享特别利益"；协约国已经结束在西伯利亚的军事行动，"联合技术部系临时性质"，"应即取消"；按照现在苏俄和中东铁路的情况，美国所提方案不适宜。[④]

由于分歧较大，中东路随后提交分组委员会讨论。到2月24日第六次大会表决前，有关中东路问题，共在太平洋及远东问题委员会、专家分组委员会、九国委员会上共讨论八次。在这些会议上，

---

① 《美国花旗银行在华史料》，第306~307页。
② 《满铁档案资料汇编》第3卷，第360页。
③ 中国社会科学院近代史研究所、《近代史资料》编译室主编《秘笈录存》，知识产权出版社，2013，第408页。
④ 中华民国史事纪要编写组：《中华民国史事纪要（初稿）》民国十一年正月至三月，中华民国史料研究中心，1982，第222页。

中国的立场仍然与美日等相去甚远。分歧的实质是中东路的主权归属问题，中国始终坚持中东铁路不具备信托或托管性质、中东铁路主权属于中国所有。但其他一些国家尤其是日本，却否认中东路的中国主权，称"中东铁路虽为中国法律上之公司，但非中国之财产"、"大会仅能讨论事实，无决定该路事务之权"。① 日本还极力反对中东路的国际共管方案。它的这种表态实质仍是排斥美国等其他国家干扰和争夺日本在东北的利益。

由于各方意见不一，2月4日，华盛顿会议最终通过一项决议案，以及中国未赞同、大会也未投票的保留案。议决案表示，"为有利益者保存中东铁路，应予以该铁路及服役并使用铁路者更加良好之保护；职员遴选更加注意，以便完成业务之能率；款项开支更加撙节，以便防阻财产之浪费，此事应即由相当之外交途径办理之。"②

华盛顿会议并未实质解决中东路，美国的国际共管方案的失败。其背后原因一是与会各国内部意见不一，尤其是美日间矛盾严重；二是中东铁路问题的另外一个主角苏俄根本没有出席此会。与会的远东共和国代表则不同意其他国家干预中东路，要求由中俄两国解决。

7月24日，日军从西伯利亚撤兵。在8月的银行团会议上，美国再次利用华俄道胜银行代表提出"中东铁路国际借款备忘录"，主张由四国银行、华俄道胜银行以发行债权方式参与中东路，但又被日英两国再度以不属于银行团借款范围内拒绝。③ 最终，美国的贷款方案流产。10月，日本完成撤兵，中东铁路的国际共管结束。

第三节　东北早期自主筑路的尝试和挫折

自俄国获得中东铁路建筑权后，东北路权不断外溢，交通动脉

---

① 《中华民国史事纪要（初稿）》民国十一年正月至三月，第223页。
② 《中外旧约章汇编》第3册，第216~217页。
③ 《美国花旗银行在华史料》，第309页。

操诸外人之手。随着路权的丧失,铁路周边的经济、政治、军事权益也为他人掠夺。倍感生存危机的东北官民急切寻求应对之道,发展中国的自建铁路、维护利权、抵制外力入侵成为他们的共同需求。

一 清末东北当局的铁路发展观

东北官民的筑路活动是受到东北路权外溢的刺激而兴起的。日俄战争前后,日、俄两国俨然将东北视为私有之物,肆意掠夺凌辱。如何在列强角逐之中寻找东北的救亡之路?这一难题拷问着清政府和东北当局及民众,引发了他们的广泛关注和思考。

1906年10月,清政府委派农工商部尚书载振和巡警部尚书徐世昌考察东北三省。考察结束后,徐世昌等将东北三省的见闻上奏清廷,在分析东北面临的形势时,他们尖锐地指出,"东三省比岁以来,迭遭变故,创巨痛深,为二百余年所未有。……乃自日俄战定,两强势力分布南北,一以哈尔滨为中心,一以旅顺、大连湾为根据,囊括席卷,视同固有,名为中国领土,实则几无我国容足之地。且其开拓展布有进无退,恐不数年间,而西则蔓延蒙古,南则逼处京畿,均在意计之内",发出了"事势至此,犹不亟图挽回之术,则此后大局益将无可措手"的警醒之论,强烈呼吁清廷"大加改革,于用人行政诸大端破除成例,以全国之人力、财力注重东陲"。[①] 在《密陈通筹东三省全局折》中,徐世昌进一步提出,"东三省之安危存亡,非仅一隅之安危存亡而已,中国前途之兴替,实以此为枢纽",并提出了以改革东北三省官制为核心的建议,请求设置东三省总督,统筹总揽外交事件外的"财政、兵政及一切内治之事"。[②]

1907年4月,清政府了徐世昌等人的建议,正式在东北实施官制改革,盛京将军改为东三省总督,兼管三省将军事务,奉天、吉

---

① 《日俄战争后东三省考察史料》(上),《历史档案》2008年第4期,第12、16页。
② 《密陈通筹东三省全局折》,徐世昌:《退耕堂政书》第1册,文海出版社,1968,第363~371页。

林和黑龙江各设置巡抚一缺。徐世昌补授东三省总督。自1907年到民国肇建，东三省总督虽历经徐世昌、锡良、赵尔巽三人，但在东北的基本发展策略上，东北当局基本延续了自徐世昌时期提出的"开放主义"和"均势外交"的思路。

徐世昌认为，在日俄瓜分东北的局面下，要解决东北的危机，"惟有振兴商务，发达利源，集世界各国之资本于东三省，置世界各国人民生命财产于东三省"，"变东三省将来之大战场而为世界将来之大商场"，如此"则各国势力均，财产重，而两强之狡谋戢，将易兵战而同谋商货之利益，则我之疆土保，主权固而京师东北之屏藩巩固，关以内方可无忧矣"。① 这些主张的实质就是在东北实行"开放主义"和"联合政策"，特别是以经济和资本为手段，引入英美等国资本，从而借力打力，利用欧美牵制日俄，保护东北主权。② 在国力羸弱、东北危机重重的境遇下，徐世昌的这一思路得到广泛认同。1909年接任东三省总督的锡良也明确提出，"东三省经中日、日俄战后，危而复存者，赖由于列强牵制之力"，"东省生机，只有均权一法"。③

由于铁路的多重效用以及东北路权为日俄操控的现实和巨大危害，东北各地方当局在东北的发展上一致将目光转向了铁路交通。

早在1905年春，黑龙江将军程德全在分析黑龙江的形势时，就深刻地指出，"国势之强弱，视乎商务之盛衰，而尤以铁路为命脉"。1906年，他进一步论述了中东铁路对黑龙江路权及国家安全的严峻威胁，指出"乃自东清铁路开通，不独险要全失，而商货之流通，官家之运转，均仰息于人，一旦有故，则生息不通，坐困一隅"，并警示如若不改变黑龙江路权外溢的局面，"不惟将来之利益丁我已属

---

① 《经营东三省说贴》，徐世昌：《退耕堂政书》第4册，文海出版社，1968，第1756~1761页。
② 《上监国摄政王条议》，徐世昌：《退耕堂政书》第4册，第1794~1797页。
③ 《密陈借款修筑锦瑷铁路片》，中国科学院历史研究所第三所工具书组整理《锡良遗稿·奏稿》第2册，中华书局，1959，第1008~1009页。

无分,并固有之生计,亦将侵夺无余"。①

徐世昌在回顾自己从辽宁到黑龙江的旅途时,以沉痛的笔触描述道,"皆不得不仰息于日俄之汽车,明明我之境内而俯仰周旋,如适异国,犹且不得不含耻茹痛,强作感谢之辞",并且进一步分析了路权丧失的严重后果,"沿线之森林、矿产均随之去,血脉不通,利权尽失",明确提出"欲谋行政之便捷,图实业之扩充,则不可不以交通机关为其命脉"。②就任东三省总督后,徐世昌更屡屡将铁路交通视为东北发展的首要任务。在民间,不少中上层人士也意识到,"路之所至,即兵威权力之所至","此中得失,重关主权"。③

1907年9月,上任东三省总督不久的徐世昌提出经营东北最重要的四项工作,其中第一项就是计划东北的交通。徐世昌认为,解决东北铁路问题的上策是收回中东、南满两条铁路,但此举"外人不易就范,财力亦所弗胜",实现难度大,因此要图谋补救之法,惟有自筑铁路。④锡良详细分析了日、俄两国利用铁路扩张军事势力的历史与现状,将自筑铁路视作关乎东北生死存亡之举,忧心忡忡地指出:"彼则头头是道,我则首尾受敌,徒拥领土之权,竟无一路可以自由兴筑,恐自此以后,东省惟有束手待毙,并无一事可为。"⑤

但在当时国力衰微、群强环伺的环境下,如何推进东北的铁路建设呢?东北当局认为,单凭清政府或东北三省的微薄力量根本无法完成东北的铁路建设,只能借用外资和外力。锡良和程德全曾剖

---

① 《创修铁路折》《沥陈铁路展拓利益折》,李兴盛等编《程德全守江奏稿》,黑龙江人民出版社,1999,第185、321页。
② 《日俄战后东三省考察史料》(上),《历史档案》2008年第4期,第15~16页。
③ 吉林省档案馆、吉林省社会科学院历史研究所编《清代吉林档案史料选编——辛亥革命》,1983,第78页。
④ 《经营东三省说贴》《上政府条议》,徐世昌:《退耕堂政书》第4册,第1758~1759、1763~1764页。
⑤ 《旧病复发吁请开缺折》(宣统元年七月二十二日),《锡良遗稿·奏稿》第2册,第950页。

析，在经济上，修筑铁路动辄须集资数百乃至数千万两之巨，无论是中央政府还是地方当局都不可能有这样的经济实力；在外交上，"我若自修不见阻于日，即见阻于俄。无论何路，终无让修之日，束手待毙"，只有"厚集洋债，互均势力"才能"救东省今日之危，破日俄相持之局"。① 锡良甚至提出，"非借外人之款不足以经营东三省，尤非借外人之力，无由牵制日俄"，"是借款者，乃兼借其势力，彼以势力换我利权，我即借其势力以巩疆圉"。② 所谓"洋债""外人之力"即是英美。这种推动英美在东北的经济势力的增长以抗击日俄、借用英美资本发展东北铁路交通以打破中东铁路和南满铁路的独断地位的思路长期为东北当局继承。

二　夭折的新法路、锦瑷路计划

到辛亥革命前夕，东北当局提出过不少借用外资进行铁路建设的蓝图，其中以新法路、锦瑷路设想最有代表性。

（一）从新齐瑷路到新法铁路

新法铁路计划的最早倡导者是黑龙江将军程德全。1905年底，程德全"详批舆图，细为研究"，计划修筑齐齐哈尔城至齐齐哈尔车站、哈尔滨至呼兰、对青山至呼兰、满沟站至绥化等短途铁路以及从呼兰或对青山至瑷珲的铁路干线。1906年初，程德全向清政府详细分析黑龙江在路权受制于人后的困境：

> 江省僻处极边，为东北屏蔽，……乃自东清铁路开通，不独险要全失，而商货之流通，官家之运转，均仰息于人，一旦有故，则生息不通，坐困一隅……全利权外溢，尤其小焉者也。日夜焦思，通盘筹画，非修铁路别无抵制之方，亦别无振兴商

---

① 《锡良程德全致枢垣遵旨筹借洋款议筑锦瑷铁路电》，《清季外交史料》（9），第4159页。
② 《筹借外债议筑铁路折》《密陈借款修筑锦瑷铁路片》，《锡良遗稿·奏稿》第2册，第959~960、1008~1009页。

务之计。

他提出修筑"自哈尔滨江北马家船口,北向呼兰,曲达绥化,直接黑龙江城"的铁路干路,"再由对青山至呼兰,由昂昂溪车站至省城修二支路。并由对青山之路,西逾东清铁路,过松花江与伯都讷(今吉林扶余)铁路相接省城支路,东向以接干路",并拟定从荒价下提取 100 万两作为股本,设立铁路公司,向民间招股,"专招华商,借保路权"。①

不久后,程德全又对此计划进行修正,将路线修改为自新民屯起、经洮南府和扎赉特旗至齐齐哈尔,再接展至瑷珲,此即新齐瑷铁路计划。程德全认为,这样不仅可实现东北三省有自主的铁路干线,还能与关内的津榆铁路(天津—山海关)相接。在具体修筑上,他计划先修筑新民屯段,再由内而外,由南而北扩展。这一计划从经济和战略意义上说极为重大,但路线绵长、需款甚巨,而黑龙江的财政状况"出款每多于入款……任举一事,莫不造端宏大,非有杯水车薪之慨,即露捉襟见肘之形",② 本就举步维艰的清政府也无力提供财政支援,程德全的筑路设想无从实施。

程德全的修路计划也得到了其他东北主政官员的响应。1907 年 3 月,盛京将军赵尔巽提出,经营东北的要举之一是"新民至法库门,再至辽源州,抵齐齐哈尔,应建一铁路,以联络蒙疆,收回权利"。③ 但不久后,东三省改制,赵尔巽离任,其修路计划随之中断。

徐世昌任东三省总督后,认为赎回三省铁路虽是上策,但实施难度太大,转而提出"惟有速办新民屯至齐齐哈尔一路尚可为补救之法",并且得到奉天巡抚唐绍仪的支持。徐、唐等人认为,这条铁

---

① 《致赵次珊留守论修瑷珲等处铁路》《创修铁路折》,李兴盛等编《程德全守江奏稿》,第 821、321~322 页。
② 《上振徐两钦使详陈边事情形》,李兴盛等编《程德全守江奏稿》,第 862 页。
③ 《盛京将军赵尔巽致枢垣遵筹东三省应办事宜电》,《清季外交史料》(7),第 3631 页。

路与南满铁路和中东铁路都相距甚远,不会引起日、俄两国的干预,而且此路可以与京奉路相接,实现关内关外的铁路联通。徐世昌甚至将这一计划喻为"死棋得生"之举。① 在具体实施上,为免"外人横生阻力",他们拟定分新民屯至法库门、法库门至洮南、洮南至齐齐哈尔三段修筑,② 并且计划将来进一步修筑奉天至瑷珲的干路,推动东北富源的开发。

徐世昌的新齐铁路计划出台时,正值司戴德积极为美国资本寻求向东北渗入的机会。得知东北当局的该计划后,司戴德向徐、唐表示美国愿意投资此路。这一提议契合了徐世昌等人借英美资本抗衡日俄的设想。唐绍仪与司戴德协议由美国出资2000万美元,成立东三省银行,进行币制改革,促进东北各项事业的兴办。1907年8月7日,双方就此交换备忘录。不久后,美国因金融危机决定暂缓投资新法铁路。徐世昌转而联络英国保龄公司,希望拉拢英国加入这一计划。11月,东北当局与保龄公司签订《新民府至法库门铁路草合同》,预计仿照关外京奉路办法,借款300万英镑修筑京奉路支路——新法铁路。为避免外力的阻挠,双方还约定,"所拟以上各情,无论何项,私人及公众,不得宣布"。③

不过,日本早在1907年1月就得知赵尔巽的新法铁路计划,驻奉天总领事获原守一明确提出,如果中国实施该计划,日本必须抗议,以保护南满铁路利益。④ 8月12日,日本驻华代理公使阿部守太郎照会清政府外务部,表示日本政府不允许中国敷设与南满路并行之路或侵害该路利益之支路。外务部起初态度坚决地回复,东三省是否借用外债修路为中国内政,延长关外路线与南满路毫不相涉。⑤ 邮

---

① 《上政府条议》,徐世昌:《退耕堂政书》第4册,第1763~1764页。
② 宓汝成编《中国近代铁路史资料(1863~1911)》第2册,第602页。
③ 《徐世昌唐绍仪致外部拟与保龄公司订立修筑新法铁路协定节略函》,《清季外交史料》(7),第3716~1719页。
④ 《满铁档案资料汇编》第3卷,第44~45页。
⑤ 《外部致日代使阿部东省延长关外路线系便利我国交通与南满铁路无涉照会》,《清季外交史料》(7),第3681页。

传部一面表示关外铁路敷设新线将不会低于欧美标准的两线间距离，以此安抚日本；另一面向外务部说明修筑此路的目的之一是"挽回南满洲铁路所失之利权"。① 然而，此时正着意于巩固日俄战争成果、排斥其他国家势力进入东北的日本并未罢休，继续以此路干涉南满路利益的理由向清政府多次抗议施压，并要求英国政府拒绝支持保龄公司。②

徐世昌和唐绍仪数度请求外务部拒绝日方的无理干涉。中日围绕新法路问题进行了旷日持久的交涉战。1908年10月，为了寻求中日各项交涉的突破以及中美在东北的深度经济合作，唐绍仪经由日本出访美国。但唐绍仪的访日之行没有实质成果，而他抵达美国前夕，日本驻美大使高平小五郎与美国国务卿罗脱于11月30日抢先达成了《罗脱—高平协定》，双方"将两国政府过去屡次宣布的关于远东的协同政策加以扼要的相互确认"，③ 实质承认了远东地区日美利益的现状。唐绍仪的联美活动以失败告终。

1909年1月19日，日本阁议采纳满铁的意见，提出新法路的两种替代方案。2月初，日本正式向清政府提出东三省六案节略，其中第一案就是新法铁路问题。日本在此前阁议的基础上，正式提出两种方案：一种是清政府放弃新法铁路，改为修建法库门至铁岭的铁路，并且和南满路连接；如果清政府不同意第一方案，则须以许可南满路敷设补养线的方式补偿因修筑新法路给南满路造成的损失，即清政府在敷设新法线的同时，将南满路沿线一站起，经法库门至郑家屯的支路建筑权给满铁。④ 从中可见，无论哪一种方案，都是要求将新法路变成南满路的支线或培养线。清政府认为，"惟东省各事，延吉实为最要"，主张以其他各案换取日本在延吉问题上的

---

① 王芸生：《六十年来中国与日本》第5卷，第76~77页。
② 《满铁档案资料汇编》第3卷，第45~50页。
③ 《中美关系资料汇编》第1辑，世界知识出版社，1957，第459~460页。
④ 《满铁档案资料汇编》第3卷，第79~81页。

让步。① 最终在 9 月 4 日的中日《东三省交涉五案条款》中的第一款约定，"中国政府如筑造新民屯至法库门铁路时，允与日本国政府先行商议"。② 东北当局的新法铁路计划实质上夭折了。

（二）锦瑷铁路计划的失败

眼看新法铁路无法实现，东北当局只得另寻他法。1909 年 2 月，徐世昌调任邮传部尚书，锡良继任东三省总督。锡良提出"三省则实切近心腹之区，稍有挫失，不堪设想，亦不忍言，所谓卧榻之侧不容他人酣睡者也"，建议从多方面整顿东北内政，明确表态称"欲为整顿三省、抵制外人之计，仍不外将徐世昌所筹各事，赓续办理"。③ 他与徐世昌、程德全、周树模等人积极谋划修筑新法铁路的替代线，这就是全线长 1500 多公里的由新民屯起，经锦州、小库伦、洮南至齐齐哈尔并拓展至瑷珲的锦瑷铁路。

6 月，锡良上奏清政府，建议修筑锦州至洮南段路线。同时，东北当局还派遣了工程师进行实地勘察。此后，清政府与东北地方当局多次讨论锦瑷路问题。徐世昌和锡良等人认为，锦瑷路具有举足轻重的战略意义：在交通上，该路修成后，不仅为东北提供一大铁路干线，且将来可连接葫芦岛港，形成东北自主的路港输出动脉，"不独铁路分南满之利权，抑且航路挽营口之损失"；在维护东北边防上，它"内则联络三省，外则策应蒙疆，水陆兼筹"；在经济上，此路将广开商路，促进东北资源的开发与利用。④ 锡良甚至断言，"锦瑷铁路一议，在我之主脑，实在救亡，非仅兴利也"，"东省生路只此锦瑷一条"。⑤

由于邮传部铁路款项每年收支难抵，锦瑷路路长工巨，又不能

---

① 《外部致胡惟德请日政府将延吉事照允余易商结函》，《清季外交史料》（8），第 3793 页。
② 王芸生：《六十年来中国与日本》第 5 卷，第 213～214 页。
③ 《考察东省情形整顿内政折》《密陈东三省关系大局情形折》《旧病复发吁请开缺折》，《锡良遗稿·奏稿》第 2 册，第 926～930、950 页。
④ 宓汝成编《中国近代铁路史资料（1863～1911）》第 2 册，第 617～618 页。
⑤ 《密陈借款修筑锦瑷铁路片》，《锡良遗稿·奏稿》第 2 册，第 1008～1009 页。

不修，锡良仍主张借款筑路。鉴于此前东北当局多次与司戴德和美国资本以及英国保龄公司接洽，锡良等人在锦瑷路事项上继续联络英美势力。1909年10月2日，司戴德代表美国银行团与东三省总督锡良和奉天巡抚程德全签订《锦瑷铁路借款草合同》，约定由美国银行提供锦瑷铁路建筑费用，筑路工程由英国保龄公司承包，由中、美、英三方人员组成铁路公司经营和管理此路。10月6日，司戴德还与保龄公司代表法伦许订立协定备忘录，约定保龄公司在经费、购置材料以及铁路经理方面须保障美国银行团的利益。① 借款草合同订立后，锡良几次上奏清政府，阐述此路对东北存亡以及政治外交上的意义，请求清政府迅速与英美订立正式合同。

如同新法路一样，锦瑷路计划一开始就遭遇了日本的强力阻挠。日本认为，此路在军事上和经济上对日本在南满的经营产生重大影响。7月中旬，日本阁议决定，对锦瑷路的政策或是以所谓"平行线"说阻止其修筑，或是要求日本加入此路。但在权衡利弊后，阁议认为第一方案不足取，第二方案不仅能够保持日本在南满的利益范围，还可以向北满渗透。② 此后，日本多次与保龄公司负责人、英国外交大臣会谈，要求英国同意日本加入锦瑷路。由于日本的干预，锦瑷路的借款计划一再迁延。到11月初，此前希望英国政府协助完成锦瑷路投资的美国因决定先集中解决湖广铁路，暂不考虑锦瑷路。本就不反对日本参与锦瑷路的英国顺水推舟，数度向日本示好。

同时，清政府内部对锦瑷路借款问题产生分歧。11月24日，外务、度支和邮传三部会奏，认为原定合同在路事管理以及利益分配等方面侵损利权，主张将合同作废。③ 急切的锡良和程德全一再上奏，力主继续磋商。此时适逢美国的诺克斯计划出台不久，清政府对此颇感兴趣。外度邮三部不再坚持作废，但要求锡良等人在合同上"悉心改订"。④

---

① 《满铁档案资料汇编》第3卷，第99~102页。
② 《满铁档案资料汇编》第3卷，第93~94页。
③ 宓汝成编《中国近代铁路史资料（1863~1911）》第2册，第633页。
④ 《外度邮三部会奏议复英美款兴筑锦瑷铁路折》，《清季外交史料》(8)，第4245页。

然而，锦瑷路尚未定局，诺克斯铁路中立化计划又引起了日俄两国的反对。俄国认为，锦瑷路和诺克斯计划将严重威胁它在东北的利益。1909年底，日俄双方明确表示两国在东北拥有共同利益，应进一步密切合作。在此后的数月中，日俄频繁接触，联手在锦瑷路上不断制造障碍。日本要求参与此路的资金贷放、材料供应、工程承包，并要求修筑锦瑷路与南满路相连的线路。① 俄国先是表态此路"非先与俄国商议，万勿从事"，后又要求改修从张家口至库伦、恰克图、俄国边境的路线，并由俄国参与，其实质仍是反对锦瑷路的修筑。在俄国的拉拢下，法国也向清政府施压，要求考虑日俄两国利益。②

在这样的形势下，清政府在锦瑷路上退意渐坚。1910年3月，外务部提出，由于日俄"词意斩截，断难容我空言辩驳"，与司戴德继续接洽将引起更大纷争，主张暂缓。③ 此后，司戴德与保龄公司仍继续活动，希望排除俄国方面的阻力，复兴锦瑷路计划，但均被俄国断然拒绝。④ 锦瑷路计划几经波折后，终以失败告终。

三 清末民初东北民间的维护路权运动

辛亥前夕，民众对铁路的认知更为深刻。他们断言，"铁路为国家交通之利器"，"国无铁路，则其国宝藏虽富，物产虽盛，而无运输之机关，富源仍无由发达"。⑤ 中国的路权为列强控制和渗透并导致"主权之丧失，国民之负担，无时可以挽回"的现状促使民间反思借外债筑路，掀起自主修筑铁路、抵制列强侵入路权的利权回收

---

① 《满铁档案资料汇编》第3卷，第149页。
② 《日俄法使致外部借美款建筑锦瑷铁路事务请慎重照会》，《清季外交史料》（8），第4252~4254页。
③ 《外部复锡良等锦瑷路事关重大希饬司缓议电》，《清季外交史料》（8），第4277页。
④ 《满铁档案资料汇编》第3卷，第151~152页。
⑤ 邵羲：《论借外债筑路之利害》，张枬、王忍之编《辛亥革命前十年间时论选集》第3卷，三联书店，1977，第427~428页。

运动。到辛亥前夕,收回利权浪潮已有"嚣然遍国中矣"① 之势。

与东北当局相比,民间对借款筑路持怀疑态度,主张由商民共同集资筑路。1907~1908年的新奉、吉长两路路权引发了吉林绅商的高度警惕和关注。一些吉林绅商认为,吉长路"扼满洲之中心,为交通之要点,倘此路遂为日有,则主权尽失","将来有无赢利,所不暇计,必争者,路权也",强烈反对借款修筑吉长铁路,主张由民间筹集资本,争回自办。在部分绅商的主持下,吉林公民保路会顺势成立,由吉林地方自治会会长松毓任会长。保路会提出了"路之存亡,主权所系"的口号,以争回吉长铁路建筑权为主要任务,进而表态要力争和保护吉林境内一切未办铁路的主权;吉林460多名学生联名主张集款自修,不少绅商开始筹款,表示"所以哀哀力争者,路权也,非利权也。主权复,虽无民股,亦所甘心"。② 这一吉长铁路所引起的保路风潮一直持续到辛亥前夕。

在保路的同时,东北绅商也积极谋划筹款自修东北境内的铁路。如铁岭和开原县绅商在1909~1910年就敷设铁海铁路、开海铁路展开了多方活动,并且为路线选择争议不断。开原绅商各界认为,开海路需款较少、成功较速、权利更厚等,力主修筑开海铁路。铁岭商会农会等则认为,铁海铁路不仅事关路权,更关系航权綦重,要求官办兴修铁海铁路。③ 双方为此争执良久,最终由于财政不力以及铁、开两邑矛盾重重,东北当局将铁海、开海两案一并取消。从铁海、开海两线的纷争中可看出,铁路与利权、经济开发的密切关系已经成为当时中上层民众的普遍认知。

---

① 陈彦彬:《论收回利权之宜有根本解决》,张枬、王忍之编《辛亥革命前十年间时论选集》第3卷,第433页。
② 《清代吉林档案史料选编——辛亥革命》,第78~80、85、89页。
③ 《开原教育会会长等为痛陈修筑开海铁路与铁海铁路之利弊》《开原教育会等为再次陈请通饬五城会议并恳派员调查开海路线》《照抄实业司卷铁开两属争修开海铁路线案》《铁岭教育会商会等呈奉天劝业道》,辽宁省档案馆:全宗号JC10,目录号1,档案号3795(此后有关未刊档案的引用一律按JC10-1-3795方式简写)。

1909年，东北三省谘议局成立后，铁路成为筹议自治的重要事项。吉林谘议局分析了吉林路权危机之紧迫，认为要应对这一局面，唯有自修铁路一途，首要目标是修筑吉林至海龙、海龙到奉天的一大干路，寻求"一线之生机"，建议东北当局声明吉海铁路"专归中国官民自修，外人不得干预，政府不得私约"。① 奉天谘议局议长吴景濂认为，东北三省的交通"非另辟新路线，无以救济"，他建议修建奉天至吉林珲春的奉珲线、锦瑷铁路两条铁路干线以及四条支线，提出短期内可先分段修筑奉天至吉林的奉吉路。在海路上，吴景濂和奉天谘议局提出开辟葫芦岛商港的计划。② 到辛亥前夕，奉天谘议局曾数次讨论奉海路计划，但终因财力窘困而未能实现。黑龙江谘议局则提议建设从呼兰马家船口起，经绥化抵达海伦的呼海铁路，并一度成立兰海铁路股份公司，终因款项难筹而中断。

民国建立后，以孙中山为代表的共和领袖将铁路视为促进国家发展的重要途径。孙中山曾言，"苟无铁道，转运无术，而工商皆废"，"故交通为实业之母，铁道又为交通之母。国家之贫富，可以铁道之多寡定之，地方之苦乐，可以铁道之远近计之"。③ 新成立的民国政府为鼓励经济发展，颁布了一系列政策和法令。在铁路方面，北京政府于1914年颁布了65条的民业铁路条例（1915年修正后改名为《民业铁路法》，共计75条），此外还制定了《民业铁路发给执照规则》等法规。这种激励性政策，推动了民间新的筑路风潮，东北官民也更强烈地呼吁自主修筑铁路、打破日俄对东北路权的垄断。

1913年，奉天省议会在"欲谋富强，须先重实业"的理念下，议决兴修此前曾数次筹议的奉海铁路，以"分南满东清两路势力"，

---

① 《清代吉林档案史料选编——辛亥革命》，第93、95页。
② 吴叔班记录、张树勇整理《吴景濂自述年谱》（上），《近代史资料》总106号，第28~29页。
③ 中国社会科学院近代史研究所中华民国史研究室等合编《孙中山全集》第2卷，中华书局，1982，第383页。

"兴实业、挽主权"。① 结果，筹划未及，即遭遇日本向北京政府要求"满蒙五路"路权，其中一条路线为开海路。奉海铁路的建设计划也被日本以不得随意修筑满铁"平行线"以及与开海路利害相关等理由阻止。黑龙江当局则念念不忘筹议多年的齐瑷铁路这一大干线。1914年，黑龙江省省长朱庆澜重启齐瑷路计划，预计筹集资本2000万元，以开放黑龙江省荒地和清乡局积累的赋款和各种罚款为主，不足之款从官民中招集，迅速修筑此路。②

在民间，各种铁路设想层出不穷。1913年，五族共和会关东分会成员李闻榮提出了详细的东北铁路发展规划书，建议建设东北三大干线——由镇安县的打虎山起延展至瑷珲和黑河的镇瑷铁路和京绥铁路、镇安起至图们江的镇图铁路和朝阳至虎林的朝虎铁路、奉天至长白的奉长铁路及相关支线。③ 1916年，商人陈应南等向奉天督军兼省长张作霖呈文，请求成立连峰铁路商埠有限公司，修筑连山湾至赤峰口的连峰铁路，以开辟连山湾和葫芦岛，发展东北实业。此外，东北官民再次提议开启东北的另一出海口葫芦岛。④

然而，由于日本和俄国的外力干扰以及内部政局动荡、财力紧张、意见不一，清末民初的这些铁路规划大部付诸空谈。但东北官民在铁路上的诸多设想、以自主筑路为核心的铁路建设理念、强烈地维护东北利权的意识和推进东北开发的愿望并未因此消失。

到1910年代中期，东北自主修筑的仅有齐昂（齐齐哈尔至昂昂溪）铁路和通裕铁路（大窑沟至女儿河）等零星数条。齐昂铁路是黑龙江将军程德全于1906年底为抵制中东铁路公司由昂昂溪（今三间房）和哈尔滨两站向北各展修支路一条的要求而提出的。1907

---

① 《奉天临时省议会会议修正奉海铁路一案》，辽宁省档案馆：JC10-1-3795。
② 宓汝成编《中华民国铁路史资料（1912~1949）》，第87页。
③ 《李闻榮为呈"东三省铁路规划书"事致孙中山函（抄件）》（1913年1月），《北洋军阀史料·吴景濂卷》(7)，天津古籍出版社，1996，第152~154页。
④ 宓汝成编《中华民国铁路史资料（1912~1949）》，第86页。

年，齐昂铁路正式开筑，资本共计32万两，由天津德商泰来洋行承包工程。1909年9月全路告成，全长约29公里，属于轻便铁路，设备简单，也是黑龙江省境内第一条中国人自主投资的铁路。通裕铁路则由通裕煤矿投资修筑，主要为通裕煤矿提供运输服务，全长32公里，于1916年5月通车。

齐昂路筑成后，流传有《齐昂路路歌》：

> 齐齐哈尔昂昂溪，
> 南北四十里。
> 平沙漠漠里，时见风尘起。
> 牛车马车，难与火车比。
> 省城居民有八万，
> 要开铁道人人喜。
> 合力创公司，
> 利人兼利己。[①]

东北官民对铁路这一近代交通工具的期盼、对自筑铁路的热切之情在这短短的数十字中体现得淋漓尽致。

小　结

由于东北独特的地缘政治地位以及铁路作为政治、军事和经济势力推进的工具，从19世纪末开始，俄国的远东政策、日本的满蒙政策、美国的门户开放宣言和金元外交无一不以东北和东北路权为指向。到1910年代末，列强对东北路权的争夺大致经历了几个阶段：甲午战争到日俄战争时期的英、日、俄竞争时期；日俄战争到

---

① 齐齐哈尔铁路局志编纂委员会编《齐齐哈尔铁路分局志（1896～1985）》，中国铁道出版社，1992，第653页。

辛亥革命前后的多强厮杀时期；辛亥革命后到一战结束后的日本独大时期；一战后列强对日本在东北"特殊地位"的确认。东北路权经此长期竞争，形成了日、俄等外力占主导地位的局面。

外力的投资和争抢，一方面使东北铁路起步和成规模化较早，到20世纪初，东北已有中东铁路、南满铁路和京奉铁路三条大动脉，为东北交通近代化和经济发展奠定了基础。另一方面又造成东北铁路从一开始就在"权"的纷争上极为复杂多变，铁路交通主权旁落，为近代东北铁路交通自主化制造了障碍，为1920年代的中外东北路权冲突埋下了伏笔。

在列强争夺东北路权的同时，东北官民为维护路权、开发经济、巩固边防，试图依靠自己的力量发展东北铁路。特别是日俄战争结束后，修建自主铁路、开辟自主港口是东北官民的共同诉求。为此，他们提出了新法、齐瑷、锦瑷、滨黑等种种铁路计划，或主张联合英美资本筑路，或尝试自筹资金修筑，或建议官办，或倡导商办，或力言官商合办，其规划和设想层出不穷。在政局动荡、外力干扰激烈、地方财力物力有限的情况下，这些计划仅有零星实践，多数未能变成现实。然而，这些设想鲜明地体现了近代东北官民发展自主路港的决心，也为后来执政的奉系当局的路港建设提供了可供借鉴的蓝图和经验。

第二章
东北铁路自主化的新起步

1922年5月，奉系在直奉战争中战败后，宣布东北自治，脱离北京政府。奉系角色的变换、重心的暂时转移至关外以及未湮灭的争夺中央政府控制权的野心使它必须在经营和整顿东北上有所为。铁路因其在交通上的优势以及在发展经济、军事运输、巩固边防上有多重价值，备受奉系看重。到第二次直奉战争前后，奉系提出了建设东北铁路网的计划，成立了最高交通主管机关——东三省交通委员会，确立了以建设自筹资金，自主建筑、管理和运营的自建铁路为核心的发展策略。从1923年起，奉天、吉林和黑龙江三省当局，以官商合办、官督商办等方式自筹资金，依靠本国技术和人员修筑了奉海铁路、吉海铁路、呼海铁路和打通铁路四条干路，初步架构起东北铁路网的东西两大干线。

本章主要检视张作霖时期东北铁路自主化政策及其具体实践，在对几大干线的个案梳理的基础上分析其自建铁路的成效，同时在国际政治外交的视角下关注自建铁路引发的奉系与日、俄（苏）间的关系的波动。

第一节　奉系在东北统治的确立及初期筑路活动

一　奉系的崛起及其在东北统治的确立

奉系的形成和崛起是与其首脑张作霖的际遇和发迹历程相一致的。

张作霖起家于甲午战争后组织的"保险队",并在庚子前后联合了张作相、汤玉麟、张景惠等人的力量,形成一支规模不小的地方武装。1902年,张作霖被奉天新民府知府招抚,其武装被收编入奉天巡防营。日俄战争期间,张作霖主动为日军收集情报,迅速将其队伍由一营扩充至三营。1907年,徐世昌任东三省总督,整顿治安,全面剿匪。张作霖在剿匪运动中出力尤甚,颇得徐世昌赏识,其队伍继续扩张,并收编了洮南一带的孙烈臣的队伍。

辛亥革命爆发后,张作霖帮助东三省总督赵尔巽镇压革命党力量,驱逐奉天的新军第二混成协协统蓝天蔚、捕杀革命党人张榕。在赵尔巽的支持下,其势力持续增长,到1912年前后,张作霖的势力已成为奉天省的一股强大力量。

袁世凯就任北京政府大总统后,于1913年6月将奉天的中路、前路巡防队改编为陆军第27师,张作霖被任命为中将师长,汤玉麟、孙烈臣分任53、54旅旅长,张景惠为27团团长,张作相为炮兵27团团长。奉系的武装力量在此次改编中基本成型。

此后,尽管袁世凯试图牵制张作霖的力量,以"征蒙"的名义将其调至内蒙古,张作霖却利用这一机会大肆扩充兵力,势力不减反增。1915年8月,奉天将军张锡銮辞职,袁世凯任命其亲信段芝贵为奉天将军,并节制吉林、黑龙江两省。本欲取代张锡銮的张作霖对此表面上持欢迎之姿态,内部则策动驱段,并且提出"奉人治奉"的口号。因称帝而内外交困的袁世凯不敢与张作霖决裂,段芝贵任职不到一年即去职。1916年4月,袁世凯任张作霖为盛武将军,暂署奉天军务,兼代巡按使。7月,北京政府正式任命张作霖为奉天督军兼省长。至此,奉系在统治东北上获得标志性的成功,奉系政治军事集团正式形成。

张作霖并不满足于担任奉天督军兼省长的现状。由于此时奉天省的部分军政权掌握在军务帮办冯德麟手中,张作霖的第一步目标就是驱逐冯德麟,全面掌握奉天的军政大权。

1917年,冯德麟的第28师因受张作霖的分化、拉拢而四分五裂，不得已出走北京，参加张勋的复辟活动。7月，北京政府免去冯德麟的28师师长一职，其队伍被张作霖接管，奉天的军政大权全部由张作霖控制。

全面控制奉天后，张作霖又将其势力向黑龙江和吉林两省伸展。

黑龙江省在辛亥革命后的几年内，其军政首脑曾数度更易。1916年，毕桂芳任黑龙江将军兼巡按使，但遭到与张作霖关系密切的陆军第1师师长许兰州的排挤，只得于1917年6月辞职。许兰州随后自任黑龙江督军兼省长，但骑兵第4旅旅长英顺、步兵第2旅旅长巴英额都表示反对，一时之间黑龙江省境内为争夺军政权而硝烟弥漫。7月，张作霖派遣孙烈臣前往黑龙江调停，实则企图趁乱控制黑龙江。8月，北京政府总理段祺瑞任命其部下、张作霖的姻亲鲍贵卿担任黑龙江省督军兼省长职务。张作霖顺势联合鲍贵卿收服了许兰州的部队，免除了英顺和巴英额的职务，取得黑龙江的军政大权。

1918年9月，北京政府任命张作霖为东三省巡阅使，权力遍及三省军政。不过，吉林督军兼省长孟恩远并不受张作霖的掌控，因此，驱逐孟恩远、夺取吉林军政权成为张作霖的重要目标。1919年6~7月，为逼迫孟恩远出走，张作霖鼓动吉林民众向北京政府控告孟恩远敛财、殃民，请愿罢黜孟恩远。同时，张作霖又向北京政府保荐孙烈臣为吉林督军。

为调和张、孟矛盾，1919年7月，北京政府调鲍贵卿为吉林督军，任孙烈臣为黑龙江督军。孟恩远不甘就范，在长春、农安一带集结万余部队，欲与张作霖对抗。张作霖也以孙烈臣、吴俊陞分别任南路和北路总司令，组成"吉林省讨伐军"。7月19日，在宽城子（长春旧称）的中东路二道沟站，发生了吉林军士兵与日本士兵的斗殴事件，日军守备队率30多人武装前往吉军营地，双方发生冲突，互有伤亡。

宽城子事件发生后，日本蓄意扩大事端，调集大批军队前往吉林和长春，并向北京政府抗议，引发了中日之间的紧张态势。在日本的压力下，北京政府下令罢免孟恩远职务。8月5日，鲍贵卿接任吉林督军。张作霖夺得吉林军政大权，奉系在东北的全面统治确立。

　　张作霖势力崛起的同时，日本的势力正在东北不断扩张。为取得日本的支持，辛亥革命后，张作霖多次向日本示好，表示承认日本在满洲的特殊关系和利益，愿意与日本合作。张作霖的这种表态也引起了日本政府的重视。尤其是1916年寺内正毅内阁上台后，张作霖通过其日本顾问菊池武夫表示欢迎日本开发满蒙，愿与日本提携共处。寺内正毅内阁趁机利用张作霖作为其代理人，推进日本在东北的各种利益，默许和援助张作霖控制吉、黑两省。在张作霖登上"东北王"舞台的过程中，日本对张作霖的每个重大举动皆给予各种明里暗里的协助和支持。奉系则许以日本不少利权，日本成为东北最大的贸易对象，在农、林、工、矿等诸多行业的操控权不断增加，日本顾问遍及东北军政部门，其军警势力向东北许多地方蔓延。双方之间的关系正如后藤新平在《日支冲突之真相》一文中概述的，"张离满洲则无地位，盖以满洲为其唯一之势力范围也。……彼认日本在满洲有绝大势力，反对日本，于彼不利，倾向日本，于彼有益。如果利用此特殊之地位，照其心中所认识者而行，则张氏将为满洲专制之王，而日本亦得利用张氏，在满洲为所欲为"。[①]

　　不过，奉系全面统治东北三省后，作为独处一方的地方军事政治集团，如何经营和开发东北、巩固并扩大自身实力是奉系维系在东北的统治的必然要求，也是它入关角逐中央政府控制权的基础。交通作为重要基础设施，也是奉系在东北施政的基本内容。

　　此外，无论是雄踞东北还是入主关内，无论是作为东北的主政者，还是作为中央政府的掌舵人，奉系必然面临的现实问题是如何处理与日本的关系。是全面满足日本在东北的各种需求，配合其"满蒙政策"的实施？还是有限度地寻求自主发展并整体维系与日本的共处？或是全面突破日本的阻挠，与日本的"满蒙政策"积极对抗？显然，这是奉系无法回避的难题。无论如何，奉

[①] 王芸生：《六十年来中国与日本》第7卷，第55页。

系的施政必然与日本以控制和占领东北和内蒙古为最终目标的"满蒙政策"发生利益冲突。特别是在路权问题上,此前长期的日本独大局面随着奉系全面统治东北而发生变化,并影响着奉日关系的走向。

二 奉系的早期筑路活动

自1916年统治奉天开始,以张作霖为首的奉系就面临着如何发展东北的难题。张作霖曾自言:"本将军生长斯土,桑梓攸关,辛亥之后,即以绥靖地方为唯一之宗旨。"① 奉天当局采取了一系列措施稳固其统治,尤其是在治安和财政上更着墨甚重,并着手发展东北实业,如创办兵工厂和煤矿企业。鉴于经济发展尤其是煤矿等能源产业的需要,奉系开始在铁路方面有试水之举。到第一次直奉战争结束前后,奉系在东北铁路上的尝试主要是修筑锦朝(锦州—朝阳)铁路和虎壕铁路。

锦朝铁路的修筑计划最初是1913年京奉铁路局为便利运输朝阳东北部的北票煤矿的煤炭而提出的。由于京奉铁路本就是借英款修建,京奉路局打算继续借用英国资本修建这条路线。然而,日本以"该计划通过帝国拥有特殊利益的满蒙地区"为由两度照会英国政府,一方面表示对此路"无异议",另一方面强调此路如有延长必须得到日本的同意和参与。② 很快,由于第一次世界大战爆发,借用英款之议遂告停止。

1919年,奉天省政府与北京政府交通部确立了联合投资建筑葫芦岛港计划。但交通部因资金难以筹措,完成全部工程难度太大,表示可先修由锦州到朝阳一线的铁路和北票煤矿。

1920年,葫芦岛筑港工程虽因直皖战争爆发而流产,但锦朝铁

---

① 《关于段芝贵离奉张作霖暂代督理奉天军务兼巡按使的文件》(1916年4月18~21日),辽宁省档案馆编《奉系军阀档案史料汇编》第2册,江苏古籍出版社、香港地平线出版社,1990,第389页。
② 宓汝成编《中华民国铁路史资料(1912~1949)》,第225页。

路还是在京奉铁路和奉系的支持下得以进行。1921年4月,京奉铁路以部分利润为资金,正式投资修筑锦朝路。直奉战争爆发后,工程一度停顿。由于政治局势的变化,京奉铁路关内外分别由北京政府和奉系掌控,锦朝铁路的资金改由奉系控制的奉榆铁路盈余中拨充。到1924年12月,锦朝铁路从锦县至北票煤矿段竣工,全长共计112.59公里,但北票至朝阳一段却迟迟未能竣工。奉系及奉榆铁路局为修筑此路,共拨付500万元资金。

虎壕铁路则是为了便利张作霖投资的八道壕煤矿修建的。1919年12月,张作霖在黑山县西北的八道壕投资50万元开办八道壕煤矿。1921年4月,张作霖拟修建自八道壕煤矿至京奉铁路打虎山站的铁路。此路名义上是京奉路支线,由交通部许可和投资,实际其资本均由奉天政府提供。1921年9月,虎壕路正式开工,次年12月19日竣工,全长25公里。该路筑成后,沿途车站距离采煤坑井最远处不到1公里,由八道壕至打虎山站煤产运输往返约为5小时,运至奉天省城的货车最慢也不过7小时。[1]

这两条铁路完成后,极大地便利了北票煤矿和八道壕煤矿的运输。交通的便利、运输的迅速间接提升了市场的需求。虎壕铁路建成后,八道壕煤矿的煤年产量在1930年有7.7万吨,甚至可以与抚顺等地的日本煤矿形成竞争。锦朝铁路建成后,北票煤矿之煤于5小时内可由锦县西沿北宁路直通天津及华北各地,东则可运至东北各地,[2]煤产量从1924年的6.33万吨增长到1930年的50.98万吨,[3]成为东北的民族工业代表。

从锦朝路和虎壕路的修建也可看出,奉系这一时期修筑铁路的主要目的是短期的经济效益,以能源开发和利用为主,所筑线路路程较短,对东北铁路的建设和发展还没有系统的规划。

---

[1] 谭锡畴:《奉天黑山县八道壕煤田》,《地质汇报》第8期,1926年,第24页。
[2] 杨大金:《现代中国实业志》下册,商务印书馆,1938,第127页。
[3] 《东北年鉴(民国20年)》,第1151页。

第二节 奉系铁路自主化政策的形成

1922年5月,奉系在第一次直奉战争中败北,退踞关内,宣布脱离北京政府,实行东三省"自治"。在东北"自治"的背景下,奉系为巩固赖以生存的根据地东北,并为日后重整旗鼓、再度入关做准备,进行了许多领域的整顿和革新,以铁路为中心的交通发展是奉系革新东北的重头戏。到第二次直奉战争前后,奉系在东北铁路发展上初步形成了以自建自营为核心的铁路发展策略,东北进入自主筑路的新时期。

一 第一次直奉战争后的东北

1919年,直系首脑冯国璋病亡,以曹锟、吴佩孚为首的新直系上台,宣扬"武力统一",与以段祺瑞为首的皖系发生激烈矛盾。直皖纷争给以张作霖为首的奉系制造了时机。1920年,奉系以"调停"直皖矛盾为由入关,其最终目的是入主北京政府和扩大奉系地盘。张作霖还与直系达成合作对付皖系的意向。7月14日,直皖战争全面爆发,并很快以皖系溃败告终。直皖战争结束后,皖系一蹶不振,北京政府的政局遂为直、奉合力把持。不过,在中央政治权力以及地盘利益的分配上,双方始终明争暗斗不断,并导致北京政府内阁变动频仍。1921年12月,得到奉系大力支持的梁士诒内阁上台,直、奉两系的冲突更趋尖锐。到1922年初,直奉围绕梁阁的去留先是发生了激烈的舆论战,继而各自积极备战。

4月29日,直奉战争爆发,战事在东、中、西三路展开。奉军很快节节败退,不得不退往关外。直系控制下的北京政府随后对奉系进行政治追剿。5月10日,北京政府连发数道命令,裁撤东三省巡阅使和蒙疆经略使,免去张作霖的东三省巡阅使、奉天督军兼省长等本兼各职,同时调整东北军政人事安排。不过,东北是奉系的牢固根据地,北京政府的安排遭到奉系的集体抵制。

5月11日,东三省议会、商会、农会等团体在张作霖的示意下联名通电,要求北京政府收回成命。12日,张作霖发表通电,宣布东北三省自5月起实行自治,地方一切政治由"东省人民自为主张"。同时,奉天方面令东北各关截留东北的关余、盐余等收入,拒绝交予北京政府。① 6月3日,奉、吉、黑三省议会联合推举张作霖为东三省保安总司令,孙烈臣和吴俊陞为副司令,宣布东三省实行"联省自治","东省……所有一切对外条约及协议各款,除本年五月一日以前订定者继续有效外,其在五月一日以后,倘北京政府或将三省路矿林地及税收各项抵押借款者,三省概不承认。凡此期间对外缔结各约必须经交省议会议决,由东省长官签订方为有效。俟合法政府成立后再行规复旧制"。②

7月15日,张作霖裁撤东三省巡阅使及奉天督军,改组成立东三省保安总司令部。8月24日,东三省议会、三省军民两署及农、工、商、教等团体联合举行保安联合会成立大会,出台30条的《东三省联省保安规约》。规约表示,东北三省"联合为一自治区",自治权由三省人民共主,施行军民分治,官制、司法、行政立法等依旧制,东三省财政"除已与外人结约者外,他人不得干涉之"。③

对于奉系今后的发展趋向,当时奉系内部大致有两种意见。一种以张作霖为代表,明面上宣称自治,实则念念不忘"除强暴,促进统一",④ 意图再战关内,问鼎中央权力。不过,他们意识到自身实力尚不足以与直系等势力一决高下,更不足以角逐中央政府控制权,认为

---

① 《关于扣留东北关税不解北京政府的文件》(1922年5月19日),《奉系军阀档案史料汇编》第3册,第723页。
② 《张作霖为东三省宣布独立后对外缔结各约必经省议会议决给奉天省长咨》(1922年6月3日),《奉系军阀档案史料汇编》第4册,第8页。
③ 中华民国史事纪要编辑委员会:《中华民国史事纪要(初稿)》(民国11年),1983,第416~417页。
④ 《张作霖等指责吴佩孚首开兵衅并宣布东三省独立自主通电》,郭春修主编《张作霖书信文电集》下册,万卷出版公司,2013,第539页。

"我三省军备之盛衰,关系全局之安危甚大",①力主从军事着手,整军经武,重整旗鼓。另一种以奉系公认的文治派王永江为代表,他们厌倦军阀内斗,认为频繁的军阀混战造成的是中国人打中国人的局面,"胜者不足荣,败者不足辱",主张裁军,改定方针,发展民治,共图文化,"他日使奉省为庄严灿烂之奉省,不当使奉省为焦头烂额之奉省"。②

不过,无论是主张整军经武者,还是主张发展民治者,在第一次直奉战争失败后,他们的共同诉求都是要重整奉系,增强奉系的实力。因此,奉系宣布自治后,在军事上,"日夜筹划,练兵筹饷",③如成立陆军整理处、改革军制、购置新式武器、初建东北海军、扩建东三省兵工厂等;在教育上,设立东北大学等新式学校、吸收和培养新式人才;在经济上,整顿金融、发展工矿企业、加大经济开发等。其中,交通因与军事、经济等诸多方面关系至密,成为奉系着力甚多的领域之一。

二 铁路自主化政策的初步形成

奉系较早就意识到控制铁路的重要性。早在宣布自治之前的 5 月 1 日,张作霖向满铁声明,"现在东三省一切政事自为主张,所有吉长四洮铁路及东三省境内已办未办各路,均由本省人民长官自为处理。以后无论何人指定东省路权,本省概不承认"。④

退往关外期间,奉系趁机接管了京奉铁路的山海关至奉天段(即奉榆铁路),组成奉榆铁路总局,全路收入收归奉天省财政厅。

---

① 《杨毓珣信》(1923 年 1 月),辽宁省档案馆编《奉系军阀密信》,中华书局,1985,第 52 页。
② 《王永江信》(1922 年 7 月 8 日),《奉系军阀密信》,第 36 页;《王永江为请劝张作霖速改变方针发展民治缩少军备致杨宇霆函》,《奉系军阀档案史料汇编》第 4 册,第 159 页。
③ 汪德寿:《直皖奉大战实记》,荣孟源、章伯锋主编《近代稗海》第 4 辑,四川人民出版社,1985,第 582 页。
④ 《张作霖为东三省一切政事自为主张,所有路权均归本省处理致南满铁路公所函》(1922 年 5 月 1 日),《奉系军阀档案史料汇编》第 3 册,第 709 页。

奉天当局对奉榆铁路潜心经营，其收入每年至少在500万元以上，各种车辆和运输能力反超过关内段。宣布自治后的两年中，东北的各交通机关，除邮务因情况特殊外，其他的路电航政机构和业务或由奉系派人接管，或自动宣布与北京政府脱离关系。

与此同时，东北三省军政要员还纷纷提出各种建设铁路的设想。如王永江等计划修筑奉天至海龙的奉海铁路；吉林省在省长张作相的支持下预备修筑吉林至海龙的吉海铁路；黑龙江省督军吴俊陞提议修筑齐齐哈尔至嫩江的齐嫩铁路；张作霖还计划将已完成的虎壕铁路延长到通辽，建成打虎山至通辽的打通铁路。

这些计划是清末以来近20年间东北官民各种铁路发展设想的继承与改进，其核心理念是自筹资金，以本国技术和人员修筑和自主管理东北铁路，形成东北自主化铁路网。其中，奉海路、吉海路两路可联通奉吉二省，构成东北铁路的东部干线，打通路则可与洮昂路、四洮路相连，再北向齐齐哈尔方向延伸，构成贯通奉、吉、黑三省的西干线。同时东西干线又都能与京奉线相接，使关内外以铁路干线互通，连为一体。奉系在铁路上的这些举动及计划的出现并非偶然，其背后有深层原因。

第一，从东北铁路的整体局面看，路权外溢严重，铁路自主化程度极低。

自清末到1920年代初期，东北的铁路建设在全国首屈一指，但境内却没有一条由东北当局自主管理和经营的铁路干线。1916年，全国铁路营业里程共计10346公里，其中东北地区约3584公里，占全国的34.6%，属于中国自主建设和管理的铁路不到100公里，占总里程的比例不到3%。东北境内主要的三条铁路干线，"中东路虽名为中俄合办，然而太阿倒持，权不在我，南满路则完全为日人经营"，[1] 联通关内和关外的铁路干线——京奉铁路虽是国有铁路，但因借用英款修筑，管理、会计、运营权多由英国人掌握。另外两条

---

[1] 曾仲鸣：《路政论丛》，上海开明书店，1934，第1页。

里程较长的吉长路和四洮路，名义上为国有铁路，实际上都是借日款修筑的，受日本控制程度极深。吉长路因"委托满铁代为指挥经营"，结果运输、工务、会计基本全由日本人把持。四洮路（1917~1918年四平街—郑家屯段建成，1921年郑家屯—通辽段建成，1922年郑家屯—洮南段建成，1923年，四洮线全线建成通车）共有4处18课，除总务处长由中国人担任外，其他的会计、工程、车务都由满铁指定，"虽有'国有'之名，实际上却是为'满铁'的利益服务的"。① 可以说，自上台伊始，奉系就面临着"东北铁路殆非我有，交通之权为人操纵"② 的严峻局面。

不仅如此，路权的丧失还直接影响奉系的经济、政治和军事。以军事调动为例，由于缺乏自主管理的铁路干线，吉林和黑龙江两省的军队调动和军事运输常需借道中东路和南满路南下，屡屡受外力钳制。借用南满铁路调度时，须经日本驻奉天总领事和关东军司令部的允许，武器必须托运，奉军的行动被日本严密监控，并附加各种限定条件。第一次直奉战争后，日本为维护对东北的控制、确保南满铁路的安全，明确表示拒绝各派军队通过南满铁路及其附属地。③ 在经济上，东北主要铁路干线被外力控制，直接导致经济利益大量沦入他人手中。北满的物产运输近九成被中东路掌控，奉天和吉林两省大部分物产都经满铁由大连出口。中东路的货运量1923年达到27.8万吨，收入达到1180万卢布。满铁的营业收入1917年为3445.8万日元，1924年增加到9256.2万日元。奉系如果在铁路建设上无所作为，无异于将东北丰富的资源和利益拱手让人。

第二，第一次直奉战争后，经济开发的现实需要对东北的交通发展提出了迫切要求。

---

① 卢景贵：《东北铁路十年回忆》，中国人民政治协商会议全国委员会文史资料研究委员会编《文史资料选辑》第47辑（总第147辑），中国文史出版社，2002，第189页。
② 《东北年鉴（民国20年）》，第373页。
③ 章伯锋主编《北洋军阀（1912~1928）》第4卷，武汉出版社，1990，第178页。

奉系退踞关外后，内部虽然对是否再度入关作战有不同意见，但无论是文治还是武备，都离不开强大的经济实力作支撑，开拓东北富源、发展东北经济是奉系的共识。1924年1月，张作霖曾提出："三个月内募集二千万元的三省联合实业资金；在十个地方增建官营的工厂；年内在东三省开发二十个最好的官矿；追加投资二百万元，以便年内大规模地发展呼兰制糖厂、奉天纺纱厂、鸭绿江采木公司和本溪湖煤矿公司。"① 3月初，张作霖在奉天召开东北三省军政要员60多人参加的军政会议，进一步提出了一系列以发展经济为核心的方针，如发展三省实业、统一三省金融、建设有利于交通的三省铁路、促进经济开发、施行移民实边等。5月，张作霖还在东三省乡老会议上表示，"三省满地黄金，取之不尽"，须以"开发三省"为急务。②

在交通与经济开发的关系上，奉系当局意识到交通是重要的基础条件，提出"东省地位特别、物产丰富，更应整理交通为先务，而后诸般事业乃有发展之希望"。③ 由于铁路具有传统陆运和水运方式难以比拟的优势、锦朝铁路和虎壕铁路带来的产业发展的积极先例以及奉系接管奉榆铁路后体会的财政甜头，奉系对铁路交通最为看重，认为"凡属铁路通过之区，无论僻地荒区，无不径成蕃盛而名城巨邑。有连轨以资疏导，则脉络衔贯，地方之发展尤必因之继长增高"，④ 主张要优先发展铁路。

第三，国内收回利权运动浪潮的高涨及其在东北的蔓延带来的影响。

---

① 〔英〕加文·麦柯马克：《张作霖在东北》，毕万闻译，吉林文史出版社，1988，第101页。
② 《奉天乡老会议开会详记》，《大公报》1924年5月14日，第1张第3页；《奉天乡老会议开会详记》（续），《大公报》1924年5月15日，第1张第3页。
③ 《东三省保安总司令张关于成立东三省交通委员会的咨文稿》，辽宁省档案馆：JC10-1-3781。
④ 《奉海铁路公司总理王镜寰呈为拟办奉海铁路奉天市场谨拟具市场地亩租领章程暨施行细则》，辽宁省档案馆：JC10-1-3798。

1922~1924 年，华盛顿会议上山东路权问题引发的维护路权运动蓬勃发展，东北民众直接参与了针对胶济铁路的赎路运动。此外，因旅大租借地的租借期限将于 1923 年 3 月 26 日届期，东北民众屡次向东北当局和中央政府呼吁通过外交手段收回旅大路。1924 年 5 月 18 日，奉天省议会召集临时会议，提出了"防止奉省利权外溢案"，批评奉系当局将矿山、铁路、森林等利权大量让与外人，要求奉系当局保障这些领域的国权。12 月，奉天省议会又提出拒绝日本在东北的商租权要求的提案。对于多次口头表态要谋求东三省自治兴隆的奉系当局来说，民众维护利权的要求和活动无疑对它造成了一定压力和影响。张作霖曾公开向民间人士表态，"筑道有利于群众，不能不办"。① 奉系的自建铁路计划也是东北利权回收运动、民族自决思想影响下的自建铁路热的具体表现。

除筹谋东北铁路网计划之外，奉系在铁路发展策略上的另外一个重要举动是改革交通管理体制，成立东三省交通委员会。

奉系宣布自治后的两年内，东北交通事业的管理实际处于过渡时期，出现东三省保安总司令部、省长公署等机构多重管理，但无专门机构负责的局面，"谓为隶属于总司令部，而遇有关涉民政者则将无法处理，谓为隶属于省长公署，而遇有关涉军政者则又难加指挥"。权责不明和管理混乱带来一系列负面影响，正如奉系高层所总结的，"交通行政愈敏速愈能活动。稍一迟滞，匪特交通自身难以运用自如，即与交通具有联带关系而牵大者，如实业之发达也，教育之普及也，治安之维持也，及移民实边与整军经武也，亦往往因交通不便之故，均将无从措手"。② 在这样的背景下，1924 年春，奉系当局认为整顿东北交通管理现状已"不容稍缓"，决定成立统一的交通管理机构——东三省交通委员会。

---

① 《奉天乡老会议开会详记》（续），《大公报》1924 年 5 月 15 日，第 1 张第 3 页。
② 《东三省保安总司令张关于成立东三省交通委员会的咨文稿》，辽宁省档案馆：JC10-1-3781。

1924年4月15日，张作霖召集奉、吉、黑三省军政要员详细讨论交通委员会成立事宜。5月10日，各要员开会讨论交通委员会的组织细则，14日，东三省交通委员会正式宣告成立，办公地址设在奉天省公署。委员会设委员长一人，由张作霖指派代理奉天省省长王永江担任，委员15名，由三省军政机关首脑担任。15名委员分别是：杨宇霆（保安总司令部总参议、奉军总参谋长）、王树翰（代理吉林省省长）、于驷兴（代理黑龙江省省长、省教育厅厅长）、张学良（东三省陆军整理处参谋长）、姜登选（东三省陆军整理处副监）、单豫升（高等审判厅厅长）、王镜寰（奉天省政务厅厅长）、于珍（奉天全省警务处处长）、陈兴亚（东三省宪兵司令）、张之汉（奉天省实业厅厅长）、赵梯青（高等检察厅厅长）、高清和（东三省交涉总署署长）、吕荣寰（奉天省议会副议长）、钟世铭（吉林省交涉署署长、吉长道尹）、曾有翼（奉天省清丈局总办）。

这一成员的构成充分反映了奉系当局对交通委员会的重视。不过，其中起决定作用的还是三省省长。曾主管奉天警政、税务、财政的王永江更是交通委员会的灵魂人物。他就任奉天省省长后，"博访周谘，不守故常，创法立制，胥有精义……匠心独运，开东省未有之局"，极受张作霖的重视，"如左右手"。[①] 他最早提出建设自建铁路干线奉海铁路，交通委员会组成后，他又以政府力量积极支援东北的铁路发展。

交通委员会的职责是管理"关于东三省交通之机关及其他交通事业"，具体而言，"如奉榆、四洮、吉长、中东各铁路及东三省电报、电话、无线电报、松黑邮传局、铁道队"。委员会下设有总务、电政、路政三部，每部由各委员中推选设置执行委员一人主管，执行委员下设有文牍员和事务员。其中，路政科由吕荣寰负责，电政科由高清和主管。为有效规划铁路建设，又从东北各铁路局各推选

---

① 金毓黻：《王永江别传》，政协大连市金州区文史资料委员会、大连市文物管理委员会编《王永江纪念文集》，大连出版社，1993，第33页。

两人作为交通委员会的调查员,从事铁路建设的审查、调查和采购等工作。办公经费每月 2000 元,由各铁路局拨付,其中奉榆路每月 1000 元,四洮路每月 600 元,吉长路每月 300 元,电政监督处每月 100 元。[①]

奉系成立交通委员会的主旨在于"赋以全权,辅以群力,以明三省之交通事业",使此后东北交通管理机关与交通事业之发展能有"如身使臂"的效用。性质上,它是东北交通的最高管理机构。由于东北在一定程度上不受北京政府控制的半独立的现实,实际上,交通委员会的地位"俨然一东三省之交通部也"。[②] 它的组建,结束了东北交通多头管理、事权不统一的现状,为奉系推进交通发展奠定了坚实基础。

东北自建铁路计划的出台和交通委员会的成立,标志着奉系在直奉战争后东北铁路以自建自营铁路为中心的发展策略的初步形成。此后,在以张作霖为首的奉系当局的主导下,东北进入了自建铁路的活跃期。

第三节 奉海铁路与东北铁路自主建设的新起步

自 20 世纪初起,从奉天省城至海龙(今吉林梅河口市)的奉海铁路一直是东北官民各种筑路计划中的重要一环。直奉战争后,奉海铁路在奉系的铁路网计划中属于沟通奉、吉、黑三省和联络关内外的东干线中心段,也是奉系铁路自主化政策下最先规划和实现的路线。

一 奉海铁路计划的提出与筹备

奉天、抚顺、清原、海龙、东丰、西安等县,"数百里之沃野",多

---

① 《东三省交通委员会为咨送委员会规则及吉林省长公署训令》,吉林省档案馆:J101-13-0204。
② 《东三省统一交通计划》,《申报》1924 年 5 月 13 日,第 6 版。

属"土壤肥沃、物产丰饶之区",① 仅海龙境内就有朝阳镇(今属吉林辉南县管辖)和山城镇(今属吉林梅河口市管辖)两大粮食集散地。长期以来,由于交通落后、道途艰阻,这些地区的经济产出多依靠传统陆运或水运,或是运至铁岭经营口输出,或是集中于开原由大连输出。结果,一方面是因缺乏铁路交通、运转效率不高,"地利鲜辟,迄未宏扩财源";另一方面由于缺乏与京奉路联通的自主铁路干线和出海口,沿线物产往往最终大多依靠南满铁路输送,实际上经济利益多数为满铁所夺。此外,交通发展的滞缓还导致这一地区政治和文化发展受阻、社会治理不良,"言治理则鞭长难及,言民智则固步自封,驯至工商凋敝,盗贼披猖"。② 1909~1914 年,东北绅商、奉天省议会、北京政府交通部五次计划修筑铁岭至海龙、开原至海龙或奉天至海龙的铁路,以开富源、保主权、兴实业,但由于内部意见不一、奉天省财政支绌、政局不稳以及日本谋求开海路权,奉海铁路五议五挫。③

尽管如此,东北官民始终未放弃建设奉海铁路的设想。奉系主政东北后,奉海铁路计划再启。1920 年 6 月,王永江代理奉天省省长兼财政厅厅长。他主张休养生息、推行民治,尤为重视交通发展,提出"道路为交通之脉络,在内政上最关重要,诚以交通治便利,则文化之输出,物产之转运,及各种商业之发达,水旱治安之维护,均可事半功倍",将督修道路作为治理奉天的重要措施,表示"无论如何困难,必须举办"。④ 他主导制订了全省修路计划,颁布《修治

---

① 《临江县知事呈奉天省长公署》(1923 年 5 月 2 日),辽宁省档案馆:JC10 - 1 - 3796。
② 《关于为修奉海铁路筹款及测量路线等事宜》(1923 年),辽宁省档案馆:JC10 - 1 - 3796。
③ 《照抄实业司卷铁开两属争修开海路线案》《铁岭农会商会呈请修筑铁海铁路》《交涉韩韩、劝业道管为会呈事》《奉天临时省议会为修正奉海铁路一案咨请事》《奉天都督为咨行事》,辽宁省档案馆:JC10 - 1 - 3795;《铁岭农务分会工务分会商务分会城厢自治会为呈请事》《开原县商务分会等为条陈修筑开丰轻便铁路利弊》《营口参议事会城厢董议事会为呈请事》《铁岭农工商会代表彭锡庚等为提议事》,辽宁省档案馆:JC10 - 1 - 3872。
④ 辽宁省公路交通史编审委员会:《辽宁公路交通史》第 1 册讨论稿,1984,第 97~98 页。

道路考成规则》。到 1924 年，奉天省的大车官道已经达到 2 万多华里。

由于铁路独特的便利和优越性，东三省交通委员会成立后，王永江把兴修铁路作为东北交通建设的重心，指出"欲谋地方之发展，首在交通。欲图交通之便利，端资铁路"，"交通关系于各项政治最为密切"，[①] 并首推奉海铁路。

奉天当局修筑奉海铁路的原因有四。其一，改善奉天东部至吉林南部一带的交通现状，带动沿途的经济开发和政治、文化的进步。他们欣喜地预言，"铁路早通，则伊古以来蕴而未发之财力物力将活泼膨胀"，"兴山林之宝藏，以通东北之孔道，将来利益之优越、运转之灵便定为一般路线所不及"。[②] 其二，在军事上，直奉战争后，张作霖、杨宇霆等军治派革新军事、大量购买新式武器、创办军事工业，试图卷土重来，与直系再较高下，他们也强烈要求修筑奉海铁路，提高奉系军事行动的效率。[③] 其三，王永江等人认为，日本取得开海路修筑权的用意"原为探取东北宝藏，经过开原转由南满输出，作为养路之资，用心至深，贻害滋巨"，修筑奉海铁路实能使这一带"免受他人牵制"。[④] 其四，东北三省中，奉天省的财政状况最优。1916 年，张作霖起用王永江整理奉天省的财政和金融，王永江先后署理奉天财政厅厅长，兼任东三省官银号督办。短短四五年中，王永江取缔私贴、整顿奉票、重组东三省官银号，使奉天省的财政由亏转盈，到 1923 年，奉天省的财政已经从数年前亏空 1000 余万元转为盈余 700 余万元，是当时东三省中唯一财政有盈余的省份，[⑤] 奉天进入经济比较稳定的时期，为奉天省包括铁路建设在内的各种

[①] 《奉天省公署致各县知事》（1923 年 4 月），辽宁省档案馆：JC10 - 1 - 3796；《奉天省长公署训令》（1926 年 1 月 8 日），辽宁省档案馆：JC10 - 1 - 3801。

[②] 《张作霖为训令全省各道厅县等为奉海路招股事》（1925 年 3 月 17 日），辽宁省档案馆：JC10 - 1 - 3800。

[③] 《满铁史资料》第 2 卷《路权篇》第 3 册，第 728 页。

[④] 《东三省交通委员会为咨覆事》（1926 年 8 月 21 日），辽宁省档案馆：JC10 - 1 - 3796。

[⑤] 《东三省去岁财政之状况》，《大公报》1924 年 4 月 23 日，第 1 张第 2 页。

革新事业奠定了基础。

1923年春，王永江筹备修筑奉海铁路，目标是"不依靠外国借款，完全要用奉天省自己的力量建成一条模范铁路"。① 由于此时奉天财政虽有盈余，但兴办了大批新式事业，而自民初以来东北民间一直有强烈的自主筑路呼声，奉天当局决定采取官民共同出资、合力经营的办法筹集资本，预计为奉大洋1000万元左右。

4月9日，奉天省长公署正式训令各县知事劝民众认股。为扩大资金来源，奉天省长还批示不必仅限于东北各县。奉天当局曾乐观预计，民间将出现"群情欣动，踊跃投资"的局面。不过，由于奉天当局尚无详细筑路说明，民间对于认股非常疑虑，消极应付。部分县或表示程序不全，标准未立，难以筹备；或表示"实地勘测，精密计划"后再议筹款为佳；或称当地"社会经济不甚流通，商业尤多凋敝，又兼历年匪患未清，以致产业活动均皆停滞"，筹款困难。有些地方的绅民认为此路对当地经济效益不大，"口虽不言反对，而应募者实寥寥"。②

筹资不顺并非最大难题，此时的张作霖和王永江最忧虑的是日本以开海路借款权为由对奉海路横加阻挠。因而，奉天省公署向各县表示，奉海铁路现在不过为"暗中预备"和"秘密筹备"。③

日本自始就强烈反对东北官民的自筑铁路。取得开海路借款权后，日本认为，开海路沿线的西丰、海龙、朝阳镇等奉天省东部一带的经济资源"几乎全部""必将经满铁运输到奉天"，成为满铁的势力范围。奉系修筑奉海路的消息传出后，日本预计满铁在开海路周边的势力范围将大幅收缩至"难于立足，难于经营"的局面。因

---

① 《满铁史资料》第2卷《路权篇》第3册，第729页。
② 《奉天省公署致各县知事》（1923年4月）、《北镇县知事呈奉天省长公署》（1923年4月18日）、《政务厅长王镜寰覆盖平县知事》（1923年4月16日）、《辉南县知事呈奉天省长公署》（1923年5月7日）、《崇安县知事呈奉天省长公署》（1923年5月15日），辽宁省档案馆：JC10-1-3796。
③ 《奉天省公署致各县知事》（1923年5月），辽宁省档案馆：JC10-1-3796。

此，日本认定，"奉海铁路的敷设，是开海铁路的致命伤"，极大地危及满铁的经济利益和日本的既得利权。为此，日本一度试图以先修开海路来阻挠奉系的筑路计划。①

1923年1月，王永江试探满铁对奉系修建奉海路的意见。满铁以此路为满铁线的平行线、构成对满铁的威胁为由表示反对。为促成奉海路的修筑，王永江向满铁表示，奉系可以洮昂路或其他铁路的建设权作为交换条件。

此时日本在东北铁路问题上奉行的是满铁中心主义。1923年末到1924年春，满铁认为，短期内日本不会修筑开海铁路，日本在东北路权上的重点是尽快完成吉敦线、长洮线和洮齐线。鉴于直奉战争后东北脱离北京中央政府控制的现实，满铁和驻东北各领事认为，要完成上述几条路线，关键不是获得北京政府的同意，而是与奉系达成谅解与合作。满铁认为，以王永江的地位及态度，如若与之建立良好关系，王氏的提议将可能成为解决东北铁路问题的良机，给日本带来巨大利益。而且，满铁经调查后，认为奉海路对满铁影响甚小，对奉海铁路态度发生转变，决定以奉海铁路换取奉系对日本修筑以上各路的支持。

1924年4月，在张作霖的授意下，王永江与满铁就洮昂、吉敦、长大以及开朝线展开交涉。在王永江表示愿意以吉会路和长大路的方便换取日本放弃开海路、同意奉海路后，② 日本政府及满铁声称，"满铁的营养线不一定必须依靠日本借款，亦可由中国方面自行敷设"。6月18日，奉系与日本订立承办洮昂路合同。9月3日，日本驻奉天总领事正式向张作霖和王永江表示，如若奉系自行建筑奉海路，日本方面将放弃开海路的修筑。③

在解决日本方面的阻力后，奉天当局随即令四洮铁路局组成测

---

① 《满铁史资料》第2卷《路权篇》第3册，第882页。
② 《王永江信》（1924年5月），《奉系军阀密信》，第132页。
③ 《满铁史资料》第2卷《路权篇》第3册，第729、843~844、884~885页。

量队前往奉海路沿线进行实地勘查和测量。9月23日，测量队开始测量工作，10月23日，前期测量工作基本完成，筑路资金估量提高到2000万元（合计为现洋1250万元）。

二 困难重重中的筑路（1925~1928）

1925年2月初，张作霖指令四洮铁路总务处长陈树棠在奉天的八王寺附近成立奉海铁路临时办公处，筹备奉海铁路公司的组织事宜，后续测量工作由东三省交通委员会的事务员接任。3月，奉海铁路招股章程正式颁布。官股由奉天省政府拨付，商股则从各银行和商民中募集，计划从1925年春到1926年12月，按半年为期，分四期缴纳股款，商股中个人认购满500股，即可有资格选为商股董事，满200股可有资格选为商股监事。最终商股方面共认购股本949万元，大部分由东三省官银号及其附属事业、奉天储蓄会以及各银行等按照其资本的7%的比例认购，按照两期缴纳，个人和民间企业认购极少。[①]

5月，各项测勘工作全部完成。14日，奉海铁路公司正式成立，由与王永江共事多年的奉天省政务厅厅长王镜寰担任总理，陈树棠担任技术长。公司由总理统筹一切事务，下设理事长、董事、监事等管理层。共设有总务课、工程课、车务课、营业课4课，各课由课长负责。

随后，奉海铁路公司颁布专章。按专章规定，公司管辖"奉天至海龙之铁路干线支线及经营沿线设立市场，并其他附属关系事业"；奉海路采取"官商合资"形式；公司股额定为2000万奉大洋，官商各半；股额共20万股，每股为100元，分百股券、十股券和一股券三种股票形式。为保障奉海路的自建自营性质，专章还规定

[①] 《奉海铁路公司招股简章》，辽宁省档案馆：JC10-1-3800；《东三省巡阅使奉天督军兼省长张作霖训令省城总商会各银行银号各县》（1925年4月27日），辽宁省档案馆：JC10-1-3897。

"入股者以本国籍人民为限",而且股票"无论何时不准转让或抵押于外国人,违者一律无效"。①

6月,奉海铁路公司开始在沿线收购铁路用地。7月中旬,奉海路正式动工,采取分段修筑、边修筑边运营的方式,首先修筑的是奉天至抚顺段。

奉海路"全路山岭重叠,河流萦绕,盘山架桥,始能安渡",②工程技术难度极大。为保障路工质量,各项材料均公开招标,机车、钢轨等由英美等外商中标。因奉系决定将此路建设成完全自主铁路,为改变此前东北铁路技术多为外人掌控局面,工程技术人员皆从四洮、京奉等铁路局中选用本国人员。

1926年3月中旬,奉抚段完工并通车营业,奉海路的修筑进入最为紧张时期。为此,奉海铁路公司特前往天津一带大量招聘路工。奉海路原定路线的终点是海龙县治,但到10月,考虑到海龙一带的农业中心在海龙县所辖的山城镇和朝阳镇,大宗农产品尤以朝阳镇为集散地,且朝阳镇距离海龙县治仅30余华里,工程难度较小,需费无多,奉海铁路公司决定将终点延长至朝阳镇。③

奉海铁路是奉系着手投资建设的第一条以本国技术和资本修筑的铁路干线。对铁路建设经验不足的奉系当局屡次以行政命令干预路事工程,甚至一度出现桥桩工程进行到一半就令强行通车,结果造成工程毁坏,留下惨痛教训。④

经验的缺乏并非奉海铁路修筑期间遇到的唯一困难,从筹划时期就存在资金难筹问题,且日本的干涉仍然长期困扰着奉海铁路公司。

---

① 《奉海铁路公司专章》,辽宁省档案馆:JC10-1-3793。
② 《东北年鉴(民国20年)》,第426页。
③ 《呈为拟将路线终点延至海龙县朝阳镇》(1926年11月15日),辽宁省档案馆:JC10-1-3796。
④ 谷茂菊:《有关奉海铁路的回忆》,中国人民政治协商会议辽宁省委员会文史资料研究委员会编《辽宁文史资料》第1辑,辽宁人民出版社,1988,第137~138页。

奉海路筹办时，预定资金为奉大洋①2000万元，但机械采办和工人薪酬多以现洋和金钞支付。第二次直奉战争爆发前，现洋1元约兑换奉大洋1.6元。第二次直奉战争爆发后，奉系军费支出不断攀升，财政收入紧张，奉票滥发，奉票价值跌落到现洋1元兑换奉大洋2元。②到1926年5月，现洋兑率平均为奉小洋2.694元，金票平均为奉小洋2.354元。筑路实收股本为奉大洋1548.2万元，此时仅存奉大洋468.9万元，已购材料等尚有未付款现洋43.5万元。由于奉票跌幅过大，奉海铁路资金已亏损奉大洋260多万元，所有股本不敷支出。前两期股本尚能如期缴纳，第三期股本原定到1926年6月底归缴，但到7月末，"限期已过，而缴纳者尚属寥寥"，迟至11月，虽"节经催缴，而交纳者迄不踊跃"。③

1927年5月，随着干线、支线并进，工程量日渐扩大，仅从天津招募的工人已达2万余人。而筑路股款到9月实收为1800万奉大洋，实际支出却达2447万奉大洋。"奉币日疲"、资金"捉襟见肘，兼顾不惶"的状态日渐严重。在此种情状下，奉天当局多次从省财政拨款接济，并从东三省官银号透支部分资金以维持路事的进行。为保障干线的修筑，甚而不得不挪用梅西支线的款项。④

---

① 奉大洋、奉小洋、金钞：奉大洋即1917年发行的东三省官银号兑换券，是奉天省各官银号和银行发行的银本位的兑换券，亦称"大银元票"。奉小洋是奉天省各官银号、银行发行的以小银元为本位的兑换券，亦称"小银元票"。奉大洋发行后，各银行曾收回并销毁小洋票，但实际上小洋票仍长期流通，直到1932年才退出流通领域。"金钞"指的是"金票"，即日本正金银行于1907年发行于东北的金本位货币，1917年日本政府将正金银行的金票发行权转交给日本朝鲜银行。
② 魏福祥：《论奉票毛荒及其衰落》，《社会科学战线》1986年第3期，第239页。
③ 《奉海铁路公司总理王镜寰呈为具报钱法变动资金暗亏事》（1926年5月27日）、《奉海铁路公司总理王镜寰呈为各县交股款拖延拟请暂借金票百万以应急需》（1926年8月10日）、《奉海铁路公司总理王镜寰呈为股款拖延拟请暂垫奉大洋百万元以维路工》（1926年11月1日），辽宁省档案馆：JC10-1-3799。
④ 《沈海铁路公司十八年度工作报告》，辽宁省档案馆：JC10-1-3823；《奉海铁路公司总理王镜寰呈奉天省长》（1927年9月8日），辽宁省档案馆：JC10-1-3799。

由于财政紧张,全路"一切工程一本迅速俭约之旨",①原定计划全路各项桥梁工程全用铁桥,在开筑后为节省资金皆改筑木桥。除主体工程外,其他如各站市场、仓库等建设不得不一切从简,待后来边运营边改建,甚至先不修站舍而租用民房办公。②

来自日本的干扰更凸显了奉海路修建的艰难。奉票的跌落、金融的混乱固然是由奉系滥发纸币造成的,但日本的操纵和搅浑也是重要因素。③日本在东北各地的取引所与不法商人相勾结,大肆投机,日本关东厅和领事则为他们的投机倒把活动提供各种保护。④此外,随着奉海路的开工,日本开始忧虑奉海路将冲击满铁的利益,进而制造障碍,干扰奉海路的修筑。

1927年春,奉海铁路已完成大半,且各段通车后营业额逐步上升。考虑到东三省兵工厂等奉系兴办的企业所需燃料大多依靠西安(今辽源,俗称大疙瘩)煤矿,奉海铁路公司于5月正式动工修筑梅河口至西安的梅西支线,以便利西安煤产的运输。

1927年5月,日本驻西丰领事分馆得知奉海铁路公司决定修筑梅西支线后,认为这将使奉海路与四洮路、打通路和吉海路等连成一片,"实现把北满物资集中于奉海、京奉两铁路和连山湾方面的深远计划……使日本对华铁路政策蒙受重大影响","与满铁线以重大打击",要求日本政府设法挠阻此支线的修筑。6月20日,满铁社长安广伴一郎特致函日本驻奉天代理总领事蜂谷辉雄,表示日方不修筑开海线,但"并不能由此得出同意奉系从奉海本线可任意修筑危害南满线利益之铁路",梅西支线完成后,沿线物资将为奉海路吸收,"成为与敝会社路线竞争之有力路线",要求日本政府向奉系

---

① 《沈海铁路公司十八年工作报告并附十九年进行计划》,辽宁省档案馆:JC10-1-3823。
② 谷茂菊:《有关奉海铁路的回忆》,《辽宁文史资料》第1辑,第137页。
③ 《满洲开发四十年史》下册,第332页。
④ 王瑞之:《张作霖统治时期的东北金融概论》,政协辽宁省暨沈阳市委员会文史资料研究委员会编《辽宁文史资料》第5辑,辽宁人民出版社,1965,第120页。

"提出严重抗议"。①

实际上,日本自知由于其放弃了开海线,在梅西支线上"已无任何权利可言",对奉系提出抗议"在条约上是没有正当和充分的根据的"。② 尽管如此,日本却仍然以此来干扰奉海铁路的修筑。6月23日,蜂谷辉雄向奉天当局质询梅西支线情况。对日本纯属无理的要求,奉天当局未予任何答复,而是加快奉海路的施工进度,争取尽快完成此路。

1927年8月,奉天至海龙的247公里干线竣工,并于9月5日正式通车运营。海龙至朝阳镇的延长线亦于1928年4月动工,8月竣工。1928年9月,奉海铁路(1928年春奉海铁路公司改称奉海铁路工程局,1929年3月,奉天省改称辽宁省,奉天改称沈阳,奉海路改称沈海路)全部干线正式通车运营,全长263.5公里。

三 奉海铁路的意义

奉海铁路是奉系铁路自主化政策实践下完成的第一条干线,它的开通和运营具有几方面的积极意义。

第一,奉海铁路是东北交通委员会成立后自主修筑的第一条干路,它接续京奉路,连接关内外,又沟通奉吉两省,是东北铁路网中东干线的中枢段。它的筑成和开通,开启了奉系自建铁路的新局面,树立了中国铁路自主建设的典范。

奉海路原本预计三年修成,实际仅用两年零三个月,比计划提前了大半年时间,这在当时是不多见的。另外,奉海铁路的建设费用也相对节省,当时国有铁路平均每公里造价为现大洋8.8万元,奉海铁路从奉天到海龙的主干线为247公里,建筑费用共计1426万现洋,造价为每公里约现大洋5.8万元,远低于当时国内铁路建设

---

① 《满铁社长就中国修筑奉海铁路致奉天总领事函》(1927年6月20日),辽宁省档案馆、辽宁社会科学院编《"九·一八"事变前后的日本与中国东北——满铁秘档选编》,辽宁人民出版社,1991,第330页。

② 《满铁史资料》第2卷《路权篇》第3册,第885、887页。

的平均造价,① 是 1920 年代中国自建铁路的模范。正如时人曾言,此路"时间与金钱所费极省,为吾国自主铁路中之最足称道者",②"不但开东北自筑铁路之新纪元,而其工程之艰巨,建筑之迅速,用费之节省,尤在在足以表现吾国人筑路之能力远驾乎为我耗费之外人之上也"。③ 它的成功,为此后的东北铁路建设提供了可贵的经验借鉴。

奉天当局意图以奉海路为基础,逐步建成自建铁路体系。1926年1月,奉天当局和交通委员会训令各路局筹备奉天省内更细密的铁路计划。奉海铁路公司计划待奉海路干线完成后,展筑营安(营盘—安图)、临长(临江—长白)、海杉(海龙—杉松岗)及兴安(兴京—安东)四线,以及与四洮路和京奉路连接的新连(新民—连山)、通鲁(通化—开鲁)两线,六线合计里程长达1072.5公里,预计资金为奉大洋1400万余元,计划在6年内分5期完成。四洮铁路局提出了四海线(四平—海龙,140公里)、卧长线(卧虎屯—长春,150公里)和锦通线(锦县—通辽,315公里)的3期筑路计划,同时建议开发葫芦岛海港。两路局希望通过这些路线的兴修,使东北的交通运输能"如人之全身血脉贯通,自强不息",奠定东北开发利源、振兴实业、扩充教育、移民垦殖、发展农商、强健军事的根基。④ 这些筑路计划尽管因种种原因未能实现,但它显示出奉系发展自主化铁路,以铁路带动东北各方面发展的信心与决心。

第二,奉海铁路的开通和运营,积极推动了关内外的沟通和沿线经济发展。

---

① 《奉海铁路公司总理王镜寰呈奉天省长》(1927年9月8日),辽宁省档案馆:JC10-1-3799。
② 杨承训:《三十年来中国之铁路事业》,中国工程师学会编辑刊行《三十年来之中国工程》,1946,第33页。
③ 《东北年鉴(民国20年)》,第426页。
④ 《四洮铁路工程局长卢景贵呈为全省铁路计划意见书》(1926年2月3日)、《奉海铁路公司总理王镜寰呈为遵令拟具计划奉天全省铁路意见书》(1926年1月27日),辽宁省档案馆:JC10-1-3801。

奉海沿线所经过的地区素被称为东山，"农矿森林，异常丰富，为南满著名之谷仓"，粮食和特产贸易发达，1929 年，仅东丰、西安和海龙三县即有粮栈 31 所。矿产资源也极为丰富，沿线有阿金沟、千金寨、西安等煤矿，其中又尤以奉海路与奉天兵工厂和财政厅投资的官办西安煤矿规模最大。[1] 奉海铁路修成后，"专事开发东北"，在沿途各站设有大型市场，以利于这些经济资源的运转。同时，奉海铁路又与京奉路和吉海路订立联运协定，将吉海沿线物产也吸收入奉海路的运输范围内。为招徕货商，奉海路运营后采取了不少优惠措施，尤其是对官办企业更给予各种优惠。到 1929 年，奉海铁路成为沿线各类物资的主要运输通道，大豆、粮食等占全路货运总量的 70%。1927 年，奉海路总收入为现洋 372 万元，1929 年增加到现洋 534.3 万元，1930 年全年收入激增到现洋 762.3 万余元，盈利现洋 330 多万元，[2] 每年收入增长均接近其路产的 1/10。到 1931 年，该路的利润上升到 457.6 万元，相当于全路投资额的 1/5，平均每公里收入达到了 1.5 万元。[3]

第三，奉海铁路具有显著的与南满铁路抗衡、维护东北经济权益的意义。

奉海路开通后，东北终于有了第一条"官商合办自款自营之基本干线"，[4] 打破了东北铁路基本受外力主宰的局面，"东三省之铁路自敷设以来，独自创办独自经营，与外人无丝毫关系者，实以此路为嚆矢"。[5] 奉海铁路沿途地区此前一直被满铁看作其势力范围，[6]

---

[1] 孟昭强：《东三省新筑各路之沿线营业概况及其经济价值》，《交通管理学院院刊》第 2 期，1929 年，第 2~3 页。
[2] 《沈海铁路公司民国十八年十九年度营业报告及结算分配红利事项卷》，辽宁省档案馆：JC10-1-3824。
[3] 鲍振东、李向东：《辽宁工业经济史》，社会科学文献出版社，2014，第 152 页。
[4] 《沈海铁路公司民国十八年度第一次统计年报》，辽宁省档案馆：JC10-1-3818。
[5] 许阶平：《东三省之铁路》，《东三省官银号经济月刊》第 1 卷第 1 号，1929 年，第 5 页。
[6] 满鉄庶務部『奉海鉄道と葫芦島筑港問題』、1926、9 頁。

奉海铁路运营后，抚顺、兴京、海龙等开原周边地区"向来物产，不趋于开原，即趋于抚顺，该路一成，而左控右抱，皆足以吸收之"，①改变了满铁对这些地区的物产的垄断局面。梅西支线所在的西安煤产由于经由奉海路运输，运费低廉，运到奉天后，每吨仅售价现洋8元，比日本控制的抚顺矿的煤价格还略低，打击了抚顺煤的销售，推动了民族煤炭业的发展。②

第四节 吉海铁路与东干线的形成

奉海路修筑期间，吉林当局和民间也开始筹备吉林境内的铁路干线——吉林至海龙的吉海路。从1926年起，经过4年时间，吉海路终于完成。这是吉林省内第一条中国自主修筑和管理的铁路干线。吉海路修建后，与奉海路一起，构成了东北自建铁路网计划中的东部干线。

一 吉海铁路的筹备

清末民初时，东北官民已有修筑吉海路的设想。1924年，奉系当局和交通委员会在筹筑奉海路的同时，还计划建设吉海铁路，并得到了新任吉林督军张作相的支持，但迟迟未能动工。1925年9~10月，吉林省磐石县绅商也计划官商共同出资建设磐石至海龙段铁路，因交通委员会此时以奉海铁路为中心，该计划未能得到奉系当局同意。

1926年10月，奉海铁路动工已一年有余，且有数站通车营业。吉林民间再次筹划修建铁路接续奉海路、联通奉吉两省。省农会、商会、教育会等各团体联衔请求吉林省议会向吉林省政府提议兴修

---

① 《东北年鉴（民国20年）》，第430页。
② 介卿：《沈海铁路与其沿线之经济状况》（续），《中东经济月刊》第6卷第12号，1930年，第55页。

吉海铁路。这些团体详细阐述吉林省铁路交通不发达以及"欲求一完全华人铁路而不可得，利权外溢"的现状，指出其导致"地利既未能开发，商业复艰于运输，国计民生交受影响"的严重后果，强烈建议吉林当局迅速修建吉海铁路，从而促进吉林西南一带的富源开辟、荒地垦殖、产业发展，并巩固吉林的边防、维护路权。①

10月20日，吉林省议会讨论吉海路案，议员们对铁路带来的多种效益予以高度评价，表示"凡铁路经过之处，不但开发地方，便利交通，且可输入文化，启发民智"，一致赞同修筑吉海铁路。吉林当局认为，吉海路"关系三省交通、军政、商业至重且大"，并且从巩固主权方面看，吉林省内的中东、南满、吉长、吉敦（此时正在建设中）、天图各路，或是由日、俄完全控制，或是中日合办，无一由中国自主修筑和管理，修筑吉海路可以起到"牵制南满"的作用，修建吉海路"属当务之急"。但吉林当局提出，因吉林财政"库储奇绌"，决定仿照奉海铁路的模式，"官商合办，双方并筹"。②

11月10日，吉林省长公署下令成立吉海铁路筹办处，委任李铭书（时任吉林省森林局总办）为总办，齐耀瑭（时为吉林省议会议长）、艾乃芳（时为军都参谋）为帮办，筹备吉海路的修筑事宜，为节省资金，筹办处总办、帮办各员概不另行支薪。③

与奉海铁路一样，吉海路修筑计划经吉林公报披露后，遭遇日本的干扰。11月15日，日本驻奉天总领事吉田茂照会张作霖，以三条理由要求张作霖责令吉林当局"将该计划中止"：其一，根据1918年"满蒙四路"借款合同，日本有吉海路的敷设权；其二，根据1905年的北京会议，中国"不能敷设与南满铁路平行之路线"；

---

① 《省农工商教各会函以提议建设吉海铁路与奉海铁路衔接以利交通请查核付议由》，吉林省档案馆：J101-15-0112。
② 《荣厚致王永江函》（1926年11月），吉林省档案馆：J109-15-0656；《吉林省长公署咨》（1926年11月4日），吉林省档案馆：J101-15-0112。
③ 《吉海铁路筹办处关于委任李铭书为总办给吉林实业厅的公函》（1926年11月13日），吉林省档案馆：J111-01-0217。

其三，吉海路与南满铁路利益关系过密。① 17 日，驻吉林总领事川越茂向吉林代理省长诚允口头抗议。19 日，川越茂又将吉田茂的照会递交吉林督军张作相，要求取消吉海路计划。12 月 1 日，日本驻奉代总领事蜂谷辉雄再次照会张作霖，询问吉海铁路情况。②

对日方的干预，张作相等人决定以奉天为中心来应对，并令吉林交涉署长钟毓前往奉天会同交通委员会商量对策。张作相以及吉林当局认为"建筑铁路实为刻不容缓之图"，③ 从外交部处确认日本提出的满铁并行线之说并无正当条约根据后，④ 张作相等人更坚定要自主修筑吉海路。11 月 28 日，在交通委员会讨论吉海路案的会议上，张作相表示，此路可以纯粹民营，由民众出资，与日本毫无关系。⑤

12 月 20 日，吉海路筹办处成立勘查小组，准备对吉海路沿线进行测量。21 日，为了避免造成日方的强硬阻挠，吉林交涉署长钟毓在张作相的指示下向川越茂表示：如果日方同意吉林建筑吉海路，将在吉林地方上获得好感及利益；如果日方加以为难，此问题将只得由奉天解决。

此时，日本内部以满铁为代表的部分人主张以吉海路为裹挟，换取奉系在日本自 1900 年代初期起就长期图谋实现的战略干路吉会路上的让步。1926 年 11 月，满铁理事大藏公望曾向日本外务省亚洲局局长木村表示，"反正吉海铁路最终要让给中国方面，但到了让与

---

① 《日本驻奉总领事吉田茂为抗议吉省修建吉海路案给张作霖照会》（1926 年 11 月 15 日），中国边疆史地研究中心、辽宁省档案馆等合编《东北边疆档案选辑》第 114 册，广西师范大学出版社，2007，第 474～477 页。
② 《满铁史资料》第 2 卷《路权篇》第 2 册，第 889 页；《日驻奉代总领事蜂谷辉雄为询修筑吉海路案调查结果事给镇威上将军张作霖照会》（1926 年 12 月 1 日），《东北边疆档案选辑》第 24 册，第 242～243 页。
③ 《张作相致诚允函》（1926 年 11 月 23 日）、《莫德惠覆张作相函》，吉林省档案馆：J101-15-0112。
④ 《吉林省长公署拟拨筹款自办吉林至海龙间铁路与外交部往来电文》（1926 年 11 月 24 日），《东北边疆档案选辑》第 114 册，第 485～488 页。
⑤ 王贵忠：《张学良与东北铁路建设》，香港同泽出版社，1996，第 104 页。

时,希望能取得与之相抵的巨大补偿"。大藏公望提出,如果吉林当局能以长大路为交换,则日本可不反对吉林方面修筑吉海路。故此,川越茂回复钟毓,除非吉林方面以解决吉会路和长大路为交换,否则日本难以撤销抗议。不过,无论是奉天还是吉林方面都表示这一条件"决无实现的可能"。钟毓一度提议引入日资修筑吉海路以消除日本方面的阻力,但同样为吉林当局拒绝。①

1927年1月20日,针对日本的两次照会,奉系以两点理由照复:一是吉海铁路是吉林人民请愿将奉海铁路延长修筑至吉林境内的路线,日本曾声明承认中国有修筑奉海路的自主权,吉海铁路是奉海路的延长线,日本自无反对之理由;二是吉海路是为"开发地面之计","且奉海路之敷设无异为南满路添一支线,计划延长即无异为南满营业上计划发展",日本更应该乐见吉海路的修筑。② 这一照复实际上是婉转地拒绝了日本的干预。③

日本认为奉系的回复毫无诚意,1月25日,驻奉天总领事吉田茂第三次照会张作霖,要求吉林当局停止筑路。28、29日,奉天和吉林当局再次以此前的两点理由照复日本驻奉天和吉林总领事,特别强调吉海路"与南满线有相得益彰之妙",希望日本"完全谅解"。④ 2月12日,日本再度照会张作相,仍旧以1918年"满蒙四路"换文为由,表示日本有吉海路敷设权,并警告吉林当局如若自行敷设此路,将引起中日间的冲突。⑤

日本的几次照会和强烈反对曾引起奉系内部在吉海路上的争论。

---

① 《满铁史资料》第2卷《路权篇》第3册,第547~548、889页。
② 《镇威上将军张作霖为修筑吉海铁路事给日驻奉代理总领事蜂谷辉雄照复》(1927年1月20日),《东北边疆档案选辑》第24册,第317~320页。
③ 《镇威上将军公署训令奉天省长》(1927年1月19日),辽宁省档案馆:JC10-1-20528。
④ 《吉林省长公署为吉省建设吉海铁路系延长奉海路线给日本驻吉总领事照复》(1927年1月29日),《东北边疆档案选辑》第115册,第73~75页;《满铁史资料》第2卷《路权篇》第3册,第893、990页。
⑤ 《日本驻吉林总领事川越茂为吉海铁路问题给吉林省长张作相照会》(1926年2月12日),《东北边疆档案选辑》第115册,第76~78页。

杨宇霆认为应暂缓修筑，张作相等人却态度坚决，① 最终，自行修筑吉海路的意见占上风。满铁也意识到吉林当局对吉海路的高度重视和坚持，加上此前日本已经放弃开海路的修筑，自认对吉海路"抗议的理由不够有力"，判断即便日本一再抗议，也可能无济于事。更重要的是，此时日本政府和满铁正准备与奉系进行全面的铁路交涉，它们认为，如若在吉海路一事上过于强硬，不仅可能影响到日本的满蒙铁路计划，还可能招致东北民众的强烈敌对情绪。最终，满铁决定消极处理，试图以长扶线为交换条件，与吉林当局在幕后折冲。②

在与日本多方拉锯的同时，吉林当局加快吉海路的筹备工作。2月24日，由工程师、工人、护路警察组成的八九十人规模的测量队正式分组勘测路线。3月10日，吉海铁路工程局正式成立，仍由李铭书为局长，艾乃芳、齐耀瑭为副局长，下设总务处、工务处、会计处等。到5月，测勘工作全部完成。资金总额也由原定的1200万吉大洋提高到2000万吉大洋。

二 波折不断的修筑历程

6月25日，吉海路举行开工典礼。此前，各路局开工典礼按惯例都邀请各国外宾出席，但吉海路局和吉林当局认为吉海路"情势不同"，如若邀请外宾（尤其是日方），"尤恐影响交涉。权衡慎审，似宜不事通知，虽事后不无失礼之嫌，而目前可免横生枝节"。最终，开工典礼破例未请外宾观礼。③ 事虽微小，却可窥见近代东北自建铁路是何等不易。

吉海路原定修到海龙，由于奉海路后来决定延长到朝阳镇，吉海路实际是从朝阳镇起修。吉海路局原定由吉林省城自北向南铺轨，

---

① 《吉林省议会林鹤皋为陈日领对于吉海铁路提出抗议等情的函》，吉林省档案馆：J101-20-2122。
② 《满铁史资料》第2卷《路权篇》第3册，第890、914页。
③ 《吉林省长公署、吉海铁路工程局举行开工典礼卷》，吉林省档案馆：J101-16-0262。

这样可以利用已有的吉长路和南满路进行运输,较为便利。日方虽对吉林当局修筑吉海路无可奈何,却并不甘心就此罢休。为了制造障碍,南满路拒绝运输吉海路材料,满铁驻吉长路局的代表中川增藏在日本外务省的指使下,以吉长路为日本借款修筑为由,拒绝吉长路与吉海路在吉林站接轨。不得已之下,吉海路局只得选定距离吉林站10公里之处的黄旗屯设为总站,变更原定计划,改为由南向北建筑。

吉海路也采取分段建筑方式。全线共分10个工务段,每段按照地形、地貌、隧道、架桥等不同需要再分段招商承包。工程技术上参照了当时东北境内各铁路局的经验,由于吉海路开筑期间,京奉、四洮等路局的技术人员多集中在奉海路和打通路的建设中,吉海路局延请京绥路局技术人员修筑此路。京绥、京汉铁路总工程司赵杰担任吉海路总工程司,其他如副工程司、帮工程司等各类技术人员也多来自京绥路局。

机件和材料方面,因日本的种种阻挠,吉林当局曾明确指示吉海路工程局,筑路材料万不能自日商采购。最终,此路所用的钢轨、机车、车辆等均自美商订购。运输上,原本计划经大连港运入,但此种方式必须经由南满路,为避免日本干涉,张作相特致函莫德惠,请求将吉海路机件以奉海路的名义运送至吉林。[①] 前三批材料由秦皇岛和葫芦岛入港,经京奉路和奉海路运至朝阳镇。第四、第五批经与满铁交涉后,才由大连转运。

资金方面,吉海路效仿奉海路的官商合力筹措模式。路线测勘后,资本提高到吉大洋2200万元,其中官股2000万元,商股200万元。但事实上商股承担的部分极少,到1928年,实际商股筹措不过50余万元。1928年9月10日,吉林当局通令,由全省较为富裕的30个县所保存的地方自治款下提充100万元充当商股,各县根据实

---

① 《吉林保安司令部关于借用奉海铁路名义运送吉海铁路机件的函》,吉林省档案馆:J102-03-0414。

存数目和地方财力状况分担不同数额，以 10 月 1 日为第一期、12 月 1 日为第二期缴纳。结果，第一期大部分县都如数缴齐，第二期股款却问题重重，不少县第一期多方筹措才告结束，第二期时限又紧，无计可施。虽吉林省政府和财政厅几经催缴，到 1929 年 8 月，总共只收到吉大洋 59.9 万元、哈大洋 5000 元。到 10 月，仍有部分县未能缴清定额。①

由于民间集资困难，实际上吉海路的修筑资金绝大部分来自吉林政府。到 1928 年春夏，路工进入最紧张时期，雇工逾万，虽预算时有节减，但开支仍较最先的估计不断攀升。到 3 月，吉林省政府的官股方面实际到账为 1570 万元，筑路预算却增加到 2390 万元。吉林省财政余裕不多，虽吉海路局多次要求尽快补充款项，仍无法全额拨付，后只好采取折中办法，自 3 月起按八成核发筑路资金，即便如此，仍有不能按时拨充的情况。②

由于计划变更、资金困难、日本刁难，吉海路动工虽早，实际自 1927 年 6 月到 1928 年 5 月的一年之内，主要进行的是土方工程，铺轨等工程在奉海路通车后即 1928 年 8 月起才有实质进展。1928 年 11 月，朝阳镇至磐石段通车营业，是年年底，烟筒山段铺轨完成。1929 年 6 月，朝阳镇至黄旗屯总站的主线工程竣工。

此时，满铁因"满蒙五路"进展不顺、其"满蒙铁路计划网"受挫，吉海路主线完成后，非常忧虑东干线对它的冲击。1929 年 7 月，满铁及其旁系组织国际运输会社（成立于 1926 年 8 月，主要集中经营中国东北的运输业务，满铁资本占 81%）对吉海路沿线进行调查后，估计由于吉海路的运营，南满路的大豆和其他谷类运输将减少 1800～3000 车，南满路的长春、范家屯、公主岭等站年运输量可能减少 14%～33%，一旦奉海、吉海两路实行联运，更将导致以

---

① 《吉林省各县为报送吉海铁路股份款数的呈及吉林省长公署指令》（1928～1929），吉林省档案馆：J101 - 17 - 0375。
② 《吉林省政府训令财政厅》（1928 年 3 月 21 日）、《吉海工程铁路局代电》（1928 年 7 月 30 日），吉林省档案馆：J101 - 17 - 1704。

上各站年运输量减少 20%~45% 之多,① 因而断定奉海、吉海两路是其利益的巨大威胁。为此，满铁反对吉海路局修筑黄旗屯站到吉林站间的 10 公里路段，阻止吉海路与吉长和吉敦路的接轨。

吉海路局和吉林省政府自筹备起就计划将吉海路与吉长、吉敦两路（其总站均设在吉林站，距离黄旗屯站不到 10 公里）接轨，以使吉林省内铁路交通通达和便利物产运输。1927 年，虽吉海路局数度接洽两路接轨事宜，但吉长路局始终以吉长路为借款铁路，不予同意。1928 年 5~6 月，在交通部代理总长、奉系要人常荫槐的支持下，交通部指出"交通行政系属国家主权，断不容外人有丝毫干涉"，电令吉长路局不得阻挠接轨。吉林当局也主张不顾日本的"借词要挟"和吉长路局的"屡次推宕"，由吉海路自行办理接轨事宜。② 然而，由于吉长路工务、机务、会计等核心部门均由日人掌控，吉长路局对吉林省和交通部的命令视而不见，置之不理。

1929 年 8 月中东路事件爆发，日本为反苏的利益需要才终于同意吉海路局动工。1930 年初，黄旗屯至吉林站路段方告完成。1931 年 6 月末，吉海路全线 183.9 公里全部工程终于告竣。10 月，吉林沦陷后，在伪东北交通委员会的指令下，吉长路与吉海路才实现接轨。

三 吉海路与东干线的初步形成

与奉海路一样，吉海路也是边修筑边运营。1927 年吉海铁路工程局曾派专员随同测量队对吉海路进行首次商务调查，估算吉海路

---

① 満鉄奉天鉄道事務所『吉海線及其ノ背後地調査ニ関スル件』1929、73、160~163 頁。
② 《吉海铁路工程局呈报与吉长路局会商接轨及租用道岔经过情形》《吉海铁路工程局呈为本路与吉长接轨一案现准该局函复应先向吉林日本领事略事周旋以利进行据情转呈》《吉海铁路工程局呈为本路与吉长接轨一案现准该局函复应先向吉林日本领事略事周旋以利进行据情转呈》《吉林省长公署指令吉海铁路工程局》《交通部函复吉海与吉长路接轨一案》(1928 年 5 月 26 日)，吉林省档案馆：J101 - 16 - 0331；《吉林省政府委员会第三十次会议特别记录议决：吉海吉长接轨事宜》(1929 年 6 月 5 日)，吉林省档案馆：J101 - 28 - 2414。

通车后，客运收入年可达 170 万元大洋，货运收入年可达 350 万元大洋。① 但实际上，运营初期以运输吉海路本线建筑材料为主，营业处在亏损状态。1930 年正式营业并与奉海路实行联运后，运输业绩逐渐好转。1930 年，全路营业收入为 175 万余元，盈利 11 万元。1931 年，营业收入增加到 234 万余元，盈利增长到 44 万元。②

吉海路是在以张作相为核心的吉林当局的尽力支持下，"不顾日本的无理阻挠和抗议而完成的"③ 吉林省境内第一条自主铁路干线，是东北铁路自主化历程中的重要一步。全部技术问题均由中国人解决，全线 126 座桥梁均为钢铁桥，采用水泥混凝土修筑，④ 其工程质量在东北各自建路线中堪称优良。

吉海路修成后，奉吉两省的联络无须借道南满铁路，并且经由奉海路在奉天与京奉（北宁）路相接，构成了奉系东北铁路网中的东干线，由此形成了吉林到关外的互通。如时人所言，"此路既成，则由吉林经沈海，可入北宁而通关内，沿途不必经由外资建筑之路，其畅快为何如！"⑤ 吉海路还是吉林当局庞大的吉林铁路建设计划中的重要一环。1928 年，张作相曾计划 5 年内筹款 3000 万元，修筑吉林至同宾的吉同路，全长约 1000 公里，途经 10 个县。由于路线长、财力艰难，预计待吉海路完工后，先期官商筹资 1400 万元修筑吉林至五常的吉五路。但吉海路的修筑尚且因资金问题而使工期延后，吉林省财政厅核算后认为 5 年之内虽可能筹集资金 3000 万元，然而按吉海路的成本，仅能修筑 500 公里。⑥ 这一计划仅部分路线进行初

---

① 《吉海铁路工程局为送本局第一次商务调查报告书的呈文并报告书及省长公署的指令》，吉林省档案馆：J101 - 16 - 0345。
② 《张学良与东北铁路建设》，第 107 页。
③ 王昕斋：《吉海铁路修筑的片段回忆》，中国人民政治协商会议吉林省吉林市委员会文史资料研究委员会编印《吉林文史资料》第 7 辑《辅帅生平》，1988，第 186 页。
④ 吉林市地方志编纂委员会编《吉林市志·铁路运输志》，中国铁道出版社，1995，第 46 页。
⑤ 《东北年鉴（民国 20 年）》，第 432 页。
⑥ 《吉同路期在必成》《筹筑吉同路》，《东北新建设》第 1 卷第 3 期，1928 年。

次测勘后即告中止。

吉林省当局修筑吉海路的目的之一在于促进吉林的经济开发,维护民族利权。吉海路"沿途地虽多山,土质甚肥沃,生产力甚丰",沿途朝阳镇、桦甸、烟筒山等都是东北知名的木材和粮食集散地。它开通后,沿线四五十华里以内地方,尤其是磐石、烟筒山、桦甸等地物资大部分经由吉海路运输,直接影响南满路本线的经济利益,一定程度上改变了沿线物产尽由南满路控制的局面。[1] 不仅东北当局将吉海路视为维护利权之举,东北民众也对此路寄予了不少民族感情,甚至出现旅客宁愿放弃吉长路和满铁路相对舒适的条件,而改乘吉海路的闷罐车的情况。[2]

第五节　沟通黑龙江腹地的呼海铁路

黑龙江省境内的呼兰至海伦一带是北满最富饶的地区,素有"满洲谷仓"的称号。[3] 自1900年代起,在近20年的时间内,从中央到地方,中国官民屡次筹议修建呼兰至海伦段铁路,但屡议屡挫。同时,由于北满腹心是日、俄等国抢夺北满势力范围的必争之地,呼海路也是东北自建铁路中引发日俄纷争最多的路线。1920年代中期,在奉系铁路自主化政策的推动下,呼海铁路终于在以吴俊陞为首的黑龙江当局努力下成为现实,黑龙江腹地有了第一条自主铁路干线。

一　从滨黑路到兰海路

呼海铁路计划源自黑龙江巡抚程德全1905~1907年从哈尔滨经

---

[1] 满铁庶务部調査課『東三省鉄道網ノ発達』、1929、18頁。
[2] 王昕斋:《吉海铁路修筑的片段回忆》,《吉林文史资料》第7辑《辅帅生平》,第184~192页。
[3] 满铁哈尔滨事务所調査課「濱黑鉄道問題與呼海鉄道」(1924年5月),辽宁省档案馆编《满铁调查报告》第3辑第19册,广西师范大学出版社,2008,第186页。

呼兰和绥化至瑷珲的滨黑铁路计划，程德全认为，此路不仅可以开发沿线经济，而且因它贯穿黑龙江腹地，直抵中俄边界，衔接黑龙江南北，在边防经营上价值也极为显要。① 不过，黑龙江当时的财力物力根本无力支撑此路的修筑。1909 年，全国各地民间筹资筑路浪潮迭起，黑龙江绅商筹议先筹资 800 万两修筑哈尔滨至墨尔根（即嫩江）一段窄轨铁路，但款项太巨，筹集无方，这一计划还是不了了之。

1910 年 8 月，黑龙江省谘议局再度计划省内铁路建设，决议修筑自呼兰县境内马家船口起，经绥化至海伦的窄轨铁路，全长 210 公里，定名为兰海铁路，资金由官商共同筹集，并向黑龙江省当局呈送铁路计划及招股简章，② 得到黑龙江巡抚周树模的支持。周树模主张改为筑宽轨铁路，资金可官商各半。是年年底，黑龙江当局成立了官民合办兰海铁路公司，颁布公司定章 74 条，拟定分两期集资江平银 500 万两（第一期筹集 200 万两，第二期筹集 300 万两）。为确保此路为国人自筑之性质，在定章中特别规定"股东以中国人为限，外国人不得为股东"。③

同时，黑龙江当局将兰海路筹划情形和招股章程咨明邮传部、度支部，请求向大清银行借款 100 万两作为筑路资金，但度支部复以仅能筹借数十万两，要求黑龙江省直接与大清银行接洽此事，借款计划未有结果。不过，经黑龙江抚署核准，黑龙江民政司决定将广信公司浮存款 30 万两拨作兰海路股款。1911 年初，兰海铁路筹备处正式成立并开始招股。

兰海路修筑的消息传开后，不少商民欢欣鼓舞。齐齐哈尔商会劝导各地商会踊跃入股，支持筑路。呼兰县商民因此路起点在呼兰境内，响应最为热忱，呼兰商会曾建议按民地、商户分别抽股三年

---

① 李兴盛等编《程德全守江奏稿》，第 321 页。
② 黑龙江省档案馆编《黑龙江历史大事记（1900~1911）》，黑龙江人民出版社，1984，第 178、184 页。
③ 汤尔和：《黑龙江》，商务印书馆，1929，第 481~482 页。

以集资。不过，由于黑龙江省库财力维艰，民间亦不富裕，招股数月，成效甚微。到辛亥革命爆发后，因时局变动，集资更无希望，筹备处只得裁撤。

1912年11月，黑龙江省临时省议会成立，重提兰海筑路计划，并经民政司、提学司复议认可，拟定先修筑呼兰境内一段，以广信公司前存款项作为股本。1913年，因直隶商人刘坦等向黑龙江省议会申请承修兰海路，改为纯粹商办，省议会趁机再推兰海路计划。9月，黑龙江省议会决定以省议会名义借款400万元作为兰海路资金。不久后，省议会又更改计划，决定以征收地税入股方式募集资本，以每垧（公顷）地认股大洋1元，分3期缴纳，分别以1914年4月、8月，1915年4月缴齐。按照当时黑龙江省可征地500余万垧计算，省议会预计可筹集500万元。

此时的黑龙江护军使兼民政使朱庆澜也积极支持这一计划，希望通过建设兰海路加强省内的经济联络、强化移民实边、提升黑龙江的防卫能力，但他认为黑龙江"边地瘠寒，人民寥落"，自筹款项难度太大，主张中央政府与地方当局共同出资修建。

1914年2月，北京政府交通部派遣吉长铁路工程局的工程师韦允裕、温维湘二人测勘兰海路线。韦、温二人以马家船口为起点，在呼兰、巴彦、绥化、海伦各县测量。在实地勘测后，韦、温强烈建议修筑马家船口至呼兰的铁路，并建议将其改名为呼海铁路。韦、温从三个方面阐述了迅速修建呼海路的原因：第一，呼海路"沿路……由毛荒垦成熟地者几触目皆是。……余庆、青山、黑山一带森林郁郁苍苍，绵亘千里……皮张油酒出额亦极丰富"，此路的经济价值不可限量；第二，该路将来可延长到瑷珲，"含有国防性质"，对黑龙江的移民实边将产生积极影响；第三，该路所经处较为平坦，工程较易，建筑费用预计不到600万元，因气候寒冷、施工期较短，工期则需4年左右。①

---

① 朱庆澜：《黑龙江政务报告书》，李兴盛等编《陈浏集》，黑龙江人民出版社，2001，第959~974页。

这是呼海路自清末动议数次后首次提出比较完整和成熟的建设计划。随后，朱庆澜拟按此前的由地价和商户集股办法，先修筑呼兰至绥化一段，并计划再次详细勘查。然而，黑龙江当局的呼海路计划旋即因俄国向北京政府提出滨黑路要求而中辍。

二 日、俄与滨黑路借款权

1913年10月，日本取得了"满蒙五路"借款权后，它在东北路权上的扩张势头引发了俄国的不安，不甘落后的俄国遂力谋向北京政府要求北满路权。

1914年3月，俄国驻华公使库达涅夫向交通部递交节略5条和附件1条，以日本在南满一带取得不少路权利益为由，要求北京政府将黑河、哈尔滨、齐齐哈尔一线铁路的借款权（节略第1条），呼伦贝尔一带特权（节略2~5条）以及北满的矿业和林业特权（附件）给俄国。① 5~6月，俄国公使又数次向交通部表示，日、英、法等国在中国获得修筑路线极多，俄国必须享有同等均势，俄国国内已组织以俄亚银行为代表的公司，拟投资修筑海兰泡至哈尔滨、海兰泡至齐齐哈尔两条路线。为迫使交通部就范，俄方还以呼伦和阿尔泰两案②为恫吓。6月末，正因对外交涉而焦头烂额的袁世凯政府令交通部与俄国交涉北满路权。

7月，交通部派遣水钧韶、阚铎与俄亚银行代表郭亚尔交涉。9月，双方议定仿照内地借款筑路成案，由俄亚银行投资修筑滨黑路，以哈尔滨起，经墨尔根至黑河为干线，以墨尔根至齐齐哈尔为支线。1915年4月，郭亚尔拟定滨黑铁路合同草案，10月，交通部通过合

---

① 《交通史路政编》第15册，第449页。
② 呼伦贝尔事件：1911~1912年，俄国趁中国局势不定，煽动蒙古王公宣布呼伦贝尔"独立"，由此引发中俄间长达数年的交涉。1915年11月，中俄签订《会订呼伦贝尔条件》，即《呼伦条约》。阿尔泰事件：1913年9月，俄国以阿尔泰回兵打伤俄国领事为由，出兵阿尔泰地区，引起中俄间长期交涉，1914年8月，因一战爆发，俄国始撤兵。

同案，并提请北京政府批准。

1916年3月27日，北京政府财政总长周学熙和交通总长梁敦彦与俄亚银行全权代表郭业尔签订《滨黑铁路借款合同》，约定中国向俄亚银行借款5000万卢布建筑"由沿中东路一地点附近哈尔滨地方，经过墨尔根至濒黑龙江岸，与卜拉克维城斯克对岸黑河府之铁路工程，及由墨尔根至齐齐哈尔之支线"，年息五厘，借款期限为46年。此外，合同规定，如今后中国方面借款修筑此路的支路，仍须借用俄资，俄亚银行"得将其应有之权利或全体或一部分，让与其他公司，或他团体或董事会等，代行其所让之权利"。① 尽管合同注明接受让渡者须为俄国籍，但实际上后来俄亚银行却任意将滨黑路修筑权转与日本，导致滨黑路问题愈加复杂。

由于呼海路恰是滨黑路的中间一段，黑龙江当局1914年的呼海路筑路计划因中俄交涉滨黑路而无形中宣告停止。中俄滨黑路合同签订后，滨黑路债票并未即时发行，北京政府却因财政窘困，于1916年4月以交通部和财政部名义从滨黑路借款中挪用150万卢布（合上海规银50万两），约定到1918年4月偿还（后因届期无力偿还，交通部又与俄亚银行签订展期合同）。

8～10月，继任黑龙江巡按使兼滨黑路督办的毕桂芳试图修筑滨黑路，俄国方面也准备派遣工程师进行测量，但交通部始终以欧战未终、与合同不合等理由要求暂缓办理此路，并决定将滨黑路事宜收归交通部，撤销滨黑路督办职务。1918年10月，因俄亚银团提出修改合同，北京政府恢复滨黑路督办一职。一年后，交通部再度撤销滨黑路督办职务，各类文卷交由交通部保管，滨黑路计划停止。

俄亚银行在1916年获得滨黑路借款权后，几次试图筑路都未能成功，动荡的局势又导致其资金困难。在此种情境下，不愿意放弃到手的滨黑路借款权的俄方力图寻找合作者以解决经济窘状。出于

---

① 黑龙江金融历史编写组：《华俄道胜银行在华三十年》，黑龙江人民出版社，1992，第302～315页。

不想与英、美分享东北权益的考虑，俄亚银行最终选择与日本合作，将借款权部分转让给日本。

日本认为这是向北满扩张的千载难逢之机。1919年4月18日，日本内阁会议讨论滨黑路问题，认为滨黑路"贯通北满沃野，工程既易，又与中东铁路共同构成该地区的交通骨干，不仅是经济上的有利路线，在政治上也具有重大意义"，日本如能参与滨黑路，"不仅使帝国得向北满地区扩展其经济势力，而且也是实现日俄合作的途径"，决定尽早设法达成与俄方合作的协议。① 为尽快取得滨黑路权利、减少俄方的疑虑，7月22日，日本向俄亚银行提交备忘录，声明"横滨正金银行参与滨黑铁路修筑事宜，仅有产业上和财政上的目的"。10月，俄国公使正式表示承认日俄滨黑路合同，双方瓜分滨黑路修筑权协定正式达成。②

在日俄合谋共享滨黑路借款权期间，北京政府交通部也与俄亚银行在1919年数次交涉修改合同一案。由于日俄协议的达成，俄方在1920年3月提出在借款合同中添加借日款、添聘日人办路等要求。但黑龙江督军孙烈臣认为，这与向例不合，主张修改合同案暂缓进行。此时恰逢俄国内乱，修改合同一事最后全然停顿。③

日俄共同谋获滨黑路修筑权，引发了东北民间的强烈震动。他们认为此前北京政府与俄亚银行订立的合同已经"损失利权甚巨"，一旦滨黑路加入日资，日本更将"力谋统一其三省铁路上之侵略政策"，主张废除与俄亚银行的借款合同，由东北自行筹款修筑，以挽回主权、巩固疆圉。④ 由于民间的反对以及俄国时局的影响，日俄的合作计划最终未能实现。滨黑路借款一事也未实行。

自清末起，黑龙江官民的滨黑路、兰海路等各种筑路设想中，呼海段都因位置显要和经济资源丰富成为核心路线。日俄多次试

---

① 宓汝成编《中华民国铁路史资料（1912~1949）》，第629页。
② 《满铁史资料》第2卷《路权篇》第1册，第260~264页。
③ 《交通史路政编》第15册，第502页。
④ 宓汝成编《中华民国铁路史资料（1912~1949）》，第533~534页。

图取得这些铁路的修筑权,也反映了各国对北满地区的角逐之激烈。

三 奉系与呼海路的修筑

(一)从借款到自筹资金

1921年,黑龙江督军兼省长吴俊陞拟引入外资兴筑滨黑路。此时,在一战后重返中国争夺战的英美等国为钳制日本在中国的扩张势头,策划英美法日四国组成国际新银行团,其主要任务就是掌控中国铁路建设权。经过长期的斗争和争吵,四国就中国铁路权益达成协议,在东北境内,国际新银行团取得锦瑷、洮热等路的权益。黑龙江当局兴修滨黑路计划出台后,被美国看作推进其在北满的势力的机遇。曾在中东路技术委员会任职、常驻哈尔滨的美国工程师史蒂芬向黑龙江当局表示美国有意投资修筑滨黑路。随后,黑龙江铁路交涉局总办马忠骏与史蒂芬商洽,一度达成了投资滨黑路私约,但该计划遭到省议会的强烈反对,张作霖也不同意。①

1922年,因滨黑铁路整体修筑无望,吴俊陞等人转而提议借用俄商资本修筑呼兰至海伦段。4月17日,黑龙江省长公署与长期在吉、黑两省合办木材、采煤等企业的俄商谢结斯兄弟签订《黑龙江官督商办呼嫩铁路合同》,约定由谢结斯兄弟出资包修呼嫩铁路,呼海作为其中一段,双方约定呼嫩路收入由俄商分七成,黑龙江省长公署占三成,18年期满后此路交还中国。为防止日资的渗透,特别规定不得向其他国家借款并转让修筑权。

但交通部认为,1916年中方与俄亚银行订有借款合同,呼海路与滨黑路路线大部分重合,修筑呼海路恐将引起中俄矛盾,因此未核准筑路。② 俄亚银行和正金银行方面都认为这损害了它们的利益。俄亚银行

---

① 「濱黒鉄道問題與呼海鉄道」,《满铁调查报告》第3辑第19册,第204页。
② 中研院近代史研究所:《中日关系史料——东北问题》(4),中研院近代史研究所,1992,第2273页。

要挟北京政府立即偿还此前挪用的滨黑路借款50万两。日本为破坏谢结斯计划，不惜在幕后进行种种活动，满铁甚至专门拨款运动黑龙江省议会反对这一合同。① 最后，在各方反对下，张作霖下令取消此案。

尽管如此，黑龙江当局还是决定修筑呼嫩路。1923年，黑龙江省长公署正式拟定修筑从呼兰县属松北市场之马家船口至嫩江县城的呼嫩铁路，决心将此路建设成"黑龙江省政府有完全自主之权"的路线，修筑资金为国币3000万元，工程和费用由美商保大文铁工厂承办、承垫，以呼嫩路产业作为担保。其中，南段路线即为呼海路。②

为推进黑龙江省的自建铁路，吴俊陞特拜访四洮铁路局局长卢景贵，邀请他担任黑龙江省军民两署顾问，帮助黑龙江省官商合办呼海路和齐齐哈尔至克山的齐克路。随即，卢景贵派遣四洮铁路局工务处课长温维湘等人前往黑龙江进行呼海路的测量工作。③ 1924年4月，黑龙江省政府成立呼海铁路筹办处，原黑龙江省森林局局长赵仲仁为总办。7月，呼海铁路工程局成立。

然而，日本得知黑龙江省的呼嫩铁路计划后，并未放弃插手，谋求包修呼嫩路，并重点干预呼海段。8月21日，满铁与正金银行签订了关于转让滨黑铁路权利的契约，满铁接收了正金银行的一切关于滨黑路的利权。为向呼海路渗透，满铁转而拉拢黑龙江当局，意图与黑龙江当局签订包修此路的合同。1925年3月，满铁理事松冈洋右在奉天与黑龙江督军吴俊陞和代理省长于驷兴会晤，提出资金为3700多万日元的满铁承包呼嫩路方案。

此时的奉系已经明确在铁路发展上以自建自营铁路为主，滨黑路作为贯通北满腹地的主干路线，借用外资修筑的方案遭到不少奉系要人及交通委员会的反对，黑龙江当局最终中止了与满铁的交涉。

1925年8月，交通委员会决议以官商合办、自筹资金方式修筑

---

① 《满铁史资料》第2卷《路权篇》第1册，第290~294页。
② 宓汝成编《中华民国铁路史资料（1912~1949）》，第540页。
③ 卢景贵：《东北铁路十年回忆》，《文史资料选辑》第47辑，第196页。

呼海路，计划由黑龙江官商各负担一半，共投入资金现大洋1000万元，官股由黑龙江省财政厅负担，商股由广信公司筹集，规定仅限国人入股，股票不得转让或抵押给外人。25日，呼海铁路公司在齐齐哈尔正式成立，由黑龙江警务处处长高云昆任总理。9月1日，在松浦正式设立呼海铁路工程局，高云昆兼局长，呼海路在历经近20年的筹划后终于进入建设阶段。

(二) 呼海铁路的修建

考虑到资金筹集难度，呼海铁路工程局决议分为松浦至绥化、绥化至海伦两段修筑。工程局成立时，距离结冻期已近，因而1925年9月~1926年2月，实际上只进行了松浦至呼兰段的测量工作。

呼海铁路工程局成立时，黑龙江省政府即明确表示此路"系由官、商合办，实为纯粹自营之路"，[1] 但日、苏两股力量却无时不在。尤其是在呼海路工程包修和材料供应上，日、苏以及美国资本的较量更为明显。对于日苏在争夺呼海路和北满利权上的长期矛盾和冲突，吴俊陞在呼海路上表现出左右摇摆的态度。

1925年8月，在决定官商合办呼海路后，吴俊陞即向中东铁路管理局局长伊万诺夫表示呼海路的修筑对中东路有积极意义，希望中东铁路能给予一定援助。伊万诺夫出于中东铁路利益的考虑，积极响应，甚至提出愿意无偿提供呼海路部分建筑材料，以及以低价运费帮助呼海路材料的运转。结果此议遭到张作霖及交通委员会的反对。而俄亚银行则向北京政府交通部提出抗议，认为黑龙江自筑呼海路侵害了俄亚银行取得的滨黑路修筑权。但交通总长叶恭绰认为，苏方历时七年始终未能履行合同，东北舆论对黑龙江当局有所约束，因此中方只能自筑此路，驳复了苏方的意见。[2]

尽管如此，吴俊陞并不排斥苏方介入呼海路，反而继续寻求中

---

[1] 田文敏：《呼海铁路建设实录》，《铁路春秋》1997年第4期，第6~7页。
[2] 《满铁史资料》第2卷《路权篇》第1册，第309~312页。

东路局对呼海路的支持。此时，与吴俊陞渊源颇深的前中东铁路局长鄂斯特罗乌莫夫正谋求参与呼海路，并得到吴俊陞的支持。

1926年1月30日，呼海铁路公司董事吉祥与鄂斯特罗乌莫夫组织如意公司，承担呼海铁路松浦至呼兰间的土木和架桥等工程。如意公司名义上的代表是吉祥，实际上负责的是鄂斯特罗乌莫夫。此后，在呼海铁路工程局进行路线测量工作的同时，鄂斯特罗乌莫夫也组织测量队对呼海路进行了勘测。[1]

日本对呼海路的关注较苏方更甚，满铁、正金银行、外务省等各方都深度卷入其中。

满铁最忧虑的是呼海路与中东路的关系。它认为，如若呼海路在苏方支持下采用与中东路同样的轨距，呼海路将"成为苏联铁路系统的一部分"，"关系到日俄铁路线的胜败，进而还影响到两国势力在北满的命运"。因此，满铁提出，"要再修筑一条和中东铁路一样的，则是'国防'上决不可能放过的重大问题"，表示"希望最低限度应通过供应材料，争取统一标准轨距，以便有利于日本"。[2]为此，满铁多次通过张作霖的军事顾问菊池武夫游说张作霖，要求张作霖承诺呼海路采取标准轨距，并由满铁承办呼海路的材料采购。

1925年9月，在张作霖的默许下，日方派遣满铁奉天公所所长镰田弥助前往齐齐哈尔与吴俊陞会面。吴俊陞在张作霖的示意下，摒弃了安利洋行、泰和洋行、如意公司、西门子公司等英、美、德公司，派遣黑龙江省政务厅厅长程廷恒前往大连与满铁商洽采购合同。

10月10日，黑龙江省政府与满铁签订了松浦至呼兰段的铁路材料买卖合同，呼海路的"应用材料、车辆及附属物件"均由满铁定购，相关费用自物品交清日起三年以内暂不取息，自第四年起按年九厘起息。由于担心俄亚银行的强烈反应和干预，日方对此交涉严守秘密。

---

[1] 呼海铁路工程局总务科编《呼海铁路纪略》，呼海铁路工程局，1929，第67页。
[2] 《满铁史资料》第2卷《路权篇》第1册，第299、310页。

最终俄亚银行还是知晓了这一合同,11月郭业尔向日本正金银行北京分行经理小田切提出抗议,认为满铁此举违反了1916年的《滨黑铁路借款合同》关于购入外国材料须由俄亚银行借款的条款。1926年2~3月,郭业尔与日方就此交涉几个回合。但满铁方面认为俄亚银行的抗议不过是希望能获得一定补偿,其实根本无意修建此路。为此,满铁甚至鼓动俄亚银行转向北京政府抗议。

黑龙江省政府与鄂斯特罗乌莫夫签订包工合同时,满铁曾担心这将影响它的利益,后来考虑到苏方对日本"极为神经过敏",并且美国方面曾提出借款给鄂斯特罗乌莫夫,认为不如默认这一现状,利用鄂斯特罗乌莫夫资金不足的状况扩大满铁对呼海路的渗透。2月,满铁以测量费名义支付给鄂斯特罗乌莫夫2.5万日元。

与满铁不同的是,因呼海路地处北满腹心,日本外务省担心因此路影响日苏关系,曾两次要求满铁不要过度干预,材料供应仅限于松浦至呼兰段。满铁虽向外务省表示只考虑松浦至呼兰段,实际上却在未告知外务省的情况下,于4月24日与黑龙江省政府签订了200多万日元的呼海路第二段即绥化至海伦段的材料购买合同。外务省认为合同既已签订,难以废除,不过为缓和日苏关系,要求满铁暂缓执行合同。后满铁与黑龙江省政府折冲后,将交货期限延长一个半月。俄亚银行得知消息后,于5月17日再次向满铁提出抗议,要求或者满铁参加俄亚银行和正金银行的贷款协定,并支付此前俄亚银行交付给中国政府的预付款的三分之一及相关利息,或者苏方将俄亚银行的相关权利全部转让给正金银行,并提出部分材料须从法国购入。但满铁强硬回应:不会参加贷款团,正金银行更绝不会考虑转让权利一事。

其实,俄亚银行对北京政府的抗议,乃至北京政府交通部及张作霖的意见,"都不外乎是满铁的策略"。此时正雄心勃勃地图谋推进满蒙铁路网计划的满铁,最终目的是要利用呼海路实现在北满的势力扩张。[①]

[①] 《满铁史资料》第2卷《路权篇》第1册,第303~318页。

工程承包和材料供应确定后，1926年2月，呼海铁路公司终于按照工程局所测量的路线正式开工筑路。9月，松浦至呼兰段支线通车。

黑龙江督军吴俊陞急切希望呼海路迅速开通，曾指令松浦至绥化段各工程于1926年底完工。承担工程的如意公司在鄂斯特罗乌莫夫的主持下，为加快进度，在土工尚未完成时就开始铺轨，并在冬季土冻时期仍进行路基工作。结果，1927年1月，松浦到绥化段虽竣工通车，到3月因气候转暖，不少地方土工坍塌。尽管如意公司随即进行了修补，但到6月，用冻土填补的路基更复塌陷至"不可收拾"的境地。① 尤其是兴隆镇至绥化段，由于路基破损严重而被迫中断通车。因如意公司"工程草率"，且"利用合同不完备之点，偷工减料"，② 在呼海铁路局的请求下，黑龙江当局中止了其工程承包权，改由本国技术人员承担。11月初，松浦至呼兰间恢复通车。

工程改由本国技术人员和公司负责后，呼海路修筑较为顺利。1927年，筑路材料多采购自美国和捷克公司，未继续向满铁订购，使日本对此路没有造成更大的干预。

和其他东北自建自营铁路一样，资金始终是呼海路的一大困扰。此路采取官商合办方式，官股主要来自黑龙江省财政厅，商股方面由广信公司主持，在商民和社会团体中筹集，先由广信公司垫付。1927年1月，马船口至绥化间竣工时，已耗费740多万元哈大洋，后续的绥化至海伦段无足够资金开工，工程不得不暂时停工，直到10月才开始测量，1928年3月才开始正式建筑。

1927年1月，呼兰至绥化段完工通车，同年9月，松浦至马船口支线通车。1928年7月，绥海段进入最后铺轨阶段，12月25日，全线正式通车营业。此路全长221.2公里，其中松浦至海伦干线为213.7公里，松浦至马船口支线约7.5公里。自马船口至海伦单程约

---

① 《呼海铁路纪略》，第67页。
② 《东北年鉴（民国20年）》，第435页。

7小时，马船口至绥化间单程约3.5小时。

到1929年1月，呼海路建筑费用共计哈大洋1138万元，其中财政厅和广信公司投资约1048.7万元，呼海路营业等进款约89.2万元。① 为支持此路的建设，黑龙江省主席万福麟父子及呼海路管理局督理张星桂各以私人资金用商股名义入股5万元。由于资金紧张，全路工程只能从简。枕木都是先自购木料，再加工而成，全路桥梁皆用木质，路基用砂土铺垫，轨重65磅，机车较他路稍小。

1928年8月，黑龙江省政府曾取消呼海铁路股份公司形式，改归官办，又因拟定修筑齐齐哈尔至克山的齐克铁路，特设立呼海齐克两路总办公署，管理呼海路和齐克路，原公司总理改称工程局长。9月1日，呼海路总局迁往松浦。1929年2月，呼海齐克总办公署又取消，11月改称呼海齐克两路工程管理局。1930年1月，又复改为公司形式。

四　呼海铁路的价值

"江省僻处边陲，路权存亡间不容发"。② 在呼海路开通前，黑龙江境内仅有齐昂（约28公里）和穆棱（约59公里）两条自筑铁路，前者属轻便铁路，后者是运煤铁路，两路合计不到90公里。呼海路修筑后，黑龙江境内才有了第一条自主铁路干线。此路从初次筹谋到最终全线开通，历经20年，遭遇以日、俄为首的外力的屡屡干预，深刻地展现出近代东北自建铁路的复杂与艰辛。

在交通和战略上，呼海路"南接中东，东行入海，西达欧陆；南连南满北宁诸线。虽形似孤单，而其实雄踞一方"，它的完成，标志着滨黑路和呼嫩路的核心段告成。而且，黑龙江省当局有更长远的规划，即以此路为中心，待时机成熟，再向嫩江、黑河等地延展，最后完成滨黑路和呼嫩路计划，从而实现"与黑河间军队之调遣朝

---

① 《呼海铁路纪略》，第93页。
② 《呼海铁路通车典礼录》，辽宁省档案馆：JC10-1-3863。

发夕至，锁轮既完，国门自安于磐石"的目的。①

在经济上，作为贯通北满腹地的干线，呼海路在黑龙江经济开发上的作用更不容小觑。"从呼兰到海伦，一路间油黑的土色，除河流外，处处可耕……千户以上的村庄，随处多有。树木丰密，堡垒相望"。② 仅以农产而言，呼兰年产约10万吨，绥化约15万吨，海伦10万余吨，沿途其他各地每年农产达60万吨之多。此前因交通不便，沿线物产须辗转多次借中东铁路或南满铁路输出。呼海路开通后，这些物产大部分改经呼海路运往绥化、松浦或马家船口，每年特产运输可达五六十万吨，③ 加上林产品、矿产品也为数不少，运输量日渐增加。特别是每年冬春之交，"寒风凛冽之际，正吾路业务繁忙之时，粮袋堆积待运孔亟，送粮至站之打车如长蛇盖地而来"，④ 仅海伦经呼海路输送的粮食每年就有8万~8.5万吨。⑤ 因此，在东北各自建铁路中，呼海路也是少有的自营业起就有盈利的路线。1927年7月松浦至绥化段开始营业后，机车仅有8辆，每日自马家船口至绥化往返五次，收入每日高达1.2万~1.8万元。⑥ 到1927年底，仅半年时间全路营业即达到112.7万元，营业盈利有51.2万元之多。⑦ 1929年，路局共有机车28台，客车39辆，货车443辆，营业收入达现大洋474万元，盈余133万元。⑧

不过，呼海路的一大问题是它不能与奉吉两省直接联通。沿途

---

① 《东北年鉴（民国20年）》，第435页；《呼海铁路纪略》，第6页。
② 刘十洲：《海伦见闻录》，《东北月刊》第1卷第2期，1931年，第6页。
③ 介卿：《呼海铁路与其沿线之农业状况》（续），《中东经济月刊》第7卷第7号，1931年，第68页。
④ 《呼海铁路纪略》，第47页。
⑤ 《论东省新筑铁路及沿线营业概况》，《中东经济月刊》第4卷第10号，1928年，第53页。
⑥ 介卿：《呼海铁路与其沿线之农业状况》，《中东经济月刊》第7卷第1号，1931年，第27页。
⑦ 呼海铁路工程局：《黑龙江省呼海铁路民国十六年份第一次会计统计年报》（出版时间不详），第23、25页。
⑧ 《东北年鉴（民国20年）》，第437页。

出产仍有不少经由中东铁路输出,某种程度上成为中东铁路的营养线。呼海路局曾在 1930 年拟修海伦至望奎的支线,齐克路兴修后,又计划修筑齐克与呼海的连接线,但到九一八事变前都未能实现。

第六节　打通铁路与西干线建设

在奉系的铁路网计划中,西干线的基本设想是纵贯南北满、沟通黑龙江和奉天,并加强东北三省与热河和东蒙的联络。这条干线由四洮路、打通路和洮昂路（1928 年后齐克路加入）构成。其中,四洮路为借款铁路,洮昂路为满铁包工铁路,均受满铁掣肘。1920 年代,奉系力推自主建设打虎山（后改称大虎山）至通辽（旧称白音太来）的打通铁路,以此贯通西干线。打通铁路里程虽短,却是西干线中最重要的承接线,修筑过程更是一波三折。

一　打通路的缘起

打通路的前身是 1921～1922 年奉系修筑的虎壕铁路。虎壕铁路修筑期间,张作霖等人曾计划在虎壕路完成后,继续修筑到新立屯的延展段,预备最终延长到热河、齐齐哈尔一带,建设成纵贯东北、东蒙的一大干线,完成清末以来东北官民的锦齐、锦瑷铁路设想。

1923 年 4 月,自八道壕起、经芳山镇至新立屯段的延长线开始动工。与此同时,京奉路又聘请英国技师对新立屯至彰武一带进行测量。结果,开工一年后,因第二次直奉战争的爆发和资金等原因,进展极为缓慢。

第二次直奉战争结束后,直系战败,北京政府一步步落入奉系操控之下,京奉铁路全线也被奉系控制,此前关内外分属不同机构管理的京奉铁路随之重新统一管理,原来设在奉天的奉榆铁路局撤销。1925 年春,奉系要人常荫槐出任京奉铁路局局长,在奉天设立京奉铁路局办事处。

京奉铁路是联通关内关外最重要的通道,在当时国有铁路中,它不仅修筑较早,且营业收入比较丰厚,仅 1922 年京奉路资产就增加了 1184 万元,占当年全国铁路资产增加量的 65%。[①] 不过,京奉路是借英款修筑的,铁路的管理、会计多为英人把持,而且贪污成风、管理混乱、弊病丛生。初到京奉路任职的东北留日归国学生王奉瑞曾回忆,"在路局做事的尽是一般洋奴……中国局长向来是只拿高俸不管事,要管也无法管,就连最起码的科员也有外国人做靠山,一切操在外国处长、外国工程师手里,职员们等于是他们的差役"。[②]

常荫槐上任后,局面为之一变。他在第一次直奉战争后任军警执法处处长、奉天全省清乡督办、东三省交通委员会教育监督处处长等职务,对交通发展关注较奉系中其他人尤甚,又曾在交通部任职,与交通部路政司司长刘景山等人关系融洽,且性格果断、冷静,担任京奉路局局长后,配合交通部路政司对京奉路进行了雷厉风行的改革。在人事上,常荫槐果断增添华人为副处长,洋员合同期满后不再续约,使这些部门在一两年后都由中国人掌握。管理上,为改变此前军人任意扰乱路局事务的局面,他严令整顿,整改军队扣用铁路机车、免费搭乘和运输的现象,即便他自己也按章买票乘车,其亲属违反条例也一律受罚。他还裁汰冗员,精减路局人员,整顿沿路治安。在财政上,此前,京奉路局的营业进款须存入汇丰银行,常荫槐改为分存中外银行,提高了中方对京奉路的财政支配权。[③] 另外,在发展策略上,常荫槐极具眼光,不仅成立交通学校,培养交通人才,还提出以路促路的方针,主张将铁路盈余用于铁路建设。这些举措,为打通铁路的修筑和其他路线的发展奠定了坚实基础。

在这样的背景下,京奉路局在建设八道壕至新立屯段铁路的同时就着手准备将其延长至彰武。1925 年 7 月,八道壕至新立屯段竣

[①] 王贵忠:《张学良与东北铁路建设》,第 40 页。
[②] 陈存恭记录、王奉瑞口述《王奉瑞先生访问记录》,中研院近代史研究所,1985,第 20 页。
[③] 沈云龙访问《刘景山先生访问纪录》,中研院近代史研究所,1987,第 70~74 页。

工，京奉路局开始测量新彰段。8月，交通委员会正式决定用三四年时间分段修筑自八道壕延长至通辽的打通路。奉系选择修筑打通路，主要在于此路在军事和经济上的双重价值。此路如果开通，将使京奉路延伸到辽西和东蒙一带，进而上可连接黑龙江，实现西干线的联通，将使关内关外的经济联系更加紧密；在军事上、战略上更可以使奉系又多一条可以自主控制的干线。正如常荫槐所说，"打通铁路在军事上是绝对必要的，在经济开发上是重要的"。①

因此路距离南满路较近，为了避免日本的干扰，奉系决定通过北京政府交通部以京奉路支线名义修筑，预计投入资金为240.7万元。考虑到难以一次性解决资金，京奉路计划分三年筹集资金，每年筹集80万元。为节约和尽快建筑起见，京奉路局决定将此前沟帮子至奉天段更换的4000多吨旧钢轨（为统一京奉路钢轨规格和提高运输能力，1925年夏，京奉路局开始将此段钢轨由原来的60磅钢轨更换成80磅）留给打通路使用。9月13日，交通部在《交通公报》上正式公布了京奉路支线打通路的建设计划。

二 日方干涉下的打通路建设

1925年9月，新立屯至彰武段开始修筑，不过很快由于郭松龄反奉战争爆发和京奉铁路局陷入混乱，打通路工事被迫停止。1926年，随着奉系统治的稳定，以及奉系重新掌控京奉路，新彰段才复工。到8月，工程已完成大半，彰武至通辽间的测量也开始进行。

然而，打通路引起日本的多次干涉，成为中日东北铁路交涉的一大悬案。

自奉系的虎壕路延长计划提出后，日本就密切关注。交通委员会决定修筑打通路后，满铁北京公所于1925年8月24日向满铁庶务部报告了这一情况。9月3日，满铁庶务部以打通线是满铁的并行线、四洮至通辽段的竞争线为由，要求满铁奉天公所就此在奉天进

---

① 胡玉海主编《奉系人物》，辽海出版社，2001，第214页。

行切实调查。9月29日,满铁社长安广伴一郎在发给正在北京的满铁理事松冈洋右的电报中,提出奉系的打通路计划旨在暗中实现此前东北当局数次谋划的锦瑷线,满铁向齐齐哈尔方面扩张的计划将因打通路的修筑而受影响,乃至被奉系利用,性质非常严重。① 日本政府也认为这条铁路不仅是为了地方开发,还蕴含着奉系方面的军事和政治野心,直接警告北京政府,表示将关注事态发展。② 不过,松冈洋右以及满铁北京公所虽然认同此路是满铁势力西进的障碍,但认为奉系由于资金原因,难以短期内建成打通路,此事并非日本面临的迫切问题,不主张进行更多干涉。

1926年7~8月,随着新彰段工程复工,此前认为此路不太可能实现的满铁态度全然转变,开始强硬干涉打通路。8月下旬,京奉路辽河以东段技师长山岭贞二向日本驻奉天总领事吉田茂报告了奉系建设打通路的进展,引起了吉田茂和满铁的密切关注。满铁理事大藏公望与吉田茂讨论打通路问题,双方决定先由吉田茂照会奉系当局,再由外务省正式对奉系提出抗议和警告,以阻止此路的兴修。25日,日本外务省训令吉田茂向张作霖抗议,称奉系"利用满铁的资金和技术修筑满蒙铁路,此时却反而企图实现明明不利于满铁的平行线计划",日本决难漠视此种情况,要求奉系尽快中止筑路。③

8月30日,奉军总参议杨宇霆访问吉田茂。吉田茂向杨宇霆表示,奉系修筑打通线的计划是无视日方的条约利益的举动,打通路相当于满铁的平行线,日方将对此提出抗议。杨宇霆回复奉系并无打通路计划,即便有此计划,也是开发经济之举,并不妨碍日本。

---

① 《为日本抗议京奉铁路支线打通线修筑事日中交涉往复文书汇集》,《东北边疆档案选辑》第29册,第432、435页。
② 解学诗主编《满洲交通史稿》第11卷,社会科学文献出版社,2012,第526页。
③ 「東三省鉄道問題」日本外務省編纂『日本外交文書』大正15年第2册下卷、外務省、1985、1359頁。

日本外务省得知这一情况后，于9月4日再度训令吉田茂，向奉系当局提出书面抗议。9月8日，吉田茂与张作霖会面，询问张氏打通路计划是否属实。张作霖以未曾听说有此计划、即便有计划也无资金施行予以答复，对吉田茂提出的待查明后公文正式答复的要求，张作霖含混而过。① 显然，此时的张作霖和京奉铁路局的打算是含糊应对日本的抗议，背地里继续修筑打通路。

对张作霖的模糊表态不满的日本随后于9月17日照会奉系当局，提出打通路计划"自然与四洮洮昂二路联络，对满铁本路距离平均不过70英里，成并行竞争之势"，指责奉方"竟擅行敷设近距离之干路""有背条约之声明"，称日本政府对此"不能默视"，要求奉系明确答复打通路计划是否属实。②

日本数度对奉系当局兴师问罪，导致奉系的强烈抗拒，对日本的照会也迟迟未予答复。直到10月20日吉田茂再度催促后，张作霖方面才于27日照复。奉系一方面表示"现在并无计划敷设之事"；另一方面却明确提出，如若将来有兴修计划，"事关内政，届时自当斟酌情形为之"，并称日本政府"对于奉省地方事业夙抱开发之意，贵总领事必能乐于赞助，似无干预之必要也"。③ 可以看出，以张作霖为首的奉系明确提出建设打通路是奉系内部事务，拒绝日本的干涉。尽管吉田茂于11月5日再次表示抗议，但奉系方面不予理会，加紧新立屯至彰武段的工程，急速筹备修筑彰武至通辽段，计划在沟帮子至奉天段换轨完成之时将打通路修筑到彰武以北地区。

12月24日，日本外务大臣币原训令驻奉天代理总领事蜂谷辉雄再度向奉方提出严重抗议。28日，蜂谷辉雄将抗议文书面交杨宇霆，要求奉系饬令停止正在进行的工程及打通路计划。杨宇霆却表示奉

---

① 「東三省鉄道問題」『日本外交文書』大正15年第2冊下卷、1368～1369頁。
② 《日本总领事函为打虎山白音太来间铁路敷设计划由》（1927年12月31日），辽宁省档案馆：JC10-1-23708。
③ 「東三省鉄道問題」『日本外交文書』大正15年第2冊下卷、1373頁。

天方面无延长到通辽的计划，况且此事归北京政府交通部或京奉路局管理，奉系并不参与，东三省的铁路开发对中日都有利，日本不宜只从满铁的利益考虑出发而反对东北铁路建设。在蜂谷辉雄以京奉路和北京政局实由奉系控制、打通路计划实为奉天省计划等言辞再度要求明确答复后，杨宇霆又以此问题并非其本职事务，一切须由张作霖决定为由来回避。①

奉系当局的这种看似模糊、实则坚定筑路的态度使日本无可奈何。承担打通路修筑的京奉路局内部更自始至终坚持无论日本如何抗议，一定修成此路。

此时的京奉铁路局局长常荫槐同时担任交通部次长，交通部事务实际由他主持，他利用自身的便利条件积极推动打通路的修筑，曾表态要"坚定地实行自己的铁路计划，日本的无理抗议是不足畏惧的"。② 京奉路考工课处长胡光麃、车务处处长顾振、车务副处长王奉瑞等人曾讨论如何应付日本的反对和阻挠、尽快修成打通路，最后一致表示，"我们既认为这件事是对的，就应当大胆的去做，为避免日本人从中干涉，必须不动声色以闪电行动赶工修筑，造成既成事实，使日本人措手不及"，"到那时候日本纵然抗议，亦无可奈何"。③

在这样的策略下，1927年4月彰武至通辽段兴工后，工程几乎是夜以继日地进行。同时，因日本内阁的更迭及田中义一积极对华政策的出台，打通路再度引起日本的关注。

5月7日，吉田茂又照会张作霖，向奉系施压。满铁奉天公所所长镰田弥助也于10日质问杨宇霆，要求奉天当局下令停止修筑打通路。但杨宇霆仍旧以此前的理由推脱，日方无计可施。在此后召开的东方会议上，日本政府决定与张作霖进行"满蒙铁路"交涉，推

---

① 「東三省鉄道問題」『日本外交文書』大正15年第2册下卷、1375~1376頁。
② 王贵忠：《张学良与东北铁路建设》，第69页。
③ 胡光麃：《波逐六十年》，文海出版社，1979，第268页。

进日本的"满蒙铁路网"计划,打通路被日本视为该计划的最大障碍。日方提出,"必须对其采取阻止实现的立场",并决定以同意吉林当局自筑吉海路作为交换条件换取奉系停止打通路的修筑。①

7月下旬,日本外务大臣田中义一训令吉田茂改变此前"软硬兼施的政策",采取拒绝东三省方面通过南满铁路进行军事运输、停止对东三省兵工厂供应煤炭及其他各种材料、禁止京奉线专用列车通过满铁附属地等手段,"促使东三省方面深思反省",② 意图以此阻止奉系自筑铁路的进程。

不过,锐意筑路的奉系当局并未理会日本的干预,吉海、打通两路同时并进。为避免日方的干扰,京奉路局采取了"先造后报"的办法,即将工程的土方、材料费等各种预算故意更改,并在筑路将近完成时再上报交通部,日本向交通部提出抗议时,交通部则以刚接到预算、实情有待查明为由拖延对付。为避免走漏消息,常荫槐严令相关人员严守秘密,如若泄露消息者,按军法处置。为尽快修成打通路,施工时一面垫土,一面铺设枕木、敷设铁轨,并且几个地点同时开工,随时修筑、随时通车。③

10月中旬,彰武至通辽段仅用半年时间就得以完成。11月15日,尽管路工并未完全结束,但为消除日本的压力,京奉路局提前宣布通车。打通路全路里程为251.7公里,自1921年虎壕铁路修筑算起,该路的修筑前后长达6年之久,京奉路为此路共投入资金710多万元。它的修筑,既长期遭遇日本的干扰,也因郭奉战争、奉票跌落等情形而使进程颇受影响,但在以张作霖为首的奉系当局、常荫槐主持的交通部和京奉路局的合力下,最终得以完成。

三 打通路的影响

打通铁路的开通,首先改变了奉天西部缺乏铁路干线的现状,

---

① 《满铁史资料》第2卷《路权篇》第3册,第876、914~915页。
② 《满铁史资料》第2卷《路权篇》第3册,第919页。
③ 胡光麃:《波逐六十年》,第269页。

京奉路因此延伸到通辽一带，而且，打通路与中东铁路相交于昂昂溪，又与四洮路、洮昂路、齐昂路相连，从而形成了从关外直接联通黑龙江的交通动脉。因此，打通路虽名为京奉路的支线，实是奉系铁路网计划中西干线的关键承接线，它的开通，使奉系铁路网计划中的西干线初具规模。

其次，打通线的开通还具有重要的战略意义。打通路沿线"已固结的沙丘连续不断，茫茫旷野，荒凉异常"，① 由于交通不便、地处偏远，历来社会治安混乱，匪患严重。它开通后，在政治上，奉系可以利用铁路强化沿线的治安、加强社会控制；在军事上，黑龙江与奉天间的军事物资运输和军队调动可无须借道南满铁路、受日本的制约，而直接取道西干线。尤其是通辽，此地"居西辽河上流，当北宁路打通路支线及四洮路郑通支线之终点，南通打虎山，与北宁路相接，东达郑家屯，与四洮路联络，又复密迩热河，西与开鲁县毗连，形势扼要，为军事上之重镇"，② 打通铁路建成后，奉系屡次调整和增加驻通辽的部队。1927 年，奉军骑兵第 13 师、陆军第 13 师骑兵 1 营进驻通辽；1928 年，奉军在通辽组建 32 师，第三方面联合军团预备司令部移防通辽；1929 年，奉军第 12 旅在彰武和通辽一带设防。③ 奉系这些举措的目的之一就是确保对西干线的控制，巩固边防。

最后，打通线修成后，东北的经济发展有了新的通道，对民族经济利权产生了积极影响。

打通路沿线的物产主要集中在该路的南北两端，"彰武以北，直至通辽边境，凡三百里间，均为蒙荒，赤地无际，物产鲜少"，④ 通辽以北地区，农产品等物产丰富，南边的新立屯是蒙古贸易之中心市场，是有名的皮毛集散地，每年运输的羊毛超过 5 万公斤，羊皮

---

① 杨钟健：《西北的剖面》，朱秀珍、甄暾点校，甘肃人民出版社，2003，第 39 页。
② 张宗文：《东北地理大纲》，中华人民舆图学社，1933，第 203 页。
③ 通辽军分区：《通辽市军事志》，军事科学出版社，2008，第 185 页。
④ 《东北年鉴（民国 20 年）》，第 391 页。

超过6000张，猪毛超过2500公斤，此外高粱等农产品也有600多万公斤。① 该路开通后，在经济上主要是改善了辽西和东蒙的运输和流通状况。特别是通辽以北的物产，此前小部分经中东路由海参崴出口，大部分经南满路南下由大连出口，常常受到日本的制约和刁难。② 打通路开通后，辽西、东蒙不少地方纳入京奉铁路的经济势力范围，通辽一带聚集的农产物和畜产、皮毛等货物半数经四洮路南下，夏季主要运往营口输出，冬季则经由京奉路至天津输出。

1929年，北满有近10万吨物产经由打通路输往营口。③ 1929年底，为提高西干线的运营能力，东北交通委员会推行齐克、洮昂、打通、北宁西四路联运，1930年，西四路又进一步采取减免运费等策略，形成与满铁的竞争态势。通辽至营口的运费，满铁是打通路的3.7倍，因而大量货物转由打通路输出，直接挑战了从郑家屯到营口一带的满铁传统优势地位。④ 打通路营业状况渐盛，出现"开辟以来，不数年间，已略见繁盛，粮石运输，尤极拥挤，收入殊丰"的景象。⑤ 时人曾如此评价打通路，"在未筑打通路前，四洮、郑通、洮昂三路均为南满路之培养线，但打通路一成，则北宁干线恢复生命，而以上三路皆为我所利用矣。……此打通两字，诚打通中国之生路也"。⑥

此外，在东北当局开放蒙荒、鼓励关内游民和难民前往打通路沿线开荒垦殖的政策引导下，运输移民成为打通路的一大业务。仅1928年2~5月，打通线运送的关内移民就达20多万人。⑦

---

① 孟昭强：《东三省新筑各路之沿线营业概况及其经济价值》，《交通管理学院院刊》第2期，1929年，第4页。
② 毕万闻编《张学良赵一荻合集》第6册，时代文艺出版社，2000，第11页。
③ 厚生：《最近打通路与营口之运量》，《中东经济月刊》第6卷第9号，1930年，第32~33页。
④ 《满洲交通史稿》第11卷，第564~566页。
⑤ 《东北年鉴（民国20年）》，第391页。
⑥ 何维藩：《东北铁路问题之鸟瞰》，《清华周刊》第36卷，1931年，第41页。
⑦ 满铁营口站调查报告：《打通铁路状况》（1928年），转引自郑言《打通铁路建设与中日交涉》，《日本研究》1992年第2期，第50页。

由于打通路的战略价值和经济意义，它也成为1920年代中日东北铁路纠纷中的一条重要路线。日本认为，打通路的开通阻止了它向东蒙和北满的扩张，与奉系其他自建铁路形成了对满铁的包围之势。故此，打通路运营后，日本强烈反对奉系将打通路向北延伸到齐齐哈尔的计划，屡次阻挠打通路与四洮路的贯通。

1927年10月，打通路修筑完工后即拟定接连四洮线，计划在两路间修建共同联络站，实施货车直通、货物联运和旅客联运，以贯通西干线，但遭到四洮铁路局的日方代表的阻挠。尽管主管交通部的常荫槐数次强硬表示此事属中国内政，日本无权干涉，但直到张作霖向满铁表示不再将打通路延长到通辽以北后，日本才默认两路接轨。结果，1931年1月，当东北交通委员会计划实现四洮和打通路联络通车时，日本又以此事未与满铁磋商为由提出抗议。实际上，四洮路为中国国有铁路，如交通委员会所言，两路的联通"完全为我国铁路内部事务……对于外路更无事前商榷之必要"。[①] 后来，北宁路局不顾日方抗议，断然将两路联通，才解决这一长达近四年的难题。

小　结

正如有研究者指出的，"大量迹象表明，在第一次直奉战争后，东北行政当局在各种不同程度上表现了一种崭新的独立自主的态度"。[②] 第一次直奉战争失败后，奉系活动重心暂时转向关外，逐渐形成了以推进东北自建自营铁路为中心的铁路发展策略。

从1924年起，奉系当局开筑了奉海、吉海和呼海和打通四条自建铁路，初步奠定其东北铁路网计划的基础。其中，奉海、吉海两路构成了东北铁路网计划中的东干线的主要部分，打通路是西干线

[①]《日领干涉打通线与四洮线联络通车情形》，辽宁省档案馆：JC10-1-2111。
[②]〔英〕加文·麦柯马克：《张作霖在东北》，第98、101页。

中最重要的一段，黑龙江境内开通了呼海路。这四条路线是张作霖主政时期东北自建自营铁路的最重要成果，也标志着东北铁路进入了自建铁路的活跃时期。

这些自建铁路的兴筑，得益于奉系当局的大力支持。奉海、吉海和呼海三路虽名为官商合办，实际商股所占比例极小，筑路资金绝大部分来自政府财政。即便在经历奉票暴跌的经济动荡、第二次直奉战争和郭奉战争的战乱后，东北三省当局仍坚持以政府财政支援这些路线的完成。此外，在铁路材料的运输、供应等方面东北当局也都实行减免关税等优待措施，甚至不惜以行政手段保护自建铁路的运营特权。

这些自建铁路的修筑，也与第二次直奉战争后奉系的实力增长和在北京政府中的影响力增强分不开，交通部长期由亲奉者或奉系要人掌握，奉系全面控制了京奉铁路，并对路务进行了整顿，使京奉路的营业和盈利成为国内各铁路中屈指可数者，其收入、技术和人员成为东北铁路建设的重要后援。

在奉系内部，张作霖、王永江、张作相、杨宇霆、吴俊陞、常荫槐等政要都对铁路建设予以了积极的支援。尤其是任交通委员会委员长的奉天省省长王永江以及长期关注交通、勇于任事的代理交通部部务、京奉路局局长常荫槐，他们利用地方和中央的力量，为东北铁路建设提供了有力后盾。

此外，交通委员会的各机构人员、承担铁路建设的各路局人员更是自建铁路成功修筑的不可或缺的力量。其中，不少人员来自奉系当局自1917年开始推行的官派留日学生。1923年后，这些留学生陆续归国，成为包括铁路建设在内的东北建设中的新兴中坚力量，实业救国成为他们的一大奋斗目标。如在奉海铁路中担任技师的张国贤、夏儒聘、张继周、曹承宗等人，在京奉路局中任车务处长的王奉瑞，洮昂路中的于景陶、王金川等，在奉海和吉海铁路中担任机务、电务工作的王家栋等都是奉系官派教育的受惠者。东北自建铁路中，"从基本建设直到通车运输管理等工作，几乎全部由留日学生负担"。①

诚然,奉系的铁路建设带有明显的军事服务性。② 奉系大力修筑铁路的直接刺激是直奉战争的战败,其发展铁路的目的之一是以铁路的多重效益提升奉系实力,帮助它争夺北京政府控制权。铁路收入是奉系的重要财源。这些自建铁路运营后,在奉系的军队调动和军事运输上或无偿服务,或仅收取低廉运费。如奉系长期控制的京奉路,客运中的军运比例在 1922 年高达 32.5%,1925 年占 25.78%,1926 年为 14.88%,1927 年为 15.63%。③ 1925 年 12 月中旬,郭奉战争正酣,黑龙江境内的军队即经四洮、洮昂等路抵达京奉路沿线,京奉路沟帮子至奉天间开行军用列车,帮助张作霖的军队运输。总体而言,这些铁路建设便利了奉系的军事运输和军队调动,为奉系实力的增强发挥了作用。

然而,不可否认的是,奉系以发展铁路为契机,推进东北开发、巩固边防、维护利权的愿望和目的同样极为强烈。在各条铁路的筹备、修筑及运营中,奉系贯穿始终的理念是以交通为基础,促进东北实业、教育等各方面的进步,摆脱东北路权为外人操控、利权为外人攫夺的局面。上至三省首脑,中到交通委员会,下至承担自建铁路的各路局和技术人员,都对这些自建铁路寄予了强烈的民族感情和利权意识。

这些自建铁路的修筑与运营,打破了东北交通主要由外力控制的局面,进一步改变了近代东北的交通格局,更为东北的经济开发、城市化进程、社会变迁奠定了物质基础,成为东北现代化的重要内容和推动力。

此外,受到奉系当局发展交通和实业的激励,这一时期奉天和

---

① 王家栋:《张作霖与东三省实业留学生》,《辽宁文史资料》第 1 辑,第 106~108 页。
② 杨乃坤、曹延汹:《近代东北经济问题研究(1916~1945)》,辽宁大学出版社,2005,第 73 页。
③ 严中平等编《中国近代经济史统计资料选辑》,科学出版社,1955,第 210 页。

黑龙江还建成了几条民业铁路，比较典型的有：1927 年完成的全长 63.7 公里的开丰（开原—西丰）铁路；1926 年 11 月建成的全长 55 公里的黑龙江鹤岗煤矿股份有限公司修建的鹤岗（鹤岗煤矿—莲江口）铁路；穆棱煤矿公司投资并于 1925 年建成的全长 59 公里的穆棱铁路。但总体而言，东北的民业铁路发展非常迟缓，其原因一是东北民间财力不足，难以大量投资铁路建设，二是奉系当局有意保护官办铁路，民业铁路发展受阻。

第三章
合办、包工铁路的尝试与困境

在自建路线外,奉系还采取与日本合办或由满铁包工的方式,修筑了数条路线。最有代表性的是天图(天宝山—图们江岸)、洮昂(洮南—昂昂溪)和吉敦(吉林—敦化)路。奉系为何选择以这样的方式完成这些路线?这些路线对日本有什么样的价值?满铁在这些路线中的强势存在对它们的修筑与运营产生了什么样的影响?奉系与日本围绕这些路线出现了什么样的纠纷?本章将通过对这三条路线的个案研究,讨论奉系在合办或包工铁路上的得失,揭示奉系铁路建设的曲折与艰难。

第一节 天图铁路

从图们江江岸起,经龙井村、朝阳川、铜佛寺、老头沟到天宝山的天图铁路,全程仅110公里,但因地处中韩边界,属东北国防要地,又与吉会路关系密切,自1910年代起就成为中日间一大悬案。1920年代,日本利用第一次直奉战争后奉系脱离北京政府的契机,使天图铁路改为中日合办。天图铁路从提出到完成长达10年,此路的交涉过程透射出1910~1920年代奉系与北京政府关系的变迁,以及奉系在中日关系上的日趋重要。同时,作为奉系与日本合办的铁路之一,天图铁路的修筑及后续发展更凸显出1920年代东北合办铁路的复杂性及弊病。

一 天图铁路悬案的形成

1916年12月11日,日商太兴(也作泰兴)会社[①]与华商合办的天宝山矿务公司派遣华商代表刘绍文禀请北京政府交通部,请求设立从天宝山起,经和龙县、六道沟等地抵达图们江北岸全长100余公里的轻便铁路,以满足矿业发展需要。尽管出面请求筑路的是华商代表,但此计划的实际操控者却是与日本政府关系密切的太兴会社及其经理饭田延太郎。此前,饭田延太郎曾明确向日本驻间岛总领事及朝鲜总督表示,修筑天图路的最终用意在于完成吉会路,并将天宝山一带建成朝鲜和东北间的贸易干线。[②] 自20世纪初期以来一直视吉会路为除满铁外的另一条战略干线并长期企图完成其修筑的日本政府对太兴会社修筑天图路的提议颇为赞赏,并在背后出谋划策。

1917年春,北京政府交通部以天图路与专用铁路暂行规则不符合图们江地处中韩边境,对国防影响至大两条理由驳回此案。[③] 对将天图路视为推进日本在吉林腹地渗透的工具的太兴会社和日本政府而言,交通部的拒绝并不能打消它们的筑路念头。为尽快解决这一问题,日本采取在中央和地方双管齐下、共同运作的策略。

7月,饭田派出亲信桑田丰臧前往北京游说交通总长曹汝霖,10

[①] 太兴合名会社:1915年9月22日,饭田延太郎与滨名宽祐组织成立。该会社主要从事满洲、蒙古地区的农业、矿业开发、拓殖和附属事业,以及朝鲜、满洲、蒙古的铁路建设与运营。1920年4月29日,滨名宽祐退社,主要出资人变为饭田延太郎以及饭田久一郎。到1920年代中期,太兴会社在东北经营的事业主要有:天图铁路、天宝山银铜矿、图们铁路、图们江国际铁桥、老头沟煤矿、弓长岭铁矿。

[②] 「天図軽便鉄道関係一件第一巻」、日本外務省外交史料館、F-1-9-2-11_001、B10074657500、F-0266:0016~0017。

[③] 《交通史路政编》第17册,第395页。

月，又派遣与曹汝霖有同窗关系的大内畅三前往北京游说，要求曹氏对"特别之事情"应"予以特典"。① 在地方上，太兴会社则极力拉拢吉林当局，意图先在地方达成协议，再以此要挟交通部认可。为此，日本驻吉林领事、驻间岛领事和太兴会社决定投入10万日元活动经费。②

最终，吉林当局态度松动。1918年3月16日，太兴会社代表大内畅三与华商文禄正式签订了《中日合办天图轻便铁道会社合同》，约定成立天图铁路公司，资本为200万元，营业年限为30年。公司名为中日合办，实际全由太兴会社操纵，华商股份概由饭田延太郎垫付，且即便经营亏损也不累及华商。③ 对日方而言，修筑天图铁路实是为吉会路做铺垫。1918年，日本曾派遣饭田一耕郎勘查吉会路，最后选定路线的其中一段即与天图铁路路线重合，天图路故而事实上成为吉会路的一段。④ 中日合办合同签订后不久，太兴会社在日本政府的支持下，迅速与东洋拓殖株式会社签订了修筑朝鲜会宁路与天图路之间接续线的250万日元借款合同。

7月7日，天图轻便铁路总公司在吉林省长春成立，9月，在延吉成立分公司。同时，日商开始正式勘测和绘制路图。1919年2月，路图绘制和各项计划制订完毕，但路线基点由图们江江岸改为朝鲜上三峰对岸。因专用铁路须由交通部发给执照后才能正式开工，日商向交通部请求颁发开工执照。然而，交通部却因多方考量，迟迟未允。中日围绕执照问题展开了为期3年的拉锯战。

1919年春和11月，日商两度请求交通部颁发天图路开工执照。

---

① 《照抄天宝山矿业会社代表大内畅三等原函》，《东北边疆档案选辑》第113册，第184~186页。
② 「天図軽便鉄道関係一件第一巻」、日本外務省外交史料館、F-1-9-2-11_001、B10074657500、F-0266：0094~0101。
③ 「天図軽便鉄道関係一件第一巻」、日本外務省外交史料館、F-1-9-2-11_001、B10074657600、F-0266：0012~0113。
④ 満鉄庶務部調査課「天図軽便鉄道」，《满铁调查报告》第3辑第19册，第398页。

结果,一则五四运动爆发,交通部成众矢之的,未敢轻易表态;二则此时正值中日双方开议吉会路,交通部测勘后发现天图路与吉会路"非两于平行,即两于交叉",担忧天图路开筑将使吉会路更复杂,因而表示在吉会路未解决之前,不便修筑天图路,以免横生枝节。① 然而不久后,因日方条件苛刻,双方立场悬殊,吉会路交涉停顿。

吉会路交涉停顿后,由于民众运动的压力、交通部自身在中日交涉中对日方的咄咄逼人的不满以及天图铁路事关东北边防和路权大计等多重因素的影响,交通部在天图路上的态度日渐明确。12月初,交通部要求吉林省长对日本的要求"根本拒驳,恺切阻止,以重外交而杜后患"。理由有三:路线与吉会路多处冲突,若允许修筑,将引起东北路权上的更多纠葛;修改后的路线图与预定路线"完全不同",因而"原案当然不能有效";日商擅自在天图铁路计划书中增加客货收入和架设电话等与条例不合。23日,交通部再次指令吉林方面驳复日方的筑路要求,并取消原案。②

1920年春,眼看开工无望的太兴会社转向鼓动日本政府介入。在东京的饭田延太郎四处活动,将天图路开工不顺归结为中国排日浪潮的汹涌,游说日本政府出面与中方交涉。③ 此后,日本政府成为天图铁路开工问题的主导者,而太兴会社则主要在幕后进行金钱运动,双方围绕天图路在台前幕后密切配合。

4~6月,日本驻华公使小幡酉吉几次要求交通总长曾毓隽下发开工执照。但曾毓隽或以此路为吉林地方认可、交通部不得已依样批准而模糊答复,或采取拖延办法,迟迟不予答复,后又明确拒绝

---

① 《咨吉林省长文》,《中日关系史料——东北问题》(4),第2315~2316页。
② 《交通总长曾毓隽为天图轻便铁路一案给吉林省长的咨文》,《东北边疆档案选辑》第111册,第163页;《天图铁路问题》,《东方杂志》第20卷第3号,1923年,第52页。
③ 「天図軽便鉄道関係一件第一卷」、日本外務省外交史料館、F-1-9-2-11_001、B10074657700、F-0266:0227~0229。

开工，提出天图路由中国收回自办。①

交通部的方案显然与日方的要求相差较远，小幡酉吉认为这将成为严重影响日本在东北利益的恶例。② 日本政府也认定这"等于要全部勾消我方同天图铁路的关系。帝国政府认为绝不能容忍"。③

7月初，在日本政府训令下，小幡酉吉再向交通部施压，认为天图路合同已定，当然包含许可开工之意，指责交通部的收回天图路是违背合同之举，要挟交通部，如若再不允许开工，日方将直接行动。④ 显然，无论是日本政府还是太兴会社，对天图路都势在必得。

8月初，日本外务省指示驻华公使小幡酉吉和太兴会社采取两手政策推进此案，即一手在吉林一带活动，以地方牵制和刺激北京政府，一手拉拢新任交通总长叶恭绰及其他政要，以尽快开工。⑤ 9月，小幡酉吉和太兴会社用外交压力和金钱收买夹击交通部，但叶恭绰以刚上任、部务丛集为由，拒绝面议，拖延时间。⑥

10月，日本借口珲春事件⑦出兵吉林，饭田延太郎、朝鲜总督、东洋拓殖会社⑧总裁等借机进言日本政府，表示天图路将是解决吉

---

① 《复日本公使函》，《中日关系史料——东北问题》（4），第2319页。
② 「天図軽便鉄道関係一件第一巻」、日本外務省外交史料館、F-1-9-2-11_001、B10074657700、F-0266：0252~0253。
③ 《满铁史资料》第2卷《路权篇》第2册，第554页。
④ 《驻京日本公使来函》，《中日关系史料——东北问题》（4），第2319~2320页。
⑤ 「天図軽便鉄道関係一件第一巻」、日本外務省外交史料館、F-1-9-2-11_001、B10074657800、F-0266：0301~0302。
⑥ 「天図軽便鉄道関係一件第二巻」、日本外務省外交史料館、F-1-9-2-11_002、B10074658600、F-0268：0103~0104。
⑦ 珲春事件：1920年10月，朝鲜独立党人在吉林珲春焚烧日本领事馆及日本人居住街市，日本出兵1万多人占领珲春、汪清、延吉、和龙等地，造成数千中韩民众的伤亡。这一事件引发了北京政府、奉系与日本之间的长期交涉。到1921年4、5月间，日本才撤兵。
⑧ 东洋拓殖会社：1908年在朝鲜设立，其初始目的是在朝鲜进行农业和开垦事业。1917年，东洋拓殖会社本部迁往东京，业务扩展到金融业，并且在中国东北、菲律宾等地设立支部。在中国东北，东洋拓殖会社与满铁等机构密切合作，从事土地经营以及其他各种中日合办事业。其中，天图路所在的延吉、和龙等地是东洋拓殖会社在中国东北活动的主要地点之一。

林、朝鲜一带的军事和经济问题的基础。东洋拓殖会社特向太兴会社提供500万日元资金,以完成图们江对岸与会宁间的对接。吉林当局在太兴会社的金钱运动和日本官方压力下表示认可筑路并建议日商直接赴交通部领取执照。①

1921年2月20日,小幡酉吉蛮横表示,若不允许开工,日方将要求赔偿损失,或单方面筑路。叶恭绰以"恐有激化舆论之虞"为由拒绝发放执照。② 结果,由于直奉两系矛盾重重,北京政府内部政潮汹涌,直到5月内阁改组,叶恭绰虽口头表示将圆满解决天图铁路,却始终不肯正式下发开工执照。

5月,叶恭绰去职,继任的交通总长张志潭在天图路上沿袭了叶恭绰的拖延战术。面对日方三番五次的催逼,张志潭先以部内相关文书丢失甚多、待文件补充后再行处理作为答复;③ 随后又以整理尚需时日、还须向吉林方面征询意见为由搪塞,甚至以生病为由避而不见。从5月到7月,在交通部与吉林当局的踢皮球游戏中,开工问题始终悬而未决。

8月17日,小幡酉吉致函交通部,声言将进行开工各项准备工作。对此,张志潭仅以"备悉一是"四字函复,④ 其用意仍在拖延,而非认可日方意见。日方却以此作为允许开工的依据,着手动工。进退两难、无计可施的张志潭一面口头表示不妨碍日方施工,另一面又以违反条例为由拒绝以公函方式声明天图铁路可以开工,后又称待得到吉林方面确切意见后再解决执照问题。

拖延战术虽使日方一直未能开工,却非长久之策。到10月末,交通部已感"穷于应付",此时正值中日交涉鲁案,交通部既不愿轻

---

① 《代理天图轻便铁路总公司总理许德洧为查中日合办天图轻便铁路一案给吉林省长公署呈文》,《东北边疆档案选辑》第111册,第90~91页。
② 「天図軽便鉄道関係一件第二巻」、日本外務省外交史料館、F－1－9－2－11_002、B10074658600、F－0268:0109~0113。
③ 「天図軽便鉄道関係一件第二巻」、日本外務省外交史料館、F－1－9－2－11_002、B10074658600、F－0268:0163~0164。
④ 《驻京日本公使函》《复日本公使函》《收交通部函》,《中日关系史料——东北问题》(4),第2321页。

允日方要求，又恐与日本决裂并难以善后。无奈之下，张志潭决定将此案交由东北当局"就近设法办理"，以使"部中得以转圜"。①随后，张志潭答复日方，将派遣交通部参事、吉会路督办陆梦熊前往吉林实地调查，然后再行解决。由是，此案在交通部再度迁延，日本则感慨"仍无丝毫进展"。②

1921年，由于国内政局的变化和奉系势力的上升，日本将解决天图路的焦点转向了东北，利用直奉战争后奉系脱离中央的有利时机，实现了天图路的修筑。

二 奉系与天图铁路悬案的解决（1921~1922）

一战结束后，中国国内局势的一个重大变化是奉系力量的崛起和成长。1920年直皖战争结束后，奉系更炙手可热，成为影响北京政局的关键性力量之一。8月，日本外务大臣内田康哉曾指出，由于奉系在中央权威日盛、在东北"独断专行"，天图路和吉会路问题如能移交东北交涉，极有可能获得意外解决。此时的奉系内部在天图路上也存在分歧。奉天督军张作霖曾多次向日本示意吉会路可在东北解决。吉林督军孙烈臣却对吉会路对东北边务、经济等方面的影响和日本势力的进逼忧心忡忡，对天图路案有所抗拒。

1921年7月31日，日本驻奉天总领事赤塚正助询问孙烈臣关于天图路的处理意见，孙氏虽称对天图路和吉会路的并存并无异议，却托言要待研究相关文件后才能处理。8月下旬，日本驻吉林总领事森田宽藏尝试与孙烈臣讨论天图路，孙氏托病未见，后表示待北京政府训令后才能支持开工。③ 9月，在东三省督军会议上，孙烈臣直言日本在天图路等问题上的举动是对东北的侵略。交通部也以地方

---

① 「天図軽便鉄道関係一件第三巻」、日本外務省外交史料館、F-1-9-2-11_003、B10074659100、F-0268：0396~0397。
② 《满铁史资料》第2卷《路权篇》第2册，第556页。
③ 「天図軽便鉄道関係一件第三巻」、日本外務省外交史料館、F-1-9-2-11_003、B10074659000、F-0268：0234、027~0274。

有异议为由拒绝日方动工筑路。

10月,由于森田、赤塚等人在吉林和奉天的频繁活动与催逼,以及奉系对日亲善政策的影响,张作霖开始倾向于尽快解决天图铁路问题。张作霖向孙烈臣表示,天图路如对东北有益,可由吉林当局直接解决,如难照办,则由交通部出面拒绝。而孙烈臣认为日方要求天图路的用心实在吉会路,不如趁机提商吉会路,天图路即可以"不抵制而自消",若修天图路,则须限于专用铁路,不能与吉会路冲突。① 此时交通部考虑到正与日本交涉鲁案,不可因天图路之小而失鲁案之大,也希望由吉林当局就近解决,"姑予放任一切,暂持消极态度"。孙烈臣遂表示"决不固执己见",按张作霖和交通部提议办法处理。②

实际上,孙烈臣并未积极促成此事的解决,而吉林民间却掀起了反对筑路浪潮。吉会、天图两路与延吉一带关系至密,天图路问题形成后,延吉民众密切关注其进展。五四运动引发的维护利权浪潮更提高了东北民众对路权问题的警惕。11月,吉林省议会及延吉地方人士认为此路"名曰合办,实则日办","丧权病国,遗患无穷",要求取消筑路。③ 因民间反对声浪甚大,为拉拢吉林民间实力派的支持,太兴会社于1922年初派遣华人书记许德洧携资金前往延吉县与和龙县拉拢实力人士支持天图路的开工。

1922年春,赤塚正助向吉林方面提出三项解决办法:天图铁路公司股份中日各半;日本对中国方面股份分配无异议,但尤其希望由吉林省政府合办;吉林省长负责解决开工执照问题,在执照下发前,作为权宜之计,吉林省长应训令延吉地方予以开工便利。④ 太兴

---

① 《吉林孙督军来电》,《中日关系史料——东北问题》(4),第2322页。
② 「天図軽便鉄道関係一件第三巻」、日本外務省外交史料館、F-1-9-2-11_003、B10074659100、F-0268:0402。
③ 《吉林省议会来电》,《中日关系史料——东北问题》(4),第2323页。
④ 「天図軽便鉄道関係一件第四巻」、日本外務省外交史料館、F-1-9-2-11_004、B10074659900、F-0269:0332~0334。

会社则拉拢了延吉绅商程学洛（延吉县实业会会长）、吴劻（延吉县农会会长）、孙廷飚（和龙县农会会长）、韩云升（延吉六道沟商会副会长）等7人认购天图铁路股份，但实际股本由太兴会社垫付。随后，程学洛等人联名电请交通部，表示天图路有华股，请求颁发执照。

4月，延吉学界和部分绅商迅速聚集，组织罢课游行，提出天图路实为损害国权之举，反对筑路，声势极为浩大。天图铁路公司针锋相对，派数十人在龙井村、东盛涌一带边测量边埋标椿、毁坏农民禾苗，引起附近农民的激烈抗议。5月，延吉民众的反抗浪潮不断扩大和激化。这对本就对天图路有所顾虑的吉林当局造成一定压力。15日和18日，延吉道尹陶彬两次令日商停工。6月2日，吉林省公署下令禁止天图铁路公司动工。7月，在日方再次擅自树标、割苗引发民众的强烈抗议后，陶彬再度勒令日方停工，并要求将天图铁路公司解散。

对于吉林官方的不合作，日方将其归咎于孙烈臣等人，认为孙氏对日本的要求表面上谅解，实质上却对反日活动"一味的使唆煽动"，并迎合和利用民众力量以对抗日本。① 赤塚正助指责孙烈臣妨害中日合办事业，多次要求孙烈臣令延吉地方保护筑路工事，但均未得回应。同时，吉林官方严禁百姓私自向在吉日人和韩人出租或出卖土地，并逮捕了部分私卖土地者，后经日方多次与孙烈臣交涉才予以释放。吉林政府与民间的种种阻碍使日方颇为沮丧，感叹"数年来的悬案，直至今日，既未解决，又无头绪"。②

其实日方并非漫无头绪。宣布东北自治后的张作霖在处理对日关系上态度甚为谨慎，不敢轻易与日本发生冲突。而6月28日朝鲜党人袭击头道沟、延吉一带日领馆的头道沟事件的发生，更为日本

---

① 「天図軽便鉄道関係一件第三巻」、日本外務省外交史料館、F-1-9-2-11_003、B10074659200、F-0268：0441~0442；F-1-9-2-11_003、B10074659300、F-0268：0551~0552。

② 《满铁史资料》第2卷《路权篇》第2册，第557页。

解决天图路提供了有利契机。日本对头道沟事件以出兵相威胁，趁机警告孙烈臣停止对天图路的各种"妨害手段"和"无稽的骚扰"。①

在日本的压力下，吉林当局的态度逐渐软化。7月末，延吉道尹陶彬和外交部驻吉林特派交涉员蔡运升决定采取变通办法，改组天图铁路公司，由中日商办改为吉林省政府与日方官商合办。吉林当局将天图路、哈尔滨取引所、哈尔滨电业公司三案相关案卷移交奉天，交涉中心转移到张作霖及奉天。8月4日，张作霖警告反对筑路的吉林省议会，表示此路因中国无力自筑，故由中日合办，各团体不得进行"非法抵抗"，"阻害国交"的抵抗行为。②

8月下旬，奉系当局决定将此路改为日商与吉林官方合办。10月12日，饭田延太郎与吉林省公署代表蔡运升正式签订《合办天图轻便铁路公司合同》，同时废除1918年3月16日文禄与日商所签的旧合同。

新合同共24条，天图路改为吉林官方与日商合办，资本由200万元改为400万元，吉林省政府与日商各半。蔡运升认为"天图原有合同损失主权甚巨"，自诩对新合同字斟句酌，"于主权路权尚丝毫无损"。③但赤塚正助却向日本政府称："个别地方似有让步之处。这是中国方面当事人恳切愿望的缘故。然而，这仅仅是为保持他们的体面而略加修改；至于实际内容，则几乎无大差别。"④

奉系与日本交涉数月，交通部却直到9月下旬才从报刊上得知部分交涉内情。随后，交通部要求外交部与日方严正交涉，声明"凡未经中央认可之国际契约，一概不能有效"。⑤外交部并电令蔡

---

① 「天図軽便鉄道関係一件第四巻」、日本外務省外交史料館、F-1-9-2-11_004、B10074659600、F-0269：0012、0015~0016。
② 「天図軽便鉄道関係一件第四巻」、日本外務省外交史料館、F-1-9-2-11_004、B10074659800、F-0269：0220~0221。
③ 《交通史路政编》第17册，第407页。
④ 《满铁史资料》第2卷《路权篇》第2册，第556~557页。
⑤ 《收交通部函》，《中日关系史料——东北问题》（4），第2361页。

运升不得私自与日方缔约。

10月25日,交通部特发表中央政府对此案不予认同的通告。蔡运升咨请交通部核准合同时,交通部以众议院及民众反对为由,未予批准。然而,在奉系独立于中央政权控制范围之外的境况下,中央政府的态度已经无法对天图铁路的修筑造成实质性影响。赤塚正助坦言:"鉴于东三省对中央政府关系的现状,或许不能早日领到开工执照;但对目前进行施工并无妨碍。"天图铁路悬案的解决,得益于直奉战争后奉系宣布东北自治、脱离北京中央政府控制的时机,如日方所言,"幸得张作霖及吉林省政府代表人蔡外交特派员,对周围的议论纷纭,始终不受拘泥,而从大局着眼,使交涉成功"。①

天图路计划实质是日本在1919~1920年吉会路整体敷设计划失败后改由日本商人出面进行的迂回替代办法,其最终目的仍是完成吉会路。饭田延太郎被日本政府赞誉为"夙来抱开发间岛、连络满鲜之志,并努力经营各种事业",得到日本陆军省、朝鲜总督府以及外务省的全力支持。②恰是由于天图路与吉会路的这种一体关系,天图铁路的修筑与运营无处不渗透着日本政府的影响与意志。

三 合办还是日办?

1923年2月1日,天图轻便铁路股份公司成立,中国方面由一向与日本亲近的原吉长铁路调查课课长贾士鉴任总办。天图铁路原定太兴会社与吉林省政府各出资200万日元,结果,吉林省政府因资金难以募集,应承担的部分转而由太兴会社垫款,年利6分。实际上,太兴会社同样没有足够的资本,自始就准备借用政府力量完

---

① 《交通史路政编》第17册,第408、557页。
② 「天図軽便鉄道関係一件第六巻」、日本外務省外交史料館、F-1-9-2-11_006、B10074661100、F-0271:0212~0213。

成此路。日本政府视天图路为"间岛地方的经济开发和治安维持的必要事业","间岛一带的居留民的保护、殖产工业的促进以及满鲜联络上的必要事业",① 决议帮助太兴会社完成天图路。

早在1920年12月,大藏省预金部就以东洋拓殖会社的名义提供给太兴会社天图铁路敷设并老头沟煤矿经营资金500万日元。1921年12月,预金部从这部分资金中以东洋拓殖债券担保,向太兴会社提供350万日元用于天图路的修建。

1922年8月,天图路正式动工筑路,原计划分三期进行,第一期从上三峰对岸(今开山屯)到龙井村间58公里,第二期自龙井村到老头沟约43公里,第三期自老头沟至天宝山矿区间,全线预计到1923年7月竣工。结果一是图们江岸地形险峻,建设费用高;二是为维持天图路的运转,又不得不投资老头沟煤矿,天图路不仅未按时完成,第三期计划也未能实行,建设费用也远超出预算。

1923年,太兴会社再次请求日本政府的支持。外务省、朝鲜总督府、拓殖局都认为应继续援助此路。外务省明确向大藏省表示,此路与间岛地方开发和在留日本人利害攸关,必须继续追加资金。② 1924年2月,东洋拓殖会社与太兴会社再次决定由预金部贷款筑路,共计173万日元,以东洋拓殖债券担保,分3次拨付。至此,预金部提供天图路和老头沟煤矿资金已共计523万日元。可以说,此路的修筑资金,几乎全部来自大藏省和东洋拓殖会社。

天图路是窄轨式的轻便铁路(轨重25磅),全路为避免架桥、开凿隧道,不得不迂回路线,结果运输成本反而提高不少。1923年10月,图们江岸至龙井村段完工并开始营业。1924年11月,龙井村至老头沟段干线和朝阳川至局子街的支线完成,全路里程共计110公里。至此,日本谋划8年之久的天图铁路正式告成。

---

① 「天図軽便鉄道関係一件第六巻」、日本外務省外交史料館、F-1-9-2-11_006、B10074661100、F-0271:0210、0216。

② 「天図軽便鉄道関係一件第五巻」、日本外務省外交史料館、F-1-9-2-11_005、B10074660500、F-0270:0363~0364。

此路运营后，第一年（1923年11月~1924年11月）年收入36.6万日元，盈利8万日元。但盈利并非由于该路本身运输畅旺，实源自朝鲜总督府提供了补助金10万日元。1924年底开始，由于延边一带遭遇大旱，粮食减产，以及马车运输的竞争，天图路营业惨淡，仅1925年上半年就亏损19万日元，下半年更亏损24万日元之多。到1926年下半年，开业将近3年的天图路已累计亏损57万日元之多。尽管全路设备有机车12辆，客车20辆，货车130辆，但1925年全年货运量仅有3.5万吨。[1] 原本计划的业务来源之一天宝山银铜矿，早已在1920年因银铜价格大幅低落而休矿停产，直到1928年才稍有恢复。

1926年底和1927年初，太兴会社理事野口多内与天图铁路公司督办陶彬交涉天图路的业务整理，最后决议采取几项主要整顿办法：废除中日总办职务，改设专任总办，以董事代行总办职务，日方总办由饭田担任；车务处长、运输处长等职务，采用日本技术人员；淘汰冗员；实行金本位。[2] 这一整顿方案的真正目的是削弱铁路运营中的中方力量。原本此路有中日总办各一人，并且员工中中方人员稍占优势，经此整顿后，技术和管理方面日方占优势。到1927年3月，解雇的68人中，多数是中国雇员。[3] 况且，这一业务整顿并未挽救天图路营业的颓势，天图路仍连年亏损。到1927年，天图路累计债务已高达722.3万日元（大藏省预金部低利资金523万日元，东洋拓殖会社资金147.7万日元，其他资金51.6万日元）之巨。然而，连年赔累的天图路仍源源不断得到日本政府的资金输入。为了维持天图路的运转，大藏省预金部和东洋拓殖会社一再将利息降低，将偿还期限延长。[4]

---

[1] 《天图路营业之赔累》，《申报》1926年8月9日，第7版。
[2] 「天図軽便鉄道関係一件第六巻」、日本外務省外交史料館、F-1-9-2-11_006、B10074660900、F-0271：0016~0019。
[3] 「天図軽便鉄道関係一件第六巻」、日本外務省外交史料館、F-1-9-2-11_006、B10074661100、F-0271：0224。
[4] 「天図軽便鉄道関係一件第六巻」、日本外務省外交史料館、F-1-9-2-11_006、B10074660900、F-0271：0034~0037。

显然，对于日本政府而言，天图路的长期经济和军事价值远超过其短期经济效益。将天图路与此前太兴会社修建、建设资金全部由东洋拓殖会社提供的图们铁路（朝鲜会宁至上三峰）相连，迂回完成吉会铁路，才是日本政府在天图路上的长远意图。

1923～1926年，太兴会社、日本外务省、朝鲜总督府又积极谋求架设联通图们路与天图路的图们江铁桥，擅自更改与吉林省订立的图们江桥建设协定，以蒙骗方法将其改为宽轨式铁桥。① 同时，早欲将天图路延长到敦化的饭田延太郎于1926年2月向外务大臣币原喜重郎呈请将天图路改为借款铁路，改造为宽轨铁路，便于与图们铁路的一致和联络，并准备与中国方面交涉将天图路延长到敦化。② 日本政府积极支持这一计划，令驻华公使芳泽谦吉从中援助。

1927年3月，大藏省特别召开会议讨论吉会路。会议强调要以天图路为基础，争取敦图（敦化—图们）路建筑权，预计由东洋拓殖会社和其他资本家共同出资800万日元，将天图路改筑宽轨。饭田延太郎在北京要求修筑敦图路，芳泽谦吉趁机游说吉林省省长张作相将天图路延长至敦化。张作相提出，天图路的修筑尚且遭到人民一致反对，延长一事更非时机，拒绝了日方的要求。此后，芳泽谦吉又几次与安国军总司令张作霖和总参谋长杨宇霆接洽，督促他们迅速准许敦图路开筑，杨宇霆先称难以同意，后又表态日后再协商。③

9月，在朝鲜总督府的技术支援以及东洋拓殖会社的资金援助（共提供30.2万日元建设费）下，图们江铁桥完工，日本在实现吉会路上前进了一大步。中国舆论断言，"此桥筑成，由朝鲜汉城可直达吉林边境，门户洞开，藩篱尽撤"。④

11月8日，饭田延太郎向外务大臣田中义一长文进言，表示南

---

① 《满铁史资料》第2卷《路权篇》第2册，第560页。
② 《满铁史资料》第2卷《路权篇》第1册，第537、542页。
③ 「天図軽便鉄道関係一件第六巻」、日本外务省外交史料馆，F-1-9-2-11_006、B10074660900、F-0271：0027～0031、0045～0046。
④ 《图们江桥之协定》，《申报》1926年6月5日，第9版。

北满洲以及东蒙60%的地方尚待开发,单就铁路建设而言,至少可修筑2000公里。日本应积极进行"满蒙开发",推进吉会路的完成。这不仅是日本的经济、国防上要解决的问题,也是永久确保日本国民生活安定之举。①

由于太兴会社、天图路和吉会路的密切关系,敦图路最终成为中日1927~1928年铁路交涉中的一部分。1928年,大藏省、陆军、海军、拓殖局、朝鲜总督府、满铁、东拓和外务省几次开会讨论天图铁路,决计以国家力量帮助天图路的改组以及吉会路的完成。②

可以说,在中日各条合办、借款或包工铁路中,天图路是日本官方关注和支持最多的路线。它与图们铁路、图们江铁桥一起,虽号称由太兴会社经营,实则均受日本政府掌控,徒有合办之名。饭田延太郎曾对日本政府如此表功:"近来……对华事业的进展极端困难。是时,幸而我所经营的天图铁路,在我国当局的深切同情与大力援助之下,从大正6年到大正13年,历八年之久终按预定计划完成;最近还解决了在属于国境的图们江上架桥的悬案,我感到这是无上的光荣。"③

天图路修成后,确实对延吉一带的经济发展有所促进。龙井村与图们江间除开行客货混合列车外,还每天开行货物列车,往返7次,龙井村到老头沟间开行三四次货物列车,两段合计每天可输出粮食5000袋以上。④龙井村在天图路运营后,形成了五大农贸市场,仅其中的下市场,其流动人口最多时就达到5000多人,交易额达到54万多元,成为延吉地区中、日、朝客商云集的贸易中心。⑤

---

① 「天図軽便鉄道関係一件第六巻」、日本外務省外交史料館、F－1－9－2－11_006、B10074660900、F－0271:0067~0072。
② 「天図軽便鉄道関係一件第六巻」、日本外務省外交史料館、F－1－9－2－11_006、B10074661000、F－0271:0127~0143。
③ 《满铁史资料》第2卷《路权篇》第2册,第542页。
④ 《东三省官银号经济月刊》第1卷第8号,1929年,第8页。
⑤ 朴京才:《试论近代图们江流域清津系贸易》,权立主编《中国朝鲜族史研究》(3),延边大学出版社,1996,第83页。

然而，由于天图路为日本控制的现实，以及此路与图们铁路、津会（清津—会宁）铁路的联通，天图路成为日本控制以延吉一带为核心的图们江流域的交通动脉的一部分，为日本继续向东北腹地以及北满渗透提供了便利，延吉一带的经济利益也为日本把持。正如东北文化社所判断的，此路"虽曰轻便铁路，然其建筑动机，乃在实现我国民最为反对之吉会路，故天图之筑，直可视为吉会路东端之完成，其危害国防，丧失主权者至大"。①

第二节 洮昂铁路

辽西的洮南至昂昂溪一带，是东三省与东蒙的重要门户，也是南满和北满的连接地带。自19世纪末以来，洮南附近一直是日俄在北满利权抢夺战中的必争之区，也是东北铁路计划中重要战略地段。20世纪初期，东北官民曾几次提出修筑洮昂路，其中以洮齐（洮南—齐齐哈尔）路计划最受关注，但始终未能付诸实现。

1920年代奉系主政东北期间，洮齐路成为东北铁路网计划中西干线的一段。由于资金、人才不足，洮昂路最后由满铁承包修筑。此路的修筑与运营，受满铁的各种影响和钳制，也遭遇苏俄中东路局的各种干扰，导致遗留问题甚多，反映出东北包工铁路的诸多问题。

一 奉系与洮齐铁路计划的再起

洮昂路的修筑可追溯到1907~1909年东北当局的新齐、锦瑷铁路计划。1913年，日本向北京政府提出"满蒙五路"要求，其中一条路线即为四平街起经郑家屯至洮南府。同时，日本还要求一旦中国将来建造洮南府至承德府间铁路，若须借用外债，要尽先向日本资本家商议。为与日本抗衡，俄国计划联手比利时财团修筑洮齐铁

---

① 《东北年鉴（民国20年）》，第476页。

路，为其势力南下做引子，并维护中东铁路的利益，但未能成功。

日本对洮南路权的觊觎和野心也引起了中国政府和民间的重视。1913年"满蒙五路"换文签订时，中国方面有人认为四洮路将使日本的势力直达内蒙古，门户洞开，后患无穷，提议中国自筑洮南一带的铁路以抵制日本，但未有后续。①

1917年，中日借款四洮铁路中的四平街至郑家屯段兴工，次年完成。1922年10月，郑家屯至洮南间路线开工，1923年11月完成。此外，郑家屯至通辽的四洮路支线也于1921年竣工。这些路线的修筑，使得日本的势力随之扩张到洮南、通辽等地。日本力图将洮南打造成向东蒙扩张的前哨。四洮路修筑期间，满铁为了防止俄方势力的扩张和推进日本势力，决定先发制人，于1919年勘查洮南至齐齐哈尔一线。1923年11月，满铁向日本政府提出发展满蒙铁路意见书，计划修筑洮齐、长扶（长春—扶余）、开朝（开原—朝阳镇）、吉会、白开（通辽—开鲁）五条线路，并得到日本政府的认可，洮南至昂昂溪即属于洮齐线的一部分。

与此同时，奉系铁路自主化政策确立后，奉系当局和民间也急速谋求开通西干线，并将目光投向了洮齐铁路。1924年2月，黑龙江省长公署顾问卢恩就交通问题向黑龙江省长公署上书，强烈建议募集公债修筑洮齐路。卢氏指出，奉、黑两省交通由于中东、南满两路关系，"不特军事运输缓急莫能呼应，即大宗粮豆出产亦为外人所垄断。自清季迄今二十余年，国计民生损失至巨"，建议修筑洮齐线，补救上述损失，挽回利权。在筑路方式上，他认为，洮齐路久为外人垂涎，无论是日本还是新银行团，它们投资洮齐路都是为自己打算，提出以发行公债筹款自办。②

卢恩的提议与奉系当局建设西干线的计划相吻合。洮齐线地处

---

① 宓汝成编《中华民国铁路史资料（1912～1949）》，第214～216页。
② 《东三省保安总司令部咨奉天省公署》（1924年2月13日）、《黑龙江史志公署咨呈东三省保安总司令》（1924年3月15日），辽宁省档案馆：JC10-1-29961。

蒙境边缘，又是进入北满的重要路线，此路如若修成，可与奉系此前计划的打通路相连，为奉系取得除东干线之外的另一条重要通道，为其各种行动提供更多便利，减少对中东铁路和南满铁路的依赖。在经济上，昂昂溪以北一带，农业发达，大豆等粮食产量尤其丰富，此路修成后，北满的诸多物产可摆脱由中东铁路和南满铁路控制的局面，经洮齐线南运至京奉路输出，对改善洮齐沿线的经济面貌也将产生重要影响。此外，四洮路开通后，黑龙江省会距离洮南仅200多公里，一路平原旷野，只有嫩江一水之隔，修筑洮齐路在工事上也比较容易。因此，1923~1924年，奉系在筹划东北铁路网时，洮齐路也成为西部干线的组成部分，洮南至昂昂溪间是其中最重要的一段。

奉系虽有修筑洮昂路的计划，但在其铁路网计划中，奉海、吉海、打通等路线是首要目标，在财力、物力上也多偏重于这些路线。此外，日本一直紧盯洮齐路，意图以此向北满和东蒙推进。奉系在现实力量不足与日本压力的双重因素影响下，采取以满铁包工的方式修筑洮昂路。

二 满铁承包洮昂路工程

1924年4~9月，奉天省省长王永江与满铁就奉海铁路的修筑数次磋商，王永江主动提出以洮昂路换取日本放弃开海路修筑权。

满铁的最初目标是承包洮齐路工程，以工程承包费名义提供1292万日元借款，同时要求在材料采购、会计、运输等方面聘请日人，提出如不能按时支付承包费，则须按照为期40年、年息九厘五、以铁路收入及财产为抵押等条件订立借款合同。

此时的奉系和东三省交通委员会虽早已决定在洮昂路上让步，但王永江等人一方面力图建立自主控制和管理的铁路网络，另一方面担心洮昂路重蹈此前日本承包的四洮、郑洮等工程质量不良和受日本钳制的覆辙，因此，主张向满铁借款而非由满铁包工修筑洮昂路，并且要求日方降低年息，提出在工程、技术、材料采购、管理等方面都须由奉系控制。在路线上,王永江等人主张仅限于与日本协商洮昂路而非洮齐路全线。

为让奉系尽量接受日方要求,满铁绞尽脑汁,不惜利用与王永江私交甚笃的日人岩间德也以及张作霖的日本顾问町野武马等人从侧面运动王永江和杨宇霆这些奉系要员。在讨论采购材料时,满铁理事松冈洋右为了向洮昂路推销满铁剩余的旧钢轨而煞费苦心,游说王永江、杨宇霆等人,表示修筑洮昂路无须购置新铁轨。①

在日方的积极运动下,王永江的态度渐趋软化。1924年6月上旬,满铁与奉系就洮昂路的承包合同草案内容基本达成一致。为保证奉海路的顺利开工,王永江一再要求在日本声明放弃开海铁路修筑权后才予以签字。满铁此时认为奉海、开海路并不会影响满铁的根本利益,因而于6月18日表示承认奉系修筑奉海路,放弃开海路修筑权。② 9月3日,王永江与满铁订立了《承办建造洮昂铁路合同》。

根据合同,洮昂路应在签字一年内开工,正式动工后两年内完成;在材料采购和地亩收购上,规定由洮昂路铁路局局长自由选择,在同等条件下尽先购买中国制造品;建筑费用为1192万日元,由满铁借垫;聘用日方顾问一名。建筑费用上,奉天方面如在全线竣工后6个月内不能支付全数或部分,则将此款项改为40年借款,年息9厘。③

王永江自认为此合同确保了"全路利权,统归我所自有",并且预计"将来通行车时,所有借垫之材料工程等费立时可以偿还,此犹普通人民修盖房屋大包工之办法"。④ 对于满铁包工建筑方式,此时的奉系自信该路"其权限以路局为主,会社仅立于包工地位"。⑤

---

① 《满铁史资料》第2卷《路权篇》第3册,第731~738页。
② 宓汝成编《中华民国铁路史资料(1912~1949)》,第626页。
③ 《承办建造洮昂铁路合同》,王铁崖编《中外旧约章汇编》第3册,第460~466页。
④ 《王永江致叶恭绰函》(1925年7月),辽宁省档案馆:JC10-1-3831。
⑤ 《洮昂路局呈报与满铁会社协定建造费付款方法及建筑工程规则》(1925年8月8日),辽宁省档案馆:JC10-1-3834。

然而，在洮昂路的修筑和运营中，满铁却多次严重违反合同、损害中国利权，甚至不断挑起事端，导致洮昂路问题重重。

三 满铁不断渗透下的洮昂路

（一）洮昂路的修筑

承包合同签订后，奉系派遣四洮铁路局局长卢景贵筹办洮昂路。路事工程由成立于1920年的中日合办的东亚土木会社承包。1924年，王永江和满铁签订洮昂路承包合同时，杨宇霆曾要求改组东亚土木会社，由奉系认购部分股份，并推荐奉天总商会会长张志良担任该会社驻奉天代表。后张氏未允，王永江又举丁鉴修为代表。结果由于郭松龄反奉、王永江辞职等因素，此事又搁置。因而，东亚土木会社虽名为中日合办，实则奉系在其中并没有太大影响力，全部权力和资本仍为日本独霸。满铁也是东亚土木会社的出资人，其出资额从成立时的4.8%扩充到后来的50.2%，①成为此会社的实际首脑。可以说，东亚土木会社也是日本的满洲铁道网建设的尖兵。

由于此路地处此前日俄划分东北势力范围的北满和南满的连接地带，满铁一直担心苏方会反对日本参与此路，不仅秘密与王永江等商洽承包问题，甚至未知会黑龙江督办军务吴俊陞。同时，为了尽快修筑洮昂路，松冈洋右在与张作霖周旋合同签字期间就密令满铁铁道部长尽快准备洮昂路的工程材料。洮昂路筹备期间，恰逢第二次直奉战争爆发，奉系专注于战事，为满铁包办此路提供了机会。

1925年1月15日，松冈洋右与王永江商讨洮昂路开工问题。松冈洋右担心苏方的干预，向王永江力陈立即开始筑路。承包合同上规定材料采购上应由洮昂路局决定，但此时满铁方面已经采购完毕各种工程材料。这一举动实际已经严重违反合同，王永江却对此毫无反应。②

---

① 苏崇民：《满铁史》，第128页。
② 《满铁史资料》第2卷《路权篇》第3册，第743页。

2月，王永江正式下令设立洮昂铁路工程局，下设总务、会计和工务三科。此前一直主管筹备工作的是卢景贵，因卢景贵对满铁在东北路权上的种种作为不满，松冈洋右等人要求以于长富取而代之。7月，奉系改任于长富为代理局长。

3月，洮昂路开始路线测量，并仿照四洮铁路模式，开始收购沿线地亩。4月下旬，测量工作即将完成。此时，洮昂路的开工已无法保密，并且新银行团达成的关于东北铁路的借款权中，洮昂路并不属于日本所声明的"满蒙特殊权益"，① 日本一直担忧承包洮昂路将引起英美等国的反应。为此，日方一面向英美等国表示洮昂路系奉系所计划，满铁不过承包工程而已，与借款团毫无关系，同时督促张作霖促成交通部追认承包合同。8月下旬，在日本和奉系的数度活动下，交通部批准了洮昂路合同。

苏联在得知日本承包洮昂路后，担心将影响它在北满的传统利益，多方干预。1925年3～4月，苏联驻中国大使加拉罕几次与日本驻华公使芳泽谦吉谈及洮昂路与北满的日苏关系，要求日本遵从此前日俄两国划分东北势力范围的约定。但日方一面称对洮昂路不知情，一面称苏联政府否认帝俄时期的条约，即便日本参与此路也属正常。此后，加拉罕又以洮昂路将造成南满路与中东路的竞争关系，力图阻止满铁包工洮昂路，甚至称日本承包此路是侵入苏联在北满的势力范围，带有军事战略意味。

4月25日，加拉罕向北京政府外交部抗议，称东三省地方政府借日款修筑洮齐铁路，显系妨碍中东铁路之发展，如不得满意答复，不拟参加中苏会议。对于此时正着力推进铁路网计划的奉系来说，苏方的这一反应无疑让它愤愤不平。张作霖在与日方的接触中表示，洮齐线属于中国境内，不管怎样是中国的自由，苏联无权干涉；假若苏联不满，可以随意从中东路撒手。②

---

① 宓汝成编《中华民国铁路史资料（1912～1949）》，第443页。
② 《满铁档案资料汇编》第4卷，第289～291页。

此时奉系正与苏联计划召集中苏会议解决中东路、疆界、通商等问题，加上日本一直以满铁仅承包工程、并非借款等言辞向苏联表示日本无意将洮昂路建成日方的战略线，苏联并不愿意因洮昂路问题与奉系和日本发生更大冲突，其抗议不了了之。

5月28日，洮昂路正式开工，为尽快完工，全线划分为8个工区，同时兴工。由于东亚土木会社承包工程，奉系对工程的质量和进度并没有掌控力。采购钢轨时，卢景贵等中方人员力主用新钢轨，且合同规定材料采购由局长自定，但是满铁为了兜售其旧钢轨，数次向王永江施压。尽管卢景贵等人几次拒绝满铁要求，最终王永江向满铁妥协。结果，满铁又要求以每吨60元价格出售。虽工务科坚决要求以40元的价格购买，但在被日方收买的王永江的指令下，洮昂路局最后仍旧按60元价格购入。①

按合同，洮昂路的管理权属洮昂路工程局，但日方人员并不服从路局指挥和监督，双方多次发生冲突。② 此路以简易构造为旨，桥梁均用木质，质量上隐患不小。全路最为重要的桥梁工程嫩江大桥，修筑不久后即遭遇洪水，"每值夏季，雨水漫溢，动辄道阻，经旬累月，始能修复"。③ 到1931年，已经"险象日呈，岌岌可危"。④

1926年2月，洮昂路全线铺轨工作已基本完成，7月，全线工程告竣，并拟定不久后通车营业。结果，由于嫩江遭遇大水，部分路线被冲垮，后经过修复后勉强于12月24日临时营业。1927年7月，洮昂路全线正式完工并通车营业，全路里程约224公里。

（二）昂齐线的展修与中东路横断问题

洮昂路是奉系计划修筑的洮齐线的一段。1926年7月洮昂路将

---

① 《满铁史资料》第2卷《路权篇》第3册，第744~745页。
② 《洮昂路局呈为具报满铁从事人员及包工者横暴侵权不听约束谨将根据协定规则严予取缔情形》（1926年12月11日），辽宁省档案馆：JC10-1-3835。
③ 《东北交通委员会致辽宁省政府电》（1930年11月6日），辽宁省档案馆：JC10-1-8282。
④ 《洮昂铁路工程局局长万国宾呈辽宁省政府》（1931年3月19日），辽宁省档案馆：JC10-1-8286。

完成之际，奉系就计划将其展修至齐齐哈尔。背后原因主要有两个：一是黑龙江省北部物产丰富，不展修至齐齐哈尔，洮昂路将由于"咫尺未达，运输仍不能操纵裕如，则巨资已投，而收效无几"；①二是如不展修，奉系的军事运输、军队调动仍须经中东路而备受制约。

然而，延展一事并不顺利。洮昂路要延长到齐齐哈尔，其间须横越中东路。洮昂路的终点站昂昂溪距离中东铁路昂昂溪站仅6公里，但中东路局因担心洮昂路冲击其利益、为日本扩张势力提供机会，始终不同意洮昂路局的接通或通过中东路的要求，两站之间的货物不得不用大车运转。

洮昂路局本拟定以洮昂线计划外工程的名义由满铁垫款改筑昂齐线，这为满铁插手洮昂路展修计划提供了机会。满铁一直寻求向洮齐路的渗透，其目的是"吸收以齐齐哈尔为中心的北满一带的物资，用以还击中东铁路南段对满铁的敌对政策"。因此，满铁认为如果洮昂路不能顺利展修到齐齐哈尔，会使日本的计划成为泡影。

1926年7月下旬，日本政府责令满铁与苏联交通部协商洮昂路横断中东路问题。满铁提议修筑中东路和洮昂路的连接专线，但也被苏联拒绝。后满铁理事大藏公望与外务省再次协商后，又在哈尔滨与中东路苏联理事交涉，试图取得苏方对昂齐线的谅解，提出以建设高架桥或地下通道方式越过中东路，结果仍未得苏方同意，双方不欢而散。②

尽管如此，洮昂路局并没有放弃延长计划。1927年7月，洮昂路局局长于长富派遣日籍顾问大薮征太郎与满铁理事大藏公望商议洮昂路延长事宜。8月10日，于长富与大藏公望达成洮齐线修筑备忘录，由满铁以计划外工程费名目垫付洮昂路延长线的工程费130

---

① 《洮昂路工程局呈黑龙江省长公署》（1926年10月26日），辽宁省档案馆：JC10-1-8286。
② 《满铁史资料》第2卷《路权篇》第3册，第778~779页。

万日元,预计1927年12月底前完成此路。

但该方案遭到了北京政府交通部的反对。此时,实际掌权交通部的是奉系要人常荫槐。他主张尽可能地用本国资金和技术建筑铁路,"满蒙地区的中国自己的路线,即与日无关或关系少者,期其迅速进行修筑;与日本有关者则力求不使其实现,不得已时推迟修筑",①极力反对日本插手洮昂路延长线。

最后,交通部和洮昂路局达成意见,不用外资,由奉天、黑龙江和交通部三方自筹资金120万现洋修筑,奉黑两省各承担40万元,交通部以京奉路局拨发价值40万元的材料方式筹资。随后,张作霖令中东铁路督办吕荣寰解决中东路横断问题。10月下旬,中东路局最终默认了昂齐线的修筑。②

但由于三方对出资存有异议,昂齐线到1928年6月才动工。开工不久就遭遇皇姑屯事件,中东路局苏联代表趁乱再次反对昂齐线越过中东路。在洮昂路局的几次交涉下,双方才在7月达成中东—洮昂两路横断协议。不久,又因东北当局筹修齐克路,昂齐线改归齐克路局管理,成为齐克路的一部分。到1928年12月,昂齐线才得以竣工,全长约30公里。

仅30公里的昂齐线的展修前后历经三四年之久。此线耗费时间如此长的原因在于它与北满路权相关,日本试图干预此路,苏联因不愿日本与奉系势力向北满扩张而多次阻止。而奉系更希图通过洮齐路推动东北铁路网西干线建设,加深对北满的控制力。

四 工程费悬案与营业窘境

按合同,洮昂路由满铁提供1292万日元建造费,包括除车辆购置外的各种工程及材料费用,各种费用须由洮昂路局审核和使用。

---

① 《常荫槐》,政协沈阳市委员会文史资料研究委员会编印《沈阳文史资料》第21辑(北洋时期东北四省区军政首脑),1994,第512~513页。
② 《黑龙江省长公署咨覆奉天省长公署》(1928年2月28日),辽宁省档案馆:JC10-1-8266。

实际修筑过程中，除总务费、购地费和机器厂房费三项共计217.2万日元交付洮昂路局使用外，其他各种费用由满铁自行支出，工程完成后才提交洮昂路局审核。

工程结束后，满铁决算建筑费用共计为1312.5万日元，但没有向洮昂路局提交详细账目，其中还列入了日本在洮昂路中的各种活动经费（诸挂费），共计207.2万日元。洮昂路局认为交涉费等一些杂费不应列入其中，路局决算为1053.6万日元。此外，承包合同中规定车辆采购不在满铁垫款内，但1926年9月，由于洮昂路局无力购买车辆，又与满铁订立机车借款合同，满铁陆续为购置车辆垫款237.6万日元。其他如燃料等也由满铁赊欠。1928年6月，满铁与洮昂路局订立煤铁短期借款合同。

此路修筑之初，奉系当局信心满满地认为全路完工之际就能偿还满铁各种款项。结果竣工之后，东北三省因第二次直奉战争、郭奉战争而兴兵备战，财政紧张下又滥发纸币，导致奉票暴跌、金融紊乱。而且，此时奉海、吉海、呼海等自建铁路正在兴工，根本无力顾及洮昂路。最后，洮昂路局只好按承包合同将满铁各种垫款改为借款。

结果，因洮昂路局与满铁在工程费用决算数额上差异甚大，借款合同迟迟未能订立。满铁决算，到1929年底，建筑费和车辆购置费等本金共计1880万日元，本利合计2323万日元。而按照交通委员会的决算，本金为1621万日元，本利合计为2011万日元，差额300多万日元。[①] 因为决算分歧，洮昂路工程费到九一八事变前仍是中日铁路悬案之一。

此外，洮昂路南自四洮路终点站洮南起，向北抵达中东路西线的昂昂溪站，并且上可通过齐昂路接齐克路，下则可接郑洮（郑家屯—洮南）路和郑通（郑家屯—通辽）路，在南满铁路系统和奉系的东北铁路网计划中，它都承担着联通南满和北满的作用。由于它

---

① 《满铁史资料》第2卷《路权篇》第3册，第764页。

的这种地位，在洮昂路的运营中，满铁千方百计扩大其控制力，试图将此路变为南满路的培养线。洮昂路承包合同中规定，路局聘用日本顾问一人及助手数人。洮昂路完成后，满铁仍试图进一步插手技术、会计、管理等核心部门，以造成四平街至齐齐哈尔一带由满铁操控，实质推动南满铁路向北满的延伸，以及日本向北满的经济、政治、军事扩张。中日双方在洮昂路的管理权上屡屡发生冲突，奉海路拨用洮昂路车辆风波就是典型案例。

1928年3月，由于洮昂路运输能力过剩，而奉海铁路车辆不敷使用，交通部代理总长常荫槐令洮昂路局将部分车辆拨交奉海路使用。洮昂路日本顾问大数钲太郎却认为这侵害了满铁利益，提出车辆调度须得满铁同意，反对洮昂路局调拨车辆。常荫槐以此事属于路局内部行政事务，日方无权干涉，再度严令洮昂路局调拨。3月21日，洮昂路局将机车3台、货车30辆调度给奉海路使用，期限到4月底止。[①]

此事本属两条省有铁路间的运输事务往来，且洮昂路的管理权归中国所有，日方无权过问，但满铁和日本政府却持续阻挠，一方面趁机向洮昂路深入渗透，另一方面试图以此促成奉系在奉海与满铁联运问题上让步。满铁社长山本条太郎、日本驻华公使芳泽谦吉、驻奉天代理总领事蜂谷辉雄多方向奉天省省长刘尚清、北京政府外交部照会，以洮昂路局将车辆流用奉海路是违反合同为借口，要求奉天当局令路局停止代运，并将洮昂路车辆问题与联运协定问题牵扯在一起，谴责奉系对满铁"态度甚欠圆满"。[②] 最终迫使中方同意在联运协定上签字，洮昂路车辆约定到4月底待奉海路积存货物运输完毕后即还归洮昂路。日方态度之蛮横、干预之深、奉系自主铁

[①] 《奉海路拨用洮昂路车辆经过情形》，辽宁省档案馆：JC10-1-8190。

[②] 《满铁社长函奉天省长刘尚清》（1928年3月23日）、《奉天省长刘函南满铁道会社》（1928年3月26日）、《奉天省长刘训令奉天交涉署》（1928年3月26日）、《日本总领事蜂谷辉雄照会奉天省长刘》（1928年3月25日）、《奉天省长致北京外交部电》（1928年3月30日），辽宁省档案馆：JC10-1-2138。

路发展之不易在这一风波中体现得甚为明显。

洮昂路沿线经过洮南、洮安、镇东、泰来等县,这些地区在清朝时属哲里木盟牧地,地属平原,到清末才开放。沿线有洮儿河、嫩江、松花江等河流交汇,土地肥沃,但因开发未久、人口稀疏,农产品和矿产品相对较少,物产最丰富之地多在昂齐线及以北地区。洮昂路通车后,昂齐线久久未能修成,此路北端只到中东路昂昂溪站,运输仅限于昂昂溪以南地界,因此,运输量并不大。1928年10月到1929年9月,各站运到洮南站的农产品等有1688车(5.06万吨),运到昂昂溪站有1153车(3.45万吨),共计8.5万吨。此路运输的最大宗不是农产品,而是铁路材料。1928年,全路货物不过1.7万吨,铁路材料却有35.5万吨。① 这导致洮昂路长期营业惨淡,运输量和营业额远落后于其他路线。

由于此路先是满铁包工,后又改为借款,营业收支须先偿还满铁借款本息。洮昂路的营业旺季在每年1~3月,这一时期每月收入有大洋10万元左右,但在4~9月的淡季,每月收入仅5万大洋左右,平均每月不过6.5万大洋,而各项日常支出平均每月却需9.7万之多。② 到1930年,全路每年收入也不过200多万元,仅够支付满铁借款的息金,致使"负债之重,营业之衰,应付经常各费尚虞竭蹶"。③ 薪资待遇上,由于日方多方渗透,路局内部管理混乱,多受日方盘剥,中方科长薪资大概400元大洋,而日本顾问及助手的工资却高达1000元大洋。④ 车辆使用上,一则洮昂路车辆由满铁垫款购买;二则平时车辆不敷使用时,也要向满铁租用,备受满铁钳制。洮昂路局曾感叹:"待修之车辆甚多,拥挤停顿,尤有废时旷日

---

① 垦民:《洮昂铁路沿线之经济概况》,《中东经济月刊》第6卷第11号,1930年,第1~3页。
② 《洮昂铁路工程局呈辽宁省政府》(1929年4月27日),辽宁省档案馆:JC10-1-3849。
③ 《交通委员会咨提洮昂路局日金二百万元垫款分期归还案》(1930年4月13日),辽宁省档案馆:JC10-1-8085。
④ 《满铁档案资料汇编》第4卷,第288页。

之虞。南满方面条件较苛，不免拘束留难之感。似此情形，即在平日行车时已觉车辆运用未能如意，设当紧急之项，车辆骤难调动，或列车机关猝生障碍，贻误岂可胜言。"①

也正是由于洮昂路建筑及运营中出现的多重纠纷和满铁控制之深，此路虽属于奉系铁路网计划中的一部分，实则却如论者所言，"行政虽隶属东北交通委员会，而事实上充了南满铁路的四洮路营养线之北段"。②"实际上为日本蓄意计划的满铁延长线，且有极大政治意味，不仅在经济上为满铁培养线而已。"③

第三节 吉敦铁路

吉林省东南部的吉林到敦化一带，"各处土地之肥沃、农产之嘉良、气候之适宜，实为农事经营莫大之美利"，④虽然农垦开发程度不高，但其潜在的巨大经济效益使得它成为奉系铁路网计划中的路线。吉敦路还是日本筹谋修建的战略性铁路吉会路的一部分，日本也长期觊觎这条铁路。与洮昂路一样，奉系选择由满铁包工修筑。该路名义上为国有铁路，但从满铁包工合同的签订到路工的完成，都是在奉系的主导下完成的。然而，从筹划到建筑和运营，满铁如影随形，导致吉敦路也在很大程度上成为满铁支配的路线。

一 满铁承造吉敦路合同的订立

1910年代，日本在与北京政府的几次铁路交涉中，吉会路始终是其核心目标。1918～1919年，日本急谋签订吉会路借款正式合同，

---

① 《东北交通委员会咨辽宁省政府》（1929年10月4日），辽宁省档案馆：JC10-1-3849。
② 乔轩：《东北铁路竞争过程及其经济价值的解剖》，《中国经济》第2卷第4期，1934年，第7页。
③ 凌鸿勋：《中华铁路史》，台湾商务印书馆，1981，第213页。
④ 石荣暲：《吉敦铁路沿线调查录》，殷梦霞、李强选编《民国铁路沿线经济调查报告汇编》第4册，国家图书馆出版社，2009，第602页。

与北京政府展开 20 多次谈判，但由于双方立场差异太大，最后会议中断。此后很长时期内，日本一方面试图再次与交通部商议正式合同；另一方面又与张作霖接洽，希望先在地方造成既成事实，再迫使北京政府承认，但始终未能成功。1922 年 5 月奉系宣布东北自治后，日本放弃了整体实现吉会路的计划，转向分段完成，其中最重要的是两条线路——天图路和吉敦路。

与此同时，吉林省当局也计划修筑吉敦铁路，打通吉林东部交通。1922 年 10 月，曾参与天图路交涉的吉林省财政厅厅长兼吉林交涉署长蔡运升向日本驻长春领事山崎平吉表示吉林拟着手交通建设，以开发全省富源、发达财政，首先计划将吉长路延长到敦化。吉林省议会副议长刘树春等人也建议修筑吉敦路，并鼓动吉林督军孙烈臣修筑吉敦、吉五（吉林—五常）和长扶（长春—扶余）三条铁路。

此前与北京政府订立《吉会铁路借款预备合同》的日本代表是朝鲜银行、台湾银行和兴业银行组成的特殊银行团，满铁仅在运输技术上曾有参与吉会路的计划。满铁一度认为吉会路将打击满铁的经济利益，对特殊银行团和日本政府在未与满铁协商情况下就与中国订立合同颇为不满，很长时间内对吉会路并不积极。不过，到 1920 年代初期，满铁认为如若将吉长路延长到敦化，沿线的物产将集中吸收至南满的长春站，对满铁非常有利，因此对吉敦路的修筑跃跃欲试。[①]

1923 年 6 月，满铁派遣吉林公所所长奥村慎次与吉长路局局长魏武英商讨吉敦路的修筑。魏氏一向与日本过从甚密，在满铁的拉拢下未表示异议。11 月中旬，转任滨江道尹的蔡运升与奥村慎次就上述三路进行预备协商，后满铁理事大藏公望又与蔡运升进行交涉。

1924 年 2 月，满铁致函兴业银行总裁小野英二，希望特殊银行团在东北铁路的修建上与满铁进行协商，默认满铁的各种措施。银

[①] 《满铁史资料》第 2 卷《路权篇》第 2 册，第 564~565 页。

行团同意了满铁的要求。此后，满铁的吉敦路修筑计划渐趋具体化，并派人在吉林省议会中暗中拉拢副议长刘树春等人。不过，由于第二次直奉战争的爆发，吉敦路一案仍暂时处于停顿状态。

1925年4月，满铁再次谋求吉敦路，策略是利用吉长路局局长魏武英鼓动张作霖和交通部。为此，满铁理事松冈洋右特意前往北京，活动4个月之久，并暗中用20万元"机密费"贿赂交通总长叶恭绰，还向叶恭绰表示吉敦路修筑后再秘密支付至少10万元。9月24日，满铁理事松冈洋右与叶恭绰、魏武英仿照洮昂路，确定了吉敦路承包合同。由于担心吉林督军张作相和省长王树翰等人的反对，满铁曾极力劝诱叶恭绰直接与张作霖商议签字问题。

此时的张作霖，适逢第二次直奉战争后一心谋求操控北京政局，面对满铁的威逼利诱，决议向日本妥协。10月21日，张作霖、王永江二人认可了吉敦路承包合同。24日，叶恭绰与松冈洋右就吉敦路承包合同签字。

根据合同，由满铁承包吉敦路工程，工程费共计1800万日元，以全路资产作为抵押，自合同签字后一年内兴筑，两年完工。在技术和管理上，名义上规定由交通部任命的局长管理工程各种事务，但须聘用日人担任总工程司，在还清满铁垫款前须聘用日人为总会计。① 10月27日，交通部任魏武英为吉敦路工程局局长。叶恭绰签字后，将合同于11月23日提咨外交部。但此时北京政局因郭松龄和冯玉祥反奉、"首都革命"动荡不已，段祺瑞的执政府岌岌可危。叶恭绰于28日去职，但他仍向满铁表示将帮助实现吉敦路，并建议满铁寻求奉系的支持。

12月16日，许世英内阁成立，龚心湛任交通总长。龚心湛及交通次长陆梦熊认为，吉敦路承造合同系叶恭绰与松冈洋右秘密协定，未经交通部正式认定，要求取消。交通部航政司司长凌昭通也公开主张废除合同。1926年1月7日，许世英内阁在第一次国务会议上，

---

① 王铁崖编《中外旧约章汇编》第3册，第574~576页。

以吉敦路承造合同未提交国务会议确认、手续不完备为由，通过合同无效案。同时，北京政府下令罢免吉长路局兼吉敦路局局长魏武英的职务。

对于自称对吉敦路的修筑特别渴望的满铁而言，北京政府的决定并不能产生实质影响。满铁北京公所所长竹中政一向驻华公使芳泽谦吉和满铁理事松冈洋右表示要尽快动工修筑吉敦路，对北京政府的决定及中国国内的反对"莫如采取漠不关心的态度"。这一建议得到松冈洋右的支持。因此，在交通部向满铁通告吉敦路合同不能生效、魏武英已经撤职后，日本反于1月22日向北京政府外交部抗议，认为此合同既经叶恭绰签字，不能取消。[1]

另外，奉系虽与直系因反对冯玉祥的国民军暂时合作，但在1926年初，与吴佩孚在北京政府的重组上发生尖锐冲突。吉敦路的修筑也成为政争的一部分。北京政府下令撤销魏武英的职务后，魏武英前往奉天征询张作霖的意见。1月初，张作霖向魏武英表示，无须遵从北京政府命令，并让魏武英在东三省交通委员会的命令下继续任职。张作霖、王永江向松冈洋右示好，表示奉系有意再度宣布东三省自治，将着手准备修筑吉敦路。[2]

在满铁和奉系互相妥协后，北京政府的政令已不能阻止吉敦路的修筑。

二 工费浮冒、工程劣质的吉敦路

（一）吉敦路的修筑

吉敦路合同签订后，国内反对声不绝于耳，叶恭绰曾自我辩护称："我国事权极重，用款并无分文折扣……窃意此项承筑合同如果运用得宜，可较以前任何铁路合同为足以取益防损。"[3] 其实，此路

---

[1] 《满铁史资料》第2卷《路权篇》第2册，第576~581页。
[2] 「東三省鉄道問題」『日本外交文書』大正15年第2册下卷，1301~1302页。
[3] 《声明交通部借款及吉敦路借款实情》，叶恭绰：《遐庵汇稿》，文海出版社，1968，第181页。

明面上虽无折扣，实则叶恭绰从满铁拿到了数十万元贿赂。而且从后来情况看，吉敦路不仅未成为各合办或包工铁路可供借鉴的模范，反而是东北铁路中问题最多、流弊最重的路线。

1926年2月1日，吉敦铁路工程局正式成立，地址设在吉长铁路局内，隶属东三省交通委员会管理，魏武英继续任局长。虽交通部仍数次向日方表示合同无效，不能动工，但根本无法对满铁的行动造成妨碍。满铁设立临时事务所负责吉敦路事务，派遣技师田边利男担任总工程司。6月1日，吉敦路举行开工典礼，全路工程分为4段进行，各段又细分为小分段，共计15个。

吉敦路承包合同第四条有"承造本路各工程之施行须招商承办，并多数包与中国人承办"的规定。① 并且，自吉敦路合同签订后，东北民间一直存在反对日本参与筑路的呼声。为满足合同的要求、减轻来自吉林民间的压力，满铁蓄意多方拉拢吉林地方实力士绅。

5月28日，满铁参股的东亚土木会社社长相生由太郎出面与吉林省议会副议长刘树春等组成吉林兴业土木公司，指明吉敦路工程全部由此公司承包，日方并赠送刘树春等中方代表共20万日元，将此款摊入工程费名目下。实际上，兴业土木公司仅是挂名承包，满铁并未按照合同公开招标包工商，在其制定的《吉敦铁路工程承造施行细则》中，满铁直接规定，"本路工程便于路局直接处理者，则须与会社协商决定之"。② 各工程大多数由满铁直接指定大仓组、东亚土木会社、吉川组等日商承担。全路15个工务分段中，由华人承包的仅有第12和第13两个分段。

更严重的在于，各承包商往往又再将工程转包他人，结果，工程层层承包、工费层层剥削，真正筑路资金往往所剩无几。按照规定，各工程预算书、计划书等须先由工程局核准，但满铁先行动工修筑，再知会吉敦路局。兴工期间，各种工程的管理和监督，原本

---

① 王铁崖编《中外旧约章汇编》第3册，第575页。
② 郭绩润：《日本侵略吉长吉敦铁路痛史》，天津精华印书局，1933，第213页。

应由中方主持,实际也都由满铁派出的派遣员全权掌握。魏武英在满铁的贿赂下,无视日方的任意揽权,还用各种名义借调满铁人员,自己却常驻大连,导致工程设计、预算、包工、监工等都被满铁派遣人员一手包办,吉敦路局中方的监督权如同虚设。对各种工程的检验,魏武英更仅事后盖章了事。

开工后不久,张作霖因郭奉战争和与直系争夺地盘耗费巨额军费,地方财力不支,要求从吉敦路提取300万日元的筹备费。此前曾拒绝给张作霖筹备费的满铁这时却决定满足张作霖的要求,甚至拒绝让曾主张无视张作霖要求筹备费的松冈洋右参与意见。吉敦路局局长魏武英为保住自己的职位,也极力劝说满铁提供此笔费用。

满铁之所以同意张作霖的要求,并非心血来潮,而是希望趁机增加吉敦路工程费。吉敦路动工后不久,满铁提出须按照1918年的预定路线修建,又以工程增加、部分地点工程难度大等为由,要求增加工程费。其实满铁所称的改定后的方案早在1918年测定的吉会路路图中就已成型,满铁在1926年测量后的计划路线也正是根据1918年的路图做出的,路线尚且减短不少,所谓工程费须增加不过是借口而已。此外,满铁增加工程费背后还有一层用意。此前交通部宣告吉敦路承造合同无效,满铁认为如果交通部认可追加工程费一项,则意味着交通部取消对承造合同的无效认定。

11月6日,满铁向张作霖提出增加吉敦路600万日元的工程费。其中,工程追加费为300万日元,另外200万日元为"建设期间利息",100万日元为给张作霖的筹备费。魏武英还向张作霖示意,筹备费只是暂时支出100万日元,工程结束后如有剩款,也都将如数交出。张作霖欣然同意。1927年5月,满铁以将吉长路100万日元借款延期为条件,又以40万日元运动张作霖和交通部(大部分落入张作霖手中),利诱交通部承认吉敦路合同。29日,在张作霖的授意下,交通总长潘复表示对工程费增加案无异议。煞费苦心的满铁达到了目的。尽管顾维钧内阁一直拖延此案,未将其提交国务会议,但满铁认为这只是"未免有些手续不全",即便可能发生问题,也不

6月,交通部令吉敦路局将各种预算和工程图标送交通部核准,结果发现多处工程不合要求、任意开支,遂令吉敦路局复查并修改。但在满铁的示意下,魏武英对交通部的指令置之不理。更令人气愤的是,1928年,魏武英与满铁将所有工程预算更改,肆意增加各种工程预算270多万日元,其他各种土工、房屋费用也随意增添至数十万日元,而全路关键工程如桥梁、通电设施等却无预算。②

因管理混乱、工程费用随意更改,建筑上又分段承包且层层转包,吉敦路质量可谓粗制滥造。1928年5月,东三省交通委员会着手整顿吉敦路工程,北京政府交通部撤销魏武英职务,委任曾任航政司司长的赵镇接任。结果,魏武英畏罪潜逃,在满铁的庇护下逃至大连。

赵镇接任后,与担任收工和查账监察委员的交通委员会委员兼总稽查王焕文一起整顿吉敦路路务。二人在经过实地调查后,发现不符合原建筑计划书的工程大大小小共300多处,还存在大量贪污和开支浮滥的情况。

6月末,赵镇和王焕文前往大连与满铁副社长松冈洋右交涉工程问题。赵镇说明工程与原议定书不符,碍难接收,要求满铁逐项复工,以全信用。但松冈洋右却认为交通委员会调查结果不实。满铁管理工程的理事藤松蛮横表示,中国无资金和技术自修铁路,而满铁借款筑路,并包修工程,中方应"感谢"满铁的"善意"。最后,在王焕文列举大量不合格工程详情后,满铁才同意对工程进行复查,认定应复工的工程共计120处。③

由于此时全路工程并未完毕,吉敦路局的基本态度是有问题处复工建筑即可,其余工程以能尽快通车为基本原则,因此工程质量

---

① 《满铁史资料》第2卷《路权篇》第2册,第584~589页。
② 郭绩润:《日本侵略吉长吉敦铁路痛史》,第233~234页。
③ 赵东凡:《吉会铁路签约经过》,中国人民政治协商会议全国委员会文史资料研究委员会编《文史资料选辑》第17辑,中华书局,1961,第81~82页。

漏洞并未彻底解决。

1928年10月，吉敦路工程基本完工，11月1日起，全路开始营业，全长210.5公里，共设17站。此外，距离吉敦路蛟河站10公里左右有奶子煤矿，为运输该煤矿的煤炭，1929年11月建成了蛟奶运煤专用铁路，不另设机构，在吉敦路局内办事，货运车辆借用吉敦路。

吉敦路工程完毕后，按照合同须经由吉敦路局确认后接收，结果由于工程费和工程质量问题造成中日东北铁路上的又一悬案。

(二) 吉敦路的验收及工程费悬案

1929年2月，吉敦路已经全路通车营业，东北交通委员会开始组织对吉敦路的验收工作，要求满铁方面提交各种工程预算决算清单。建筑期间对账目管理混乱至极的满铁迟迟未交付清单。7月初，魏武英和满铁共同谋划对付交通委员会验收的对策，坚决拒绝吉敦路局的提交原工程费预算的要求，拒交实际费用明细，以交给张作霖的特别费混淆为工程费过高的原因。[①]

7月20日起，交通委员会调集各路局技术人员，以吉敦兼吉长路局局长韩麟生主持，以吉海路、北宁路、呼海路、沈海路等各路工程师为委员，组成吉敦铁路收工委员会，正式对吉敦路进行全面验收。9月30日，验收工作完成。11月，收工委员会正式提交《验收吉敦铁路工程报告书》和《吉敦路不良工程清册》等文件，各报告书详细列举了吉敦路工程、管理、经费上的种种劣质和不实之处。

工程"除松花江正桥外，毫无施工时之记载"，仅表面上显露者，"与原预算设计不符者三处，不良者一百八十一处"，已裁撤并"无迹可寻"的工程八处。[②] 具体而言：

......坡度随高就下......弯道反复屈折亦嫌过多，仅图一时

---

① 《满铁史资料》第2卷《路权篇》第2册，第593~594页。
② 郭绪润：《日本侵略吉长吉敦铁路痛史》，第273~274页。

节省工费,贻误将来行车匪浅。他如山洞尺寸狭隘,敷砌粗糙,漏水裂缝,危险堪虞。底沟浅,冬冻凸起之处甚多,修理工费颇巨。木造桥梁,桩木入土过浅,易出危险,桥座防土不坚,半就倾圮。涵洞低级未固,灰造者错节漏水,木造者弯曲下沉。机车房屋造架尺寸单薄,内设机器仅有五件。房屋砖造者,工程草率,木造者结构均有裂隙,并无充分防寒之设备,土造者建筑不良,墙歪顶漏。凿石破面不整,土工方数不足,虽经迭次修理仍缺若干。……但此不过仅就工程表面上而言……若再衡之以价目,其昂贵情形,中外各路实所罕睹。……他如木便桥及木造房屋,均系就地取材,只有工费及搬运费,桥梁每公尺平均尚核四百二十元,高出他路两倍有余。木房平均每间核一千四百元,一般砖房亦无有如是之贵。其蛟河、敦化两站砖造票房每一楼底核五千余元,其昂贵情形可见一斑矣。今设以同省同时建筑之吉海路单价核算,吉敦路工程只土方、凿石、山洞三项较会社之数即可减少四百一十余万元,洵属骇人听闻……

吉敦路的造价合每里 14 万多日元,是东北各铁路造价的四五倍。造价高昂并非因工程质量和材料的高标准,而在于工程费用浮滥和混乱。收工委员会经详细清查后发现,即便从宽计算,全路工程实价约为 630.7 万日元,加上给张作霖等各种缴款 270 万日元(纳入工程费者为 165 万日元),也不过 795.7 万日元,但满铁方面开出的工程费却高达 1341.7 万日元,浮开达 546 万日元之巨。而全路工程连同总务、购地、车辆及一切费用不过为 1448.7 万日元,加上所谓缴款 270 万日元,比较起初的 1800 万日元工程费预算尚且可有 81 万日元的余款,再加上后续 600 万日元借款,工程费原本应绰绰有余,但结果却由于账目混乱不清,各种费用并无详确计算,而遗患无穷。①

---

① 《满铁史资料》第 2 卷《路权篇》第 2 册,第 596~598 页。

此中工费的浮滥，原因一是满铁层层转包、工程费节节剥削、任意滥开费用、贪污严重。满铁和魏武英还私下瓜分工程费，满铁即曾以包工费盈余为名目分得200万元。由于满铁对工程费等并无详细账目，又始终拒绝将款项详情提交收工委员会，吉敦路工程费成为谜案。二是奉系当局肆意将工程费提作他用。张作霖等奉系要人对总额高达2400万元的吉敦路借款眼红不已，多次将从中提充款项作为军费或其他款项。仅提交张作霖的就有270万元（购地总务费名义下支出100万元，魏武英直接提交100万元，购地费陆续解送70万元）。吉林省也曾提取200万元，此外路局以礼品名义赠送给奉吉两省要人100万元。①

由于收工委员会不认同吉敦路的工程质量和工程费数额，吉敦路的验收一直未完结。对于满铁垫款及其起息办法，交通委员会与满铁仍因工程款项分歧而未达成一致。按照满铁方面估算，到1928年10月10日全路完工之前，各款项自各段竣工之日起计息，1928年10月10日后统一按照拨款之日起计息。到1929年底，满铁计算，吉敦路本息共为2781.9万日元，吉敦路局则计算为2746.6万元。交通委员会曾如此评论吉敦路："我国耗费巨大，借款行息九厘，为国内各路所仅见，而工程设计之劣尤令人痛心疾首。"②

在组织管理上，吉敦路更是机构冗余。路局编制分六科、十三股、三段，"较之东省国有京奉、四洮、洮昂、奉海、吉海诸路，庞大异常"。局长魏武英"凡日人有所要求，无不唯唯敬从"。中日员工薪水差距最高达十几倍。管理更是混乱不堪，日方人员随意休假离班，中方人员又因待遇差距大而无心实事。③

吉敦路沿线多半崇山峻岭，居民寥落，全路经过城镇村庄约有39处，居民户数约27957户，人口约20.2万人，但居民多聚居在永

---

① 《吉会铁路签约经过》，《文史资料选辑》第17辑，第82~83页。
② 《满铁史资料》第2卷《路权篇》第2册，第603页。
③ 直心：《调查吉长吉敦两路之真象及补救策》（续），《东三省官银号经济月刊》第1卷第6号，1929年，第2~3页。

吉县的昌邑屯和敦化县一带，其他地区的人口仅2万多人。沿途农产也多集中在敦化，全路沿途每年大豆产量约有8.3万吨，总体而言，此路沿线的农产并不发达，仅有蛟河等少数地方产粮较多，而最丰富的是森林资源。1930年，吉敦路沿线的林场面积达9150平方公里，以阔叶树和针叶树为最。① 因此，此路的营业收入主要来自森林资源，其次为蛟河等处的煤矿。但由于该路工程劣质、设施简陋、车辆不足，大量木材因运输能力不足堆积如山，营业状况始终未能完全扭转。在收入分配上，名义上中日按照八二比例分，实际"其所有改良修缮及其他设施费用则均由中国应得之八成利益中担负。则中国所得八成，反不如二成之多，或竟毫无所得"。② 而且，每年仅支付满铁借款的利息一项就高达216万日元，收入只能勉强对付日常支出，根本无法提升铁路的运营能力。

以1930年7~9月为例，按照预算，每月须收入在12万日元以上，实际上这三个月营业收入仅分别为9.33万日元、11.75万日元和10.09万日元，营业惨淡之外，"开销过巨，十月份员工薪金几至不能发放"，而满铁仍要求先支付其借款的利息，可谓雪上加霜。③此外，由于满铁在吉敦路运营中的影响，该路沿线的林业和矿业被日人垄断。1931年，沿线18家比较大的木材商户中，日商占14家，④ 可以说，此路实为满铁在吉林东部的营养线。

到1931年底，吉敦路积欠的债务本金已经高达2388.5万日元，利息达874.8万日元，本息共计3263.3万日元，⑤ 已成资不抵债的窘况，成为东北借款或合办铁路中债务最高的路线。

---

① 李玉福：《吉敦铁路沿线之概况》，《中东经济月刊》第7卷第11、12号，1931年，第33~35页。
② 直心：《调查吉长吉敦两路之真象及补救策》（续），《东三省官银号经济月刊》第1卷第6号，1929年，第5页。
③ 珍特：《近三个月吉敦路营业状况》，《中东半月刊》第1卷第8号，1930年，第21页。
④ 李玉福：《吉敦铁路沿线之概况》，《中东经济月刊》第7卷第11、12号，1931年12月，第36页。
⑤ 铁路部财政司：《国有铁路债务节略》，台湾学生书局，1970，第599页。

小　结

在1920年代之前，近代东北铁路中，合办铁路、借款铁路和列强完全控制的铁路占绝对优势地位。1920年代，奉系除自建自营铁路外，仍与日本合办或由满铁包工修筑了天图、洮昂、吉敦等几条路线。之所以出现此种现象，其原因大致有以下数端。

第一，是奉系财力物力不支的被迫之举。从第一次直奉战争起，奉系军队不断膨胀，军费支出不断攀升，加上奉票大跌、金融混乱，奉系当局难以再扩大规模支撑铁路建设。仅以财政在三省中最具优势的奉天一省而言，1922年，陆军军费支出占全部财政支出的79.85%，而财务、教育和农商费三项合计仅占8.63%。1926年，陆军支出费攀升到89.46%，教育、农商费虽略有增加，也不过两项合计占1.1%。即便在最低程度的1928年，陆军军费也仍占59.51%。[①] 在这样的财政状况以及奉系以建设自建自营路线为主的策略导向的影响下，奉系的资金、人力、物力多向奉海、吉海、打通、呼海等自建路线上倾斜，在天图、洮昂、吉敦等路上，无力单独完成，只得采取合办或包工方式修筑。

第二，是维系与日本关系的无奈之举。奉系的自建铁路自始就遭遇日本的各种干涉和阻碍，权衡缓急和利弊后，奉系有意将洮昂、吉敦等路与日本合办或由满铁包工，以缓和日奉关系，换取日本在其他路线上的略做退让。如王永江以洮昂路包工合同换取日本放弃建设开海路和干预奉海路。

第三，是日本图谋路权的必然之举。天图、洮昂和吉敦三路本是日本的满蒙铁路计划的重要组成部分，日本运用各方势力、多方运作、威逼利诱，急欲参与这些路线的修筑。其中，天图路和吉敦

---

① 《东三省金融整理委员会报告书》（1931年5月），辽宁省财政志编审委员会编辑发行《辽宁省财政志（1840~1985）》，1993，第1035页。

路是日本战略动脉吉会路的两端,"西连吉长,可与俄国争雄北满之势力范围;南连南满,并可与东蒙相呼应;东南直通朝鲜,为朝鲜入满最捷便之通道,将与安奉成并进之势"。① 洮昂路既是奉系东北铁路网的一段,也是日本试图向北满和东蒙延伸势力、与苏联争锋的目标路线。故此,日本绝不甘于坐视这些路线由奉系自行建设和控制。

考诸这三条路线,可以发现奉系处理之种种不当。奉系当局在与日本订立合办、包工合同时,最初仍试图尽量维持中方对这些铁路的控制力和权益,在合同中也强调主权、利权在中国。然而,在它们的修筑与运营中,日本往往仗势逾越合同的规定,不断向这些铁路渗透,削弱奉系对它们的掌控力。对日方的渗透和控制,奉系或是未能意识到,或是未能有力阻止,甚或出现中方人员与日方勾结,任意作为的现象,进而乃至奉系内部也将这些铁路的借款充作他用。

由于奉系本身监管不力以及日方的多方渗透和操控,这些铁路可谓弊病丛生。天图路名为合办,实际日本政府对它全程指导和协作。该路的资金、人员、技术上的真正支持者是日本大藏省、朝鲜总督府、日本陆军,已成日办乃至日本政府控制下的路线。吉敦、洮昂两路,名为满铁包工,实为借款铁路。为取得两路的控制权,满铁任意增加工程费,干涉铁路的运营和管理,在工程上却随意应付,导致工程质量奇劣、费用浮冒、管理混乱。而且,为了将沿线的物产吸收入满铁和大连港,满铁积极要求这些铁路与它实行联运,却阻挠它们与东北自建铁路的联运和连接,这些线路事实上成为满铁的培养线。

此外,这些合办或包工铁路,因借款数巨、利息繁重,运营后都陷入资不抵债的境地。到 1929 年底,"总计里程不过六百十七里"的吉长、吉敦、四洮和洮昂四条铁路,共欠债日金计 1.13 亿元,按照市价计算,约合现洋 1.5 亿元,"以铁路抵偿债额,恐尚不足"。②

---

① 盛叙功:《吉敦铁路与日本之东满侵略政策》,《东方杂志》第 25 卷第 21 号,1928 年,第 34 页。
② 《东北最近状况》(1930 年 12 月 3 日),毕万闻编《张学良文集》第 1 册,新华出版社,1992,第 378 页。

这些借款、合办或包工铁路虽对于促进沿线的经济发展和资源开发有一定积极意义，但就整体而言，这些铁路对奉系来说，属于得不偿失的路线，日本则从中获利匪浅。正如曾在东北交通委员会路政处任职的邹恩元所总结的：

> 南满以其资本假给我国，使代筑培养线，不特其投资之利息，有吾国政府代为担负，将来运输发达，南满既得培养之利，营业有盈余时，彼仍可分润红利，即将来运输不发达，营业亏折，虽南满所得之利益较少，而其投资之利息，则有我国政府担保，南满无丝毫之损失。至于我国方面，既负巨大之债息，复损失一部分主权，结果耗自己之财力，助他人之营业，舍己耘人，愚莫甚焉。且借款铁路营业不振时，寻常开支，尚且不敷，还本付利，更属无望，于是以利作本，本复生利，负担之重，与日俱增。[①]

1929年底，东北交通委员会试图整顿东北借款和合办铁路的债务，并提出两种解决方案：第一种是要求满铁减轻四洮、洮昂、吉敦、吉长四路的利息，并且不得再加复利，将吉长路借款在合同到期前不得全部清偿债务的规定改为可随时偿清；第二种是向国民政府申请或移用庚款，或移用关余，或发行公债，一次性清偿借款铁路债务。1930年2月，交通委员会曾将两种方案提交东北政务委员会并转请南京政府定夺。12月3日，在国民党中央政治会议上，张学良在关于东北情况的报告中，将交通委员会拟定的第二种方案提请会议讨论。[②]然而，到九一八事变前，问题始终没有解决。

---

① 邹恩元：《东北铁路之危机及应付方略之商榷》，《铁路协会月刊》第9、10号，1931年，第4~5页。
② 《东北最近状况》（1930年12月3日），毕万闻编《张学良文集》第1册，第378页。

第四章
1927～1928年的奉日"满蒙铁路"交涉

在东北路权上，尽管在短时期内，日本不能不容许奉系自建铁路有所发展，双方关系勉强达到平衡。然而，奉系的铁路建设是它寻求自主性发展的一部分，这与日本欲将东北和内蒙古变为其殖民地的"满蒙政策"存在根本利益冲突。1926～1927年，奉系铁路网计划的展开直接冲击了日本的"满蒙铁路网计划"和"满蒙政策"，日本日益将此视为威胁满铁利益及日本在东北既得权益的举措，试图扼杀奉系的铁路自主化进程。此外，双方在商租权、领事裁判权、关税权等领域也矛盾重重，与路权问题一同构成日本所谓"满蒙悬案"。1927年，为解决这些悬案，日本调整"满蒙政策"，并与奉系集中交涉。

此次"满蒙悬案"交涉是奉日间发生的纠葛最多、时间最长的交涉事件，集中折射出奉系的对日心态以及田中外交的实施状况。路权是"满蒙悬案"交涉的中心，影响着整个"满蒙悬案"交涉的走向。而且，"满蒙铁路"交涉中的参与者和利益相关者甚多，既有中日各官方力量等主角，又有非官方力量如满铁、东北民众的积极卷入，这些利益相关者在"满蒙铁路"交涉中的立场和目标也各不相同，即便奉系内部、日本外务省与驻外使领成员间也并非铁板一块。本章以奉日各自铁路网计划为切入点，梳理双方在东北铁路上的利益和策略冲突，在此基础上，缕析1927～1928年"满蒙悬案"

交涉期间奉系与日本的整体因应策略,分析奉日交涉的具体展开及这一过程中的多角互动,总结奉系在此次对日交涉中的得失,从而丰富对张作霖时期路权纷争以及奉日关系变化轨迹的认识。

第一节 奉日路权冲突的加剧

1921~1927年,日本在对华政策上虽大致是以维持华盛顿体系为基调,[①] 但这并不代表日本的"满蒙政策"的停滞或后退,相反,日本不断调整"满蒙政策",主旨是在维护和巩固现有利益的基础上,再图推进。夺取路权是日本实现"满蒙政策"的重要方式,满铁则是最积极的施行者。为此,满铁紧密配合日本政府,提出了庞大的"满蒙铁路网计划",欲图建立日本主导下的贯通东北三省的铁路系统。

日本的"满蒙政策"及其"满蒙铁路网计划"与奉系发展自主化铁路、建立东北自建自营铁路网的要求根本不相容。这种利益上的根本矛盾注定了日本对奉系自主发展东北铁路由有限度容忍转向反对和敌视,导致双方矛盾急速激化。

一 日本"满蒙政策"的调整与"满蒙铁路网计划"的出台

奉系铁路自主化大力推进的1924~1927年,日本正处于币原喜重郎任外务大臣的币原外交时期。币原喜重郎意识到华盛顿会议和中国维护利权运动的高涨对日本带来的影响,主张"国际协调外交",表示尊重华盛顿体系,提出"不干涉中国内政""维护合理的权益""对中国现状抱同情和宽容的态度""两国经济合作、共存共荣"的外交四原则,奠定了此后数年日本对华政策的基调。然而,实质上,币原外交并不代表着日本大陆政策的根本改变,而"仅仅是策略手段上的变更"。[②] 具体而言,就是以退为进,放弃大范围武

[①] 《近代日本"满蒙政策"演变史》,第130页。
[②] 沈予:《日本大陆政策史(1868~1945)》,第265~266页。

力扩充在华势力范围，将"露骨的利权获得运动"① 转向比较隐蔽的以经济侵略手段推进日本在华利益，并且着重强调"满蒙"地区对日本的重要性和特殊性，重视对东北"既得权益"的巩固，主张借助掌握东北实权的张作霖的力量，继续推进日本在"满蒙"特别是在北满的扩张。

路权是日本在东北所谓"既得权益"的重要部分，巩固和攫取东北路权成为日本各内阁的一致主张。如清浦内阁在1924年所言，"南满铁路为发展满蒙经济之基础""促进敷设与南满铁路相联系的铁道网……尤为当务之急"。②

从东北路权的现实看，到1920年代初期，日本于1910年代获得的"满蒙五路""满蒙四路"路权中，仅有四郑、四洮两条路线建筑开通。在日本自日俄战争后就图谋修建的战略性干路吉会铁路上，中日间虽签订了预备合同，但在正式合同的交涉中，却因双方分歧太大而在1919~1920年陷入停顿。

这种局面与日本的预期目标相差甚远。日本认为，它在东北路权上的现状与其对东北的定位不相匹配。尤其让日本惴惴不安的是，第一次直奉战争后，奉系的自主性发展大为增强，其自建铁路网计划明显带有与日本争高下的性质。因此，不仅日本政府将在东北建设与满铁关系密切的铁路当作急务，在向东北扩张中历来充当急先锋的满铁也密切配合政府，提出要再度审视日本在东北铁路问题上的得失，重新规划。"满蒙铁路网计划"就是在这样的背景下提出的。

1923年11月，满铁向日本政府提出促进"满蒙"铁路的意见书。在这份近5000字的意见书中，满铁回顾了此前日本"开发满蒙"的历程，认为已取得的成绩远远不能满足日本对东北的定位和

---

① 「対支政策綱領」関係、日本外務省編纂『日本外交文書』大正13年第2冊、外務省、1981、782頁。
② 外務省編纂『日本外交年表並主要文書』下冊、原書房、1965、文書、62~63頁。

需求，特别强调"开发满蒙的诀窍，确实在于普及交通"，批评日本在东北路权上"真是不值一提"，指责日本政府在推进东北铁路上无所作为，除南满路外，日本在东北敷设铁路"每年平均仅二十英里"，提出"当前我国必须朝野一致地倾注全力经营满蒙，特别致力于发展和普及经营满蒙的基础即交通机构，不容一日或缓"，"今后二、三十年内，扩大满蒙铁路网，要比展修日本国内铁路更为迫切"。在此基础上，满铁提出了要向日本和美国铁路建设看齐的"满蒙铁路网计划"，并打算在几年内尽速由满铁完成洮齐线、长扶线、开朝线、吉会线、白开线，还特别指出，考虑到中国的内政和政争，"即使是日本拥有既得权的铁路，目前也不应该拘泥于过去的借款交涉经过、路线，墨守旧的借款形式，而应采取灵活的措施"。①

这一意见书提出后，日本政府高度重视。外务省在与满铁理事松冈洋右恳谈后，又与其他各省洽商，最后以满铁的意见书为基础，草拟了促进修筑"满蒙铁路"方案，于1924年2月28日提交日本陆、海、藏、外四省局长会议。最终四省局长会议通过了《关于满蒙地方铁道敷设促进案》。

在这一方案中，日本提出为发展"满蒙铁道"，首先要设法促进此前日本曾获得修筑权或借款权的所谓"保留线"，也就是"满蒙五路"和"满蒙四路"中的路线，包括：开原、海龙、吉林线（或改为奉天、海龙、吉林线）；作为吉会路一部分的吉敦线，同时拓展天图路；长洮线。其次，推进不属保留线，但在向北满推进中极具战略性的路线，如洮齐线和滨黑路。在策略上，日本提出，由于奉系力量不断增强，签订筑路合同时要在取得中央政府的谅解之前，先取得张作霖的支持，以此为权宜之计，徐图时机再与中央政府签订协议，即先在地方造成既定事实，再迫使北京中央政府追认。此外，正如此前满铁意见书所提出的，这一方案也认为，由于满铁在其

---

① 《满铁史资料》第2卷《路权篇》第3册，第837~840页。

"满蒙政策"中的使命,上述各种路线的建筑由满铁负责一切最为适宜。①

此方案形成后,恰逢奉系筹备自建奉海铁路,认定要与张作霖合作以实现其在东北铁路上的目标的满铁和日本政府遂又对前述计划稍加修正。1924年4~8月,满铁和外务省确认,日本在东北铁路上的短期目标是修筑吉会路、长洮路和洮齐线。考虑到吉会路不太可能全部实现,日本认为可以分段修筑方式达成目标,可先修筑吉敦路。② 9月,满铁与奉系达成包工修筑洮昂路合同,部分实现了日本的洮齐路计划。1925年10月,满铁又与交通部签订了吉敦路的承造合同,吉会路上的短期目标也得以完成。

在争取上述三条路线的修筑权之外,满铁自1925年2月起着手起草通盘的"满蒙铁路网计划",并派遣人员前往东北各地实地调查。9月,经过数次讨论和修改,满铁确立了在1925年起的20年内在东北修建35条路线、共计里程8800多公里、建筑费用5.8亿日元的铁路计划。该计划分如下四期完成。

第一期,共计980公里,预计3年完成,工程费预计6200万日元。线路为郑洮线(郑家屯—洮南)、洮昂线(洮南—昂昂溪)、长大线(长春—大赉)、吉敦线(吉林—敦化)、白开线(白音太来—开鲁)、滨海线(哈尔滨—海伦)。第二期,共计2470公里,预计7年完成,工程费预计为1.6亿日元。线路为海墨线(海伦—墨尔根)、索满线(索伦—满洲里)、敦宁线(敦化—宁古塔)、洮索线(洮南—索伦)、洮突线(洮南—突泉)、开林线(开鲁—林西)、大安线(大赉—安达)、吉五线(吉林—五常)、新邱线运煤(新邱—新台子)、奉海线(奉天—海龙城)。第三期,共计1180公里,预计3年完成,工程费预算为7700万日元。线路为齐墨线(齐齐哈尔—墨尔根)、突乌线(突泉—东乌珠穆沁)、开朝线(开原—朝阳镇)、

---

① 「対支政策綱領」関係、『日本外交文書』大正13年第2冊、766~777頁。
② 《满铁史资料》第2卷《路权篇》第2册,第843~845页。

金安线（金州—安东）、敦会线（敦化—会宁）。第四期：共计4200公里，预计7年完成，工程费2.7亿日元。线路为墨黑线（墨尔根—黑河）、克吉线（克勒内拉—吉拉林）、安克线（安达—克山）、五富线（五常—富锦）、宁密线（宁古塔—密山）、吉朝线（吉林—朝阳镇）、朝抚线（朝阳镇—抚松）、安朝线（安东—朝阳镇）、营通线（营盘—通化）、通临线（通化—临江）、开热线（开鲁—热河）、林张线（林西—张家口）、黑呼线（黑河—呼玛）。①

如果将奉系的铁路网计划与满铁的铁路计划对比，显然满铁的计划的规模远非奉系铁路计划可比，其规划比奉系严密和充实得多。其中如奉海、洮昂、滨海（即呼海路）、洮索、齐墨（即滨黑路的主要部分）等路线还与奉系的铁路计划相重合。满铁曾明确表示，要改变1910年代中期的局限在维护日本在南满的地位的方针，实行在北满削弱苏联势力、伸张日本势力的政策。② 满铁铁路网计划中规划的齐墨、滨海、黑呼、墨黑、安克等路线，或属于中东路的经济势力范围，或贯通黑龙江腹地，直抵中苏边境。开热、林张等线更可使日本的势力辐射到热河、东蒙等地区。因此，满铁这一铁路网计划的实质是将东北三省皆纳入其羽翼之下，形成日本对东北铁路的绝对控制的局面。

日本在东北扩张铁路心情之急切、目标之远大、野心之强大，注定了它必然与奉系的以自建自营铁路为主的铁路发展政策发生尖锐冲突。

二 奉日路权冲突的加剧

对于奉系的铁路自主化政策与实践，日本起初考虑到它在东北的各种权益的巩固及势力的扩张须借助于奉系的合作，而中国的利权回收运动日益蓬勃，若对此一律阻止，将引起东北官民的共同抗

---

① 《满铁史资料》第2卷《路权篇》第3册，第847~849页。
② 苏崇民：《满铁史》，第80页。

拒,加上此时日本估计奉海等路线对满铁的影响不大,因此提出暂时默许奉系的自建铁路,以缓和与奉系当局和民间的关系并获得解决其他路线的机遇。

从1926年开始,情况有些变化。

从奉系和东北的形势看,在政治上,郭奉战争已经结束,奉系不仅维系了对东北三省的统治,还取得北京政府的控制权,与以吴佩孚为首的直系共同对付冯玉祥的国民军和南方的国民政府,这与日本不鼓励奉系向关内扩张的政策相悖,日奉在奉系的发展方向上歧异愈大;在路权上,奉海路开筑后,吉海、呼海、打通等自建铁路陆续开建,洮昂、吉敦等路线也已开工,奉系的铁路网计划由点向线铺开。而且,奉系建设铁路的目的之一是加强对辽西和北满的控制,这无疑将冲击长期窥伺这些地方的日本的利益。

故此,日本的各类机构和舆论将奉系建设铁路之举视为"无视满铁利益""抵制日本在满蒙的既得利权"的挑衅行为。[1] 对奉海路,满铁一反此前认为它对自己利益妨碍较小的看法,转称此路将夺取原本属于满铁经济圈的利益,尤其造成满铁本线中铁岭、开原、四平街、抚顺各站的重大损失,且将影响大连港的发展以及满蒙地区的发展大势。[2] 对吉海路,日本认为吉海路与满铁本线相距不远,又与奉海路衔接,将直接与满铁本线形成竞争之势,成为制约和抵制满铁的路线,因此指责奉系"无视"和"蹂躏"国际信义,几次向奉系提出抗议,试图阻止。打通路对日本的刺激更甚于吉海路。通辽一带由于处于东北西部与内蒙古交接处,极具战略价值,日本早已有向此推进的计划。满铁的白开线计划即为代表。日本认为奉系修建此路有经济、军事、政治意义,一旦打通路与四洮、洮昂两路连接,将形成纵贯南北满的一大干线,再现清末的锦瑷铁路计划,

---

[1] 『東三省鉄道網ノ発達』、15頁。
[2] 満鉄庶務部調査課『奉海鉄道ノ満鉄ニ及ボス影響』、1929、40~41頁。

严重妨碍日本在东北的势力扩张。① 此外,日本更忧惧葫芦岛港建成后,打通路又可与出海口相接,北满货物将大部由此路吸收,不仅严重损害满铁的经济利益,甚至可能对东北的经济格局带来颠覆性的影响。② 奉系的每一条自建铁路的修建中,都可见日本的干扰和阻挠,双方围绕东北自建铁路修筑权展开了激烈的拉锯战。

从日本方面来看,其"满蒙铁路网计划"遭遇不小阻力,未能实现既定目标。

到 1926 年夏,"满蒙铁路网计划"的第一期目标中,郑洮线的一部分四洮铁路已经修建,满铁包工了洮昂、吉敦两路,参与了齐昂路的展修,在承担呼海路松呼段的材料购买中部分实现了滨海路。况且,满铁虽名义上只是包工洮昂、吉敦路,实则掌握了两路的管理权和运营权,在某种程度上,这两条路线已经成为满铁的营养线。长大线虽未兴修,但也在满铁的各种侧面活动下渐趋具体化。其他诸如洮索、铁路联运等问题也都在进行中。因此,日本政府和满铁认为第一期计划已经取得不少成果,实行第二期计划的时机已经到来。③

7 月 17 日、22 日和 29 日,满铁理事大藏公望与外务省亚洲局局长木村锐市会商三次,详细商讨第二期计划路线。在恳谈中,双方在修筑路线的先后顺序上意见不一,但正如外务省所言,对于满蒙铁路计划问题,"不但不希望政府同满铁之间产生意见分歧",而且双方"进行充分的讨论,是完全必要的"。最后,木村锐市和大藏公望二人在协商的基础上,各自提出了"满蒙铁路"发展方案。整体而言,双方都确认近期在东北铁路上应主要完成以下几项。

第一,促成长大线的建筑,以控制北满宝库之一的大赉地区,

---

① 満鉄庶務部調査課『満蒙ニオケル既成及未成鉄道概論』、1929、25、30 頁。
② 竹内虎治『満蒙ノ鉄道問題ニ就テ』大连商业会议所、1929、49~53 頁。
③ 「東三省鉄道問題」『日本外交文書』大正 15 年第 2 冊下卷、1248~1249 頁。

并努力使其成为满铁营养线。

第二,推进日本在呼海、昂齐路的势力,以吸收北满另一宝库拜泉一带的物资。木村锐市提出既要防止中东路以呼海路为基础修筑滨黑路,又要注意不要因日本势力的北进而过分刺激苏方,争取使呼海路也能成为满铁的营养线。昂齐路的展修因涉及中东路的横断问题,可能会引发与苏方的外交事件,木村锐市认为不如与苏方协商,部分满足苏方的利益,甚至必要情况下日本可以从内部怂恿中、苏两方,尽量实现昂齐路的修筑计划。

第三,促进吉会路的完成。木村锐市坚持尽快完成。大藏公望却认为,由于资金困难以及此路既得权益在日本手中,可在长大、白开等线开始后再考虑吉会路。双方都赞同要以吉会路和南满路为基础,达到"事实上把朝鲜国境扩张到满洲中部的效果"。最后外务省同意可暂缓吉会路的整体修筑,但提出满铁应在长大、白开线完成后迅速将吉敦路延长到会宁,并收购由饭田延太郎经营的天图铁路。

第四,关于洮南至索伦间的路线,日本担心引起日、苏关系的紧张,反而可能给日本在北满路权上的进展造成障碍,决定暂缓建设此路。①

概括而言,木村锐市和大藏公望的方案重点在于:将日本的势力扩张到北满;使奉系的自建铁路变成满铁事实上的营养线;分段完成战略干线吉会路。

但第二期计划进展并不顺利,这主要表现在,其一,"满蒙铁路网计划"直接与奉系的铁路网计划冲突,奉系在吉海、呼海、昂齐、打通等路上的坚决自建的态度导致日本方案实现的可能性大打折扣。

其二,在铁路联运上,日本的洮昂、四洮、奉海三路联运以及南满、奉海联运计划也未取得预期效果。

1926年2月起,奉海路尚未完工时,满铁就寻求与其联运。到1927年6月,双方会议20多次,意见渐趋一致,但到年底,由于奉

---

① 《满铁史资料》第2卷《路权篇》第3册,第854~872页。

海铁路公司的人事调整而停顿。1928年2月，奉海路新任总理张志良与满铁继续磋商联运，达成了联运协定草案。结果，北京政府交通部和奉天省长公署认为联运协定有损中方权益，要求取消协定。后日本利用洮昂路车辆流用奉海路风波，与奉系交涉多次才实现奉海、南满的联运。

四洮、洮昂、满铁三线联运会议更不顺利。满铁原本预计通过实行三路联运，将四洮、洮昂两路纳入满铁系统中。1926年3月，满铁特为此召集三路联运会议。由于昂昂溪站是南北满运输的中转站，洮昂路要求在联运利益分配上有所偏重、南满路和四洮路运费须酌减，但未得到满铁的同意，三路联运会议不欢而散。后满铁虽又多次试图实行三路联运，终因洮昂路局意见不一而未能如愿。[1]

满铁的计划路线未能兴修、铁路联运交涉中断，意味着其"满蒙铁路网计划"第二期目标的落空。1927年，满铁感叹，多年以来日本除在四洮路和洮昂路上获得部分利益外，"满蒙四路的利权处于全部丧失的状态"。[2] 夺取路权、修筑日本控制下的铁路一直是日本实现其"满蒙政策"的重要内容和手段，满铁的"满蒙铁路网计划"遭到奉系自建铁路的抵制，也是日本"满蒙政策"的失利。

其三，满铁的"满蒙铁路网计划"遭遇东北民众的强烈抵制。

1920年代，在民族主义的激励下，东北民间开展过许多要求收回东北权益的运动。在铁路方面，东北民众提出要收回满铁附属地及其各种权益、抵制日本对东北路权的侵蚀，如1924年由奉天省教育厅支持发起的收回满铁附属地的教育权运动。民众还积极支持东北的铁路建设，或参与奉系官方主持的官商合办铁路，或投资修筑民有铁路，如开丰铁路、双城铁路、鹤岗铁路等。这些收回利权运动无一不打击日本的"满蒙政策"。

在这样的境况下，奉系与日本在东北路权上矛盾加深。与此同时，

---

[1] 《满铁档案资料汇编》第5卷，第249~251页。
[2] 『満蒙ニオケル既成及未成鉄道概論』、26页。

在关税附加税、商租权和日人在东三省的居住权及经营权、临江设领、《盛京时报》等问题上，日、奉间的摩擦和龃龉也日渐积郁。

奉系控制下的北京政府决定从1927年开始中国自定关税，自2月起对进口货物征收二五附加税。尽管日本强烈反对，以满铁停止对奉系的军事运输等报复手段向奉系施压，北京政府仍坚持施行这一关税新举措，① 由此引发了日本的不满和反对。

商租权问题更旷日持久。1915年日本提出"二十一条"要求，其中《关于南满洲及东部内蒙古之条约》的第二条和第三条表示："日本国臣民在南满洲为盖造商、工业应用之房厂或为经营农业，得商租其需用地亩"，"日本国臣民得在南满洲任便居住、往来，并经营商、工业等一切生意"。② 此后，日本以此为依据，不断要求东北当局开放商租权。不过，奉系出于对经济利益、主权安全等多重因素的考虑，自上台起就严禁土地私自买卖。1920年代，不仅奉天省议会、东三省议会联合会等机构向奉系当局要求禁止民间与外国人私自买卖土地或缔结条约，③ 奉系当局更多次表示商租权"丧失主权，后患无穷"，"商租区域以南满为限，所在各县或属辽西，或属东蒙，均不在南满区域内。凡日鲜人租用田地房屋者、应一律予以拒绝"。对日本提出的"二十一条"为商租权依据，奉系当局更认为这是日本强迫中国签订，"不能承认其有效"。④ 奉系的强硬态度使日本在商租权上始终未获得实质性进展。

领事裁判权是引发日、奉矛盾的另一导火索，最具代表性的事件是临江设领案。奉天省临江县地处鸭绿江边，与朝鲜隔江相望，

---

① 「満蒙懸案解決交渉」日本外務省編纂『日本外交文書』昭和期Ⅰ第1部第1卷、外務省、1989、128~130頁。
② 《关于南满洲及东部内蒙古之条约》，王铁崖编《中外旧约章汇编》第2册，第1101页。
③ 《奉省议会议决保护土地不得私自与外人缔结条约》（1924年5月9日），辽宁省档案馆：JC10-1-1706；《东三省议会联合会为咨三省土地无论何国要求设施得非经本会同意不得准请》（1924年4月21日），辽宁省档案馆：JC10-1-1707。
④ 车维汉：《奉系对外关系》，辽海出版社，2001，第233~234页。

因位置显要,日本曾多次试图在此设立领事馆,均未得逞。1927年3月,日本再度要求在临江设领,奉系当局认为该要求毫无依据,且有害无利,与北京政府外交部一同拒绝日本的要求。结果,日本在未得允许的情况下,4~6月几次派人私自前往临江,欲强行开设领事馆。由此引起了东北民众的强烈抗议浪潮,奉系当局也提出要对此案"据理力争""毋稍让步"。① 日、奉关系因临江设领一案更趋恶化。

《盛京时报》是日本在奉天开办的中文报纸,常常攻击奉系无视条约、侵害日本利益。1927年6月10日,奉天当局禁止《盛京时报》在满铁附属地外发售,被日本视为中日须解决的"悬案"之一。

到1927年初,上述铁路、关税、商租权、设领和《盛京时报》等问题迟迟未得解决,成为悬案,引起了日本国内对币原外交及日本"满蒙政策"的抨击。随着田中义一的上台,日本的对华政策再度调整,日、奉在"满蒙悬案"上出现了大交锋,路权成中心问题。

第二节 张作霖时期的满蒙铁路交涉

1927年4月,田中义一组阁,确立满蒙积极政策、与奉系交涉以解决"满蒙悬案"成为日本新政府的重要目标。东方会议结束后,日本正式向奉系提出"满蒙悬案"交涉要求。1927~1929年,以"满蒙铁路"为中心的"满蒙悬案"交涉贯穿了张作霖、张学良父子两代人的执政时期,并直接影响了奉日关系的变迁,引起了东北形势的重大转折。

一 田中义一内阁的满蒙积极政策

币原外交从开始就遭遇日本国内各类主张对华强硬的势力的质

---

① 《奉天省长公署为与日方据理力争要求撤领毋稍让步覆郦克庄电》(1927年4月30日),《奉系军阀档案史料汇编》第6册,第373页。

疑。例如，长期鼓吹加紧对东北扩张和控制奉系的日本学者园田一龟在1924年批评日本的对奉政策软弱无能，表示"日本在满洲的优越权为世界公认，由来已久，并非一朝一夕所得。日本对张作霖有诸多恩惠，而张作霖却企图消灭日本在满洲的优越权。日本的对满政策为张作霖的一颦一笑所左右"。① 日本军方更对外务省标榜的"不干涉"中国内政的政策以及华盛顿体系强烈不满。在东北问题上，军部要求尽力开发满蒙以满足其军事、战略上的需求，铁路更被军部视为事关国防。军部还认为，此前对军事、经济必要性比较强的铁路开发比较迟缓，要求此后"满蒙"的铁道建设要侧重国防和军事价值较高的路线，为日本的军事需要服务。② 到1927年前后，日本舆论将币原外交打上"让步外交""对外政策的消极化"的标签，认为它导致日本国民海外发展的意气消沉以及日本在"满蒙"的既得权益不能有效实行。对日本的"满蒙政策"必须进行"更新"的言辞屡见不鲜。③

1927年4月17日，若槻内阁辞职，20日，一向主张加紧对华扩张的田中义一出面组阁，并兼任外相。日本各方对田中内阁寄予了极高的期望，"特别是在对满洲政策刷新方面"。④ 驻奉天总领事吉田茂在田中义一上台后的第二天就致信亚洲局局长木村锐市，提出日本应"力所能及"地保护"满洲的治安"，"确保日本优越地位"，"满洲经营的关键在于东三省铁路政策和货币政策"。⑤

并且，从1927年初开始，外务省与满铁多次讨论包括铁路、商租权、领事裁判权等在内的"满蒙悬案"问题。1月，满铁向日本

---

① 园田一龟『東三省ノ現勢—満州問題ノ研究』奉天遠東事情研究会、大正13年、210頁。
② 「対支政策綱領」関係、『日本外交文書』大正13年第2冊、774~775頁。
③ 山田武吉『満蒙政策更新論』中日文化協会、1927、2~3頁。
④ 〔日〕森岛守人：《阴谋·暗杀·军刀——一个外交官的回忆》，赵连泰译，黑龙江人民出版社，1980，第1页。
⑤ 〔日〕猪木正道：《吉田茂传》上册，吴杰等译，上海译文出版社，1983，第330、333页。

政府提出"关于满蒙政情安定并悬案解决案"。2月,外务省亚洲局局长木村锐市与满铁理事大藏公望详谈后,达成"满蒙悬案解决相关之件"。双方确认要尽快就"满蒙铁道"、商租权两大项问题与奉系进行交涉,在交涉方法上,可先由驻奉天总领事馆与安国军总司令张作霖和总参谋长杨宇霆进行概括性的讨论,达成一般性的协定,然后由满铁与吉林督办张作相和黑龙江督办吴俊陞等地方实权者达成详细协定。① 6月,日本驻华公使和领事更纷纷针对"满蒙悬案"提出各种意见。吉田茂表示,由于张作霖对日本的不合作态度,日本须以铁路问题为主、结合临江设领等问题督促其反省。驻哈尔滨总领事天羽英二在分析"满蒙悬案"交涉停滞的原因时,将其归结为张作霖实力渐强后轻视日本以及近来中国掀起利权回收运动的影响,东北为政者为迎合民众的喜好以及奉系意图利用悬案获益以解决财政穷乏状况三个因素,提出威逼与利诱双管齐下的解决办法。②

鉴于满蒙悬案的现状以及中国南北局势的变化,田中义一决定召集东方会议。此次会议于6月27日正式召开,7月7日闭会。会议由田中义一担任委员长,参加的委员来自外务省、驻外公使馆、关东厅、朝鲜总督府、陆军、海军、大藏省等各机构,共计20多人。会议的主题是确立新的对华政策,会议的结果集中体现在田中义一发表的《对支政策纲领》的训示中。

从会议的讨论经过以及《对支政策纲领》的八条内容可以看出,满蒙政策的调整是田中内阁对华政策的出发点和核心。《对支政策纲领》中的第六、七、八条内容直接与满蒙问题相关,其中心意思是要将"满蒙"与"中国本土"区别对待,提出"满蒙",尤其是东三省,与日本的"国防并国民的生活有重大利害关系",日本作为与中国接壤的邻邦,对此"不得不负有特殊的责任",一旦中国局势导致日本"在该地区之特殊地位和权益"受到"非法侵害",日本必

---

① 「満蒙懸案解決交渉」『日本外交文書』昭和期Ⅰ第1部第1巻、124~127頁。
② 「東方会議」『日本外交文書』昭和期Ⅰ第1部第1巻、60~61頁。

须做好应对的准备,"必要时可断然采取自卫措施"。①

东方会议是新形势下确立日本国策的战略性会议,它标志着日本大陆政策的转折,将日本侵略的重点和焦点集中于中国东北。它完全突破了此前币原外交的"不干涉"主义的掩盖,明确提出干预中国内政,确立了以武力占领中国东北的方策。正如曾任驻哈尔滨、奉天领事的森岛守人所说:"作为田中外交的特点,主要在于它用积极手段维护日本在华权益的方针;而对于满蒙则并不只满足于维护其既得权益……把满蒙从中国本土肢解出来,这就是田中外交的方针。"②

在满蒙政策的具体实施上,东方会议和田中义一将满蒙悬案视为突破口。特别委员会数次讨论满蒙悬案问题,并将路权视为满蒙悬案的重中之重。

在"满蒙悬案"中的路权问题上,会议提出要继续贯彻1924年8月日本阁议关于促进满蒙铁路发展的决定,依靠满铁促进"满蒙铁道网计划"的完成。具体来说,就是实现长大线、呼兰绥化线、奉天铁岭间某一地点至新邱线、白开线及其延长线、吉会线、齐昂线和洮索线等路线。在修筑方式上,仍可以由日本提供借款,但须注意的是,要使日本势力尽量充分地渗透其中。在交涉时机上,会议提出,考虑到张作霖的现状,最好立即进行交涉,地点则以奉天为中心,仍由满铁出面,为达到目的,可利诱张作霖,如若张作霖不妥协,则可以向他施加"适当的压力"。③

7月9日,外务省亚洲局起草《关于解决满蒙悬案之件》,再度确认要推进上述路线的敷设,完成"满蒙铁道网"。7月20日,在征求陆海军军务局长的意见后,田中义一训令驻奉天总领事吉田茂,表示由于东三省当局近来违反条约,实行其他"非法"措施,损害

---

① 「東方會議」『日本外交文書』昭和期Ⅰ第1部第1卷、34~38頁。
② 《阴谋·暗杀·军刀——一个外交官的回忆》,第3页。
③ 「東方會議」『日本外交文書』昭和期Ⅰ第1部第1卷、44~46、55~56頁。

日本在满蒙的利益,必须解决"满蒙问题",第一步就是要表示坚决的态度。在方略上,田中义一打算各悬案一并解决,他指示,"应揭发其因违反条约以及采取其他非法措施而产生的悬案,并迫使其采取解决办法",如若奉系拒绝或迁延推脱,则可相机以四种手段促其反省,阻止其"非法措施"。这四种手段包括:满铁拒绝为东三省进行军事运输;禁止对奉天兵工厂提供材料;禁止京奉线专用列车通过满铁附属地;日本外务、陆军、关东厅、满铁可对东北各方面采取各种措施。训令提出,要在短时期内实现吉会线、长大线、新邱线、通辽开鲁线及其延长线、齐昂线、洮索线,如果奉系能部分满足这六线要求,日本可以同意奉系修筑吉海和打通线作为交换。①

随后,日本以吉田茂为主力,与奉系就"满蒙悬案"开始交涉。

二 吉田茂交涉的顿挫

东方会议的召开引起了奉系的强烈关注。吉田茂返回奉天后不久,奉天当局即于7月19日派遣外交特派员面见吉田茂,探寻东方会议的详情,但吉田茂却故意回避这一话题。

在"满蒙悬案"的处置上,吉田茂自始就是强硬政策的拥趸。1927年3~5月,日本在临江设领上试图强行突破,但被东北当局和民众强势阻止,并引发了东北的民间拒日设领运动。吉田茂急切地希望优先解决临江设领问题,并于东方会议前向田中义一建议,用报复性手段胁迫奉天当局在临江设领案上让步,使之"有所畏惧"。② 东方会议结束后,他力图以强硬手段逼迫奉天当局和安国军政府在临江设领交涉上迅速屈从,并促成其他"满蒙悬案"的解决。

7月23日,接到田中义一的训令后,吉田茂向莫德惠递交觉书,指责莫德惠自1926年4月就任后,"贵我双方屡次发生不幸之交涉

---

① 「满蒙悬案解决交涉」『日本外交文书』昭和期Ⅰ第1部第1卷、179~180、183~188页。
② 「安東領事館帽儿山分館設置問題」『日本外交文書』昭和期Ⅰ第1部第1卷、95~96页。

事件，不但未见解决，且有愈益增加之势。至于发生事件之性质，如违背条约、压迫言论，以及蔑视公理民福……可以断定省长毫无承担责任之诚意"，要求奉天当局"再思反省"，表示"如尚无表示反省诚意，将毫不踌躇地采取促进反省的手段"。① 25 日，吉田茂又要求莫德惠对觉书做出回复，要挟称，奉军历来倚赖日方之处甚多，如奉系不尊重日方特殊地位，将不能得到日本的支持，奉系前途可虑。② 吉田茂的这两次行动，态度极为蛮横与强硬，"屡次要求对方'反省'，这实在是罕见的外交交涉。……这不是对等的主权国家间的外交交涉，而是占优势地位的殖民帝国日本对半殖民地化中国进行的交涉，甚至是以地方政权为对手进行的交涉，要求处于软弱地位的中国方面进行'反省'"，"这确实是道道地地的恫吓"。③

接到觉书后的莫德惠一面回避正面交锋，称将在数日后书面答复日本觉书，一面通报在北京的中华民国陆海军大元帅张作霖和元帅府总参议杨宇霆，怒言日本"措辞极为强横"，表示此觉书"即系东方会议之一种策略，非统筹兼顾不足以资应付"，希望由张、杨二人决定对觉书的表态。④

吉田茂却没有耐心等待莫德惠的答复。30 日，吉田茂认为莫德惠态度消极，应采取"适当措施"即禁止京奉线军用列车通过满铁附属地施压。8 月 2 日，吉田茂再度向田中义一历陈采取该强制手段的必要性。⑤ 4 日，日本驻奉天副领事蜂谷辉雄代表吉田茂向莫德惠口头声明日本将停止京奉路通过南满附属地的军事运输，并面见奉天兵工厂督办臧式毅，表示威压之意。⑥ 几天后，吉田茂又表示，朝鲜军队应趁机示威演习，一是威吓东北民众；二是响应临江分馆及

---

① 《日本总领事向奉天省长送觉书》，辽宁省档案馆：JC10-1-1779。
② 「満蒙懸案解決交渉」『日本外交文書』昭和期 I 第 1 部第 1 巻、188~190 頁。
③ 〔日〕猪木正道：《吉田茂传》上册，第 359~360 页。
④ 《杨宇霆为转告日本对奉省不满事项致王荫泰函》（1927 年 7 月 30 日），《奉系军阀档案史料汇编》第 6 册，第 474 页。
⑤ 「満蒙懸案解決交渉」『日本外交文書』昭和期 I 第 1 部第 1 巻、192 頁。
⑥ 《臧式毅信》（1927 年 8 月 4 日），《奉系军阀密信》，第 290 页。

其他满蒙悬案的交涉，促使北京政府和奉天当局"反省"。①

然而，吉田茂的强硬路线却遭到各方面的反对。

奉系方面，张作霖和杨宇霆对吉田茂的蛮横极为愤怒。7月29日，在日本驻华公使馆武官本庄繁面见张作霖时，张作霖当即表达了对吉田茂的强烈不满，并称正是日本步步紧逼，导致华北排日气氛渐浓，劝告日本采取稳健策略。8月6~10日，本庄繁和张作霖顾问松井七夫等人多次欲见张作霖，仅在9日得见，其他几次均被张作霖称病拒绝。因此，本庄繁和日本驻华代理公使堀义贵的主要晤谈对象是奉系要人杨宇霆。

本庄繁表示，日本对张作霖的诚意的怀疑和不满增加，并以此为威胁筹码，再次向张、杨申明日本的临江设领、铁道等问题的立场和理由。杨宇霆针锋相对，对各问题予以反驳。

在临江问题上，杨宇霆表示临江既非开埠地，亦无日本人居住，日本的设领要求毫无正当性，且以威力压迫损害奉天当局的体面和威信，责任在日本而不在奉天。在铁路问题上，日本最关注的是两个问题：阻挠奉系自建铁路的修筑，要求奉系停止打通路和吉海路的施工；实现其东方会议上提出的目标路线。对此，杨宇霆指责日本实行"满蒙开发"政策，却反对中国人自己开发东北，不可理喻，况且，吉海路此前已随满铁放弃开海路而解决，日本现在再提此事，令人奇怪。课税问题上，杨宇霆提出，日本认同南方政府征税，却反对北京政府在北方港口同样征税，毫无理由。关于《盛京时报》问题，杨宇霆表示，取缔此报纸是奉天当局和民众的共同要求。张作霖也激愤地谴责日方在铁路问题上毫不谅解奉系，却以禁止京奉线军用列车通车的方式报复奉天，并表态说如日方再百般逼压，奉天也将排除万难进行铁路建设。同时，他们又向日方示意，如若日方改变态度，交涉将有望解决，称可待日本驻华公使芳泽谦吉返任

---

① 「安東領事館帽児山分館設置問題」『日本外交文書』昭和期Ⅰ第1部第1卷、113~114頁。

后再做讨论,并可与满铁副社长松冈洋右商议。

会晤后,本庄繁和堀义贵等人认为吉田茂的强硬外交路线效果不佳。堀义贵向田中义一提出四点建议,认为日本应考虑张、杨二人的态度,做出一定让步,可将铁路问题与其他悬案分开解决,以铁路问题为主,这样则交涉较易。①

有日本学者认为,在张、杨二人与本庄繁和堀义贵的交涉中,日方"被杨宇霆完全'分化、控制'住了。他作为感想提出的四点,说是向杨宇霆全面投降,也不过分。不是'给与取',而是'给了又给'"。② 然而,从张作霖几次称病回避与日方的会面可以看出,奉系对"满蒙悬案"并没有解决的信心和对策。他们的表态与其说是对日本的"分化"和"控制",不如说是试图以中央与地方两地交涉同时并进、间接促成日方更改交涉人选、增加日方交涉成本、为自己争取部分时间的临时应对。他们的不满之词,虽的确是对日方步步紧逼的真心抗拒,但也不无表演的成分,实质上无论是奉天当局还是安国军政府都没有与日本真正决裂的打算。日本大仓组驻北京办事处代表河野久太郎就观察到,尽管杨宇霆口头上有些威吓性的词句,一再对日本态度表示不满,实际上张、杨二人却"不知所措",还表示如若日方态度软化一些,临江设领也好,铁路问题也好,都可有谈判空间和余地。事后,杨宇霆还托河野久太郎前往奉天向吉田茂斡旋。③

当然,张、杨二人的策略的确取得了一定效果。除了堀义贵和本庄繁等人外,其他一些日本机关也质疑吉田茂的急进路线。满铁担心吉田茂路线直接导致路权交涉失败。朝鲜军参谋长林仙之对吉田茂动用武力推进临江一案非常不满,认为此案已经引发中国激烈的排日声势,再派遣军队前往与临江隔江相望的中江镇无异于火上

---

① 「満蒙懸案解決交渉」『日本外交文書』昭和期Ⅰ第 1 部第 1 卷、206~210、217~221 頁。
② 〔日〕猪木正道:《吉田茂传》上册,第 373 页。
③ 〔日〕猪木正道:《吉田茂传》上册,第 376~377 页。

浇油，可能激起更大事端。他批判吉田茂的提议"如同儿戏"，认为其谈判有破裂的危险，稳妥方法还是要以正常途径征得奉天当局的同意。① 关东厅长官儿玉秀雄认为，吉田茂在没有与他充分商量的情况下贸然行事，甚为不妥，他向田中义一表示，反制手段不一定会对奉系造成太大打击，难以达到威吓的目的，而一旦威吓态度未能达到效果，反可能引起中国方面的强烈反应，招致国际社会的非难，因此对这种后备手段有必要慎重注意其执行方法。②

这些异议也影响了田中义一。8月5日，田中义一致电吉田茂，称既然奉天和北京均在接洽，应先给予奉系"反省"的机会，现在就采取强制手段有点仓促，应待驻华公使芳泽谦吉返任并与军部、满铁等沟通后再考虑强制措施。如若仅因临江设领问题及莫德惠之关系而实行强制手段，将给奉系造成日本态度强硬的形象。与吉田茂极为重视临江问题不一样，田中义一要求将临江与铁道等各问题一并交涉。③

不过，吉田茂仍坚持应以奉天为交涉中心，他认为：在北京交涉会使问题扩大，引起外界注意，张作霖及北京政府出于面子和名誉也难以听从日方要求，地方交涉更有利；若不施压，张作霖不会答应日本的要求，要施压则以地方领事进行为善。在具体实施上，吉田茂提出以莫德惠为主要对手，由北京和东京侧面进行支援。④

由于各方意见不一，交涉进展缓慢，田中义一决定派遣外务省政务次官森恪前往大连与各驻华机关商讨。8月15日，森恪召集驻华公使芳泽谦吉、关东厅长官儿玉秀雄、驻奉天总领事吉田茂、关东厅司令官武藤信义及参谋长斋藤恒等人开会讨论"满蒙悬案"问题，此即所谓"第一次东方会议"。会议决定将交涉地点由奉天转向

---

① 「安東領事館帽児山分館設置問題」『日本外交文書』昭和期Ⅰ第1部第1卷、105~106頁。
② 「満蒙懸案解決交渉」『日本外交文書』昭和期Ⅰ第1部第1卷、194~195頁。
③ 「満蒙懸案解決交渉」『日本外交文書』昭和期Ⅰ第1部第1卷、198頁。
④ 「満蒙懸案解決交渉」『日本外交文書』昭和期Ⅰ第1部第1卷、200~201、221~222頁。

北京,由驻华公使芳泽谦吉负责,在华日本各机关互相呼应,予以配合。① 可以说,这次会议是在东方会议的基本政策下对"满蒙悬案"交涉以及"满蒙政策"的进一步细化。② 它也表明"满蒙悬案"交涉中吉田茂路线的失败。此后,"满蒙悬案"交涉转由芳泽谦吉负责,北京成为交涉中心。

三 芳泽谦吉与杨宇霆的会谈

8月24日,芳泽谦吉在北京与张作霖会谈。芳泽谦吉表示:东三省在经济方面和政治方面都与日本关系极为密切,东方会议的根本旨趣正是讨论如何促进东三省的经济发展和政治安宁;近来东北官宪频频出现违反条约的行为和不法措施,因此日本为实现东方会议的主旨,敦促奉系"反省"。张作霖对"满蒙悬案"避而不谈,直接让芳泽谦吉与杨宇霆接洽。事后,芳泽谦吉认为由于此时北伐军失利、奉系一时在战局中占据有利地位,交涉会很困难。

结果芳泽谦吉与张作霖会见的消息很快泄露,引发各种猜测和反响。芳泽谦吉派人质问杨宇霆。杨表示自己并不知晓,自己仅是辅佐张作霖,并不担任"满蒙悬案"的交涉任务,另外,交涉并非仅关涉北京,泄露的消息只是皮毛。

在27日与芳泽谦吉的会面中,杨宇霆提出:"满蒙悬案"事关奉、吉、黑三省,仍以地方交涉为好,如铁道问题,地方最有发言权;《盛京时报》问题,日本伤害中国方面感情,实难谅解;二五加税问题,日本不为难南方政府,却单向东北提出难题,难以理解。但芳泽谦吉不同意在地方交涉,坚持在北京由张作霖决定。杨宇霆坚决表示,如若无视地方、完全在北京协议,决难同意,并且奉天省省长莫德惠在奉天民间没什么影响力,但在其家乡吉林却能获得

---

① 「満蒙懸案解決交渉」『日本外交文書』昭和期Ⅰ第1部第1卷、225頁。
② 关捷主编《日本侵华政策与机构》,社会科学文献出版社,2006,第32页。

吉林地方士绅的谅解与合作，因此地方交涉最有利。双方因交涉地点争执不下。①

杨宇霆之所以要求在地方解决，一是为赢得转圜时间；二是期望能利用反日舆论和行动作为筹码，在一定程度上影响"满蒙悬案"交涉，抵制日本的要求。为此，杨宇霆与芳泽谦吉会谈后立即向媒体披露了日方的要求。

此时，临江设领案引发的民众运动正蓬勃发展。8~9月，奉天、吉林等地民众纷纷组织外交后援会，要求奉天当局拒绝日本的无理要求。9月4日，奉天出现了被民众誉为"九四运动"的示威游行，民众提出了"取消满蒙政策""反对大满铁主义""打倒田中内阁""取消二十一条"等口号。②

民众运动的确刺激了日本，但并没有对日本解决"满蒙悬案"的既定决心与决策造成实质性冲击。田中义一令在东北的日本各机关做好实行"自卫措施"的准备，芳泽谦吉在北京向张作霖提出抗议，要求奉系压制民众运动。

9月9日，杨宇霆与芳泽谦吉围绕东北民众反日运动和"满蒙铁路"问题再度会谈。张、杨同意取缔民众运动，但在铁路问题上，双方立场仍相距甚远。杨宇霆还是坚持地方解决，尤其是吉会路、长大路等吉林省内的铁路最好在吉林处置，并且拒绝了芳泽谦吉提出的就铁路问题达成协定大纲的意见。对日方的步步紧逼，杨宇霆时常"表露出慷慨悲愤之情"，甚至激愤地向芳泽谦吉表示东北的借款铁路已经事实上成为日本人的铁路。③

随后，为缓和与日本的矛盾，奉天当局几次下令取缔各种反日活动，但并未消弭民众的反日情绪，一些地方的民众团体仍继续举行反日游行示威。但"满蒙悬案"交涉仍僵持不下。

---

① 「満蒙懸案解決交涉」『日本外交文書』昭和期Ⅰ第1部第1卷、234~239頁。
② 辽宁省档案馆、浑江市政协文史资料研究委员会编印《临江抗日风暴档案史料——一九二七年临江官民拒日设领斗争》，1987，第157~158页。
③ 「満蒙懸案解決交涉」『日本外交文書』昭和期Ⅰ第1部第1卷、245~248頁。

9月21日和24日,日本外务省和军部官员在田中义一的官邸召集会议,讨论"满蒙悬案"的挽回办法。会议就几个问题达成一致意见。

(1)关于东北的反日问题。要求张作霖切实取缔东北的反日运动,并向芳泽谦吉和田中义一以"中国方面自发地提出要求的形式"进行道歉和承诺,为此,要继续由驻华公使武官本庄繁向张、杨施压;要求停止打通路的修筑。

(2)关于"满蒙悬案"交涉顺序问题。先在北京由芳泽谦吉与杨宇霆达成大纲,然后再在地方详细解决,交涉重点是解决铁路问题,在临江设领和二五附加税问题上可有所退让。

(3)关于"满蒙铁路"问题。先由芳泽谦吉与张、杨等议定大纲,再由满铁与奉系商议细则。要争取让奉系全部承认东方会议确定的路线,在不得已的情况下,暂时以解决吉会路和长大路为要。为达成这一目的,可在奉系的自筑铁路上有所让步,必要时可声明两点:日本将尽量对中国放宽军事运输的条件;中国新建有日本参与的铁路时,日本将尽量不给中国方面带来损失。在策略上要以稳健为主,但如若奉系缺乏诚意导致交涉难以进展时,则可采取由军部和外务省研究后决定的断然手段,尽量在11月下旬结束交涉。①

面对日本持续的压力,为消除奉天当局与日本的紧张关系,张作霖在民众反日运动上向日本的要求靠拢,表示将全力取缔东北的反日运动,并在10月3日将奉天省省长莫德惠调任农工总长,改任刘尚清为奉天省省长。

10月4~5日,本庄繁携田中义一的口信面见张作霖和杨宇霆。田中义一在口信中颐指气使地要求张作霖保证对民众运动"彻底加以取缔,使将来不再发生此种运动",同时又实施利诱,表示如若奉系满足日方条件,日本将在"满蒙的经济开发"和"维持满蒙治安问题"上给予其"正当的援助",如若奉系无诚意解决"满蒙悬

---

① 《满铁史资料》第2卷《路权篇》第3册,第935~936页。

案",则日本认为"对日满关系的未来有重新加以严格考虑的必要"。张、杨认为再拖延交涉可能激怒日本,但交涉如若公开将引起舆论的轩然大波,向芳泽谦吉提出此后可在保持秘密的前提下在两三个地点进行交涉。①

此后,张作霖、杨宇霆与芳泽谦吉就东北反日运动、临江设领案、二五附加税等问题多次举行会谈。然而,随着满铁社长山本条太郎于10月前往北京,路权交涉进入两线并行的阶段,更生悬念。

四 张作霖与山本条太郎的会谈

在吉田茂与张作霖等交涉时,满铁正为参与"满蒙悬案"交涉而积极奔走。7月19日,山本条太郎被任命为满铁社长。与田中义一一样,山本条太郎也力主在满蒙实行积极扩张政策。上任后,山本条太郎多次发表演说,提出满铁发展的"经济化"和"实务化"口号,主张要努力促进"满蒙的开发",如推进各项经济资源的开发和利用、扩张日本向满蒙的移民,甚至提出"满蒙开发"是"日本生存上最重要的途径",满铁则是"满蒙的产业及经济发展的中枢机关",承担"满蒙开发"是满铁的使命。②

基于满铁的这种定位及发展策略,山本条太郎密切关注"满蒙悬案"进展。为此,8月1日,山本条太郎特派遣其旧部、与张作霖过从甚密的中日实业公司常务理事江藤丰二为代表前往北京与张作霖私下洽商敦老(敦化—老头沟)路、老图(老头沟—图们江)路、长大(长春—大赉)路、吉五(吉林—五常)路、延海(延吉—海林)路、洮索(洮南—索伦)路、齐墨(齐齐哈尔—墨尔根)路。

吉田茂采取反制手段逼迫奉系时,满铁担忧这将恶化日奉关系,导致铁路问题更无解决希望。8月12日,山本条太郎前往外务省,

---

① 「満蒙懸案解決交渉」『日本外交文書』昭和期Ⅰ第1部第1卷、271~273頁。
② 山本条太郎伝記編纂会『山本条太郎』第2卷、原書房、1982、589~595頁。

与田中义一和外务次官出渊胜次讨论"满蒙悬案"交涉。山本条太郎认为吉田茂的极端强硬态度招致中国方面的反感，提出在交涉中"不要因为无关重要的悬案而向中国方面表示强硬态度，以致累及铁路问题"，要求在"满蒙悬案"交涉中以铁路问题为先。他向田中义一提出三项建议，第一项就是"应让满铁社长参与有关满蒙的外交问题"，要求由满铁与奉天交涉铁路问题。尽管出渊胜次怀疑江藤丰二路线能否奏效，山本条太郎还是信心满满地表示，江藤与张作霖关系亲近，必能有所收获。①

9月，江藤丰二前往北京与张作霖讨论铁路交涉，从1917年起就担任张作霖顾问的町野武马从旁协作。江藤丰二将山本条太郎的铁路提案提交张作霖时，后者极为震惊，认为这是与苏联开战的信号，表示不能同意。但江藤丰二要挟，如若奉系不在铁路上让步，日本很可能支持蒋介石。② 张作霖最终决定就敦老、长大、吉五、延海、洮索五条铁路（即"满蒙新五路"）进行预备性商谈，但强调此事不可公开。

10月10日上午，江藤、町野二人先与张作霖接洽。张作霖表示吉会路、长大路、洮索路可直接讨论，但在延海路和吉五路上却极为踌躇。江藤丰二称，延海路与中东路关系密切、吉五路在开发北满上极为必要，坚持将此二路加入。张作霖对日本提出须停止打通线并不得再向北延长的要求坚决反对。

10月11日下午起至13日，在江藤丰二接洽的基础上，抵达北京的山本条太郎与张作霖几次会谈。除了此前的五条路线外，山本条太郎还另提出齐黑、新邱两条路线的要求。张作霖认为，齐黑线情况不明，待调查后再商议，新邱运煤线因奉系有建筑轻便铁路计划，难以同意，其他五条路线可以商讨。最后，张作霖在其他五线上全面让步，与山本议定，敦图、长大、吉五、洮索、延海五线仿

---

① 《满铁史资料》第2卷《路权篇》第3册，第932~933页。
② 〔英〕加文·麦柯马克：《张作霖在东北》，第285页。

照洮昂路,由满铁包工修筑,订立包工合同后直接开工,包工金额另定,各路线建成后与满铁本线实行联运。张作霖同意中国不再将打通线向通辽以北延长,且打通线和吉海路绝对不能阻碍满铁的利益,两路的运费协定和营业相关事务应与满铁协商,中国不得修筑开通—扶余路,不得修筑从四洮线向西北方向延展的新线路。此外,二人还达成关于东三省治安维持交换公文以及中日经济协定案。为尽快与张作霖达成协议,山本条太郎一度向张作霖表示可向他支付300万～500万日元作为融通费。①

张作霖与山本确立了五路的基本大纲后,借款、利息等细节问题由杨宇霆负责交涉。但在交涉期间,杨宇霆、常荫槐等奉系要人对张作霖提出不少反对意见。个性决断的常荫槐强烈反对日本对奉系自建铁路的干涉,杨宇霆在商租权和"满蒙开放"上与日本展开激烈争论。借款利息的交涉上,山本条太郎提出新建路线获利之前,虽可暂缓支付利息,但其后必须补还,杨宇霆主张未获利期间不应计息,修筑铁路是日方的要求,损失也应由日方承担,双方争执良久。13日,双方最后达成一致意见,即在新建路线未获利期间,利息为5厘,获利后为8厘,未获利期间损失的3厘利息由中日各负担一半。由于担心这一协定公开后将引起舆论和东三省的轩然大波,双方约定不对外公开此协议。②

13日,山本条太郎启程返回东京,由江藤丰二和町野武马二人继续与张作霖、杨宇霆交涉。14日,江藤、町野二人携此前张作霖与山本条太郎的关于铁路的协定文件面见张作霖和杨宇霆。未料杨宇霆态度大变,称此问题张作霖难以独断处理。后经江藤、町野二人对部分条款略做修正,删除此前的在新建路线上开设商埠和营业监督两款内容后,杨宇霆表示认可。最后确立了"满蒙五路"协约

---

① 「山本・張鉄道交渉」『日本外交文書』昭和期Ⅰ第1部第1卷、279～283、295頁。
② 「山本・張鉄道交渉」『日本外交文書』昭和期Ⅰ第1部第1卷、287～288頁。

草案，并约定待两国政府签字后正式生效。

草案完成后，本庄繁和江藤等人认为交涉获得胜利，"实乃国家之幸"。15日，江藤丰二等再次与张作霖会面，要求签字确认协定大纲，但张作霖和杨宇霆以国务院和民众反对为由，拒绝正式签字。张作霖仅在协定上批一"阅"字。① 此即所称的"张作霖—山本协定"。

至此，"满蒙悬案"已获得阶段性结果。但山本条太郎撇开驻华公使在这么短的时间内单独与奉系交涉并与张作霖订立协定的行动招致了芳泽谦吉和外务省的批评。田中义一曾表示自己对山本交涉"毫无所知"，更称对山本的交涉仅涉及五条路线"难以理解"，示意芳泽谦吉不必介意满铁与张作霖的协商，仍可继续与张作霖交涉。芳泽谦吉和外务省更不满的是，山本条太郎在铁道问题之外，还越权与张作霖交涉不属满铁所管辖，在外交上极为重要并应慎重考虑的中日经济提携案和东三省治安维持案。田中义一认为，山本条太郎在这两个问题上的处置显然不当。军方的参谋次长甚至认为山本在治安和经济上的交涉"有被利用为进行铁路交涉诱饵之虞"。②

山本条太郎向田中义一报告交涉详情后，田中义一勉强接受了山本的交涉结果。11月7日，田中义一致电芳泽谦吉，示意"当前应立即停止"与张作霖交涉铁路问题，由满铁按照"张作霖—山本协定"继续与奉系交涉，以签订具体的"满蒙新五路"的承办合同为目标，并力争张作霖以函件确认停止打通、吉海两路。不过，与虽不满张作霖以"阅"字模糊处理协约，但确信能与张作霖订立合同的山本条太郎不同，田中义一怀疑张作霖是否有诚意。田中义一认为，若张作霖无诚意，即便日本强迫他签字并订立承办合同，恐

---

① 「山本・張鉄道交渉」『日本外交文書』昭和期Ⅰ第1部第1卷、292~293、301頁。
② 「山本・張鉄道交渉」『日本外交文書』昭和期Ⅰ第1部第1卷、293~294、304~305頁；《满铁史资料》第2卷《路权篇》第3册，第951~952页。

怕张作霖也将制造理由拒绝合同的实行。① 因此，他要求町野武马、江藤丰二等人继续策动张作霖，争取将"张作霖—山本协定"（以下简称"山本协定"）以两国政府的正式公文方式确定下来。

11月中下旬，町野武马、江藤丰二、本庄繁等人多次与张作霖和杨宇霆商谈，希望以正式换文确认山本协定，并取得张作霖对中止打通路和吉海路的确认函件，但遭到张作霖和杨宇霆的拒绝。杨宇霆还一度回避与芳泽谦吉的见面。②

杨宇霆提出，此前并未与芳泽谦吉具体商讨铁路问题，既然山本条太郎作为田中义一的代表前来交涉，铁路交涉也应随山本交涉的结束告一段落。对吉海、打通路问题，杨宇霆认为，山本条太郎曾明确表示如若取得五条新路线的建筑权，则日本默认吉海、打通路的修建，这也是"张作霖—山本协定"成立的前提，日方现在又提出由中国方面以函件声明中止打通、吉海两路，实属出尔反尔。町野武马等随即称山本条太郎并非正式代表，此前的交涉也非正式，应以两国政府间换文方式确认山本协定。对此，杨宇霆驳复，山本条太郎既为田中义一的代表，其交涉无所谓正式与非正式，而且对外交涉有多种形式，两国政府代表签字无太大实际意义，提出，山本协定仅系草案，应待再行具体协定后考虑两国代表签字问题。进而，杨宇霆又提出此时日本要求交换函件则有撤销此前的山本协定之意，若废除山本协定，另与芳泽签订协定也未尝不可。张作霖则称，现在中国民意沸腾，甚至有东三省为日本殖民地、张作霖为日本傀儡的言论，南方政府也趁机发动攻击，自己处境困难，难以满足日本的要求，田中义一要求公文确认山本协定内容实属多此一举，如日本一再索取，则芳泽谦吉尽可与外交总长交涉。张作霖和杨宇霆的拒不合作的态度，以及用日本提出山本条太郎名不顺之矛攻其要求确认"张作霖—山本协定"之盾的策略导致会谈不欢而散。事

---

① 《满铁史资料》第2卷《路权篇》第3册，第957~958页。
② 《杨宇霆信稿》（1927年10月27日），《奉系军阀密信》，第294页。

后，本庄繁等人提出，既然张、杨态度坚定，不如另行采取妥协方案，即以张作霖致函田中义一、委托芳泽谦吉转达的方式确认协定大纲。杨宇霆也表示赞同，并称这是最大让步，如若再有要求，中国内部情况也难允许照办。①

12月5日，町野武马等人打算拜访张作霖，结果张作霖称病不见，仅命其日文秘书陈庆云向芳泽谦吉送交一函件作为对此前交涉的回应。函件内称，"日前山本社长来京所谈之事，敝意深愿以诚意商榷，对于各该案详细规定，现拟饬由各该地方官逐项议定"。从中可见，张作霖既未指明与山本条太郎所谈何事，也未表示承认与山本条太郎订有协议，言辞模糊，只表示了可继续商讨之意。芳泽谦吉认为这与田中义一指示中的词句"有不同之处"，再行交涉很是困难。田中义一接到此函后，担心"各该案"将被解释为包括中日经济协定和东三省治安维持问题，令芳泽谦吉再向张作霖确认此函针对的是铁路问题。②

此后，芳泽谦吉又试图与张、杨二人会面，但张、杨仍以此前的各种理由推脱。12月9日，芳泽谦吉按照田中义一的训令再次函复张作霖，表示关于铁路问题，希望将张大元帅与山本社长所商成之协议为根据圆满解决。③但实际上交涉仍无进展。

从"张作霖—山本协定"交涉前后过程看，日本方面，外务省和驻华公使芳泽谦吉的交涉并不顺利。首先，山本条太郎与张作霖之间达成铁路、经济和东三省三大问题的协议，是对此前一直碰壁的"满蒙悬案"交涉的突破，但这一突破既是山本条太郎对张作霖等人威逼利诱的结果，也与双方采取的非正式秘密外交形式有关。这种以私人交涉取代政府间正式交涉的方式给了奉系一定的折冲余地，它暂时缓和了胶着状态下的奉日交涉，又让奉系在情况不利时，

---

① 《满铁史资料》第2卷《路权篇》第3册，第959~962页。
② 「山本・張鉄道交渉」『日本外交文書』昭和期Ⅰ第1部第1卷、326~328頁。
③ 「山本・張鉄道交渉」『日本外交文書』昭和期Ⅰ第1部第1卷、332~333頁。

"可以借口无官方法律程序，推翻'协约'",① 否认其合法性。还须注意的是，山本条太郎的交涉与外务省的立场和目标并不完全同步，双方存在不小分歧，导致了日本在交涉中有时处于被动状态。

于张作霖和杨宇霆而论，他们对日本的要求未敢完全拒绝，也一直表现出明显的抗拒。张作霖与山本条太郎虽达成空泛的协定大纲，但对进一步的详细协定和合同则多方拖延，在协定上始终坚持仅是私下协议，不肯以官方换文确认，实质正是模糊协定的合法性。在交涉期间，张作霖和杨宇霆意识到山本条太郎与外务省的不一致并加以利用，并以此为由拒绝日本在打通、吉海路以及就山本协定达成正式换文的要求。

此外，张作霖和杨宇霆的另一交涉砝码是民众运动和舆论压力。张、杨二人多次强调这种民意的压力可能引发大风暴，危及奉系的政权以及中日关系，使日本在交涉中不得不有所顾忌。而且，在民众运动中，奉系也有意无意地推波助澜，杨宇霆即多次向新闻记者通报交涉情况，对于民间的反对日本筑路呼声，奉系也并未一味压制。

有论者认为山本条太郎"只不过是得到了一个不太合法的协定罢了，当然更谈不上什么条约或合同了"，"对田中内阁六个月的频繁的外交活动可怜的总结就是：对日本的怀疑和敌视渐渐增多了；引起了张及其他主要官员的对抗；日本指挥系统的混乱与分歧暴露了；而张除了愿意继续谈判之外，直到最后，都没有任何退让"。② 此种论断提出日本的交涉以失败告终。然而，日本绝非毫无收获，只不过山本条太郎与张作霖达成的协定距离东方会议和田中义一的预期有所差距。张作霖虽未正式签订换文，但如有学者所说，"山本仅用了两个月时间，至少原则上解决了五条铁路问题，这不能不说是了不起的成功"。③ 而且，该协定也为日本此后的进一步交涉奠定了基础。

---

① 李新总编《中华民国史》第6卷，中华书局，2011，第606页。
② 〔英〕加文·麦柯马克：《张作霖在东北》，第287、288~289页。
③ 〔日〕猪木正道：《吉田茂传》上册，第384页。

五 "满蒙新五路"合同的签订

1928年初,日本与奉系之间就"满蒙新五路"协定大纲以及各路线具体合同的正式签订再度展开了长时间的拉锯。

1月9日,江藤丰二及本庄繁等面见张作霖,要求签订"满蒙新五路"的详细合同。张作霖先是表示具体协定不能在抛开地方长官的情况下决定,后又承诺待杨宇霆返回北京后再做磋商。满铁副社长松冈洋右则认为如若在地方交涉,吉林以张作相为首的地方当局必将利用省议会、商务总会来促进排日运动,协定几乎不可能达成,应断然在北京交涉,但秘密一旦泄露,恐将引起全国性问题,因而须迅速交涉,取得张作霖和杨宇霆的默认,并提出应待张作霖回京后与之进行商谈。①

14日,杨宇霆表示可以讨论合同缔结事项。17日,张作霖提出三项条件:交涉须严守秘密;各路线不同时着手,应逐条解决;中日在政治上取得联系。未几,张、杨二人又提出必须先支付预付款才能讨论合同签订,日方则以不办完完备手续难以支付加以拒绝。尽管日方认为在北京解决最好,实际上张作霖却利用日方的此种心理,命吉林督办兼省长张作相处理合同签订问题。2月4~5日,张作霖又以张作相不愿意接受合同、困难颇大为由而推脱。

7日,张作相向江藤丰二表态,自己不反对张作霖的决定,但事关重大,须待战事结束、返回吉林与各方商讨后才能签字。日方提出应选定专人研究合同内容,但张作霖称可由张作相负责,张作相却表示应与吉林交涉特派员兼交涉署署长钟毓接洽。而此时钟毓正在守丧,须3月才能到北京。此后的半个多月中,虽然日方多次催促,张作相却始终以没有其他合适人选拖延,并且在不久后离开北京。

由于张作相的不配合,松冈洋右一度试图拉拢吉敦路局局长魏

---

① 「満蒙懸案解決交渉」日本外務省編纂『日本外交文書』昭和期Ⅰ第1部第2卷、外務省、1990、4頁。

武英，先测量敦图路路线。结果，张作霖以张作相正在劝说部下谅解、现在就开始测量容易引起吉林方面的误解并陷张作相于不利境地为由拒绝。钟毓则一直"并无急于赴京的迹象"，在日方几度追催后，才表示可在3月末办完母丧后赴京。江藤丰二等试图要求钟毓先赴京交涉完"满蒙新五路"合同再返乡处理丧事，但钟毓答复，赴京事宜是与张作相商议后决定的，不能变更。在此期间，江藤丰二等在北京和大连往返几次，未有进展。

3月4日，江藤丰二返回北京。次日，江藤丰二试图面见张作霖，结果张作霖以公务繁忙、须闭居数日为由拒绝。8日，等待数日后的江藤丰二终于见到张作霖。对江藤丰二提出的"满蒙新五路"问题，张作霖表示将令此时正在山西的吉林军署参谋长熙洽协助商议。江藤丰二提出希望张作霖令魏武英先行测量敦图路，但张表示自己不知详情，须待杨宇霆返京后处理。几天后，熙洽自山西抵达北京，张作霖的顾问松井七夫前往询问熙洽与张作霖见面时有无讨论铁路问题。熙洽答称并未谈及，吉会路一案虽与张作相谈过，仍须待钟毓到京后才能详细讨论。结果，钟毓来京时间又延后到4月上旬。张作相还要求钟毓先到大同与他商量后再去北京。①

由于张作霖、杨宇霆、张作相、钟毓等人的回避和拖延，一个多月中，日方始终未能与之进行五路合同的详细交涉，其他的《盛京时报》、临江设领等"悬案"交涉同样不得要领。到3月下旬，芳泽谦吉断言，"满蒙交涉，中国方面迁延复迁延，毫无诚意"。②

此后的一段时间内，"满蒙新五路"合同没有进展，但奉系与日本在奉海路与南满路的联运上再生龃龉。

1927年底，奉海铁路与满铁协议两路联运。1928年2月，奉海铁路公司总理张志良与满铁达成草案，但以奉天省省长刘尚清为首的奉天当局和交通部次长常荫槐认为联运协定中部分规定贻患甚多，

---

① 《满铁史资料》第2卷《路权篇》第3册，第965～969页。
② 「满蒙悬案解决交涉」『日本外交文书』昭和期Ⅰ第1部第2卷、7页。

下令取消，因此联运协定未能正式签字。3月，日本利用奉海路借用洮昂路车辆为挟持，要求奉系在联运问题上让步。23~25日，满铁社长山本条太郎、日本驻华公使芳泽谦吉、驻奉天代理总领事蜂谷辉雄多方向奉天省长刘尚清、北京政府外交部照会，谴责奉系对满铁"态度甚欠圆满"。但刘尚清与常荫槐拒绝日本将洮昂路车辆借调与联运问题"混为一谈"，拒绝了日方要求。① 4月3~6日，日本再对奉天当局和安国军政府施压，指责刘尚清的回复"纯系无根之遁辞"，要求刘尚清"反省"，威胁如5天内得不到满足，日本将"不得不进行必须之自卫手段"。在北京，芳泽谦吉几次与杨宇霆交涉，后又直接要求张作霖出面解决。

张作霖对于芳泽谦吉的限期答复的要求愤怒不已，感叹"凡事对于贵国无不委曲求全以期提携，而贵国竟以此种压迫手段从事，余殊难折服"，"无论我国如何让步，如何委曲，贵国方面终难满意"，"现在东省铁路除京奉路外，营业及利源均为南满路所夺，贵国获莫大之利益，而我国稍欲经营铁路，贵国即出而反对，殊为无理。如此则此后无论何事亦难进行商议矣"。② 但面对日本在"满蒙新五路"合同问题、洮昂路问题以及南满路和奉海路联运问题上的频发逼压，张作霖、杨宇霆和常荫槐等人焦头烂额，虽心有愤怒，也不敢完全与日决裂。最终，张作霖决定在联运问题上让步，以稍缓和对日关系。4月14日，常荫槐、外交总长罗文干同意在联运协定上签字。

联运风波刚刚结束，山本条太郎又在"满蒙新五路"上要求江藤丰二在中国南北形势发生剧变前尽快促成铁路合同签字。4月26日，张作霖向江藤丰二表示，待张作相复电后再由江藤丰二往吉林

---

① 《满铁社长函奉天省长刘尚清》（1928年3月23日）、《奉天省长刘函南满铁道会社》（1928年3月26日）、《奉天省长刘训令奉天交涉署》（1928年3月26日）、《日本总领事蜂谷辉雄照会奉天省长刘》（1928年3月25日）、《奉天省长致北京外交部电》（1928年3月30日），辽宁省档案馆：JC10-1-2138。

② 《大元帅府函奉天刘省长》（1928年4月），辽宁省档案馆：JC10-1-8191。

进行详细交涉。满铁方面认为在吉林交涉可能不易解决,希望务必在北京签字,日方还表示若迅速解决铁路问题,日本可在其他方面帮助奉系。5月2日,张作霖表态将令钟毓前来北京。

6日,抵京的钟毓与江藤丰二在大元帅府第一次会谈。钟毓称因吉林存在反对意见,自己未经张作相授权,即便有张作霖的命令也不能签字。在江藤丰二的要求下,张作霖表示将电令张作相赋予钟毓签字权。7~8日,江藤丰二以时局紧迫为由,要求由代理交通总长常荫槐签字,张作霖起先未提出异议。然而,等江藤丰二再次与张作霖见面时,张作霖却表示常荫槐称宁可丢官也不签字,不能强迫常服从,后又表示或可改由国务总理兼交通总长潘复签字。而张作相则称应需相当时日讨论,迅速签字不妥,钟毓在交涉未结束时已前往山西。

9日,江藤丰二就签字一事与张作霖、杨宇霆和潘复会谈。杨、潘二人先是要求日方"绝对保守秘密",到签字时,潘复又提出虽有张作霖的签字命令,但交通部部印和总长钤印均在反对签订合同的常荫槐手中,为保守秘密,暂时用潘复的个人印章作为签字。江藤丰二认为这与交通部签字区别太大,要求潘复说服常荫槐,但潘复以非常困难为由拒绝。11日,潘复向江藤丰二表示常荫槐勉强同意吉敦路延长问题及其他一线可以签字,其他三线不能签字。12日,常荫槐态度强硬地要求合同以洮昂线为标准,并将长大线合同中的"会计主任"改为"顾问",取消"车辆直通"。最后按照草案确定了敦图路、长大路合同。

13日,江藤丰二、町野武马到张作霖府邸讨论最后签字问题。张作霖在延海、洮索两路合同上签印,批"阅,准行"字样,吉五线暂予保留,以后再盖印。吉敦路延长线和长大线合同则由赵镇以"交通部代理次长赵镇"名义签字。由于时间紧张,日方甚至来不及将两路合同整理查对,吉敦路延长线合同因无暇合并,只得仍以敦老、老图两份合同形式签字。结果合同签订后,日方发现延海、洮索路合同上,张作霖并未署日期和姓名,而对敦图路和长大路合同签字的赵镇的"交通部代理次长"职务到14日才正式任命。日方不得不又于15日与赵镇协商后将签字日期改为15日。①

至此,奉系与满铁签订了洮索、长大和敦图三路共计5600多万日元的借款修筑合同。因延海、长大两路合同并未由交通部签字,满铁仍令江藤丰二等人继续取得交通部的承认。

5月12日,钟毓在张作相的支持下,向吉林省秘密通报了有关敦图、长大路等合同即将签订的情况。吉林省议会几次致电张作霖,指出"将铁路建筑权给与外人,将留下大患。……无论日本人玩弄什么权术,亦断不能允许给他们以该项铁路权益"。此后数日,吉林工商界和学界举行了各种反对吉会路的活动,甚至有激进的团体提出应对日本实行经济绝交。② 结果,日方的敦图路计划不得不暂时告停。

"满蒙新五路"合同签订时,北伐军已经进入山东。安国军在津浦线、京汉线、京绥线上节节败退,安国军政府岌岌可危。5月16日,一直担心南方政府的势力随张作霖的败退而进入东北的日本政府通过《关于维持满洲地区治安措施的方案》,提出要阻止北伐军进入关外,要求张作霖撤退。次日,芳泽谦吉向张作霖递交备忘录,劝其撤退回东北。18日,内外交困、眼见大势已去的张作霖特通过江藤丰二转交致奉天省省长刘尚清的信函,变相向日方示好,称:"现在对外交纯取公诚态度,所有从前悬案,如系无关紧要者,应速分别解决,不必争持;倘因关系重大不能轻易让步者,仍应本外交方式慎重办理。"③

30日,满铁委托江藤丰二向张作霖交涉四项问题:延海、洮索合同由交通部印钤和备案问题;抄写张作霖关于敦图、长大路的命令问题;关于潘复和常荫槐订立敦图、长大线合同委任状问题;订

---

① 《满铁史资料》第2卷《路权篇》第3册,第973~974页。
② 宓汝成编《中华民国铁路史资料(1912~1949)》,第663页。
③ 「满蒙悬案解决交涉」『日本外交文书』昭和期I第1部第2卷、16~17页。

正老图路合同附录往返函件错字问题。次日，常荫槐表示，第一个问题因是秘密交涉，须观望时机，将来可按中日合办形式备案；第二、第四问题已作为严封秘密文件处理，亦须等待一段时间。这一表态仍然是拖延时间，暂不处理。①

不过，此时的张作霖等人已无时间和精力处理铁路问题。30日，张作霖召集奉系主要军政人员开会，决定撤往关外。6月2日，张作霖通电宣布退出北京，中央政务交予国务院摄理。6月3日，张作霖乘专列撤往东北，4日，在皇姑屯被炸，不治身亡。

皇姑屯事件是张作霖时代奉日矛盾的最激烈表现形式。策动皇姑屯事件的是关东军总司令村冈长太郎，直接制造这一爆炸案的是关东军高级参谋河本大作、独立守备队中队长东宫铁男等人。河本大作曾如此描述他在皇姑屯事件前的东北观感：

> 来到好久没来的东北以后，我却不禁大为惊愕。……整个东北充满着排日的气氛。日本人的居留、商租权等既得权利等于有名无实。二十万在满日人的生命、财产，濒于危殆。对于满铁，他们计划许多铁路，与之竞争，意图压迫。在中日、俄日战争用血换来的满洲，竟面临奉天军阀任意蹂躏。……我力主对于奉天军阀所采取包围满铁线的态势，已经非外交抗议等所能奏效……
>
> ……干掉头子。除此而外，没有解决满洲问题的第二条路。②

从这一言论可看出，河本大作制造皇姑屯事件的直接原因是不满以张作霖为首的奉系在路权、商租权、领事裁判权等问题上对日

---

① 《满铁史资料》第2卷《路权篇》第3册，第976页。
② 河本大作：《我杀死了张作霖》，吉林省档案馆编《九·一八事变》，档案出版社，1991，第45、47页。

本的抵制，尤其愤恨奉系的铁路自主化政策以及奉日路权交涉的不顺。可以说，奉日间的路权冲突是皇姑屯事件的助燃剂。关东军制造皇姑屯事件的根本目的则是要求贯彻东方会议的维护日本在东北既得权益、将东北与关内分离的精神，即实现日本对东北的全面控制与占领。① 换言之，皇姑屯事件的远因在于奉系不甘做日本的傀儡，寻求一定程度的自主和独立与日本"满蒙政策"之间的根本利益的冲突。

皇姑屯事件后，中日间"满蒙悬案"交涉并未终结。1928年下半年，日本为修筑吉敦路延长线和长大线，又与以张学良为首的东北当局展开交涉。

第三节　东北易帜前后的吉敦路延长线、长大线修筑风波

在"满蒙新五路"中，日本最重视和急欲实现的是吉敦路延长线（或称敦图路）。日本舆论曾评论此条路线："这是日本多年来梦寐以求其完成的吉会铁路之尚未施工部分。这段路线一旦完成，则可使吉长、吉会两条路线接通南满铁路的安奉线而联系上朝鲜的铁路；如是，则日本便可伸展出两条动脉直达于东北地区。"② 敦老路和老图路合同中，规定满铁在合同签字后立即进行测量，但动工期最迟不得超过一年。③

皇姑屯事件发生后不到半个月，芳泽谦吉向田中义一建议，南方势力早晚将抵达东三省，应趁时局未定之机尽快修筑吉会路和长大路，为此，须尽快摸清吉林当局的意见，排除吉林官民的反对，"用实力把铁路修筑进行到底"。④ 8月初，他再度建议趁时局纠纷之际，迅速由满

---

① 中央档案馆、中国第二历史档案馆、吉林省社会科学院合编《日本帝国主义侵华档案资料选编——"九·一八"事变》，中华书局，1988，第46~50页。
② 宓汝成编《中华民国铁路史资料（1912~1949）》，第664页。
③ 《满铁史资料》第2卷《路权篇》第3册，第985、987页。
④ 《满铁史资料》第2卷《路权篇》第3册，第989~990页。

铁出面向东三省保安总司令张学良交涉敦图、长大路。①

满铁决定8月15日着手修筑敦图、长大路,并得到外务省和驻东北各领事的支持。驻吉林总领事川越茂称,"现在正是解决二十年来悬案的良好时机",吉会路和长大路"愈拖延则愈难进行。因此,现在立即着手施工,并尽速完成,实为良策",建议应从敦化和图们江两边同时动工,以"一气呵成"地完成吉会路。② 新任驻奉天总领事林久治郎认为日本在满洲的发展情况"是关系到日本帝国兴衰的大问题",满铁在东北发展过缓,"究其原因,固然有我国同胞对情况估计不足的因素,但是满洲的中国官宪一味策划收回利权,明里暗里阻碍我国官民的活动确是主要的因素"。③

8月15日,林久治郎拜访张学良,表示5月15日签订的铁路合同已经过了3个月保密期,应进入执行阶段,日方可由江藤丰二和常驻奉天的满铁理事斋藤良卫负责,并向张学良要求以铁路问题开始解决"满蒙悬案"。张学良口头同意,并在19日举行招待林久治郎的宴会。林久治郎等人认为张学良有诚意,乐观估计如若趁热打铁,铁路问题能迅速解决。

为实现筑路,日方各类人员纷纷出动。满铁理事斋藤良卫常驻奉天,江藤丰二从旁协作,二人与张学良、交通委员会以及吉林当局等各方进行交涉。张作霖的日本顾问忙不迭地在奉天和吉林奔波,土肥原贤二和町野武马二人主要游说张学良,林大八则在吉林游说省长张作相。吉林省与吉会、长大路关系最密,历来反对日本筑路的呼声甚高,但民间中上层有不少亲日分子。为此,日方特别注意拉拢这些亲日人物。④

---

① 「満蒙懸案解決交渉」『日本外交文書』昭和期Ⅰ第1部第2卷、28~29頁。
② 《满铁史资料》第2卷《路权篇》第3册,第992~994页。
③ 〔日〕林久治郎:《"九一八"事变——奉天总领事林久治郎遗稿》,王也平译,辽宁教育出版社,1987,第2~3页。
④ 『山本条太郎』第3卷、621~622頁;〔日〕林久治郎:《"九一八"事变——奉天总领事林久治郎遗稿》,第52~53页。

9月，日方的努力似乎有所收获。交通委员会、张学良、张作相的态度有所缓和。21日，交通委员会表示愿履行吉长、吉敦和吉敦路延长线合同，但要求满铁降低利率，减小满铁代表的权限。满铁同意，但提出要将5月确立的长大路合同纳入其中。①

然而，10月13日，当林久治郎与张学良谈及铁路问题时，张学良却称此事涉及内部各种关系，存在种种困难。② 面对"惮精竭诚"的林久治郎，张学良"总是报以淡然的苦笑"，而不肯答应其要求。满铁方面因山本条太郎即将于11月返回东京参加昭和天皇即位大典，迫切希望在此之前有所进展。11月5日，山本条太郎拜访张学良，会谈数小时之久。次日，山本条太郎又拜访杨宇霆。张态度模糊，杨表示将督促张学良尽快解决铁路问题，山本条太郎的态度也从低迷转向乐观。然而，直到他离开奉天，张学良方面仍杳无音信。③

此时东北当局内部不少人对日本修筑吉敦路延长线和长大路存在异议。由常荫槐主持的交通委员会始终抗拒日本在路权上的层层逼迫。主政吉林的张作相长期以来对借款筑路多持质疑态度，又对吉林境内的铁路由交通委员会管理心有不满，因此，尽管东三省保安会认为可与日本交涉两路修筑问题，张作相的态度却始终暧昧不明。④

另外，国内的保路运动既对张学良等人形成舆论压力，也让他们有一定筹码。从10月中旬起，吉林省内爆发了多次反对日本修筑吉会路的民众运动。吉林学界和工商界喊出"反对吉敦延长线由敌国投资""否认吉敦延长""打倒帝国主义"等口号。吉林当局一度下令取缔民众运动。但自11月初起，归吉后的张作相对民众运动持同情态度，保路运动更趋热烈，蔓延到东北全境乃至北平等邻近地

---

① 《满铁史资料》第2卷《路权篇》第3册，第994~995页。
② 「满蒙悬案解决交涉」『日本外交文书』昭和期Ⅰ第1部第2卷、36页。
③ 〔日〕林久治郎：《"九一八"事变——奉天总领事林久治郎遗稿》，第55~56页。
④ 「满蒙悬案解决交涉」『日本外交文书』昭和期Ⅰ第1部第2卷、44页。

区,出现以"路权保持会""路权后援会""保路会"等命名的各种组织。① 这些保路组织提出,日本修筑长大路和吉敦路延长线实为其两路两港政策的一部分,在日本侵略东北的攫夺铁路、军事侵略和移民三大政策中,"铁路为总枢,张其军威,侵我主权","吉会铁路筑成,东三省的领土马上就拱手送给日本国了,同时东三省的同胞立刻就变成亡国奴了,而日本的大陆政策,也就完全实现了"。为此,他们低则以吉敦延长线等合同属于秘密交涉、无法理依据,要求取消,高则要求"排斥日帝国主义的经济势力于中国领土之外","实行坚决经济绝交"。甚至有团体提出了"打倒帝国主义,打破日本在东省的阴谋,收回一切利权,取消不平等条约"的口号,发出"中国统一万岁"的呼声。② 路权运动与东北易帜和废除不平等条约运动会合。

东北当局时时以民意为重的理由拒绝日本的筑路要求。张学良曾就警察枪伤哈尔滨示威游行的学生致电张作相,表示"该处当事官吏,无论有无理由,而处此现代潮流之下,似此操切从事,酿成意外,究属不合。似应将该处当事管理等予以停职处分,以示薄惩,而平民气"。11月中旬,张学良向记者表示:"余一人民公仆耳,当然以人民意旨为指归。至利用外资,兴拓实业,修筑铁路,余亦不反对,惟须中国人民自动,更须看条件如何。"又称"必竭力设法,期于权利挽回一分,即尽一分之责"。③

此外,此时的张学良正与国民政府紧密磋商东北易帜问题,无暇也无意在铁路交涉上做过多讨论。因此,由于几重因素的影响,两路交涉陷入僵局。

12月29日,张学良宣布东北易帜。31日,东北易帜两天后,林久治郎拜访张学良,强硬要求东北不得实行国民政府提出的革命

---

① 宓汝成编《中华民国铁路史资料(1912~1949)》,第666~674页。
② 《北平朝阳大学学生会为日本在吉林强筑铁路告民众书》《黑龙江省拜泉县保持路权后援会宣言》,辽宁省档案馆:JC10-1-1734。
③ 毕万闻编《张学良文集》第1册,第138、135~136、146页。

外交、立即执行吉会路和长大路合同。对林久治郎的严词诘问,张学良愤而表示此事与中央政府有关,应直接与南京政府交涉。双方情绪激烈地争论三个小时。①

不过,1929年1月10日发生的杨宇霆、常荫槐被杀事件让林久治郎一度有柳暗花明之感,认为铁路悬案的内部牵制力量已经扫清,劝说吉林省主席张作相尽快解决。然而,与张学良一样,张作相也表示东北已经易帜,铁路问题现在归中央政府决定,地方当局不过奉令行事而已,此事须待国民政府和东北政务委员会决议后再为考虑。②

尽管此后林久治郎、江藤丰二和满铁又数次与张学良会谈,要求尽快任命两路局长、为筑路做准备,但张学良先是提出应选定交涉委员做详细讨论,待五名交涉委员选定后,又以民间反对、须与国民政府商量为词拖延。在日方表示合同既经签订,与中央政府无关后,张又以国民政府禁止地方官干预对外交涉事宜、地方唯有听命中央等言辞推脱。日方认为张学良毫无解决问题之诚意,林久治郎感叹时至今日,日方的努力"几乎陷入绝望状态",③认为以寻常手段修筑吉会路、长大路毫无希望,转而令满铁在2月起自行实地勘测。④

2~3月,满铁副社长松冈洋右及斋藤良卫与张学良会谈多次。张学良先婉转周旋,继而从中国驻日公使汪荣宝的电报中得知田中内阁地位堪危后,态度遽变,表示因各地反对,近期内难以解决,待情况稍缓后再论。日方各类人员虽向张学良、张作相、张景惠(时任东省特别区长官)等多方施压,与辽、吉当局交涉数十次,张学良、张作相或以民意难违,或以交通委员会反对等各种理由应对

---

① 〔日〕林久治郎:《"九一八"事变——奉天总领事林久治郎遗稿》,第62~63页。
② 「满蒙悬案解决交涉」日本外务省编纂『日本外交文书』昭和期Ⅰ第1部第3卷、外务省、1993、2、6~7頁。
③ 「满蒙悬案解决交涉」『日本外交文书』昭和期Ⅰ第1部第3卷、10~17頁。
④ 〔日〕林久治郎:《"九一八"事变——奉天总领事林久治郎遗稿》,第68~69页。

日本的围攻。① 林久治郎感慨日本在铁道交涉中备受愚弄。②

3月29日，在回避多次后，张学良一反此前的暧昧和托言，正式向斋藤良卫表明：无论如何反复交涉，他和张作相无法解决，即便是向南京政府交涉，也不太可能成功；如日方按照林久治郎的方案，强行测量两路，一旦发生排日运动，东北当局将无计可施；在5月15日合同规定的开工期限之前，本问题绝无解决希望；并未命令张作相履行合同。在斋藤良卫询问是否可将其意见如实报告东京时，张学良肯定地答称"既然事实如此，已别无良策"。林久治郎和随后代理其驻奉天总领事职务的森岛守人一致认为除了单刀直入、以强行手段强自测量和开工外，别无他法。③

森岛守人提出，如若日本不断然处置，将为日方在满蒙发展和日本在满蒙的权益上遗留一大祸根，且将成为此后交涉之恶例。为此，森岛守人拟定了详细的以警力保护的强行筑路方案，急切要求田中义一通过。在东北的全满洲日本人大会也与之呼应，请求外务省实力解决"满蒙悬案"。由于此时正值中日善后交涉济南惨案，这一强行动工方案遭到田中义一以及其他驻华领事的反对。驻上海总领事重光葵认为，这会恶化中日关系、刺激国际舆论，不如待中日关系好转后再寻求适当方法。驻华公使芳泽谦吉还向张作相表示日本政府始终对铁路问题持稳健态度。④

时至5月，尽管森岛守人、林久治郎多次催促田中义一明确指示以果断手段解决铁路问题，田中义一仍坚持以"怀柔羁縻之策"对付，表示"今后对于张学良，我希望尽量采取不伤害他的感情的策略"。⑤ 东北方面，张学良等人多次对日方表示，铁路问题已经完

---

① 『山本条太郎』第3卷、645页。
② 「满蒙悬案解决交涉」『日本外交文书』昭和期I第1部第3卷、28~32页。
③ 《满铁史资料》第2卷《路权篇》第3册，第997~998页；〔日〕林久治郎：《"九一八"事变——奉天总领事林久治郎遗稿》，第69页。
④ 「满蒙悬案解决交涉」『日本外交文书』昭和期I第1部第3卷、44~47、50~51页。
⑤ 〔日〕林久治郎：《"九一八"事变——奉天总领事林久治郎遗稿》，第69~70页。

全移交南京政府，东三省不负交涉责任。①

5月15日，吉敦路延长线和长大线合同签订已届一年的期限，林久治郎拜访张学良，再次试图说服张学良履行合同。张学良不肯多言，林久治郎无功而返。此后的两三个月中，虽江藤丰二等仍继续与张学良有零星接触，实际上"满蒙新五路"交涉已经基本结束。

林久治郎曾总结张学良时期的铁路交涉，称"拥有久经陶冶的三千年文化的中国人之巧妙的外交本领，绝不是其他外国人所可企及的"。并批判日本的对华政策摇摆多变，以致交涉功亏一篑。②

小　结

1927～1928年是日奉关系发生重大转变的时期，日奉关系的暂时平衡被打破，双方的矛盾和冲突日益尖锐。这一变化的根源在于无论是渐进还是急进，日本的"满蒙政策"的实质始终是要将东北变为其势力范围乃至其国土的一部分。从这一政策出发，日本希望奉系成为完全受它操纵、为其利益服务的地方力量。与此相对的是，奉系并不甘于听任日本摆弄。它不顾日本的意愿，数次入关，第二次直奉战争后更与冯玉祥、吴佩孚等各方势力争夺中央政权和各地地盘，甚至一度将势力扩张到苏皖一带。在东北，奉系寻求自主发展的要求日趋明显。它的这种行为，既是民族主义思想影响的表现，也是维护其自身实力的现实需求。

日本与奉系立场的根本差异决定了它们之间冲突的无法避免。1926年后，奉日双方在铁路、领事裁判权、关税、商租权等诸多问题上摩擦越来越激烈。日本的"满蒙政策"在推行中遇到的种种阻力促成了1927年田中义一的满蒙积极政策的出台，引发了日奉之间

---

① 「満蒙懸案解決交渉」『日本外交文書』昭和期Ⅰ第1部第3卷、57～58、62、68～69頁。
② 〔日〕林久治郎：《"九一八"事变——奉天总领事林久治郎遗稿》，第70～71页。

旷日持久的"满蒙悬案"交涉。

"满蒙悬案"交涉将近一年,"满蒙铁路"问题影响了整个"满蒙悬案"交涉的走向。尽管交涉一直持续到1929年前后,但主要交涉时段是在皇姑屯事件之前,奉系方面的主要决策和参与者是张作霖和杨宇霆等人。从此次交涉的前后历程可以看出以下几点。

第一,张作霖、杨宇霆等人呈现对日本的既抗拒又难以决裂的矛盾状态是整个奉系与日本的关系的写照。

在内部的生存空间和利益需求及外部不断上扬的民族主义浪潮的影响下,奉系无论是张作霖、杨宇霆等个体还是东北地方当局或安国军政府,均对日本在东北的扩张产生了反抗意识。张作霖曾将日本对东北的种种要求视为在"人家危急的时候掐脖子要好处",数次表示若满足日本的所有要求,无异于出卖东北,自己也将成为卖国贼。[①] 他在评论东北的"中日合办"事业时也直言不讳地点出,"历来的所谓日中合办事业,仅仅是在日本人的事业上加了一个名称而已,从该事业上获得实惠的也都是日本人……都不是中国官民的希望所在"。[②] 这些言论折射出民族主义观念、维护利权的思想在他身上有所烙印。如芳泽谦吉观察到的,奉系有"专为自己的立场考虑,专为拥护自己的地位"的一面,也表现出"考虑到国家的将来"的一面。[③]

当然,无论是张作霖个人还是整个奉系集团,与日本的对立和冲突仅仅是其中的一面。不管是在东北统治的确立与巩固,还是在关内扩张势力,奉系都力求日本的谅解与支持。出于这样的利益需要,奉系自上台后就持续表示要与日本互相提携、亲善。在某种程

---

① 罗靖寰:《我所知道的张作霖的对日外交》,中国人民政治协商会议天津市委员会文史资料研究委员会编《天津文史资料选辑》第2辑,天津人民出版社,1979,第27、31页。
② 伊藤武雄『現代史資料(満鉄)』第31巻、みすず書房、1966、411頁。
③ 「満蒙懸案解決交渉」『日本外交文書』昭和期Ⅰ第1部第1巻、301頁。

度上,如町野武马所言,"张作霖实在是一点也不排日"。① 即便对日本有所不满,但奉系并未敢真正与日本决裂,有时甚至以日本对其有利益需求胁持日本支持安国军政府。②

第二,在交涉策略和性质上,奉系坚持以非正式的秘密外交、个人外交取代政府外交,以张、杨等人的私人身份取代外交部的角色,抵制在外务省指导下的吉田茂和芳泽谦吉的交涉,并且要求将"满蒙悬案"限定为地方问题而非政府间问题,避免以中央政府的角色参与悬案的解决。在交涉过程中,奉系多方拖延,在交涉地点、交涉对象、交涉时间上屡屡变更,给日方的交涉制造各种障碍,以时间消耗对方。

奉系还利用民众运动、以"人民团体群起反对"③等舆论力量对日本造成一定影响,甚至暗中容许或鼓动民众的反日运动,并时不时向日方诉苦,以此推脱日本的要挟与进逼。一直参与交涉的杨宇霆更向外表态称"到了今日,不希望日本在满蒙有垄断性的发展",为舆论推波助澜。不过,张作霖等人对民众反日运动的容许也是有限度的,一旦民众运动逾越他们期许的范围、引起日本强烈的反应,他们则转而压抑民众运动。

在各种拖延手段未能阻止日方的签约决心后,张作霖又以各种名目规避在合同上签字、规避责任,意图为今后"满蒙悬案"的解决和实施保留更大的周旋余地。最终"满蒙悬案"交涉时间长达几近一年,最后才匆匆达成双方在合法性上有所争执的合同。

第三,奉系在与日交涉时主动性并不强,在处理对日关系时如同走钢丝般充满变数和危险。在铁路问题上,奉系对日本的要求始终没有详细地讨论和决策,多依靠张、杨等个人的周旋,交涉中的

---

① 町野武马:《张作霖被炸死前后》,〔日〕河本大作等:《我杀死了张作霖》,陈鹏仁译,吉林文史出版社,1986,第14页。
② 〔日〕东亚同文会编《对华回忆录》,胡锡年译,商务印书馆,1959,第399页。
③ 罗靖寰:《我所知道的张作霖的对日外交》,《天津文史资料选辑》第2辑,第27、31页。

多数时间和精力花在回避主题、分散日方注意力上。一旦时势紧张，则迅速接受日本条件。这种遇事应付、必要时妥协、事后感到不利时又借故拖延或不承认的做法，不仅是张作霖个人的对日交涉的表现，也是整个奉系对日交涉的特征之一。

第四，以路权为中心的"满蒙悬案"交涉的不顺，加深了日本对张作霖的不满和猜忌，是奉日关系恶化的催化剂。日本舆论有"强调惩戒奉天论的倾向"，① 以关东军为代表的日本部分势力则认为唯有消灭张作霖、解除奉系武装、占领东北才能真正解决路权问题，实现其"满蒙政策"，并制造了皇姑屯事件。

日本在与张作霖的交涉中，部分实现了其"满蒙铁路"交涉的目标，但其路线的实施仍成为遗留问题，商租权、设领问题几乎毫无进展，日奉之间的矛盾并未消除，并深刻影响着张学良时代的中日关系。

---

① 《对华回忆录》，第398页。

第五章
奉系与中东铁路
——从《奉俄协定》到中东路事件

在东北铁路上，奉系面临的最大难题和竞争对手是日本。不过，由于东北路权自20世纪初以来形成的日、俄分别控制南满铁路和中东铁路的现实，奉系在与日本因东北路权频发冲突的同时，还与苏俄在中东铁路的主权和其他权益上发生了长期纷争。而且，因中国政局的变动、奉系新旧政权的更替，中东铁路问题还与中国内政交织，使它成为中苏关系中的一大难题。

本章即主要梳理张作霖和张学良两代奉系政权与苏俄在中东铁路上发生的复杂互动及发展走向，以揭示东北路权的曲折以及奉苏关系演进中无处不在的中东路因素。

第一节 从《中苏解决悬案大纲协定》到《奉俄协定》

十月革命后，中东铁路受到俄国局势的影响以及国际势力的干预，形势极为复杂。如何在错综复杂的国际局势下保持中东路的稳定，维护中国的利权？如何与新生的苏俄政权建交并解决中东路悬案？这是北京政府和全面统治东北的奉系面临的共同难题。

一 北京政府与中东路部分利权的回收

中东铁路"西接俄之后贝加尔路，东接俄之乌苏里里，南与南满铁路紧相衔接,横亘吉黑两省,延长三千二百三十六华里。其间规模之宏大,资产之丰富,实为他路所罕有"。① 自筹划起,它就是俄国的远东政治和军事战略的一部分,其营运以满足俄国的政治和军事需要为主,中东铁路公司甚至扮演了殖民地政府的角色,② 长期处在俄国的严密控制下。

尽管按照《东省铁路公司合同》,中东铁路属于商业性质,并且铁路和铁路用地的主权都属于中国,但实际上"所有条款皆充分体现了俄国对中东铁路的独占地位,并切实保证俄国对该路的实际控制权"。③ 如《合办东省铁路公司合同》第五条明确规定,"凡铁路及铁路所用之人皆由中国政府设法保护",即中东铁路的护路权归中国所有,但俄国后来却以保护中东铁路为名,在中东路沿线驻扎军队,狡称俄国护路军不是正规军队。俄国还大量夺取中东路沿线的行政权、司法权、警察权以及土地占有、税务、森林采伐、内河航运等经济利权,④ 形成了中东铁路附属地这样一个俨然国中之国的独立王国。结果,中东铁路不仅成为俄国剥夺中国东北经济资源的一条铁路,而且它"几乎已被视为俄国推行远东侵略政策的一个机关。……它完全成了俄国铁路,中国几乎向来不能染指"。⑤

十月革命的爆发让远东的俄国各势力发生分化,中东铁路也陷入混乱。这里既有受到苏维埃革命影响的俄国铁路工人及其组织,也有以中东路会办兼局长霍尔瓦特为首的与苏维埃政权对立的旧俄势力,还有大量涌入路区的帝俄外贝加尔哥萨克军队和阿穆尔军队

---

① 宋小濂:《巡阅东省铁路纪略》,姜维公、刘立强主编《中国边疆文库·初编·东北边疆卷(二)》(上),黑龙江教育出版社,2014,第373页。
② 谭桂恋:《中东铁路的修筑与经营(1896~1917)——俄国在华势力的发展》,联经出版公司,2016,第305页。
③ 陈志新、邵桂花、王玉玲:《中东路风云——中东铁路护路军司令暨东省特别区行政长官》,吉林人民出版社,2000,第4页。
④ 有关俄国利用中东铁路侵夺中国东北的政治、经济和军事利权,可参见谭桂恋《中东铁路的修建与经营(1896~1917)——俄国在华势力的发展》第7~9章。
⑤ 《满铁档案资料汇编》第3卷,第390页。

的残余势力。这些因素又与日、美等其他国际势力争夺中东路交织。这样的局势无疑给当时的北京政府和东北地方当局带来严峻的挑战。北京政府和东北地方当局极为紧张，尤其是与中东铁路关系密切的吉林和黑龙江两省的军政当局，深切地感知到中东铁路大量权益的丧失及其引起的严重后果，也对新生的俄国苏维埃政权心存疑忌，担心中东铁路进一步被苏俄控制，迫切地希望能够采取措施收回利权。

北京政府收回中东路权益是从护路权入手的。1917年11月，滨江县强行派警备队进入中东铁路附属地界内巡逻防卫，吉林省驻军随后前往哈尔滨协防。吉林督军孟恩远在哈尔滨成立中东铁路警备司令部，行使护路权，从而实现了中国军队派兵进入中东路。同时，受到苏维埃革命影响，驻哈尔滨的俄军以留金为首，在哈尔滨组成工兵苏维埃委员会。1917年12月15日，哈尔滨工兵苏维埃发表《告公民书》，宣布撤销霍尔瓦特的中东铁路管理局局长职务。

面对这种境况，孟恩远、郭宗熙、鲍贵卿等吉、江两省军政首脑频频致电北京政府，要求北京政府迅速决定政策，简派人员，处理中东铁路问题，"既可救纷止沸，更可挽回丧失之权利"。[①] 12月20日，北京政府表示将以实力赞助霍尔瓦特，维持北满秩序。此时霍尔瓦特正准备以中东铁路为支点，在远东建立反苏维埃的武装力量和政权。吉、江两省明面上表示中立，实则计划利用霍尔瓦特急需中国支持的机会，收回护路权。12月27日，中东铁路警备司令部解除工兵苏维埃武装，将其遣送出境，从而使在哈俄军大为减少。

1918年1月11日，吉林、黑龙江两省军政要员召集会议，讨论中东铁路善后事宜，并提出军事、警察、路政、税务、司法和交涉六个方面的议决方案，"全以条约合同为根据……而以扩张实权、步

---

① 《收吉林、奉天、黑龙江督军（孟恩远、张作霖、鲍贵卿）电》，《中俄关系史料——中东铁路》（1），第17页。

步稳慎前进,为挽救前失,图度未来之张本"。① 吉、江两省当局向霍尔瓦特明确表示,中东铁路界内之权,全部归中国所辖,拒绝霍尔瓦特增设警力、重建旧俄护路军的要求,同时请求北京政府在交涉中支持地方当局的行动。② 鲍贵卿还提议仿照吉林省,在黑龙江设立临时警备司令部,其职责是在"南由对青山,北至满洲里一带""保护江境中东铁路全线治安及筹备防务"。③

北京政府参照吉、江两省方案和意见,令地方当局可以相机行事。1918年2月,黑龙江省成立临时警备司令部、中东铁路督办公所,吉林省省长郭宗熙担任中东路督办,此前曾空缺十多年的督办一职终于有了实职。郭宗熙认为,督办的职责要点在于"将公司历来侵轶范围之处,力予挽回",④ 提出要解决中东路问题,为避免武力冲突,最好按照1896年的《合办东省铁路公司合同》以协商和交涉方式和平解决。4月27日,中东铁路股东大会在北京召开。此后,中东铁路总公司移至北京。

不过,霍尔瓦特随后却试图利用旧俄阿穆尔军区副司令萨莫依洛夫、外贝加尔哥萨克军队首脑谢苗诺夫等人的势力扩兵,维护其权力。5月,霍尔瓦特在哈尔滨组织"救国会",7月,在谢苗诺夫的支持下,霍尔瓦特成立"全俄临时政府",继续盘踞东北。10月,旧俄的西伯利亚政府宣布与霍尔瓦特临时政府合并,宣称阿穆尔、滨海、中东铁路附属地均是其管辖范围,霍尔瓦特担任摄政。

与此同时,北京政府和东北地方当局也密切关注日美等国在中东路上的态度。1917年11月,日本担心此前获取中东路南线的计划落空,试图趁俄国革命和内乱时,不通过俄国政府,直接与旧俄大

---

① 《孟恩远、郭宗熙为报告会议中东善后事宜案电》(1918年1月13日),黑龙江省档案馆编《中东铁路》(2),黑龙江省档案馆,1986,第260~262页。
② 《收吉林督军(孟恩远)电》,《中俄关系史料——中东铁路》(1),第77~78页。
③ 《收黑龙江督军公署咨》,《中俄关系史料——中东铁路》(1),第111~112页。
④ 《郭宗熙为吉江两省关于中东路善后意见融洽函》(1918年1月14日),《中东铁路》(2),第263页。

使达成协议。11月22日,日本外务大臣与旧俄驻华公使库宾斯基声明,俄国以2300万日元的价格将宽城子与松花江左岸连接的铁路转让给满铁。① 此时克伦斯基政府(俄国二月革命后成立的俄国临时政府,十月革命中被推翻)已垮台,这一换文实际上并不具备任何法律效力。为了偷天换日,日本甚至与俄方约定,"在此以前,换文一事对任何方面都要保持绝对秘密,因而连中国政府亦未通知"。② 直到1918年4月29日,日本才将日俄间此换文告知北京政府,但遭到北京政府的强烈反对。5月22日,北京政府向日、俄声明,决不承认日俄间这一私相授受的所谓换文。③ 北京政府多次声明,中东铁路与西伯利亚铁路不属于同一体系,其主权为中国所有。

观察到美日在中东路上的明争暗斗、"觊觎日深,争持日烈"④局面以及中东路走向国际共管的发展趋势,北京政府和东北军政当局也筹谋应对之策。它们认为,国际监管中东铁路"此种协议,表面为维持破裂,其里面实隐祸机"。但它们最忧虑的是日本对中东路的独霸和对东北的渗透,认为美国倡导国际监管,目的在于"戢日本独吞之谋","美为主动,日本勉从",⑤ 提出既然难以单独解决中东路问题,不如借用美国的力量制衡日本。黑龙江督军鲍贵卿、驻海参崴公使刘镜人、吉林省省长郭宗熙等都是联美制日的积极拥趸。鲍贵卿数度向国务院和外交部阐述该策略的必要性,表示"与其全入于日,则无宁公诸列强,暂维时势,犹不失两害取轻之意",⑥ "日人蓄意并吞北满,野心勃勃,路人皆知。我国既无实力抵御,惟有借外力以相牵制,冀可稍安。……其余力足以抵制日本者,厥惟美国"。⑦

---

① 《满铁档案资料汇编》第3卷,第336~339页。
② 《满铁史资料》第2卷《路权篇》第1册,第338~339页。
③ 宓汝成编《中华民国铁路史资料(1912~1949)》,第330页。
④ 《收吉林省长(郭宗熙)电》,《中俄关系史料——中东铁路》(1),第227页。
⑤ 章伯锋、李宗一主编《北洋军阀(1912~1928)》第3卷,第1193页。
⑥ 宓汝成编《中华民国铁路史资料(1912~1949)》,第348页。
⑦ 《收黑龙江督军(鲍贵卿)电》,《中俄关系史料——中东铁路》(1),第205~206页。

因此，北京政府和东北地方当局在无力改变整体格局的情况下，在中东路上的基本方针是，在承认各国干预的前提下，参与中东铁路的国际共管委员会，尽力在"国际监管"的形势下争取权益。

1919年2月20日，北京政府照会日美两国，提出三项要求：中东铁路与西伯利亚铁路性质不同，与中国有领土关系，中国应在技术部内派遣专员；中东铁路尽量用中国技术人员和管理人员；护路军警应由中国切实负责。中国派遣刘镜人作为监管委员会中方委员，詹天佑为技术部代表。对于各国成立的监管委员会，北京政府认为它只有"监督之便"，而"权须在我，理所当然"。[①]

北京政府参与国际监管，引发了日本的干扰。日本提出中东路的护路问题是军事权限，应交由监管会的武官代表会议讨论。为了维护中国的护路权，吉林当局派遣代表前往海参崴，作为刘镜人和詹天佑的顾问，向英美等国陈述中国的护路主权及护路成绩。在北京政府的努力和英美等国的支持下，4月14日，各国武官代表会议正式决定中东铁路由中国军队保护，即承认了中国的护路权。7月25日，北京政府令黑龙江督军鲍贵卿移任吉林，8月11日，加派鲍贵卿兼督办东省铁路公司事宜和护路军总司令，节制吉、江两省护路军，原吉、江两省的护路军警备司令部取消。同时，北京政府指令鲍贵卿迅速在中东铁路沿线调派兵力，分段设立护路分司令，掌握护路主权，控制住中东路的护路权。

"1919～1920年左右，是远东及北满最混乱时期"。[②] 在军事上，苏俄红军从1919年初起在远东地区展开攻势，肃清残余的旧俄势力。是年夏，苏俄红军越过乌拉尔山脉，向贝加尔湖前进，西伯利亚和远东地区形势为之一变。随着苏俄政权的不断稳固，协约国的武装干涉也面临危机。英国决定从1919年10月起从西伯利亚撤兵。11月，西伯利亚政府所在地鄂木斯克被攻克，"全俄临时政府"面

---

① 黑龙江省档案馆编《中东铁路》(3)，黑龙江省档案馆，1986，第180页。
② 《满铁档案资料汇编》第3卷，第355页。

临覆灭。1920年1月,美国宣布撤兵。2月,协约国共管中东铁路和西伯利亚铁路委员会撤销,仅日本尚未在西伯利亚完全撤军。同时,苏俄政府于4月20日成立远东共和国,远东共和国遂成为处理远东国际关系的一个重要角色。

远东地区形势的变化既为北京政府进一步收回中东路的其他权益提供了时机,又给它带来新的不确定因素。"全俄政府"垮台后,霍尔瓦特与谢苗诺夫为争夺远东统治权,试图重新控制中东铁路,于1920年1月14日以中东铁路界内总长官名义宣布在合法的俄国政府建立前,由霍尔瓦特重掌中东铁路附属地。为获得北京政府的支持,霍尔瓦特又宣称"路界以内主权完全归中国所有"。

对此,鲍贵卿在1月20日向霍尔瓦特声明:东省铁路完全属中国领土,同时于领土之下,不容有第二国家施行其统治权;霍尔瓦特是铁路坐办,无担负国家统治的权能;中东铁路公司的俄国员工及沿线侨居中外人民,应由中国完全保护。①鲍贵卿主张以稳健办法为主,"避接管之明而有管理之实"。2~3月,鲍贵卿多次与霍尔瓦特就取消俄国军警力量进行交涉,同时对中东铁路董事会进行改组,董事会的9人中,华人董事为4人,比改组前增加了3名。鲍贵卿的这些举措,"为最终收回中东铁路路权创造了必要的条件"。②

3月14日,鲍贵卿正式宣布解除霍尔瓦特的一切职务,其他军装、器械等,一并由中国派员接管、保存。面对东北当局的坚决态度,大势已去的霍尔瓦特只得于16日宣布"辞职",中国收回了路区的行政权。

9月28日,北京政府国务会议通过关于铁路地区司法权回收临时办法。同时,北京政府对中东路进行改组。10月2日,北京政府交通部与俄亚银行(十月革命后由华俄道胜银行改组成立)订立

---

① 薛衔天等编《中苏国家关系史资料汇编(1917~1924)》,中国社会科学出版社,1993,第342页。
② 吴文衔、张秀兰:《霍尔瓦特与中东铁路》,吉林文史出版社,1993,第237页。

《管理东省铁路续订合同》。12月2日,东省特别区高等法院正式成立,中国收回中东路附属地的司法权。1921年1月,滨江道收回中东铁路邮政权。2月,建立东省特别区市政管理局。3月,建立东省特别区长官公署,朱庆澜担任特区长官。

至此,北京政府利用十月革命后中东路俄国新旧势力的斗争以及美日矛盾等形势,经过长达数年的时间,以多种形式收回了中东路附属地的诸多权益,"开创了近代以来中国收复被列强攫取的国家主权的先河,具有划时代的意义"。①

二 《中苏解决悬案大纲协定》和《暂行管理中东铁路协定》

尽管1919~1921年,北京政府通过各种方式收回了部分中东路权益,但中东路的难题并没有解决。一方面,中东路管理体制的积弊尤其是中俄双方权益不对等的局面并未消除,1920年外交部主事夏维松视察中东路后即曾指出中东路的积重难返,如"现在我国在东路上悬国旗,置军警,表面上似觉完善,然铁路营业权及路线两旁之地亩关利权,完全掌握俄人之手",沿路所设置的公议会"组织不良,董事定额,中人甚少,俄人过多,一议案之通过,中国人丝毫不能表示意见"。② 另一方面,俄国政权更迭,新生的苏俄政权在中东路上的态度和政策直接影响着中苏关系和中东路的未来。因此,北京政府亟须了解苏俄的动向并与之进行具体交涉。

从苏俄角度而言,中东路是帝俄时期获得的在华利权,且在十月革命后仍为旧俄势力盘踞之地,如何解决中东路问题关乎它的国家利益和安全,也关系到它与中国这一邻国的外交往来。

苏俄(联)对中东铁路的态度几经变化。1918年2月4日,苏

---

① 薛衔天:《民国时期中苏关系史(1917~1949)》上册,中共党史出版社,2009,第2页。
② 中国第二历史档案馆编《中华民国史档案资料汇编》第3辑《外交》,江苏古籍出版社,1991,第765~766页。

俄外交人民委员部远东司司长伏时涅新斯基与中国驻俄使馆讨论中东路问题，提出苏俄对中东铁路公司的6项办法，并限中国方面三天内答复：公司须服从现时政府；撤退俄队；改良哈埠自治章程；修改该路管理章程；造报所有账款；召回霍尔瓦特。三日后，伏时涅新斯基又向中国驻俄使馆进一步提出，苏俄应继承俄亚银行的权利，中东路应"当归国有"。① 苏俄外交委员会在2月22日给各边区苏维埃国际部的指示以及7月苏俄外交人民委员契切林在第五次苏维埃代表大会的发言中，均提出苏俄不会放弃中东路，"耗费人民大量钱财修筑的中东铁路，是中俄两国人民的财产，所以它只能属于中俄两国人民"。② 从中可见，此时的苏俄新生政权并没有打算放弃在中东路上的特权与利益。

1919年7月25日，苏俄代理外交委员加拉罕发表第一次对华宣言，宣布"凡从前与日本、中国及协约国所订的密约，一律取消"，"劳农政府把中国中东铁路及租让之一切矿产林业等权利，及其他由俄罗斯帝国政府，克伦斯基政府，土匪霍尔瓦特、谢米诺夫和俄国军人、律师、资本家所取得的特权，都返还给中国，不受何种报酬"。③ 这次宣言中，苏俄的态度发生剧变。但是，苏俄此时的表态，并非完全出于国际道义，而是对当时苏俄面临的被西方列强封锁的国际环境、为争取中国的外交承认、改善自身处境的现实需要等多种因素考量的结果，④ 而且这也不是苏俄对中东铁路归属的最终决策。1920年4月成立的远东共和国在其向各国发表的宣言中表示，

---

① 《收驻俄刘（镜人）公使电》，《中俄关系史料——中东铁路》（1），第97~98页。
② 转引自马蔚云《从中俄密约到中苏同盟——中东铁路六十年》，社会科学文献出版社，2016，第182页。
③ 程道德等编《中华民国外交史资料选编（1919~1931）》，北京大学出版社，1985，第166页。
④ 有论者认为，苏俄有关该宣言存在不同的版本，"一种供国内使用，苏俄不放弃中东铁路；另一种供外交使用，用作宣传，具有权宜性"。参见马蔚云《从中俄密约到中苏同盟——中东铁路六十年》，第183~189页。

其领土包括"中东铁路租界区域",不仅将中东铁路附属地等同于租界,还公开违背苏俄第一次对华宣言宗旨。

北京政府当时在对苏俄的态度上受到协约国的影响,中俄(苏)并未正常建交,但远东共和国成立后,北京政府是较先表示愿意与之接触的国家。北京政府在了解到苏俄第一次对华宣言和远东共和国的态度后,为了探明情况,于1920年4月派遣范其光前往海参崴,5月,范其光与苏俄就对华宣言交换意见,并谈及中东路问题。6月,督办边防事务处派遣陆军中将出访远东共和国和苏俄,与苏方进行非正式的接触。

同时,远东共和国派遣的以国防副部长优林为首的代表团也于8月抵达北京,其目的是"确立远东共和国在政治经济方面的友好互助关系"。9月,北京政府决定与优林代表团商议中东路等问题,提出"毋令他国干涉者为稳妥之策",并下令解决此前在中东路上俄国权力偏重、"过涉侵略主义"的问题。[①] 此后,北京政府派遣前驻俄公使刘镜人与优林使团数次协商。优林使团提出解决包括中东路通车及滞留中东路内的白党残余等在内的一系列问题,并仍坚持"中东路为俄国领土之一"。[②]

经过数月的接触和会谈,1921年1月9日,中东铁路督办宋小濂与远东共和国交通部长沙托夫订立《中东铁路与俄国贝加尔铁路临时交通办法》。5月13日,优林与北京政府外交总长颜惠庆就中东路、松黑航行权、通商等问题会谈。在中东路问题上,优林表示此路可以完全属于中国,也可以作为商务性质由两国共管,并表示远东共和国不会保持旧俄在中东路上的权利。但6~7月,远东共和国的人民革命军和苏俄红军进攻库伦、干预外蒙,谈判暂时搁置,到7月下旬和10月初,才进行第二次和第三次会商。由于优林代表

---

① 中研院近代史研究所编《中俄关系史料·俄对华外交试探(民国九年)》,中研院近代史研究所,1968,第93页。
② 初祥:《远东共和国史》,黑龙江教育出版社,2003,第370页。

团并非苏俄的官方代表,并且在通商和外蒙撤军等问题上双方立场差距较大,会商并未达成一致意见。北京政府同意稍后继续由张作霖派人与远东共和国在满洲里洽谈,但远东共和国后来单方面取消了满洲里会议。

在远东共和国与中方接洽之时,苏俄于9月27日发表第二次对华宣言。对照第一次宣言,苏俄在中东铁路上改变了无偿归还的表态,提出"俄、中两国政府同意为苏俄需要另行签订使用中东铁路办法的条约,在订立条约时,除中、俄外,远东共和国亦可参加"。① 显然,此时,由于远东局势已经平定、苏俄政权渐趋稳固、协约国武装退出西伯利亚,在中东路问题上,苏俄认为它掌握的主动权和筹码更大。

与远东共和国相比,苏俄才是北京政府交涉的主体,北京政府表示愿与苏俄"直接开议"。② 10月24日,苏俄派遣裴克斯使团前往中国,意图在华盛顿会议召开前解决中东路问题,以争取主动权,保障苏俄利益。12月16日,裴克斯开始与颜惠庆会谈。到1922年2月,北京政府与苏俄、远东共和国在北京就外蒙撤军、保护华侨、通商、中东路等问题会谈多次。

由于此时苏俄在外蒙侵害中国利益,拒绝从外蒙撤兵,北京政府重点试图与裴克斯使团解决外蒙问题。双方各自侧重点不同,与裴克斯使团的接洽困难重重。北京政府通过与远东共和国优林使团以及其他苏方人员的接触,意识到原来期盼的无偿收回中东路不可能实现,转而希望用作价赎回的方式将其完全收归中国管理,并且一度考虑借用美国资金赎路。③

8月,苏俄派遣越飞来华。在中东路问题上,尽管越飞多次向苏俄政府建议,将外蒙问题和中东路问题等中苏间系列悬案按照前两

---

① 程道德等编《中华民国外交史资料选编(1919~1931)》,第175页。
② 薛衔天等编《中苏国家关系史资料汇编(1917~1924)》,第90页。
③ 薛衔天等编《中苏国家关系史资料汇编(1917~1924)》,第333页。

次对华宣言的原则解决,但苏俄政府坚持在中东路问题上不能兑现 1919 年和 1920 年所做的承诺,不能放弃对苏俄"具有特殊意义的中东铁路"。① 紧接着,越飞数度表示苏俄不会放弃中东铁路。这再次表明苏俄在中东路问题上立场发生变化。

1923 年 3 月,北京政府任命王正廷筹办中俄交涉事宜公署。8 月,苏联派遣加拉罕为大使,负责中苏交涉。加拉罕到北京后,在 9 月 4 日对中国报界的声明中说"我们绝不会放弃我国在中国的利益",要求"我们在华的实际利益必须予以承认",② 还提出先实现中苏建交,再讨论悬案。北京政府则要求解决悬案后再讨论中苏建交,双方争持不下。

1924 年 2 月,由于英、意两国承认苏联并与之建交,北京政府在建交与解决悬案先后问题上做出让步,即在正式承认苏联前先行进行非正式会谈,解决中苏间悬案。不过,在非正式会谈中,中苏双方仍旧在外蒙和中东路问题上分歧严重。中国提出赎回中东路,但双方在估价方面差异极大,在中东路的人事安排等问题上也出现不同意见。经过数十次的谈判,中苏最终于 5 月 31 日订立《中苏解决悬案大纲协定》(共 15 条)、《暂行管理中东铁路协定》(共 11 条)以及 7 个声明书、2 个换文、1 个议定书。

《中苏解决悬案大纲协定》中的第九条(共计 7 项)是有关中东铁路的。按照该条,中东路"纯系商业性质","除该路本身营业事务直辖于该路外,所有关系中国国家及地方主权之各项事务,如司法、民政、车务、警务、市政、税务、地亩(除铁路自用地除外)等,概由中国官府办理",这是明确承认中东路的主权属于中国。同时,协定表示,"苏联政府允诺以中国资本赎回中东铁路及该路所属一切财产","对于中东铁路之前途,只能由中苏两国解决,不许第三者干涉",这既是苏联就中东路的前途向中国做出许诺,也是两国

---

① 薛衔天:《民国时期中苏关系史(1917~1949)》上册,第 67 页。
② 薛衔天等编《中苏国家关系史资料汇编(1917~1924)》,第 193~196 页。

试图遏制其他国家染指中东路的野心。此外,双方约定,在未解决中东铁路各项事宜前,中苏两国暂时按照1896年的《中俄合办东省铁路公司合同》行事。按照《暂行管理中东铁路协定》,中东铁路仍由中苏共管,设立中苏互派理事的理事会和监事会,中东铁路局长由苏方人员担任。①

这两个协定初步解决了中苏在中东路问题上的悬案。不过,它们只是概略性约定,"其本质上只是将来解决悬案的大纲。中俄旧约并未废止,苏联只承诺将'在会议中'议定新约取代旧约"。② 实际上,苏联通过这两个协定继承了沙俄在中东路上的权利。对于一些涉及中方权益的问题,如中东路的赎回问题,苏方只做出宽泛的承诺,"成了苏联向中国人民所开的一张空头支票"。③

三 《奉俄协定》的订立

十月革命后,中东路的内外复杂形势让统治东北的奉系坐立不安。张作霖对十月革命和苏俄极为忧虑,首先是担心苏俄的革命思想和势力扩散到东北,危及东北的政治局势。他多次下令严防苏俄在东北传播革命,并监视中东铁路工人的动态,严防他们受"过激主义"的影响。④ 苏俄在外蒙动作连连,出兵库伦,支持外蒙的分裂活动,也让张作霖既忧且愤。其次,日本对北满和中东路觊觎已久,张作霖也担忧日本与谢苗诺夫等势力勾结,趁机北进、图谋中东路。此外,中俄边境绵长,通商、航行等其他问题也亟待解决。因而,张作霖也希望能够利用十月革命后中东路和远东的形势,在中苏间

---

① 程道德等编《中华民国外交史资料选编(1919~1931)》,第198~201、206~207页。
② 唐启华:《被"废除不平等条约"遮蔽的北洋修约史》,社会科学文献出版社,2010,第175页。
③ 姚金果、苏杭、杨云若:《共产国际、联共(布)与中国大革命》,福建人民出版社,2002,第110页。
④ 辽宁省档案馆编《奉系军阀档案史料汇编》第3册,江苏古籍出版社、香港地平线出版社,1990,第105、495页。

的通商、航行、铁路等问题上有所进展,也希望能够借此机会更有力地控制东北,尤其是将与之有嫌隙的吉林督军孟恩远的势力收归自己手中。

长期关注和致力于中东路利权回收的鲍贵卿与张作霖有姻亲之谊,鲍贵卿在中东路上的诸多举措,得到张作霖的一定支持。1920年,北京政府与中东路护路军司令鲍贵卿力图收回中东路行政权,撤销霍尔瓦特的职务,张作霖为之出谋划策。他于4月10日在给北京政府外交部和交通部的函电中表示,霍尔瓦特"东路党羽尚多,倘令回至北满,则暗中鼓动,路事必生困难",希望北京政府能"设法羁縻",[①] 为东北地方当局处理中东路问题制造机会。张作霖明确表示,希望在卫护中东路上,东北三省能够"联络一气,互相援助"。[②]

苏俄也很早就意识到与奉系接触的必要性。从1921年起,苏俄和远东共和国的访华代表就开始与张作霖接洽。7月15日,远东共和国外交部部长优林第二次来华,23日在奉天拜访时任蒙疆经略使的张作霖,双方就通商、承认苏俄、库伦、中东路和边界等问题有所商洽。优林有意以交还库伦换取中东路上权益,但被张作霖拒绝。张作霖要求优林在交还库伦一事上一言为定,表示自己的职责只在收复蒙疆,[③] 中东路"应由中央从长计议","商约须由中央解决"。[④] 8月1日,优林再赴奉天。随后,张作霖与优林会晤两次、宴会一次,张作霖关心的是在库伦问题上优林有无代表苏俄的决策权,并且认为优林的谈话意在拖延。[⑤] 10月5日,双方第三次会面,主要商谈松黑航权和外蒙问题。张作霖认为优林"既无代表全俄资格,

---

① 郭春修主编《张作霖书信文电集》上册,第411页。
② 《奉系军阀档案史料汇编》第3册,第518、527页。
③ 中研院近代史研究所编《中俄关系史料·外蒙古(民国十年)》,中研院近代史研究所,1959,第132页。
④ 郭春修主编《张作霖书信文电集》下册,第492页。
⑤ 《中俄关系史料·外蒙古(民国十年)》,第135页。

又无交还库伦诚意""其宗旨全为传播过激主义",[1] 对与优林的会谈兴趣不大。

12月5日,张作霖接待到东北考察的美国人孟录。在谈及中东铁路国际共管时,张作霖先是表示"凡食毛践土的中国人,没有一人赞成那种办法",后来又称"如能将南满铁路收归国际管理,中东铁路我宁愿牺牲,交归国际管理;倘若不然,只将一个中东铁路收归国际管理,我姓张的是极端反对。……我只知道,中东铁路是中国人的铁路,既是中国人的铁路,就应当归中国人管理;我自有办法,也绝不会放松"。[2] 张作霖这种言论表达了一定的真情实意。此前,张作霖曾电告北京政府,反对华盛顿会议上的国际共管中东铁路提议,提出中国对中东路应有自决权。此时张作霖的基本态度是认为中东路应由北京政府解决,但必须考虑奉系的立场和意见。

到1922年,随着直奉交恶、第一次直奉战争爆发以及奉系败北,奉系与北京政府关系发生重大变化。张作霖宣布"自治",退居关外,声明自1922年5月1日起,不承认北京政府订立的有关东三省、内外蒙、热河和察哈尔的条约,否认北京政府的法统。由于政局的变化以及奉系一定程度上的独立性,从1922年起,它在中东路以及中苏其他问题上成为举足轻重的一方。从奉系来看,东北是它发迹的源泉,又与苏联毗邻,稳定的奉苏关系至关重要。

从苏方看,此时无论是与中国的边界问题还是中东路等问题,如果不取得奉系的认可,就不具备实际操作性。在远东问题上,苏联认为中东路最首要,提出"只有与张作霖合作才能解决中东铁路问题和那些对于远东来说具有极其重要政治经济意义的次要问题"。[3] 苏方各类赴华代表与张作霖更频繁地往来。

---

[1] 郭春修主编《张作霖书信文电集》下册,第504页。
[2] 赵金凯:《张作霖接待美国教育家孟录博士的谈话》,中国人民政治协商会议辽宁省盘山县委员会文史资料研究委员会编印《盘山文史资料》第8辑,1997,第22~23页。
[3] 转引自马蔚云《从中俄密约到中苏同盟——中东铁路六十年》,第222页。

1923年加拉罕来华时,于8月16日在哈尔滨发表声明,表示中东铁路应由中苏两国解决。在奉天停留期间,加拉罕与张作霖有数次见面,得到张作霖的热情接待,"在谈话中曾得良好之印象"。①此时也在奉天的鲍罗廷同样在与张作霖会面期间谈及中东路。

8月22日,张作霖召集东北军政要员、奉天交涉员等集会,探讨对苏问题,提出六条方针,在中东路问题上,提出地亩问题"原应由中央政府交涉,然于东三省治安,亦有绝大关系,自宜更加慎重,但无论如何,决不变更既定方针",表示愿意与苏交好。26日,张作霖又命于冲汉、张学良、张寿增等人列席中苏会议委员,并由孙烈臣、王永江等组织高等委员会,作为对苏交涉的最高咨询机关。② 加拉罕、鲍罗廷等与张作霖方面的多次接洽也让此时的北京政府颇为烦恼。负责中苏交涉的王正廷特于1923年底前往奉天,探询张作霖对中苏交涉的态度。

1924年5月,《中苏解决悬案大纲协定》签订后,张作霖表示不满,公开表示"东省与俄毗连,关系最为密切。……东省为自治省份,无服从北京命令之义务。彼此恢复友谊一节,应由东省自动,绝不能因为北京伪政府签字之协定而发生"。③

按照《中苏解决悬案大纲协定》第二条规定,在签字后1个月内,双方应举行会议商讨悬案的详细办法,至迟不得晚于会议开始后6个月。不过,此时正值第二次直奉战争爆发前,张作霖宣布不受中央政府号令,中东路理事会改组迟迟未能进行。考虑到中东路与东北关系之密切以及该路对苏联的重要性,苏联对北京政府的开会提议也并不积极,而是派遣库兹涅佐夫进一步与奉系接洽。北京政府屡次催促苏联尽快与北京政府开议,数次反对奉苏直接协商,

---

① 中共中央党史研究室第一研究部编《共产国际、联共(布)与中国革命文献资料选辑(1917~1925)》,北京图书馆出版社,1997,第531页。
② 薛衔天等编《中苏国家关系史资料汇编(1917~1924)》,第191~192页。
③ 转引自林军《中苏外交关系(1917~1927)》,黑龙江人民出版社,1990,第104页。

认为"中国于内政上或有分歧,而对于外交则属一致","与奉天别开会议于事无补,反添纠纷"。但加拉罕坚持苏联有必要与奉系商洽,表示如果与奉系另有协定,仍认定《中苏解决悬案大纲协定》有效,① 并且提出"通过北京我们永远也不会得到中东路","只有与张作霖签署协定,才能够达到这个目的"。②

9月11日,俄共(布)中央政治局会议责成加拉罕与张作霖签订拟定的协议。③ 20日,奉系与苏联订立《中华民国东三省自治省政府与苏维亚社会联邦政府之协定》(即《奉俄协定》)以及3份声明书。协定内容共计7条,包括中东铁路、航权、疆界、通商和关税等内容。在航权、疆界、通商和关税方面,奉苏只达成极为简略而宽泛的协定。

有关中东铁路的部分主要在第一条,共有15项,对照这部分内容与《中苏解决悬案大纲协定》和《暂行管理中东铁路协定》可以看出,《奉俄协定》在中东路的处理上,基本上综合了《中苏解决悬案大纲协定》和《暂行管理中东铁路协定》的内容,除了遣词造句的略微差别外,没有实质性变动。当时就有舆论认为"通观奉俄协定全文,在其本身上不能发见如何之价值,颇似奉俄交涉为多此一举者"。④ 对比三个文件,《奉俄协定》主要有以下几处补充。

第一项有关中东路的性质问题。将"所有关系中华民国国家及地方政府权利之各项事务"中的"地亩(除铁路自用地皮外)"改为"地亩(除铁路本身必需地皮外)"。

第二项有关中东路的赎回问题。提出将1896年《中俄合办东省铁路公司合同》的经营时间由80年缩减为60年;"期满后,该路及该路之一切附属产业均归中国政府所有,无须给价",并且"经双方

---

① 薛衔天等编《中苏国家关系史资料汇编(1917~1924)》,第315~316页。
② 马蔚云:《从中俄密约到中苏同盟——中东铁路六十年》,第227页。
③ 中共中央党史研究室第一研究部译《联共(布)、共产国际与中国国民革命运动(1920~1925)》,北京图书馆出版社,1997,第530页。
④ 《奉俄协定与中东路改组》,《东方杂志》第21卷第19号,1925年,第10页。

同意时，得将再行缩短上述期限即'六十年'之问题提出商议"；苏联同意中国有权赎回中东路，双方协商"用中国资本以公道价额赎回之"。

第五项约定在《奉俄协定》订立后4个月内修改1896年9月的《中俄合办东省铁路公司合同》。

第十项有关中东路人员配置的平均分配原则问题，增加了"无论如何不得妨碍该路平日之生活及事务之进行，即：聘用两国职员时，应以各该员之经验、品学、资格为标准"。

第十一项对应《暂行管理中东铁路协定》第六条，增加了"和平公允解决"字样。

第十四项有关中东铁路公司章程的修正完成时间，由"至迟不得过自理事会成立之日起六个月"改为"至迟不得过自理事会成立之日起四个月"。[1]

《奉俄协定》订立时，第二次直奉战争已经爆发。《奉俄协定》虽未否认此前北京政府订立的《中苏解决悬案大纲协定》和《暂行管理中东铁路协定》，但附有的密件声明书中还提出"中国"之字样应加上"中华民国东三省自治省政府"之解释，在"中华民国东三省自治省政府"正式承认北京政府时始行无效。因此，该协定订立后，北京政府立即表态，"奉张背叛中央，业奉明令申讨"以及事先未得到中央政府许可而遽然定约，绝不能承认。法国也以《奉俄协定》"改变中东铁路约定地位"等理由，表示反对。而苏联则以《奉俄协定》与《中苏解决悬案大纲协定》不相抵触为由，要求北京政府承认。[2]

最终奉系在第二次直奉战争中获胜，控制了北京政局。张作霖在1925年1月给临时执政段祺瑞的电文中表示，《中苏解决悬案大纲协定》"关于东路航权各部分尚多遗漏"，因而奉系与苏联订立协

---

[1] 薛衔天等编《中苏国家关系史资料汇编（1917～1924）》，第318～319页。
[2] 薛衔天等编《中苏国家关系史资料汇编（1917～1924）》，第322～324页。

定,目的在于"以资补救",① 要求北京政府承认《奉俄协定》的有效性。

1925年2月2日,中苏会议会务处连同外交部和交通部商讨中东路问题,三方一致认为《奉俄协定》与《中苏解决悬案大纲协定》宗旨基本一致,并且部分内容较《中苏解决悬案大纲协定》更加完善,可追认为《中苏解决悬案大纲协定》的附件。3月12日,北京政府正式承认《奉俄协定》的合法性。

四 奉、苏在中东铁路上的矛盾

《奉俄协定》订立前,苏联与奉系频繁往来,双方明面上都有交好之意的表示,但内里,奉系与苏联的关系极为多变和脆弱。奉系一方面与苏联谈判,但私下对苏联心存警惕。在奉日、奉苏关系的轻重权衡上,显然奉系将维护与它的崛起和壮大分不开、与东北利益冲突更复杂多变的日本置于首位。

《奉俄协定》签订前夕,张作霖曾向日本外务大臣币原喜重郎传递口信。对于苏联,张作霖称:"若继续与苏联方面接触,签订细目协定,与苏联保持友好关系当然甚为危险。反之,若不与苏联合作,则前有直隶派,后有与直隶互通声息之苏联,受两面势力之威胁,吾必陷入腹背受敌之危境。"② 张作霖认为苏联危险,固然是由于长期与俄(苏)打交道过程中屡次受挫,但更主要的还是恐惧苏联在中国的"赤化"影响。张作霖在口信中表示,南方的孙中山方面,"大半被赤化",北京"赤化征兆显然"。况且,第二次直奉战争后,直系垮台,奉系成为北京政府的主要操盘手,它恐惧北京政府受到"赤化"的冲击而瓦解,也担心东北受这一浪潮的影响,进而危及其根据地的稳固。显然,正如日本驻华公使芳泽谦吉于1925年春观察到的,"张作霖的对俄态度,当直隶派已经倒台的今天,已与缔结奉

---

① 郭春修主编《张作霖书信文电集》下册,第607页。
② 郭春修主编《张作霖书信文电集》下册,第584页。

俄协定当时大不相同，可以想象将会相当强硬"。①

从苏联来说，它执行的是"双重标准"的"二律背反的双轨对华政策"，"一方面与北京政府谈判建立外交关系，一方面支持南方国民革命运动推翻北京政府"。②《中苏解决悬案大纲协定》和《奉俄协定》订立后，苏联的对华政策的重心进一步转向推动以推翻北京政府、打倒军阀为目标的国民革命运动，并且主动接近以冯玉祥为首的国民军以及其他反奉势力，支持它们的反奉活动。1925年3~4月，俄共（布）中央政治局会议几次提出要帮助冯玉祥建立军事学校、提供武器。对于张作霖购买苏联武器的要求，苏联提出"只有在中东铁路问题上给予实际补偿才能出售武器"。③ 不仅如此，苏联还将奉张看作中国革命的敌人，多次强调要从奉系内部促成其瓦解。

因而，在《奉俄协定》订立后不久，奉苏间就出现重重矛盾，这也反映在东北路权上。

表面上看，《中苏解决悬案大纲协定》和《奉俄协定》比较公允，但实际上苏联通过这两个协定取得了与中国共管中东路的权力。《中苏解决悬案大纲协定》和《奉俄协定》订立后，有关中东路、商约、界务等问题的具体解决仍需要中苏继续协商。1925年春，北京政府与奉系多次商洽后，奉系于4月组织了以东三省交涉署长兼奉天交涉署长高清和为首的中苏会议代表团，准备在奉天与苏联进行商议。

但尚未正式召开会议，奉苏就因为洮昂铁路问题发生不快（见第三章）。在中东路的管理上，奉苏也发生过直接冲突。4月9日，中东铁路局局长伊万诺夫为了清除帝俄残余势力，发布第94号命令，自6月1日起，凡是非注册为中国或苏联两国公民的铁路雇员

---

① 《满铁档案资料汇编》第4卷，第291页。
② 薛衔天：《民国时期中苏关系史（1917~1949）》上册，第3页。
③ 《联共（布）、共产国际与中国国民革命运动（1920~1925）》，第583、596、604页。

均予以开除,结果,中东铁路理事长兼督办鲍贵卿于5月19日宣布伊万诺夫的这一命令无效。加拉罕认为鲍贵卿违反协定,袒护白党及帝制派,向北京政府提出抗议,甚至要求撤换鲍贵卿的职务。到6月,无中、苏国籍的200多名中东路员工被撤换,"九四命令"也随之废止,双方的这一纷争才告终,但它也预示着奉苏关系的不平静。

6月26日,俄共(布)中央政治局会议提出,在中国"发动声势浩大的反对张作霖的宣传攻势,千方百计地分化瓦解他的军队并使之革命化,要知道,张作霖是帝国主义者手中的主要工具"。① 8月26日正式开启的中苏会议因奉方委员迟迟未赴京,实际上并没有取得进展。8月30日,加拉罕在回国途经哈尔滨时,在中东路哈尔滨总工厂职工联合会上发表演说,谴责帝国主义和军阀压迫中国工人。这对于一直将革命视若洪水猛兽的奉系来说无异于公开挑衅。张作霖认为苏方在中东路、松黑航权方面危及中方利益,部分奉系军政外交要员断定,此前奉系在中东路等问题上受了加拉罕的"欺骗收买",要坚决反击。②

9月10日,由张作霖具保,东省特别区审判厅释放被拘押的前中东铁路局局长鄂斯特罗乌莫夫、地亩处处长关达基、经济调查局局长米哈伊洛夫等白俄分子。13日,苏联青年公会及中东铁路职工联合会会员伊万苏大等数人因在哈尔滨"宣传过激主义"被特警处拘押并送地方审判厅讯办。10月6日,东省特别区行政长官公署督办公所宣布为防止苏联的"共产主义"和"过激宣传","所有中东铁路沿线各处职工联合会,已据特警处呈报分别解散"。③

11月,随着郭松龄反奉战争爆发,奉苏关系更为紧张。苏联进一步提出要加强在张作霖后方及其交通线上的活动,加拉罕曾派人

---

① 《联共(布)、共产国际与中国国民革命运动(1920~1925)》,第637页。
② 张国忱:《张作霖父子对苏关系和中东铁路内幕》,《天津文史资料选辑》第2辑,第8页。
③ 中国人民政治协商会议黑龙江省委员会文史资料研究工作委员会编辑部编《中东铁路历史编年(1895~1952)》,黑龙江人民出版社,1987,第200页。

前往东北活动，商量秘密接济郭松龄。① 11月23日，伊万诺夫下令从12月1日起取消免费运送军队和军需品的旧章程，对军运业务一律收取现款，用货车和军事车运送军队和军用品则减半收价，用客车运输则全价收取，给正处在郭松龄反奉战争的泥潭中的张作霖制造直接障碍。"实际是张作霖的东北政权与东铁的联系机构"②的中东路督办公所致函中东路理事会，表示此举"关系军事运输极为重大"，要求暂缓执行。但中东铁路局仍在12月1日实施了新规定。不仅如此，1924~1925年，奉系因苏联频繁"宣传赤化"并援助冯玉祥与苏联产生分歧，甚至指责苏联背信弃义。③

1926年后，在中东路问题上，管理体制造成的苏方权力膨胀、中方权力被压缩的现状，以及苏联对华政策的指向，导致奉系与苏联多次短兵相接。

1926年1月16日，中国护路军第二十六旅部分士兵从奉天回防，在宽城子（即长春）车站与中东路局发生冲突。伊万诺夫下令中东路南段的哈长线停止客货运输，护路军则阻止东段的车辆行驶，并且拘捕哈尔滨苏方副站长。17日，中东路全线停运。1月22日，东省特别区行政长官张焕相在张作霖的命令下，逮捕伊万诺夫，对中东路实施军事管制，并令黑龙江和吉林两省采取积极的军事行动，引起苏联的抗议。④ 尽管双方在25日就中东路停运事件达成妥协，奉方释放被捕人员、中东路恢复秩序、运兵手续按照过去成案处理，但嫌隙并未消除。3月初，张作霖令张焕相解散哈尔滨各市公议会，成立中方组织的自治临时委员会，随后又封闭了中东路地亩处，双

---

① 《联共（布）、共产国际与中国国民革命运动（1920~1925）》，第720页；《对华回忆录》，第392页。
② 王泽久：《1929年"中东路事件"回忆》，中国人民政治协商会议辽宁省委员会文史资料研究委员会编《辽宁文史资料》第6辑，辽宁人民出版社，1981，第66页。
③ 张国忱：《张作霖父子对苏关系和中东铁路内幕》，《天津文史资料选辑》第2辑，第9~11页。
④ 《中东铁路历史编年（1895~1952）》，第204页。

方在中东路上的斗争更为激烈。

1926年3月18日的联共（布）中央政治局会议明确提出，"今后整个中东铁路当局要坚决执行苏联的方针"，① 而苏联的总体原则就是坚持中东铁路是苏联国家利益的一部分。中东路实行局长负责制的管理体制，局长长期由苏方担任，如联共（布）中央政治局中国委员会委员契切林承认的，"我们在过去的几年中一直实行加强局长权力的做法"。②

在中东路的管理权上，苏方占据优势。在具有立法职能的议决机关——中东路理事会中，按照规定，中苏各派5人参加，中国理事担任理事长，同时又规定理事会开会须至少有7人，一切决议须得6人同意方为有效。结果苏方常利用这一规定拒绝中方的各种提议，导致理事会有名无实。乃至日常办事行文上，原本规定中、俄文并行，实际上也常常只用俄文。理事会的文件，常常先由苏方的副理事长批阅才译成中文，送交中方理事长，财务上也以卢布为核算单位。③

在人事上，苏方不顾此前协定中的平衡和公允原则，苏方人员占压倒性优势，双方比例极其失衡。"至局内处、科长，局外段、站、厂的员司，虽规定华苏并用，实际上苏籍居绝大多数……主要段、厂、站等正职，亦以苏籍为多……华员中位置较高的，必须精通俄文；权力谁属，可想而知。"④ 1922年，中东铁路总公司的职员中，白俄116人，华人36名，中东铁路管理局的职员中，白俄1537人，华人165人。⑤ 1924年，中东铁路的16750名员工中，华人仅

---

① 中共中央党史研究室第一研究部编《联共（布）、共产国际与中国国民革命运动（1926~1927）》上册，北京图书馆出版社，1998，第160页。
② 转引自马蔚云《从中俄密约到中苏同盟——中东铁路六十年》，第242页。
③ 王泽久：《1929年"中东路事件"回忆》，《辽宁文史资料》第6辑，第67页。
④ 林斯贤：《东省铁路护路权的接收与东省特区行政长官公署的片段回忆》，中国人民政治协商会议黑龙江省委员会文史资料研究委员会编印《黑龙江文史资料》第1辑，1980，第127~128页。
⑤ 赵德久：《哈尔滨近代对外经贸关系史略》，华文出版社，1993，第143页。

5679 人，中东铁路管理局的 1553 名职员中，华人仅 231 人。① 中东路局的 25 个处中，仅医务、工务等 6 处由华员任处长，机务、财务等 14 个处皆由苏方人员任处长。按照章程，仅处长有权主持路务，副处长属虚职；财政上，利润的使用和分配权也由苏方把持。②

对于中东路上中苏权利和权力极不平衡的现状，奉系认为，"弊在理事会不能实行协定，由我操纵，以致路局俄方局长专权用事，徒有合办之名，而无共利之实"，③ 并试图在奉系主要参与的中苏路务委员会会议中削减局长权限、推行中苏人事平权。

4 月 17 日，中东路新旧局长换任。苏联交通部副部长谢列布拉夫与中东路督办刘尚清前往奉天。19 日，苏方与张作霖会商局长人选问题，商定解除伊万诺夫的局长职务，由叶穆沙诺夫（也译叶米沙诺夫）接任。张作霖在 21 日与谢列布拉夫的会谈中，提出缩减局长权限、中苏职员平等采用和经济财政委托理事会管理三项意见。5 月 10 日，奉苏会议开幕。5 月 14 日，东三省交涉总署署长高清和与苏方举行中东路会议。争执良久后，双方决定：公司理事安排上，中苏各派 5 人；中东路收入款项由理事会保管，分别存储于中国银行、远东银行和美国国际银行。这在一定程度上吸纳了此前张作霖的意见。

不过，在 5 月 21 日的正式会议上，苏方提出了八项要求：奉系取消撤回加拉罕的原议；奉路沿线警察、市政及其他行政机关须聘请苏联人为高等顾问，且在市政参事中苏方人员占半数；承认组织路业同盟；解除各机关中任用的白党及募集的白党军队；废除中东路督办公署；通用苏联货币；北满到中苏边境，由中苏两国军队共同警备；苏联政府及中东路附属财产须一律返还。④ 这些苛刻要求不

---

① 刘显忠：《中东路事件研究中的几个问题》，《历史研究》2009 年第 6 期，第 81 ~ 82 页。
② 刘信君、霍燎原主编《中国东北史》第 6 卷，吉林文史出版社，2006，第 177 页。
③ 《张焕相致杨宇霆信》，《奉系军阀密信》，第 279 页。
④ 陈博文：《中俄外交史》，商务印书馆，1929，第 144 ~ 145 页。

仅是企图进一步扩大苏联在中东路上的权力，实际上还是对中国主权的强暴干涉。奉系拒绝了这些要求，并在 6 月初停止了奉苏会议。此后，奉系在中东路上的策略转为强制接收中东路部分机构和行政权，奉苏关系持续低迷。

8 月 21 日，张作霖令东北海军司令沈鸿烈接管中东路局的各种大小船只和附属财产。23 日，张焕相令教育管理局接管中东路学务处。9 月，张作霖控制的北京政府驱逐加拉罕。在这种背景下，奉苏关系急速恶化，中苏自此长期维持代办级别的外交关系。10 月 25 日，中东路电报和电话事业交还中国。东省特别区特警处以"宣传赤化"等理由，查封和没收中东路图书和报刊，并逮捕机械总厂工人，搜查苏联驻哈尔滨代表部，搜查苏联职工会。

这次搜捕事件给奉苏关系蒙上更浓重的阴影。尽管苏联此后在中东路上调整策略，主张适当让步，消除冲突，但奉系与苏联之间的矛盾在于根本利益的冲突，即苏联的整体反奉、支持推翻军阀的国民革命与奉系维系其统治的矛盾。

12 月 1 日，张作霖就任安国军总司令，在对苏政策上更为强硬和敌对。在这样的整体环境下，中苏会议和 7 月重开的奉苏会议在半年多的时间里几乎毫无进展，无形中流产。

1927 年初，奉系全面接管中苏交涉，中苏关系更趋冰寒。4 月 6 日，张作霖下令军警搜查北京的苏联大使馆、远东银行和中东铁路驻京办事处。4 月 19 日，苏联撤销了驻华使馆，与中国断绝外交关系。6 月 18 日，张作霖组织中华民国军政府，在陆海军大元帅的就职宣言上，称"赤逆一日不清，即作霖与在事诸人之责一日未尽"，[①] 明确表示其与苏联和国民革命敌对的立场。奉苏之间从《奉俄协定》前后起积累的矛盾，不仅未获得缓解，反而更为剧烈，这也为 1929 年的中东路事件埋下了伏笔。

---

① 郭春修主编《张作霖书信文电集》下册，第 760 页。

第二节 中东路事件

皇姑屯事件发生后,东北与南京政府的关系因东北易帜而发生转变。在中东路问题上,张作霖时代积累的矛盾继续影响着以张学良为首的东北政务委员会。从1929年起,张学良等人试图以强硬手段解决中东路,发起中东路事件,引发了中苏间大规模冲突。

一 中东路事件的发生与扩大

1928年春夏,安国军政府濒临崩溃。6月,张作霖打算仿照第一次直奉战争战败后,退守关外,重整旗鼓,结果在皇姑屯事件中被炸身亡。1928年12月,张学良宣布"东北易帜",服从国民政府的号令,张学良担任东北边防军司令长官,东北军纳入国民革命军序列。

在中东路问题上,中苏间长期的分歧、管理体制上由苏联操控的积弊并未消除。中东路局局长叶穆沙诺夫和副局长艾奇孟杜时常在中东路的管理和利益分配上无视东北当局,大权独揽。例如,在中东路的资金和盈利管理上,按规定本应分别存入中苏两国银行,但叶穆沙诺夫在未经中东路督办吕荣寰和理事会的同意下,擅自将大量资金存入苏方的远东银行,并且将存款兑换成苏联发行的新币,导致中方利益受损。

主政东北后,在与苏联的关系上,以张学良为首的奉系继承了张作霖时代的一些做法,继续收回中东路的外围机构。12月22日,张学良下令东省特区行政长官张景惠和东北交通委员会接收中东路电话局。1929年1月20日,中东路路警处发布《禁止宣传赤化办法》。4月27日,东省特别区长官公署收回中东路气象台。

同时,东北政务委员会从1929年初起试图撼动中东路的现有体制。2月,东北政务委员会令中东路督办向苏方副理事长齐尔根洽商,要求削减苏方局长权限、增加路局中的华员名额,结果,苏方理事拒绝出席理事会。2月22日，以张国忱为首的特区教育厅收回中东路的文物研究会。

3月1日，中东路督办吕荣寰向苏方提出六项要求：中东路局一切命令及文件，须由局长与中方副局长会同签字，否则无效；路局用款必须经稽核局同意才能动支；路局各处处长、科长以及沿线的段长、站长应半数是中国人；其他各部门职员也须中苏双方平衡处理；中东路一切文书，必须中文、俄文并用。① 但在3月20日的复函中，苏方提出，第一条苏联不同意；第二条仅能同意以一定数目为限；第三条，机务、车务、商务、总务、财务、进款六处最重要的机关须由苏联控制，于路务无十分重要关系的印刷所、图书馆、天文台等可以让予中方。27日，中方又提出在用人命令、财政事务、各处人事、中文通用等几点上的最低限度要求。② 中国方面要求召开理事会讨论，但苏方理事全部拒绝开会，会议流产。

4月中旬，在中东路理事会定期会议上，中苏双方对于铁路收入余款处理意见分歧严重。苏方主张用于扩充铁路发展，而东北方面要求以分红方式解决，并要求局长人选方面须改由中方为正、苏方为副，但这两项要求都被苏方拒绝。③

由于东北当局在中东路问题上几个月里试图打破中东路现有管理体制的尝试接连受挫，4～5月，东省特别区长官张景惠、中东路督办吕荣寰、东省特别区教育厅厅长张国忱等人多次向张学良表示，苏方不遵守协定，东北当局应当采取措施，鼓动张学良进兵吉黑，强行接管中东路，将苏方工作人员解送出境，并提出了详细的实施

---

① 张友坤、钱进、李学群编著《张学良年谱》，社会科学文献出版社，2008，第251页。
② 何汉文：《中俄外交史》，中华书局，1935，第390～392页。
③ 王理寰、谢珂：《中东路事件及中苏战斗的经过》，中国人民政治协商会议全国委员会文史资料研究委员会编《文史资料选辑》第37辑（总第137辑），中国文史出版社，2000，第9页。

步骤。① 而且，苏联虽拒绝在管理权上让步，但在东省特别区接收文物研究会、气象台、电话局等外围机构的过程中，苏联没有与中方发生激烈冲突，多配合东省特别区的行动。这反而给张景惠、吕荣寰等人造成即便对苏采取强行政策也不会引发苏联剧烈反应的印象，强化了他们对苏强硬的心态。②

东北当局内部对于强行接收中东路意见并不一致。素以稳健著称的东北边防军副司令长官、奉系元老和辅帅张作相认为武力接收极可能引发战事，对比当时的中苏国力，他判断"用全国力量对付苏联，也未必打得胜……恐怕收不回中东路，反而惹出麻烦，也怕日本人乘机捣乱"，③ 主张毋轻举妄动。刘翼飞等东北军中层将领同样认为东北军与苏联力量悬殊，不能采取强行接收政策。不过，此时的张学良不仅"要想把东北的地位提高"，④ "对俄国过去在满洲的不义行径报仇"，且在激进派的鼓吹下，对形势估计严重失误，认为"苏联决不能打仗"，可以通过虚张声势"吓唬一下苏俄"，⑤ 打算在中东路上主动进攻。哈尔滨的《国际协报》《哈尔滨工报》等公开为接收中东路制造舆论。吕荣寰、张国忱等人随后将接收理由和计划提交张学良。⑥

5月27日，张景惠令人搜查苏联驻哈尔滨领事馆，并逮捕部分苏方职员，苏方总领事库兹涅佐夫也在被拘捕成员之中。这场大搜

---

① 《致张景惠吕荣寰电》（1929年6月6日），毕万闻编《张学良文集》第1册，第191页；王泽久：《1929年"中东路事件"回忆》，《辽宁文史资料》第6辑，第68页。
② 张国忱：《张作霖父子对苏关系和中东铁路内幕》，《天津文史资料选辑》第2辑，第871页。
③ 李宗颖：《张作相事略》，辽宁省人民政府参事室、辽宁省文史研究馆编《文史资料》1985年号，第85页。
④ 唐德刚、王书君：《张学良世纪传》（上），山东友谊出版社，2002，第351页。
⑤ 《顾维钧回忆录》第1册，第404页。
⑥ 刘翼飞：《关于中东路事件的回忆》，中国人民政治协商会议全国委员会文史和学习委员会编《文史资料选辑》合订本第3卷，中国文史出版社，2011，第93~94页；张国忱：《张作霖父子对苏关系和中东铁路内幕》，《天津文史资料选辑》第2辑，第872页。

查成为中东路事件的序幕。当事人张国忱曾以"哈尔滨接收狂、反苏狂,猖狂一时"①形容当时的氛围。

这一突发事件引发了各方的强烈关注。苏联方面既震惊又愤怒。28日,中东铁路局副理事齐尔根前往东省特区长官公署抗议。31日,苏联副外交人民委员加拉罕照会中国驻苏外交代办,表示抗议。而据张学良外交秘书王家桢回忆,张学良周边的不少中下层人员对此也不乏非议者,但日本驻奉天总领事林久治郎却兴高采烈地表示支持中国,称赞东北当局英明果断。②

然而,张学良并不打算缓和事态。他派吉林省政府委员兼外交部驻吉林省特派交涉员钟毓前往南京向外交部长王正廷报告事态。6月6日,张学良又指示张景惠和吕荣寰,按照他们的原定办法进行,"对外则东路仍本协定精神,要求履行,继续以前经过程序,向俄方催促,若再用延宕方法,则我方须利用此时机出以严厉之手段,解散职工会,封闭苏俄所设商号,其余检查电信,限制居民,驱逐不良分子,皆将次第施行"。不过,张学良又表示"若苏联副理事长能就范围,将我所要求者一一实现,则我对此次领馆搜查,亦可设法了结"。③也就是说,其基本思路是以强力为威慑手段,迫使苏方满足东北当局的要求。

6月15日,张作相、万福麟、张景惠、翟文选、吕荣寰、张国忱等人开会讨论对苏态度及接收中东路等问题。22日,东北军政首脑会议再度议决接收中东路,并派遣7个旅赴满洲里布防,为接收做准备。30日,张学良再度指令张景惠、吕荣寰,"哈当局照原呈四项原折三项办法,不必与俄员交涉,而按节强制执行。如不服从,

---

① 张国忱:《1929年中东路事件内幕》,《文史资料选辑》第37辑(总第137辑),第41页。
② 王家桢:《一九二九年中东铁路事件片段》,方正、俞兴茂、纪红民编《张学良和东北军》,中国文史出版社,1986,第173~174页。
③ 《致张景惠吕荣寰电》(1929年6月6日),毕万闻编《张学良文集》第1册,第191页。

而押换局长亦在所不惜,万不可与之商量。全案解决……便由中央综核全局,制成提案大纲,连东路改组,纯归奉方主政……"①

张学良从1929年初起在中东路问题上与苏方发生的摩擦起初是东北当局自动所为,而非南京政府的事前指令。不过,搜查苏联驻哈领事馆后,南京政府一直高度关注事态发展,它认可甚至内里推动东北当局的行动。张学良在5月末即指出:"外(交)部对于东北对于俄国关系,及此案处置,似均颇为了解。"②

6月4日,王正廷曾致电张学良,询问东省兵力能否足够防御苏联,并希望东北当局"妥善应付"。25日,东北军政首脑会议议决对哈案尊重中央意旨。实际上东北与南京会商后,发现东北方面"所拟办法与部之意见并不冲突"。③

7月7日,张学良抵达北平,目的是谒见蒋介石,亲自向蒋报告东北外交和军政等情况,并与王正廷讨论外交问题。张学良也明确表示希望南京政府对东北当局有更大支持。在天津发表的谈话中,张学良称"东北乃全国人之东北,断非一人之力可胜保卫之责"。而蒋介石在中东路问题上的表态也非常强硬,支持动武,表示要坚决收回中东路主权,万不得已时,可以与苏联绝交。南京政府的这种态度无疑给张学良更激烈地接收中东路举措推波助澜。张学良公开表态,"凡条约以内已允我之权利,应当强硬主张,不能放弃",④ 即准备按照《中苏解决悬案大纲协定》和《奉俄协定》收回中东路权益。

7月10日,在东北政务委员会的指令下,东北交通委员会通知

---

① 《致张景惠吕荣寰电》(1929年6月30日),毕万闻编《张学良文集》第1册,第195页。
② 《致张景惠吕荣寰电》(1929年5月29日),毕万闻编《张学良文集》第1册,第186页。
③ 《致张景惠吕荣寰电》(1929年6月30日),毕万闻编《张学良文集》第1册,第195页。
④ 中国第二历史档案馆编《中华民国史档案资料汇编》第5辑第1编《外交》(2),江苏古籍出版社,1994,第1373~1374页。

中东路苏方人员,要求他们将中东路所有电话、电报等交由中方接收,并派遣蒋斌等人处理交收事宜。此外,东北特别行政区长官公署以苏方宣传赤化、中方执行《奉俄协定》为由,下令解散东铁各职员联合会、查封各苏联机关,中东路局局长叶穆沙诺夫等59名中东路职员被驱逐出境,由中方副局长范其光暂时代理局长职务。

东北当局单方面强行接收中东路的行动再度令各方震动。日本既希望借此捞取一定好处,又担心波及其在华利益,为此虽表态中立,同时发言要挟,"中国当局若侵害日人在东三省利益,日本必以极端之方式抵抗之"。① 苏联一面调兵遣将,向中苏边界施压,一面向南京政府提出强烈抗议。7月13日,苏联在给南京政府的照会中提出三项解决意见:从速召集会议解决中东铁路一切问题;取消对中东铁路的不合法行为;从速释放所有被捕之苏联人员。苏联同时也警告,如果三日内得不到满意答复,将采取其他方略。蒋介石认为苏联的威胁不过佯作恫吓而已。在7月16日的照复中,南京政府表示,"此次东省逮捕俄人,及查封其他机关,完全出于防止反动宣传,维护治安之必要"。②

17日,苏联宣布对华绝交。19日,蒋介石在谈及中东路事件时,虽认为中苏有发生冲突的可能,但不打算与苏联直接军事对抗,提出"我方不得不防其万一",指示东北军队"集中于预定之防御线暂取守势,万不可在边境与之对抗"。此时的蒋介石与南京政府坚信"苏俄决不敢对我国开战",判断苏联的反应不会扩大。20日,蒋介石坚持表态"收回路权,解散工会,纯属必要之处置,亦为条约上赋与中国之权力"。③

---

① 中国社会科学院近代史研究所中华民国史研究室编《中华民国史资料丛稿·大事记》第15辑(1929年),中华书局,1985,第152~153页。
② 《苏俄第一次通牒全文》《我国复俄牒全文》,《中央周报》第59期,1929年,第11~12页。
③ 秦孝仪主编《中华民国重要史料初编——对日抗战时期》绪编(2),中国国民党中央委员会党史委员会,1981,第215、219页。

但东北当局内部对中东路事件的分歧仍未消失,特别是元老张作相、外交部特派交涉员蔡运升等仍主张中苏调停,并且与苏联驻哈尔滨总领事梅里尼克夫进行了接触。① 张学良也担心事态扩大引发更多势力干预、忧虑日方趁机而入,反而对东北不利,并不排斥外交途径解决,主张先由地方洽商,中东路之外的各问题则仍由中央交涉。

7月22日,蔡运升与梅里尼克夫会晤,并达成了四点妥协意见:双方各派代表定期会议解决中东路问题;苏联另派正、副局长;东路现在状态为临时办法,由俄正局长、华副局长共同签字办事,将来会议后再作规定;被拘的苏联人员经释放并驱逐,苏联拘留的华人也一律释放。② 同时,东北政务委员会和辽、吉、黑三省政府联衔发布对世界宣言书,表示东北方面在中东路上的举措是"苏联不顾协定,竟在驻华使馆容纳共产党员,为宣称共产之种种实施及策划"下的自卫之计。25日,在中外记者的采访中,张学良声明东北当局的举动绝非破坏1924年的《中苏解决悬案大纲协定》和《奉俄协定》,再度表示原因在于"俄人利用中东路为宣传赤化之根据(地)",中国的处置是为自卫,"万一发生战事,乃俄人迫我而战,吾人不负破坏和平之责也"。③ 从中可见,张学良此时的心态极为矛盾,一方面,坚持认为东北当局在中东路上的处置有合理性,并数度表达对苏联的不满;另一方面,他也担心苏联方面采取积极军事行动,因而屡屡表示东北当局愿意在1924年的两个协定基础上解决问题。

但此时的蒋介石要求交涉权全归中央,对张学良的地方交涉心有不满,并指令将苏联另派正、副局长一条取消,实际上是要求取消苏联在中东路的控制权。在张学良申辩后,蒋介石还是于8月5

---

① 蔡运升:《伯力交涉始末》,中国人民政治协商会议黑龙江省哈尔滨市委员会文史资料研究委员会编印《哈尔滨文史资料》第1辑,1982,第127~128页。
② 秦孝仪主编《中华民国重要史料初编——对日抗战时期》绪编(2),第240页。
③ 《张学良年谱》,第273~274页。

日驳回东北当局的意见,表示"我方切勿示弱,请令蔡使不可强为迁就"。① 而苏联方面更严厉指责南京政府和东北当局的新提案,东北的地方交涉遂告暂停。

形势发展超出东北地方当局与南京政府的预料。8月6日,苏联组织特别远东军,中苏在边境发生小摩擦。15日,蒋介石在日记中仍坚持"决不屈服于暴力之下……宁背城借一,同归于尽"。他还派遣国府参军何成濬前往东北传达其意旨。张学良表示遵从中央意旨,但东北当局部分军政要员"并极不愿意有军事行动",山西的阎锡山也"对俄力主慎重"。②

南京政府不满东北当局的交涉,不过它反对的并不在交涉本身,而是地方当局的态度和主张是否与中央一致,因而,在表示对苏强硬的同时,它打算由中央政府主导中东路事件的外交解决,并在德国的居间调停下,与苏联在柏林展开了谈判。尽管张学良和阎锡山等人认为不顾1924年两个协定而完全收回中东路不可取,蒋介石仍坚持中国赎回和根本解决中东路。8月27日,南京政府商定解决中东路的四办法,但苏联在8月29日的答复中坚决要求将中东铁路局局长任命与中苏谈判宣言一同公布,并且提出苏方任命新局长的同时,中方须撤换中方理事长,否则苏联方面将不任命新局长,而将一切恢复原状。显然,苏联决不愿意放弃中东路控制权。虽交涉良久,但由于双方立场相差太大以及中苏军事冲突的大规模发生,柏林交涉在9月以失败结束。③

地方当局和南京政府对苏交涉期间,苏联已经在黑龙江边境地带扣押中国船只和人员,与中方军队发生小规模交火。8月中下旬,

---

① 秦孝仪主编《中华民国重要史料初编——对日抗战时期》绪编(2),第240~241页。
② 秦孝仪主编《中华民国重要史料初编——对日抗战时期》绪编(2),第227、231页。
③ 杨奎松的《蒋介石、张学良与中东路事件之交涉》(《近代史研究》2005年第1期)和薛衔天的《民国时期中苏关系史(1917~1949)》第四章第一节对此有详细而深刻的论述。

苏军进攻满洲里等地。在南京政府的强硬政策下,15日,张学良发布作战动员令,组织共计6万人的防俄军。尽管蒋介石表示,一旦开战,南京政府将提供各种支援,"决不使我东三省独立反此强俄",以打消东北方面的顾虑,但在8月20日东北各军政要员参与的军事会议上,与会者议决对苏联仍是以严守地位为主。蔡运升等也公开对外表示,中苏边界冲突不严重,仍有谈判解决的可能。8月22日,南京政府外交委员会讨论对苏防御,决议援助张学良军费200万元,必要时再补充实力。30日,与南京政府派往东北的代表会晤后,张学良表示一切遵从中央意旨办理,并令蔡运升停止以私人资格与苏联的一切接洽。①

9~10月,中苏在以同江、富锦和密山为中心的东线和以满洲里、海拉尔等为中心的西线一带爆发规模更大的军事冲突。到11月,战事再度升级。东北军先后在满洲里、扎赉诺尔、海拉尔三次战役中遭受重击,东北军第17旅、第15旅伤亡惨重,17旅旅长韩光第阵亡。中东路事件扩大后的中苏边境冲突以东北军的全面失败告终。

二 《伯力协定》与中东路事件的解决

军事上的惨败让东北当局和南京政府遭遇重挫,不得不继续通过谈判收束中东路问题。直接遭受了人力、物力和财力巨大损失的东北当局无疑最为急切,张学良甚至在未得到南京政府方面的许可时就已经开始与苏联方面接触,表示愿意接受苏联代理外交人民委员李维诺夫的三项先决条件,即按照1924年协定恢复中东路冲突之前的原状、恢复苏方人员的职权、释放被捕的苏方人员。11月28日,张学良与东北政务委员会成员开会讨论对苏交涉,委任蔡运升、李绍庚作为全权代表。

随后蔡运升与苏联外交人民委员会代表司曼诺夫斯基在乌苏里

---

① 《张学良年谱》,第281页。

斯克（即双城子）会谈数日，双方于12月3日订立《奉天政府与苏联政府间议定书》（亦称为《双城子草约》），其内容主要有两项：东北当局解除吕荣寰的中东路理事长职务，苏方依照8月29日的声明推定新人员担任中东铁路局局长和副局长；东北当局恪遵1924年奉天与北京协定之全部及每一部分，苏联也声明坚守中苏间现行协定。

12月7日，南京政府委派蔡运升为对苏交涉代表，继续与苏联在伯力进行谈判。吕荣寰的职务也随即被解除。16日，中苏会议召开，22日，中苏正式签订《伯力会议议定书》和补充协议。其中，《伯力会议议定书》共有10条，主要就按照1924年协定恢复到中东路事件发生前的状态问题、释放被捕人员问题、7月10日后所有免职或自动辞职的苏联中东路职员安排问题、解除白党势力问题、中苏国交全部恢复问题、恢复领事馆时有关冲突前的各类机关安排问题、切实保障协定履行及双方利益问题、1930年1月召开中苏会议的问题、中苏国境和平与撤兵问题达成了协议。① 在补充协议中，苏联提出东北当局必须驱逐的白党人员的名单。

随后，双方结束军事对峙状态，苏联新任正、副局长于12月26日抵达哈尔滨。31日，中苏双方分别释放被拘人员。张学良委派莫德惠为东省铁路公司理事长兼督办。1930年1月5日，中国军队撤兵。1月20日，中东路全线恢复通车。长达数月的中东路事件以及中苏边境冲突最终以中国损失无数、苏联全面恢复事变前权益和权力的局面告终。

中东路事件是奉系与苏联发生的最激烈的一次冲突，也是九一八事变前东北当局与其他国家发生的最大规模的外交和武力冲突，且是南京政府成立后与苏联的第一次兵戎相见。学术界对它的

---

① 王铁崖编《中外旧约章汇编》第3册，第736~739页。

研究和评价极为丰富和多样。①

中东路事件的发起者是以张学良为首的东北当局。张学良等人决定强行接收中东路,其背后的原因极其复杂。

第一,这是中东路管理体制下中苏双方权力和权利不平衡和不平等的矛盾长期发展的结果。如张学良所说,"东路协定后,俄方处处悍然行之,我方口舌之争,几成故事,言之痛心"。② 通过武力接收维护中方利权和主权是东北当局的重要目的。当然,东北当局也有经济利益方面的考虑。从1922年起,中东路的盈利逐年上升,1925～1929年,中东路纯利润达到1700万卢布,1929年,中东路盈利1682.3万卢布,但中方却难以分享这一巨额的经济利益,这无疑也是张景惠、吕荣寰等人鼓动张学良强行收回中东路的原因。

第二,以张学良为首的东北当局对东北和苏联情况估计严重失误。张学良主政后,东北经过多年发展,在经济、交通、军事力量等方面有比较强的实力,是当时国内举足轻重的一股力量,以张学良为首的东北当局"不自量力,很想施展一下子",③ 试图通过收回中东路展现其东北的地位和能力。

第三,中东路是长期遗留问题,从张作霖时代以来,奉系长期与苏交恶的历史、民间要求中国全盘接管中东路的言论及主张,在一定程度上影响了以张学良为首的东北当局。

第四,以张学良为首的东北当局在中东路上的一系列举动,尽管多出自自身决策和考虑,但作为地方政权,它还必须考虑南京政府的决策与意志。中东路事件的发生与扩大,离不开南京政府的默许。此时的南京政府正实施王正廷所提出"革命外交","于铁拳之

---

① 中东路事件的研究概况,可参见佟斯文、王景泽的《中东路事件研究述评》,《北华大学学报(社会科学版)》2016年第3期。
② 《致张景惠吕荣寰电》(1929年6月6日),毕万闻编《张学良文集》第1册,第191页。
③ 王书君:《张学良世纪传奇》上卷,山东友谊出版社,2002,第351~352页。

外，罩上一层橡皮"。① 但实质上，南京政府将帝国主义分成炮舰帝国主义（以英国为代表）和"赤色帝国主义"（即苏联），其"革命外交"的强硬和"革命"的一面，主要针对的是苏联，"东北遂成为推行革命外交的试验场"。② 此外，易帜后的东北虽服从中央政府号令，但从人事安排到政策制定，都具有一定的独立性，甚至给外间"实权集中掌握在少帅和他在满洲的同事手里"的整体印象。③ 南京政府在中东路事件中推波助澜，也是试图利用此次事件的时机，获得中央政府在东北更大的话语权，谋求在与东北地方政府的政治角力中的优势。

因此，可以说，这场冲突是以张学良为首的东北当局最先轻率地提出强行接收，国民政府对此默许乃至暗中鼓励，对事件的扩大负有重要责任。如有学者所指出的，"中东路事件由中东路问题而起，但造成中东路事件的原因根本不是中东路的路权问题，而是管理体制本身的矛盾、中东路所处的战略地位及当时的领导人决策失误等共同作用的结果"。④

当然，中东路事件虽因铁路而起，但并非单纯的铁路冲突问题，如南京政府外交部所明言，中东路事件"不仅为单纯的中东路权问题而已"。⑤ 南京政府和东北当局在事后对中东路事件的论断中，一直强调苏联利用中东路进行四类阴谋，即"实行暗杀主义""破坏中国统一""操纵中东铁路""扩张共产宣传"，⑥ 仅有一项直接与铁路相关。可以说，铁路仅是中东路事件的诱因，其深层原因在于政治

---

① 楼桐孙：《新约平议》，《东方杂志》第 26 卷第 1 号，1929 年，第 13 页。
② 薛衔天：《南京政府的"革命外交"与苏联对东北的"惩罚"战争》，关贵海、栾景河主编《中俄关系的历史与现实》第 2 辑，社会科学文献出版社，2009，第 258 页。
③ 《顾维钧回忆录》第 1 册，第 406 页。
④ 刘显忠：《中东路事件研究中的几个问题》，《历史研究》2009 年第 6 期，第 80 页。
⑤ 程道德等编《中华民国外交史资料选编（1919~1931）》，第 544 页。
⑥ 秦孝仪主编《中华民国重要史料初编——对日抗战时期》绪编（2），第 203 页。

上东北当局和南京政府的整体反苏政策。

中东路事件造成了严重后果。从中东路本身而言,这一事件以东北当局损兵折将、中东路回复原状告终,张学良等人收回中东路自办的设想完全破灭。它让原本就脆弱的中苏关系更添波折,苏联还趁机占领了黑瞎子岛,成为日后中苏领土争端的一大难题。此外,中东路事件给东北军和张学良造成巨大影响,严重削弱了东北军的实力,打破了张学良等人的自信心,间接地影响了九一八事变爆发后张学良的处理和应对。

《伯力协定》订立后,中苏双方于1930年5月到1931年10月召集了20多次会议,就中东路的后续问题进行谈判,但始终未能达成一致意见。

九一八事变爆发后,东北迅速沦陷,中苏会议终止,苏联转而寻求将中东路"出售"给日本。1932~1933年,日苏就中东路出售谈判40多次,最终,苏联以1.4亿日元的价格将中东路擅自转交日本。

小 结

近代东北的铁路发展和路权问题都肇始于中东铁路。中东铁路开通后,俄方肆意扩大在中东路上的控制权、侵占中方利益,为日后中俄(苏)间在中东路上的长期纷争埋下了隐患。1910年代末,在第一次世界大战、俄国革命、中国政局变动等多重因素的影响下,中东路不仅是中俄间一大难题,还引发了英美日等国际势力的直接干预,形成了国际监管中东路的局面。

在这样复杂的情势下,北京政府和吉、江两省当局,审时度势,果断利用有利条件,经过数年的努力,收回了部分中东路权益,是中央与地方在东北路权问题上取得的重要突破。

然而,由于奉、直两系争夺中央政府控制权的现实,中俄(苏)悬案的解决波折重重。从整体情况看,苏俄(联)并没有放弃在中国获得的不平等条约特权,在中东路问题上,将它与苏俄国家利益相捆绑。而北京政府与奉系既有一致的利益诉求,又存在意见分歧,从而出现了苏联分别与北京政府和奉系当局订立协定的现实。

《奉俄协定》订立后,北京政局发生变动,奉系在北京政府中的影响力加大。苏联在对中国各派政治势力的态度上,多方接触其他非奉势力,甚至在军阀混战和中央权力的争夺上,支持反奉力量和南方的国民革命运动。苏联的这种政策趋向必然与要求维持在北京的中央权力和在东北的地方实力的奉系发生尖锐碰撞。张作霖时代奉苏在中东路权益和利益上的纷争以及1927年苏联驻华大使馆被搜查等一系列事件的出现,正是这种根本利益冲突的反映。

东北易帜后,中苏在中东路问题上的矛盾并没有消散,并且因东北与南京政府的关系发生重大转变以及南京政府的对苏政策而更加复杂。1929年的中东路事件虽因铁路而起,又因内政问题而更加错综复杂。最终,中苏间的中东路纷争,不仅影响了这条铁路的命运,而且深刻地改变了中苏两国国交,乃至产生了遗留问题。

第六章

东北易帜后路港一体化的推进与被迫中断

皇姑屯事件后，张学良主政东北，并在易帜后建立起以东北政务委员会为核心的新政权体系。新的东北地方政权并没有完全摆脱张作霖时期的特性，而作为国民政府统一号令下的地方政权，它的政治架构和组织又必然受到国民政府的影响。同时，中国的内政变动、东北当局的理政、国际经济的整体萧条也必将影响日本的在华利益，冲击奉系与日本的关系。

与张作霖时代相比，张学良在治理东北的理念上出现了哪些变化？在交通领域，奉系新政权在发展思路上以及具体实施上有哪些比较重要的举措？在1929年世界经济危机的大背景下，中日围绕东北路权出现了怎样的竞争？路权问题对九一八事变前日本的侵华舆论与决策产生了怎样的作用？本章通过对这些问题的探讨，梳理1928~1931年张学良主政时期东北铁路交通的基本发展脉络，揭示奉系新政权在东北铁路交通上的继承与变革，进一步呈现路权与九一八事变的复杂渊源。

第一节 路港一体化发展策略的形成

皇姑屯事件后，经过短时间的调整，1928年以张学良为首的东北当局迅速改组东三省交通委员会,呼吁进行"东北新建设",提出了以铁路为血脉、以自主海港为输出口的路港一体化交通发展策略,为九一八事变前东北的路港建设打下了坚实基础。

一 易帜前后的东北

皇姑屯事件后,东北局势的走向引发国内外的强烈关注。对于冀图通过二次北伐"完成统一,肃清残余军阀"的国民政府而言,皇姑屯事件的爆发给它的统一目标带来了机遇和挑战。6月16日,国民政府通过阎锡山表达有关将东北纳入中央号令之下的数个条件。对于最关注东北局势发展的外国势力日本,能否有效控制和影响后张作霖时代的奉系直接关系到其分离东北的"满蒙政策"的实施,因而它并不愿意看到东北与国民政府和解和统一。6月25日,日本驻奉总领事林久治郎即对张学良表示,"东北当以保境安民为重,切勿过于向南方采取接近态度"。[①] 对于遭受突变的奉系来说,张作霖身亡后,如何维系其集团的内部稳定,在纷繁复杂的局势中兼求民族大义和自身发展空间成为一大难题。

经过近一个月的调整,奉系首先解决了张作霖死后其首脑人选的问题。7月2日,东三省省议会联合会推举张学良为东三省保安总司令,次日,张学良正式通电就任。同时,面对外界对东北将走向分裂还是统一的猜测,张学良在7月1日通电蒋介石、冯玉祥、阎锡山等人,表示将以民意为依归,希望各方在收束军事的同时,"以最简捷办法,速开国民会议,解决目前一切重要问题。学良爱乡爱国,不敢后人,决无妨害统一之意"。[②] 此外,奉系还继续将军队撤往关外,并派遣王树翰、邢士廉等人组成的代表团,前往北平与国民政府谈判。

张学良虽早有易帜之意,但与国民政府的易帜谈判并非一帆风

---

① 〔日〕林久治郎:《"九·一八"事变——奉天总领事林久治郎遗稿》,第95页。
② 毕方闻编《张学良文集》第1册,第98~99页。

顺，易帜时间一改再改。这一方面是因为日本明里暗里的干预让张学良心有顾虑，担心过快易帜将引发意外。为安抚日本，张学良还表示尊重日本在东北的各条约权益。另一方面，奉系内部对易帜的态度也并非完全一致，如以杨宇霆为代表的一些老派人物，担心易帜后奉系主动性削弱，事事受牵制。① 更重要的是，东北易帜的核心问题是解决东北地方政权由北洋时代的旧政权向国民政府号令下的新政权的转变、明确东北地方政权与国民政府间的权力关系。如何在易帜的过程中与国民政府讨价还价，尽量谋求奉系的整体利益以及张学良个人的声望和权威，这是奉系和张学良念念难忘的。因此，奉系与国民政府在东北的外交、东北政治分会、东北设立国民党党部、热河等问题上角力数月之久。②

1928年12月29日，张学良终于宣布"东北四省区改悬青天白日满地红旗"，"遵守三民主义，服从国民政府，改易旗帜"，③ 东北三省和热河告别此前的"区域自治"，正式成为南京国民政府统辖的行政区域。31日，南京国民政府任命张学良担任东北边防军司令长官，张作相和万福麟任副司令长官，翟文选、张作相、常荫槐和汤玉麟分任奉天、吉林、黑龙江和热河四省政府省主席。同时，国民政府决定不在东北设立政治分会，而将东北保安委员会进行改组。1929年1月12日，东北最高行政机关——东北政务委员会成立，张学良为主席，张作相、万福麟为副主席，委员由"辽吉黑热各省区之资深望重、富有政治经验者组织之"，④ 实际人事安排基本照旧。

---

① 全国政协文史和学习委员会编《何柱国回忆录》，中国文史出版社，2015，第56~57页。
② 有关奉系与国民政府的易帜博弈可参见佟德元《转型、博弈与政治空间诉求：1928~1933年奉系地方政权研究》（中国社会科学出版社，2015）第二章的论述。
③ 《张学良关于东北易帜的通电》（1928年12月29日），辽宁省档案馆：《辽宁省档案馆珍藏张学良档案——张学良与东北易帜》，广西师范大学出版社，1999，第109页。
④ 《东北年鉴（民国20年）》，第178页。

此后，东北各省机关陆续改组，如各省长公署改称省政府，全省警务处改称全省公安管理处，裁撤道尹等。

东北政务委员会的成立，标志着以张学良为首的奉系新旧政权更迭的完成。这一新政权从成员构成、组织结构来说，既保留着不少张作霖时期的色彩，又体现出国民政府政治架构的影响。它既是国民政府统治下的地方政权，同时仍是一个独立性很强的利益主体，"东北自民初以来长期游离于中央政府有效管辖范围之外的现状没有改变"，① 东北与中央政府的拉锯始终没有消失。东北地方政权与国民政府的这种密切又疏离的生态既为它处理东北的政治、外交和军事等问题提供了助力和施展空间，又遗留下一些难题。

与张作霖的旧奉系政权相比，背负国仇家恨的张学良在民族主义意识和东北发展方向上有明显出别。皇姑屯事件发生后不久，他即提出了治理东三省的八条大政方针，如裁新常关、减免盐税、裁兵十万、提倡教育、禁烟、改良市政、整顿奉票等。② 东北易帜后，张学良更发出"东北今后，另换一种新的生活"的呼吁，③ 其目的归根结底是要"建设新的东北，助成现代化国家，消弭邻邦野心"。④ 1929 年 10 月，张学良又提议成立了东北建设委员会，由高纪毅担任委员长，负责通盘筹划东北建设事业。此外，他还任用了大批具有新知识和新思想的知识分子，如阎宝航（基督教青年会总干事，曾在英国爱丁堡大学留学）、金恩祺（辽宁省总商会主席）、卢广绩（辽宁工商联合会会长）、赵雨时（东三省民报社社长）、王

---

① 佟德元：《转型、博弈与政治空间诉求：1928～1933 年奉系地方政权研究》，第 84 页。
② 《张学良颁布治理东三省大政方针八条及其部分私人财产分给部属》（1928 年），辽宁省档案馆：JC10－1－311。
③ 《张学良及东北各领袖宣誓详志》，中国人民政治协商会议辽宁省委员会文史资料研究委员会编《张学良将军资料选》，辽宁人民出版社，1986，第 17 页。
④ 王卓然：《张学良到底是个怎样人》，中国人民政治协商会议辽宁省委员会文史资料研究委员会、抚顺市顺城区委员会文史资料研究委员会编《王卓然史料集》，辽宁人民出版社，1992，第 158 页。

卓然（东北大学教授，曾留学美国）等人。这些中青年人士成为张学良建设新东北的积极响应者，他们发出"东北新建设"的呼声，号召关注"东北交通实业之组织与管理之改进问题"以及其他各种"物质文明"。正如1929年见到张学良的美国记者埃德加·斯诺指出的，张学良"是公开激烈反日的，他很想实现把日本赶出中国和把满洲现代化这两个奇迹"。[1] 可以说，东北易帜后，"建设新的东北，助成现代化国家，消弭邻邦野心"，[2] 既是张学良的个人追求，也是东北政务委员会以及东北民间力量的共同要求。

在这样的环境下，东北的铁路交通进入新阶段。

二 东三省交通委员会的改组

（一）东北易帜前后的东三省交通委员会

皇姑屯事件发生后，奉系在极短时间内推举张学良主政。主政伊始的6月，为维护东北施政的稳定性，张学良即向东北各地发布了整理内政的训令，提出：实行裁兵、普及教育、修筑铁路、开采矿藏、兴修水利、发展其他产业，且一切官吏均不易人。[3] 修筑铁路一项专门提出，可见铁路交通在张学良理政中的分量。

7月3日就任东三省保安总司令后，张学良又对奉系进行了机构调整，交通方面的整顿是从改组东三省交通委员会开始的。7月30日，东北保安总司令部任命郑谦担任交通委员会委员长，常荫槐、翟文选、诚允为副委员长。随后，常荫槐参照北京政府交通部模式对交通委员会进行了改组。改组后的交通委员会的执掌规章发生了变化，其职权更为明确而集中，"统辖管理路电航政并有关交通一切事宜"，管理的主要铁路、电信、邮政、航政范畴包括东三

---

[1] 埃德加·斯诺：《西行漫记》，董乐山译，东方出版社，2005，第21页。
[2] 王卓然：《张学良到底是个怎样人》，中国人民政治协商会议辽宁省委员会文史资料委员会、抚顺市顺城区委员会文史资料委员会编《王卓然史料集》，辽宁人民出版社，1992，第158页。
[3] 《张学良年谱》，第204页。

省境内原属于交通部之国有省有各铁路局、东三省境内有线无线电政督办并城市长途电报电话各局处、邮政总局及各邮务管理局、邮船局及行业公司。铁路方面,交通委员会管辖的路局有9个:京奉路、四洮路、奉海路、吉长路、吉敦路、吉海路、洮昂路、齐克路、呼海路。此外,交通委员会还负责监督管理中东路。各管理事业和机关的预决算编制、各管辖机构员司的更调、各相关事业材料的购买、款项的收支、营业的盈绌、工程状况等都须经由交通委员会审核批准。

组织机构上,改组后的交通委员会设立委员长1人,副委员长3人,主任委员3人,以及委员若干人,委员长和副委员长由东三省保安总司令任命。虽委员长和副委员长仍由奉、吉、黑三省军政要员担任,但各委员皆由各路、电、邮、航部门的局长或经理等主管人担任,突出了技术性和专业性。下设的主要机构有总务处、路政处和邮传处,每处以主任委员负责,各处下设科。此外,为便于奉系的军事运输和军队调动,交通委员会附设有军运处和陆军铁路执法处。经费方面,由交通委员会统辖的路电航政各局各处收入中提充。

技术管理上,交通委员会明确规定设立顾问和专门技正、技士。为了改善东北交通人才缺乏的局面,交通委员会在总务处下特设育才科,掌管各种交通教育方面的一切事项,如筹划交通部门职工职员的培养工作、派遣留学生和毕业生的任用、审定考核各交通学校的课程和经费事宜等。[1] 此外,为推进东北的路、电、邮、航建设,交通委员会特规定委员会须不定期召开委员会议,"以谋东三省交通事业之统一及改良发达征集意见为宗旨"。[2]

改组后的交通委员会的主要成员多与黑龙江省省长、交通委员

---

[1] 《东三省交通委员会各项执掌规则》(1928年8月),辽宁省档案馆:J10-1-3786。

[2] 《东三省交通委员会委员会议章程》,吉林省档案馆:J101-13-0204。

会副委员长常荫槐关系密切,担任委员长的郑谦并不到会视事,实际主持事务的是与杨宇霆相交甚深的常荫槐。

杨、常二人在个性上均极为强势,对张学良多有不恭,时人在谈及二人为人处世风格时,多有"宇霆生性倨傲,自信力太强,而视人如无物"①、常荫槐"傲慢骄横,人所共知"②之语。不仅如此,杨、常还常常在利益上与张学良发生冲突。杨宇霆不仅在东北易帜上有所疑虑,在对蒋、阎、桂系的态度上也与张学良存在异议,在奉系的一些军事行动中"态度消极,形同和事老(佬)",甚至干预人事安排。③

长期从事交通的常荫槐在安国军政府垮台后,带领交通部的许多人员随奉军撤退到关外,在奉天重新聚集,形成以常荫槐为中心的"东北交通系"。④ 常荫槐担任了关外的京奉铁路总局局长,以副委员长的身份实际把持改组后的交通委员会,还将齐克和呼海两路局改组为形同交通委员会分会的齐克呼海总办公署。他还不顾南京政府交通部和张学良的要求,拒绝归还京奉路、津浦路等许多路局的车辆,张学良拨付部分铁路资金充作军饷的要求也被常荫槐断然否决。不仅如此,他还与杨宇霆向张学良提出统一东三省金融方案,要求组成以他们为首的铁路银行,并成立由常荫槐主管的东北铁路督办公署,以此控制东北各铁路。杨、常二人实际以交通通信控制权为手段,形成了小利益集团,颇有"自家一派"⑤的气势。1929

---

① 筱园:《记杨宇霆》,中国人民政治协商会议辽宁省委员会文史资料研究委员会编《辽宁文史资料选辑》第15辑,辽宁人民出版社,1986,第130页。
② 鲁穆庭、干理寰、谢珂:《张作霖被炸后的东北局势》,中国人民政治协商会议辽宁省暨沈阳市委员会文史资料研究委员会编《文史资料选辑》第2辑,辽宁人民出版社,1963,第63页。
③ 刘鸣九:《对〈我所知道的杨常事件〉的补充》,中国人民政治协商会议辽宁省委员会文史资料研究委员会编《辽宁文史资料》第7辑,辽宁人民出版社,1983,第85~86页。
④ 卢景贵:《东北铁路十年回忆》,《文史资料选辑》第47辑,第124~126页。
⑤ 「満蒙政況関係雑纂/楊宇霆、常蔭槐射殺問題」、日本外務省外交史料館、A-6-1-2-1_5_001、B02031765900、REEL NO. A-0732:0055。

年1月10日,杨宇霆和常荫槐再度要求张学良尽快设立铁路督办公署,结果被时任辽宁省警务处长的高纪毅奉张学良之命处决。①

杨、常被杀事件"在东北是政治斗争中的一件大事,是张学良政治稳定的开始",②它发生时恰值东北易帜后和东北政务委员会成立前夕,即东北由"区域自治"向国民政府治下的地方政权的过渡阶段。由于时势带来的东北与国民政府关系的变化,新近改组的交通委员会仍须再度调整。

(二) 从东三省交通委员会到东北交通委员会

东北易帜前后,在铁路交通上,国民政府力图强化铁道部的权力统一,要求对全国国有铁路有统一的行政管辖权。东北易帜后,铁道部立即派遣次长王征、参事刘景山等人组成平奉、平绥两路整理委员会。在平(京)奉路上,铁道部试图结束"事权分裂"的现状,获得对该路的管理权。东北当局虽在1929年2月同意交还平奉路,并于4月在铁道部催促统一路事时表示"随时受领统一办法,绝不把持关外半段及支线",③但由于平奉路属于国有铁路盈利最高路线之一,且是关内外的交通动脉,具有战略意义,东北当局并不真正愿意放手,多次拒绝南京政府提取此路收入,迟迟未将该路管理权移交。此后,原来设在沈阳的平奉路局虽裁撤,而改为北宁路(1929年平奉路改称为北宁路)沈阳办事处,但北宁路仍在东北当局控制下,北宁路局局长也是奉系要员。从中可见东北政务委员会与国民政府之间的较量。

东北政务委员会成立前后的东北交通整理的核心是明确东北交通机关与国民政府相关机构的关系,其中,最重要的是交通委员会的改组。1月28日,东三省交通委员会委员长郑谦因心脏病发猝死。2月1日,张学良任命奉天省省长翟文选兼任交通委员会委员长,高纪毅任副委员长,日常工作由高纪毅负责。3月19日,翟文选提出,

---

① 高纪毅:《杨常事件的前因后果》,《辽宁文史资料选辑》第15辑,第82~84页。
② 《张作霖被炸后的东北局势》,《文史资料选辑》第2辑,第66页。
③ 《张学良年谱》,第260页。

东北易帜后"凡旧时名称不适宜于现势者,均应因时改革,用昭其实",交通委员会"职司交通四政,包罗甚广,倘仍固步自封,相沿旧名,不惟蹈名不符实之嫌,且空有悖发展之策",向东北政务委员会请求将东三省交通委员会改名为东北交通委员会。①

4月18日,东三省交通委员会正式更名为东北交通委员会,由高纪毅代理委员长,主管交通委员会各类事务。高纪毅趁机对东北境内的路政进行了不小的调整,如重组部分铁路局,撤销呼海齐克两路总办公署、将呼海路和齐克路由官办改为官商合办等;对交通委员会的机构进行合并和精简,裁撤军法处、陆军执法处以及部分科室,将一些重要科室如考工、审计、育才等改由委员长直接管理;创设东北交通用品厂等。②

12月16日,国民政府正式公布了《东北交通委员会暂行组织条例》。性质界定上,明确规定东北交通委员会是"国民政府为行政利便起见"而设立,"由铁道部交通部委托监督辽宁、吉林、黑龙江省路电航行政事宜","同时受东北最高行政机关之监督";人员任用上,规定委员长由国民政府任命;权限设置上,由原来的"路电邮航"改为"路电航"三类,取消了邮传处,裁撤原来的东北无线电长途电话监督处,改设电航处,由交通委员会接管。同时,为体现国民政府的最高领导权,《暂行组织条例》规定,交通委员会"其管辖外交事项由中央直接处理"。③ 此次调整后,交通委员会由高纪毅担任代理委员长和副委员长,下设总务处、路政处、邮传处,分别由卢景贵(此前曾任四洮、洮昂路局局长)、邹致权(此前曾任京奉铁路局副局长)、蒋斌(此前曾为东北电政监督)任处长并兼任主任委员,此外还有材料购办委员会(刀国宾为处长,兼任主任委员)、电信材料厂(郑公德任厂长)、东北交通用品制造厂(苏上达为厂

---

① 《东三省交通委员会呈拟将该会改为东北交通委员会》,《东北政务委员会周刊》1929年4月。
② 《东北年鉴(民国20年)》,第372页。
③ 《东北交通委员会暂行组织条例》(1929年),辽宁省档案馆:JC10-1-3787。

长）等。

《东北交通委员会暂行组织条例》公布时，交通委员会已经改组近8个月，它出台后虽并未对交通委员会造成根本性冲击，但交通委员会权限和职能与之前相比显然有所缩减，性质上属于铁道部和交通部的隶属机构。当然，易帜后的东北并未完全摆脱独立性的一面，"其实旧时制度及人员，仍然沿用，与昔无异。……凡军事、民事、财政、外交，其与中央政府之关系，纯系乎一种自愿之合作。……官吏之任免，苟违背满洲当局意愿者，亦不能见于实行。……一切重要之任命，事实上均出自地方当局，中央政府则不过加以追认而已"。[①] 在国民政府已有铁道部的情况下，再保留交通委员会已属特别之举，而且，交通委员会的人事任用和管辖实质上都归东北政务委员会掌握。交通委员会的改组及《东北交通委员会暂行组织条例》的公布，实为东北政务委员会与国民政府互相妥协后的结果。

这次改组后，交通委员会成为东北路、电、航三大行业的实际最高管辖机构。到1930年末，交通委员会的全体职员有193人，[②] 路政方面，它管辖国有和省有的北宁（关外段，889.9公里）、四洮（435.4公里）、洮昂（220.1公里）、吉长（127.7公里）、吉敦（210.5公里）、吉海（183.9公里）、齐克（213.7公里）、沈海（337.1公里）、呼海（220.1公里）九路，共计里程2838.4公里，收入共计现洋6489万元。[③]

三 "东北新建设"下的路港一体化新计划

交通委员会在1928年和1929年两次改组，其权责大小虽略有变化，但在发展东北交通的理念与决心上却并未因高层人员更替而

[①] 国民政府外交部译《国际联合会调查团报告书》，世界书局，1933，第82页。
[②] 东北交通委员会总务处第一科编《东北交通委员会职员录》，1930年12月。
[③] 《东北年鉴（民国20年）》，第378~379、383页。

出现大变动。无论是就任时间较短的常荫槐还是此后代理委员长的高纪毅，都将发展东北交通视为东北革新的重要手段。

交通委员会改组后，1928年10月，常荫槐掌管的交通委员会召开改组后的第一次路政会议，讨论东北路政发展大计，提出了不少发展东北铁路的措施，如：发展东北交通教育、培养东北铁路建设人才，同时设立与交通事业相关的企业；完善各铁路局的管理体制等。①

东北政务委员会成立后再度改组的交通委员会在东北交通上更是不遗余力。交通委员会的实际主持人高纪毅于1915～1918年在交通部设立的交通传习所学习，1918年起在济南车站任职一年多，此后虽在奉军中担任各种军职，但关注交通之心并未消失。与此前的王永江、常荫槐等人相比，高纪毅的现代经济知识更为丰富，对铁路与经济、国防等各方面的关系的认识更深刻，民族主义感情也更强烈，行事风格极为果断，并且深得张学良信任。在他的管理下，交通委员会的工作进行得也更为有序和顺利。

1929年3月中旬，东北四省军政要员特开会讨论治理东北大纲，提出了十项内容，其中第六项就是铁路。会议表示，"东北四省的铁路，此后设法筹款或募公债自修，不准再借外债及招收外股合办"，并在第七项再度强调"东北四省，今后无论办理何项事宜，不准再借外债"，② 鲜明地反映了东北当局在交通自主化上的决心。4月，交通委员会召开路政会议，提出了20多项提案，如推进东北各路联运、整理各路财政、整顿中日铁路外债、统一铁路工程标准等，重点是在现有基础上完善东北的铁路网建设、提高各铁路的运输和管理能力。

9月，高纪毅转任北宁路局局长。为专注于交通，高纪毅辞去辽宁省府委员及辽宁省警务处长等职。高纪毅将铁路交通提升到国家

---

① 马尚斌：《奉系经济》，辽海出版社，2001，第124页。
② 《张学良年谱》，第254页。

建设的高度。在北宁路局局长的任职典礼上,他如此表态:

> 我们中国这十几年来,因为受有战争的影响,凡百事业,只有破坏,没有建设,所以在国际方面,几乎成了一个落伍的国家。她的环境和前途,都是非常恶劣……凡是国民一份子,都应该抱着革命的精神……在没有铁路的地方,我们应当用大家的力量,去建设起来,至于已经造好的铁路,那更应当好好的去整理,使她充分的发展,因为铁路是"文化的前驱"、"经济的脉络",关系国家的强弱。①

正是由于这样的意识,高纪毅任北宁路局局长后,利用他的交通委员会实际负责人的身份,一手推动北宁铁路的整顿,结束北宁铁路关内外管理分立局面,整顿路务,以商业化为北宁路的经营主旨,于12月15日召集东北三省、河北、天津的重要商会、海关、财政厅等机关共200多人举行北宁路商务会议,"谋路商合作及免除隔阂",②促进北宁路的运输业务及周边的经济进步。在这样的锐意改革下,北宁路的收入迅速突破了4000万元,"开本路最新之记录"。③ 北宁铁路再度被奉系全面管理及其改革成效,为东北经济的进一步发展和交通建设提供了比较稳定的经济支撑。

另外,以高纪毅为首的交通委员会以及东北当局在此前的基础上,提出了更庞大、更全面和立体的交通发展设想。

到1928年下半年,张作霖时期的铁路网计划中的大部分路线或已建成,或即将建成,不少路线已经通车运营,东北自建铁路网粗具规模,但缺点和不足也日趋明显。高纪毅详细分析后总结道:

---

① 《高局长答词》,《铁路公报北宁线》第44期,1929年9月20日,第8页。
② 北宁铁路局:《北宁铁路商务会议汇刊》,1930,第10页。
③ 高纪毅:《北宁铁路整理路务之过去与将来》,《交通杂志》第1卷第6、7期,1933年,第147~148页。

东北的交通，在中国境内算得首屈一指，轮铁纵横，虽不能说是密如罗网，已经是四通八达了，不过他有三个短处，所以尚不能充分的发挥妙用。第一个短处，是网结得密，却无网领可携。第二个短处，是孤翼独进，难收水陆发荣之效。第三个短处，与友邦经营的国际铁路逐渐变成了孤立的局势。这种孤立的局势，很不容易和其他路线发生维系联络的关系，换句话说，差不多是已经消失了国际性的本质。因为有这种种的短处，所以东北一切铁路只能讲到他们本身的盈亏，丝毫不能发展铁路营业以外所谓国民经济、世界经济的效率，甚至于许多路线，连本身的营业，还有维持不住的，譬如四洮、洮昂，都是这种情形，其他北宁、沈海等，虽然营业情形很好，我们也感觉不到其他经济上的意味。这些情形都是交通事业的莫大危机，也就是国家经营事业的无形失败。……挽救这种失败，要紧的是在以上所说的三个短处想出个"一举三得"的办法……这个"以一贯三"的办法，我们想来想去，想出来了，就是海港……①

从中可见，交通委员会对于东北交通现状，最忧虑和期待解决的是如何使东北的铁路真正为我所用，即将铁路与自主输出口连成一体，实现东北真正的交通自主化。

1930年4月的东北路政会议上，交通委员会决定制定东北铁路网发展规划，并对东北各地区的面积、人口、农矿产等各种地理、经济情况进行详细调查和分析，为铁路建设规划提供参考。② 最终，交通委员会以顾问前中东路局俄方局长鄂斯特罗乌莫夫和卢景贵等人的意见为基础，提出了新的铁路网计划，共计三大干线。

---

① 高纪毅：《葫芦岛筑港兴工典礼致词》，北宁铁路管理局：《葫芦岛筑港开工典礼纪念册》，1930年7月2日，第13~14页。
② 《交委会审定铁路网计算表、沿线各县人口面积、农矿各产调查表》（1930年8月），辽宁省档案馆：JC10-1-9109。

东部干线：自葫芦岛起，经沈阳、海龙、吉林、依兰、同江等抵达绥远（今黑龙江境内的抚远），全长1623公里，其中已经建成的沈海、吉海等共计760公里。须增修的路线为吉林—五常、五常—方正、方正—依兰、依兰—桦川、桦川—富锦、富锦—同江、同江—绥远等7段，共计863公里。

西部干线：自葫芦岛起，经打虎山、通辽、洮南、齐齐哈尔、嫩江等抵达黑河，全长近2000公里，其中已建成的洮昂、昂齐、齐克等路共计1549公里。计划增修的路线主要是齐齐哈尔—讷河、讷河—嫩江、嫩江—黑河各段，共计415公里。

南部干线：自葫芦岛起，经朝阳、赤峰抵达多伦，以及经朝阳、承德抵达北平。全长共计1135公里。此干线已经建成的主要是北宁线及锦朝支线等，需要兴修的是金岭寺至北平、朝阳至多伦的近1000公里的路线。

以这三条干线为基础，又有各路支线计划，共计20多条。其中，西部干线的支路主要有泰安—海伦、海伦—拜泉、索伦—满洲里、洮南—长春、通辽—鲁北、通辽—开鲁、开鲁—林西等线，共计近1800公里。东部干线的支路有呼兰—巴彦、绥化—铁骊、绥化—富锦、绥化—望奎、朝阳镇—抚松、抚顺—长白等，共计2200多公里。

这一庞大计划中涉及的铁路干支线近60条，总里程长达8000多公里。实际上这还只是交通委员会的短期规划，它的长期计划路线有100多条，里程共计17000多公里。[1] 交通委员会和东北当局期望通过这样规模庞大的铁路建设，不仅"完成东北铁路网，树立交通自由之基"，更要推动"东北经济国防前途"的进步与发展。[2]

此外，交通委员会路政处和辽宁省建设厅还提出了以辽宁省为

---

[1] 《东北年鉴（民国20年）》，第374~375页；《东北铁路网计划》，《铁路公报津浦线》第39期，1930年，第9~11页。

[2] 《东北年鉴（民国20年）》，第374~375页。

核心的详细的东北公路干支路计划,如建筑辽吉、辽黑、洮新、辽热、沈营、沿江、沿海等共13条干路以及十几条支路,各干支路里程共计达1万多公里。①

交通委员会的这一规划蓝图的核心是"葫芦岛中心主义之大铁道网",②它集中反映了试图构建新东北的东北当局在铁路交通上的雄心。该计划的最终目的是要实现东北的路港一体化,即以铁路为血脉,以葫芦岛为主要输出口,辅以公路交通,构建起路网密集、输出无阻的交通网,使东北成为更具竞争力的自主经济体。当时即有人预见,"若能将中国铁路网完成,并将葫芦岛筑港完竣,则举凡辽吉黑东蒙古内蒙古及热察绥等广大区域内之天富宝藏俱将群趋于葫芦岛及营口二港,中国铁路之运输范围亦大为扩充。一方面既可以抵制东北境内外人之侵略势力,一方面更能收开发满蒙产业经济之实效"。③

交通委员会的建设计划,也是国民政府发展交通的一部分。孙科任铁道部长后,认为"十余年来,几无筑路成绩之可言",提出"以国家需要为本位,审查旧线,计划新线,权衡轻重,决定计划,确筹的款,限期依次兴筑,奋起直追,实现物资建设之使命"。④ 从1928年起,铁道部提出了一系列整顿国内铁路交通的提案和政策,如推行国内铁路管理统一和会计独立制度、严禁军队与地方政府挪用铁路收入以及非法征收各种苛捐杂税、主张以铁路盈余用于铁路新线建设、推行国有铁路联运、提出全国铁路分期兴筑计划等。⑤ 交通委员会的建设方案也得到了铁道部的支持和

---

① 《辽宁省政府秘书厅交通委员会路政处等关于辽宁省公路计划概要事》(1930年7月),辽宁省档案馆:JC10-1-3920。
② 何西亚:《东北视察记》,现代书局,1932,第200页。
③ 鲍幼申:《东北产业经济之现态及其将来》,《中东经济月刊》第6卷第6号,1930年,第108页。
④ 《孙部长提交二中全会庚款筑路案》,《铁路公报北宁线》第35期,1929年6月20日。
⑤ 《铁道部咨辽宁省政府》(1929年),辽宁省档案馆:JC10-1-8111;《铁道部制定国道路线测量工程标准规则、运输计划大纲及国道分期兴修计划》(1929年),辽宁省档案馆:JC10-1-3784。

认同。

东北路港一体化计划的出台,还激发了时人的无限厚望与信心。人们希望,通过这样的路港建设形成"东三省日本之铁路网系与中国之铁路网系竞争"的新局面,① 造成东北的交通循环系统,"近可以抗衡大连,而制其死命,远可以控制海参崴,而丧赤俄盘踞中东路之雄心,将来东北之经济全权,仍操之于我,而无旁落之虞"。②

第二节 铁路新线建设

到1928年底,东三省交通委员会时期规划的铁路网计划中,奉海路已经于9月全线开始营业,打通路、洮昂路已于1927年完成,呼海路、吉敦路也已竣工,吉海路仅烟筒山至吉林段未完成,洮昂路的展修线昂齐路正在建设中。张作霖时代计划的东西干线已经基本形成。改组后的交通委员会虽提出了庞大的新铁路网计划,但到九一八事变前,它主要兴修的是两条干线——齐克(齐齐哈尔—克山)路和洮索(洮安—索伦)路。

一 齐克铁路的兴修

齐齐哈尔往北至泰安(即今依安)、克山一带,土地肥沃,开发较早,是北满农产比较丰富的地区,但由于距离中东路较远,交通不便,运输不利,经济发展受制不小。民初,朱庆澜治黑期间,曾提议兴修齐齐哈尔至瑷珲的齐瑷铁路,预备路线就经过克山,但未能实现。1923年,黑龙江督军吴俊陞筹划呼海路时,也计划兴修齐克路,不久因第二次直奉战争爆发以及资金多用于兴修呼海路,齐

---

① 南阳:《过去现在未来东三省之铁路网》,《中东经济月刊》第6卷第8号,1930年,第43页。
② 王同文:《东北铁路问题之研究》下册,第105页。

克路的修筑计划又告中止。

1928年4月,常荫槐与吴俊陞商议,计划以交通部和黑龙江省共同出资的办法修筑齐克铁路。吴俊陞本拟齐齐哈尔以北的线路由黑龙江省单方面出资,但常荫槐认为齐克路是开发北满的重要干线,应由京奉路参与出资,吸收北满物产南下,由京奉路输出。最后,吴俊陞同意了这一共同投资计划。黑龙江省的投资实际上被吴俊陞改为商股,为尽快修筑齐克路,吴俊陞还以吴大兴堂名义个人投资105万元。

5月10日,黑龙江省公署正式成立齐克铁路工程局,为节省经费,路局设在洮昂铁路局内,局长由洮昂路局局长兼任,其他职员也由洮昂路人员兼办。6月,齐克路勘测和设计工作基本完工,路线由齐齐哈尔起,经塔哈、宁年(即今富裕)等地至克山。

齐克路本拟自昂昂溪修起,但日本横生干预,而中东路横断问题到7月才得以解决,齐克路局遂变更计划,以齐齐哈尔至克山为齐克路本线,昂昂溪至齐齐哈尔的昂齐段作为支线。随后,支线昂齐段以及本线的龙江至泰安段正式动工。

皇姑屯事件发生后,吴俊陞被炸身亡,常荫槐任黑龙江省省长。他还兼任交通委员会副委员长,一向将交通视为己任,为强调黑龙江省铁路交通的重要性,于8月15日将齐克路从洮昂路兼管中独立出来,设立交通委员会的分支机构呼海、齐克两路总办公署,以其胞兄常荫廷为两路总办。原本属于洮昂路局设计和承担的昂齐线因在黑龙江省境内,仍作为齐克路支线而由齐克路接管。常荫槐、常荫廷随后将呼海路和齐克路由官商合办改为省政府投资的官办铁路,各类技术人员多从京奉路局和洮昂路局中调用。

昂齐段因着手较早并且筑路资金大部分掌握在常荫槐手中,因而工程进展较为顺利。到11月,横断中东路桥梁完工,12月中旬,全路铺轨工作结束,20日,昂齐线正式营业。

"杨常事件"发生后,呼海、齐克两路总办公署于1929年2月初撤销。3月，黑龙江省主席万福麟之子万国宾任齐克路局局长，呼海、齐克两路又从官办改回官商合办，并续招商股。到1929年底，齐克路共筹集资金455万哈大洋，其中，黑龙江省财政厅作为官股出资100万元、广信公司出资100万元、克山农商会出资250万元、泰安镇农商会出资50万元。原计划北京政府交通部承担的部分改由京奉（北宁）路局以"政府拨款"名义由交通委员会保管并拨付齐克路局使用，共计哈大洋450万元。

齐克路局原计划到1929年底通车至克山县城，1930年春通车至终点克山镇。1929年10月，龙江至泰安段的土工基本完成，正拟架设乌裕尔河木桥，结果遭遇水灾，路基多被侵蚀并有淹没之势，桥工中止。此外，枕木、钢轨等材料也未能及时运到，资金尚在筹集之中，工程停顿3个月之久。[①] 到1930年3月，齐齐哈尔至泰安段通车（共计128.9公里）。此后，齐克路局续修泰安至克山段。到1931年11月，铺轨已到泰东一带，土方已经完成至克山，但由于齐齐哈尔沦陷，路事被迫中断。

此外，为沟通齐克路与中东路，运输铁路材料和煤炭，1929年5~11月，齐克路局开始修筑榆树屯至昂昂溪的支线，但因与中东路轨距不同而未能接轨，此线终点在中东路昂昂溪站外1.1公里处，全长6.4公里。1930年10月，由黑龙江省政府筹资、齐克路负责兴修的宁嫩（宁年—嫩江，全长85公里）铁路的支线宁讷（宁年—讷河）线开工，但因资金缺乏，到九一八事变前夕，仅修筑到拉哈，共48公里。

齐克路的筑路材料多由北宁路局代买代办，经北宁、四洮、洮昂等运往齐齐哈尔，工人多从天津招揽，土木和桥梁工程由华商投标承包。[②] 为节省经费，所有桥梁全系木质，路基则多为砂土所垒，钢

[①] 《东北交通委员会咨辽宁省政府》（1929年10月），辽宁省档案馆：JC10-1-3849。

[②] 《齐克铁路工程局成立及招工情形》，辽宁省档案馆：JC10-1-3866。

轨系 65 磅轻轨，所用机车多为小型，各种车辆也多由北宁路局拨给。

齐克路在东北铁路网计划中的地位不可忽视。呼海路建成后，虽改变了中东路独占鳌头的局面，但因呼海路与东西各干线仍有较远距离，受限仍多。而且，由于呼海路无法与吉林和奉天两省自建铁路接续，仍未造成三省内部铁路的联通。齐克路修建后，这一局面得以改变，它南接洮昂路，从而间接与打通路、京奉路形成联系。

齐克路的开通对改善北满的经济输出意义重大。此路的经济势力范围多在齐齐哈尔周边，西到讷河、嫩江、布西、甘南等县，南达龙江、林甸、依安三县，北至克山、龙镇等，东至有"北满谷仓"之称的拜泉、克东两县。① 据日本方面调查，该路范围内每年仅剩余谷物就有 53.8 万吨之多。因而，该路运营后，以货运为主，各类货车有 441 辆，营业比较繁忙，1930 年 1~9 月，经此路运输的货物就有 13.05 万吨。② 1930 年下半年到 1930 年 1 月的特产物和农产物运输旺季，全路货运量达 50 多万吨。特别是齐克、洮昂、打通、北宁四路货物联运正式施行后，齐克路降低运费，又承担黑龙江官银号的南行货运，"中外各商尤其是该官银号所有粮货，大部由该路南运"，③ 原由中东路掌握的不少地方的经济资源改由齐克路运输，该路成为中东铁路强有力的竞争者。全路收入也从 1930 年的 130.6 万元攀升到 1931 年的 261.3 万元。④

二 洮索铁路的兴修

黑龙江省的索伦山一带，"南抵热河，西接察区、外蒙，北枕中东路，南衔吉林，又有洮昂铁路贯穿其侧，半为奉省所属扎萨克图、

---

① 「昂齊鉄道関係一件」、日本外務省外交史料館、F-1-9-2-61、B10074719000、F-0332：0216。
② 「齊克鉄道ト其ノ背後地」、日本外務省外交史料館、亜一-4、B02130086700、REEL No. 調-0012：0589、0597。
③ 《东北年鉴（民国 20 年）》，第 443 页。
④ 《齐齐哈尔铁路分局志（1896~1985）》，第 657 页。

镇国公、图什、业图等旗，半为江省扎赉特旗与索伦设治局旧属，延绵千余里，位于内外蒙及东三省之中心，形势重要，富于宝藏，且土地肥沃"，[1] 在军事战略和地方开发上极为重要。

由于索伦地位之重，经济资源之富，日本一直试图修筑自洮南至索伦（现大部分属内蒙古科尔沁右翼前旗）的铁路。1924 年 6 月，满铁调查课对洮南至索伦一带进行为期半个月的经济调查，行程 700 多公里。调查后，满铁认为，此前将索伦一带视为蛮荒之地多属误解，洮索间的农业、畜牧业和木材都蕴藏巨大潜力，[2] 迫切希望获得洮索路修筑权。日本军方更重视洮索路，提出日本在发展满蒙铁路上，最首要的就是吉会路和洮索路。[3] 1927～1928 年的日、奉"满蒙新五路"交涉中，张作霖与满铁曾订立《洮索铁路承造合同》，约定由满铁出资 1560 万日元修筑洮索路。皇姑屯事件后，日方屡次向以张学良为首的东北当局要求开筑洮索路，但一直未得到东北当局的同意。

1928 年 7 月，为响应张学良提出的裁军、屯垦的施政口号，原东北军炮军第一军军长邹作华向张学良请求率部前往索伦殖边屯垦。东北政务委员会认为，"惟较能控制中东、南满各已成势力，并对国防做提纲挈领之势者，厥为索伦山一带最为适宜"，[4] 并且此地蒙荒较多，在此屯垦还能开发地利，"一举两得"，[5] 因此于 11 月正式决定在兴安区设立屯垦公署，行使县府权力，"综理全区军事、民政，以及兴利、生产、交通、国防、警备事宜"，[6] 下设兴安区第一垦殖

---

[1] 兴安区屯垦公署秘书处：《兴安区屯垦第一年工作报告》，兴安区屯垦公署，1930，第 1～2 页。
[2] 满铁庶务部调查课：《洮索间各地方调查报告书》（1924 年 7 月），辽宁省档案馆编《满铁调查报告》第 3 辑第 4 册，广西师范大学出版社，2008，第 397～398 页。
[3] 《满铁史资料》第 2 卷《路权篇》第 3 册，第 855 页。
[4] 《兴安区屯垦第一年工作报告》，第 1～2 页。
[5] 《东北年鉴（民国 20 年）》，第 444 页。
[6] 冯学忠主编《科尔沁右翼前旗志》，内蒙古人民出版社，1991，第 557 页。

局、第二垦殖局、索伦屯垦公署,由邹作华任督办。

考虑到索伦的多重价值以及日本长期觊觎洮索路修筑权和沿线的经济、军事利益,东北政务委员会和屯垦公署决心自筹资金修筑洮安(即今白城子)至索伦间的铁路,先由兴安区屯垦公署负责筹办。

11月19日,屯垦公署派员自洮安县起调查洮索路沿线经济情况。20天后,初步调查工作结束,屯垦公署认为洮索路沿线的农产品、木材积蓄量均极为丰富,沿线畜产、矿产等也大有发展空间,经济利益可观,[1] 急切地向东北政务委员会请求修建此路。

1929年5月25日,由屯垦公署建设处组成的测量队正式对洮索路进行测量。结果,洮南、洮安两地绅商对该路起点发生争执,洮南农商会多次向辽宁省政府请求改自洮南起,并提出可由其筹集部分资金。6月中旬,交通委员会决定自洮南测勘洮索路。[2] 测量队只得暂停工作,改赴洮南测量。8月,因洮南农商会原先的资金许诺未能实现,交通委员会又决定仍以洮安为起点,测量工作再度更改,"往返空耗时日,虚縻公款",路线仅测量完毕洮安至建国营112公里处,而此时路局人手极为紧张,为尽快开工,测量暂时中止。[3]

8月15日,洮索路举行开工典礼。9月9日,洮索铁路工程局正式成立,由屯垦公署建设处处长张魁恩(曾任四洮铁路局局长)任局长,建筑资金预算为500万元,由屯垦公署负担,北宁铁路局自10月起每月赞助10万元,车辆由北宁路局拨付。由于二龙梭口一带富有煤炭,业经采验,正准备正式开采,以供齐克、洮索、洮昂路将来的燃料,洮索路局又计划修筑由平安镇至二龙梭口共计50多公里的支线。

洮索路修筑时,东北正财政支绌,虽东北政务委员会几次增加

---

[1] 《兴安区屯垦第一年工作报告》,第274~275页。
[2] 《洮南县商农会等呈为建筑洮索路线请查勘由》(1929年4月)、《东北交通委员会咨覆辽宁省政府》(1929年6月13日),辽宁省档案馆:JC10-1-8481。
[3] 《兴安区屯垦第一年工作报告》,第278页。

屯垦公署的经费，仍难以一时筹集数百万元的资金。实际修筑过程中，主要依靠屯垦公署开荒不到 400 万元的收入，而仅购置钢轨费用就需 300 万元。日本方面知晓洮索铁路工程局的经济困境后，试图乘虚而入，以"低息贷款"和"赊销材料"等为由，参与此路的修筑。但以张魁恩为首的洮索铁路工程局认为，索伦实属东三省的重要后方，如引入日资，后果严重，坚决支持自主建设。① 在张魁恩的主持下，洮索路按照"行政从简，筑路为先"的原则修筑。为节俭起见，办公房舍皆采用外皮用砖，内室以砖坯混砌的"里生外熟"模式，张魁恩本人更是"力求节俭，避免损耗"。② 在路局的坚持下，1931 年 2 月，洮安至怀远镇段通车，共计 84.4 公里。

洮索路原计划到 1930 年底全线初步竣工，并预备此后再将此路延长到巴尔拿蒙旗一带，经内蒙古衔接满洲里或海拉尔。怀远镇段完工后，洮索路局正拟续修到索伦。未料，6 月，日军上尉中村震太郎等私自潜入兴安区，沿洮索路一带四处收集情报，被兴安区屯垦军抓获并处决，引发了中日大规模冲突，洮索路因此停工，实际完成不到本线 174 公里的一半，二龙梭口支线更来不及动工。

洮索路是九一八事变前东北当局修筑的最后一条干线。九一八事变爆发时，洮索路已完成的路段营业还不到半年，车辆是北宁路局淘汰的旧车辆，不少须经东三省兵工厂修理后才能使用，营业状况颇受限制。但 1931 年运营的数月内，该路的客运量就达到了 2.8 万人次，货运量 3.1 万吨。③ 也正是由于洮索路的经济和战略价值，1933 年，伪满洲国将索伦铁路转由满铁继续兴修，1934 年，全线竣工通车。

在修筑齐克路和洮索路的同时，东北各铁路局以及交通委员会还计划修筑诸多路线。其中已经着手测量和准备的如：沈海铁路公

---

① 沈阳铁路局志编纂委员会：《沈阳铁路局志稿·工运篇》，1989，第 34 页。
② 宛宏恩、宋家富：《忆洮索铁路工程局局长张魁恩》，白城市政协文史资料研究委员会编辑发行《白城文史资料》第 1 辑，1999，第 317~318 页。
③ 转引自王贵忠《张学良与东北铁路建设》，第 167 页。

司拟修筑的自朝阳镇到辉南的朝辉支线以及辉南至兴隆堡的辉兴支线，两路合计投资 211.9 万元；吉林省内自永吉县起至松花江下游中俄交界的同江县，沿途经过舒兰、五常等 8 县，全长 1000 多公里的同江路，计划从 1929 年起筹备，3 年内完成；热河省和辽宁省预备联合修筑锦朝延长到热河的路线等。但到九一八事变前夕，多数计划仍是纸上图样。

第三节　东西四路联运的实施

铁路联运指的是旅客或货物在多条铁路运输路线中，使用同一运输凭证，无须在连接站换车或搬载，而直达目的地。它的实施，有利于降低不同路线和路局之间的时间和物资成本，提高运输流转速度。东北交通委员会在推进新建路线的同时，也积极促成东北各铁路间的联运，尤其是在东西干线上的四路联运。东北铁路的运营能力和竞争力由此得到明显提升。

由于东北境内不仅有东北当局的自建铁路，还有不少合办或借款铁路，更有完全为日本控制的南满铁路，东西四路联运已非单纯的运输事务和各路间的营业合作问题，而成为中日铁路及经济竞争的一部分。

一　满铁与东北各铁路的联运

1920 年代以前，由于东北境内只有南满路、中东路和京奉路三条干线，铁路联运主要是由它们推动的。满铁为了巩固在南满路的势力范围并向北争夺中东铁路经济势力，特别是抢夺以大豆和豆饼为主的农产品的运输，在发展东北各铁路与南满路的联运上高度活跃。

中东路与南满路的联运始于 1910 年。此后，满铁为了与中东铁路竞争，特别制定了北满货物吸收政策，谋求中东铁路货物南下经大连输出。一战期间以及十月革命爆发后，中东路局势混乱，大量货物积压、收入锐减,满铁利用两路联运的便利条件,制定所谓中东路货物南下特定运费,辅以大车运载,发展搜货机构,使得北满的货物大量改由南满路南下。1920年,中东路输出的货物往海参崴方向的为10.8万吨,经南满路去大连方向的却高达84.4万吨,占总量的88%以上。① 1921年后,中东路局势稍趋稳定,加上中国方面收回部分中东路权益,中东路向海参崴等东行方向输出的货物回升。满铁将中东路发展运输的举动视为"露骨而又无理的政策",② 于1921年和1922年与中东路举行第六次和第七次联运会议,达成运费协定。1925年,满铁又与乌苏里铁路达成北满货物输送数量协议。通过这些措施,满铁吸收了大量北满货物南下,获取了巨大利益。

为了培养南满路的营养线,满铁还积极促成其与东北境内其他铁路的联运。

1907年,京奉铁路与南满铁路达成联运协定,在奉天南满站换车联运。1913年4月,在东京召开了日本国内铁路、朝鲜铁路、南满铁路及中东铁路的联运会议,京奉铁路也派遣代表与会,最后议定了中日旅客和行李联运合同,但随后由于一战爆发,联运中止。

1917年,四洮铁路开工后,满铁与四洮路初步议定了联运协约。1924年,四洮铁路全线通车,机车全部向满铁租借,车辆可直达南满路各地。1918年8月,南满路与吉长路开始实行货物联运,1920年2月开始实行旅客联运。南满路与四洮、吉长两路的联运,便利了它吸收辽西和北满等地的货物。四洮路沿线货运量在1927年有57万多吨,由于车务处长等关键职务为日人,在东北自建铁路西干线贯通前,其货物几乎全经南满路输送。吉长路与南满路联运后,黑龙江境内的大量物产由此转入南满路输送。实行联运后,吉长铁路对南满线的联运旅客从1918年的1000多人增加到1922年的1.4万

---

① 《黑龙江省志》第18卷《铁路志》,第30页。
② 《满铁档案资料汇编》第5卷,第146~147页。

人，货物从 4.88 万吨激增到 45.24 万吨，其中大豆联运数量从 1918 年的 3.54 万吨增至 1921 年的 25.34 万吨。① 四洮和吉长两路也因而成为南满铁路经济利益的服务线。

1920 年代奉系的铁路建设改变了东北铁路交通的格局。东西干线均直接联通京奉路，形成了奉系主导的铁路网体系。满铁在无法阻止东北自建铁路兴修后，极力谋求各路与南满铁路的联运，将它们变成为满铁利益服务的线路。

借款和合办铁路由于在资金、技术和管理等方面多受满铁的影响和控制，满铁往往极力推动这些铁路与满铁的联运，将它们培养成满铁事实上的支线。

吉敦路自 1927 年 11 月 11 日仿照满铁与吉长路联运规定，开始与满铁实行联运，"几乎全受满铁之支配"。② 结果，自联运实行后，吉长、吉敦两路运往南满路的货物数量从 1925 年的 3.94 万吨增加到 1931 年的 51.04 万吨，满铁的运费收入从 1925 年的 37.75 万日元增加到 1931 年的 584.43 万日元。联运带给满铁的巨额经济利益由此可见一斑。

洮昂路开通后，为谋取东北西部广大区域的经济资源，与中东铁路进行竞争，特别是"确保以齐齐哈尔为中心的特产物的南下"，满铁大力推动洮昂、四洮路与满铁间的联络。满铁意图让这两条铁路统一经营，实行同一运费或同等运率，将北满物产吸收至南满铁路。在满铁的活动下，1926 年 3 月 10 日，在大连满铁本社召开了南满路、四洮路和洮昂路的三路联席会议，意图结成三路客货直接联运。但洮昂路局提出，它跨奉黑两省，处于南北满的枢纽地点，应提高在联运纯利中所占比例，运费上也应享有一定优待条件。结果，满铁拒绝洮昂路提议，三路未能达成一致意见，三路联运会议破裂。③

---

① 《满铁档案资料汇编》第 5 卷，第 241 页。
② 金士宣：《中国东北铁路问题汇论》，大公报馆，1932，第 79 页。
③ 《满铁档案资料汇编》第 5 卷，第 248~251 页。

对于完全由东北当局自建的铁路，由于担心它们危及满铁利益，满铁千方百计促成它们与满铁的直接或间接联运，并且对这些自建铁路之间的联运制造种种障碍。其中，最为典型的是奉海、南满联运风波。

从1926年2月到1927年底，奉海路尚在修筑期间，南满铁路即与之商议联运事宜，双方会谈20多次，因倒载站地点以及车辆直通等问题分歧甚大。满铁要求在奉海与南满路实施车辆直通，奉天方面则提出以奉海路奉天站为倒载站，不同意实行两路间车辆直通。结果一直未能达成共识。① 1928年初，张志良接任奉海路公司总理，满铁又与奉海路达成联运协定。但交通部和奉系当局认为此协议不妥之处甚多，对主权有所损失，于3月2日令奉海路废除合同。结果，满铁趁洮昂路车辆流用奉海路之机会，借题发挥，多方向北京政府和奉天当局抗议。最终，北京政府交通部和外交部与日本驻华公使交涉后，日本以在洮昂路车辆问题上的让步换取了奉海、南满两路联运。10月1日，两路联运正式开始。

吉海路虽未与满铁订立联运协定，但因它与奉海路有接续运输办法，并且奉海路与满铁间已经有联运，实际也间接形成与满铁的联运。

通过这些联运手段，满铁将东北境内各铁路直接或间接与南满铁路联通，不少铁路"不啻为南满之培养线也"。②

二 交通委员会主持下的东西四路联运

（一）西四路联运

西四路指的是京奉（1929年初改称为北宁路）、四洮、洮昂和齐克四路。由于西干线各路完成较快，它们之间的联运实行也较早。

---

① 《奉海铁路公司呈为拟与南满铁路联运拟具合同事》（1927年11月19日）、《奉天省长公署指令奉海铁路公司》（1927年11月21日），辽宁省档案馆：JC10-1-2136。
② 王同文：《东北铁路问题之研究》下册，第23页。

1927年10月，打通线完成前夕，北京政府交通部试图实行京奉、四洮、洮昂三路联运，首先催促四洮、打通两路连轨。四洮路的车务会计和工务处长均由日人担任，他们为阻止西干线的贯通，拒绝与打通路接轨。10月下旬，交通部严令四洮路执行接轨，满铁正与张作霖进行铁路交涉，不愿因打通路影响中日铁路交涉的大局，两路联络才得以实现。①

12月，在交通部的倡议下，京奉路、四洮路和洮昂路为"发展三路营业"和促进"南北满之发达及当地人民经济之利益"，② 在北京召集三路联运会议。经过12次会议讨论后，三方议定了相关旅客和包裹联运办法，并拟在北京和洮昂、北京和四平街间开行直通列车。1928年1月，三路又在奉天开会议定了客货运输及车辆互换规则，并决定实行三路移民运送办法。此外，三路局还决议在四洮路通辽站的南边建设供京奉路的联络站。结果，日方认为，"最近的货物联络线设备为侵害四洮财产权的极端非法行为"，而"驻四洮的满铁社代表为工程拖延进度而耗尽了心血"，抗议三路联运。③ 此外，安国军政府即将垮台，奉系军事吃紧，时局混乱。在内外两重因素影响之下，此次联运流产。

皇姑屯事件发生后，京奉路再度分为关内关外两段，分别在天津和奉天设立路局。1928年11月，京奉路局重提西干线联运，因齐克路此时正在计划兴修之中，可接续洮昂路，故齐克路也加入此次联运会议。

11月12日，以京奉铁路车务副处长王奉瑞为主席，西四路车务处长齐聚京奉路开会，讨论联运事务。到12月3日，共开会5次，正式通过了京奉四洮洮昂齐克四路客运联运规章，从12月20日起

---

① 《满铁档案资料汇编》第5卷，第221~222页。
② 交通部铁路联运事务处：《京奉四洮洮昂铁路联运会议议事录》，1927，第1~2页。
③ 《满铁档案资料汇编》第5卷，第222页。

开始实行。① 为便利旅客运输起见,在客运联运开始后,西四路开行奉天至龙江(即齐齐哈尔)间直达列车。西四路旅客联运实施后,对沿途的客运产生了积极影响,1929 年,西四路旅客联运里程达到 2141 公里,全年客运进款达到 75.89 万元。②

1929 年 6 月,在西四路旅客联运实施半年之后,交通委员会又召集西四路举行货物联运会议。6 月 23 日,四路代表在沈阳联运清算所议定了《京奉四洮洮昂齐克铁路货物联运规章》,并修正了此前的《四路联运移民运送暂行办法》,决定自 12 月 25 日起开始实行四路货物联运。

按照联运规章,京奉路、四洮路、洮昂路和齐克路各站均可办理货物联运,联运货物实行统一的运费收取方式,即由起运路收取装费,到达路收取卸费。整车货物每吨装卸费各 2 角,共计 4 角;零担货物每 100 公斤收取装卸费各 5 分,共计 1 角;零吨货物每吨收取装卸费各 5 角,不另外收取任何杂费。联运账目的清算由设在沈阳的东北铁路联运清算所或联运处办理,京奉路与四洮路的联运清算点设在四洮路通辽站,四洮与洮昂间联运清算点设于洮南的东站和南站之间,洮昂与齐克路联运清算点为洮昂路的昂昂溪站。③

为鼓励北满货物改由西四路南下,交通委员会还下令完全豁免秦皇岛出口关税、北宁路沟帮子站的常关税,经由山海关的统捐减收 70%。1929 年 10 月 12 日起,交通委员会决定每天从龙江或昂昂溪向秦皇岛或营口至少开行四次直通车辆,并两度减少运费。自通辽起运的粮食到营口运费减价 30%,每吨收费 5.03 元,到天津在原定特价的基础上再减价 25%,每吨收大洋 11.52 元,由通辽或打通

---

① 《洮昂路局呈报与京奉四洮齐克联运会议施行日期》(1928 年 12 月 21 日),辽宁省档案馆:JC10-1-3789。
② 《东北年鉴(民国 20 年)》,第 382 页。
③ 《四路货物联运规章》,东北铁路联运清算所:《京奉四洮洮昂齐克铁路客运联运规章》,1929,第 1~5 页。

支线各站运粮入关到天津以东各站,如按原定特价计算超过 11.52 元,仍按 11.52 元收费。交通委员会希望通过这些举措吸引 30~50 吨的货物南下,提升西四路的运输能力和经济效益。

但是西四路的减价和增加运力的举措都遭到日方的严重干扰。四洮铁路车务处处长日人足立长三得知交通委员会的计划后,向四洮路局局长抗议,其理由为:东北西四路联运忽视了已经确立的四路联运协定;置四洮路车务处处长于不顾而秘密协商,不合情理;西四路的直通车辆不能无限制运行;反对利用北宁路车辆作为直通专用;按 50 吨预计输送货物超过四洮路能力。12 月和 1930 年 1 月,足立长三又几次前往交通委员会抗议。满铁方面认为,不管如何,只要北宁路参与联运,就将对南满路本线产生不良影响。故此,满铁极力鼓动洮昂路和四洮路订立关于齐克铁路运输黑龙江广信公司收购的大豆的协定,将其转往南满路输出。由于日本的多方干预,交通委员会的北货南运计划遭到打击,满铁得意地表示,交通委员会的计划"不仅失败了,并且为四平街经由社线(即满铁线)到货打开了新的局面"。①

西四路的货物联运也因四洮路的联络站建设不顺而迟延多时。1930 年 1 月,北宁路曾继续进行此前中断一年多的联络站建设,结果满铁称必须经四洮路同意,并且一旦开始实施,"无异于自然撤销日本对于打通线的抗议"。后来北宁路根据自己的方案,单独施工建设。1931 年 1 月,北宁和四洮联络站建筑完毕。29 日起,西四路货物联运在联运协定订立一年半后正式施行。

(二) 东四路联运

东四路即京奉、奉海、吉海和吉敦路。东四路沿线所经过的地方,开发已久、物产丰饶,但由于距离满铁本线较近,又无自主出海口,各路建成后,或与满铁实行联运,如奉海路,或虽未与满铁正式联运,但因与奉海的联络而实际成为满铁联运的一部分,如吉

---

① 《满铁档案资料汇编》第 5 卷,第 224~225、252 页。

海路。因此，建立自己的联运体系至关重要。

奉海路于1927年11月与京奉路实行联运，不久后因1928年皇姑屯事件一度中断。1928年11月，两路重新讨论联运事宜，决定在京奉路奉天站与奉海路奉天站之间敷设联运线，以奉海路奉天站为货运联运站，自12月25日起开始实行。吉海路修成后，与奉海路自1928年11月10日起实行联运，为招徕营业以与满铁线竞争，在运费和各种协定上与其他路线相比，"无不特别从宽"。①

然而，由于奉海、吉海路沿线以大豆为大宗输出，北宁路尚未统一，除大连和营口外，无其他出海口，而营口港设施落后，无力承担全部运输量，故两路沿线货物仍多经大连出口，从而导致"坐视货物尽被外路夺去"。②

1929年9月，北宁路关内外重新联通，北宁路局局长和交通委员会委员长高纪毅决定趁此机会将沈海和北宁、沈海和吉海联运扩大，纳入吉敦路，形成东四路联运模式。

1930年4月1日，东四路联运会议在天津召开。经过长达一个月的讨论，最后于5月17日达成了《东四路联运规章》。会议决定开通北平至敦化直通货运车辆、北平至吉林直通旅客列车，同时如西四路一样，实行移民运输优待政策。与西四路联运不同，东四路因与满铁竞争更为激烈，还订立了北宁路辅助其他各路的特别协定，如向沈海、吉海提供较西四路更多的车辆。原有的沈海和北宁、沈海和吉海两路联运也在四路联运后即行取消。

东四路联运原定于7月1日起开始实行，但因沈海路和北宁路对联运站股本认购以及两路互换车辆的车租计算等问题存在分歧，迟迟未能实行。9月，北宁、沈海在天津召开特别会议，经协商后在车租问题上取得一致，决定以北宁路沈阳站即辽宁总站为旅客联运站，以北宁路沈阳东站为货运联运站。随后，东四路联运正式开始。

---

① 《沈海铁路公司十八年工作报告》，辽宁省档案馆：JC10-1-3823。
② 金士宣：《中国铁路问题论文集》，交通杂志社，1935，第340页。

10月10日，开通北平至吉林的直通客运。1931年1月，货运联运正式施行。

此外，由于日本的干扰，吉敦路一直未能与吉海路接轨，并且与南满路联运。吉敦路虽参加了东四路联运会议，但只声明吉敦路的联运日期尚待将来。东四路联运实际上成为东三路联运，吉敦路沿线的大量资源为日本所夺，"坐视其森林及其他运输之运往满铁也"。①

三 东西四路联运与东北经济发展和移民

交通委员会实行东西四路联运的目的之一是改变此前各路之间运输手续多、转运时间长、费用高的弊病，提高东北境内国有、省有、民有铁路的运输能力和竞争力，尤其是改变奉系主导建设的各铁路为南满路营养线的现状。

东西四路都以北宁路为输出孔道，东西四路联运中，北宁路是最重要的推动力量和后盾。这与北宁路局局长和交通委员会委员长高纪毅的努力密不可分。他提出"所有关外各路出口货物均以本路为转运之枢纽，本路为国有铁路唯一干线，实负有发展东北实业、对外竞争之使命，本路运价不宜，则东省一般货物将悉由外人铁路出口、利权漏卮甚巨"。② 他不仅推动了北宁路的运输状况的改善，在车辆使用上，北宁路也经常给予沈海、吉海各种支援。

东西四路联运实行后，交通委员会管辖的东北铁路的经营有较大改观。1930年4~6月的西四路旅客收入与1929年同期相比，北宁路收入增加了约6.13万元，四洮路增加约8.96万元，洮昂路增加1.25万元，齐克路增加8.7万元，四路共增加约25万元。③ 西四

---

① 金士宣：《中国东北铁路问题汇论》，第80页。
② 《本路货物运价应如何改良请协助调查案》《路运货物捐税拟请设法减轻改归本路代收案》，北宁铁路局编《北宁铁路商务会议汇刊》，大公报馆，1930。
③ 《西四路旅客联运各路每月收入营业进款与上年相当月份比较表》，《东北铁路同人协进会月刊》第1卷第1期，1931年7月30日。

路的客运收入1929年为75.9万元,1930年增长到173.7万元,1931年九一八事变前增至166.4万元;货运收入1930年为316.8万元,1931年九一八事变前激增到1687.3万元。东四路的客运收入1929年为30.8万元,1930年增加到104.2万元,1931年增至242.1万元;货运收入上,1931年前9个月内收入就有355.8万元。①

四路联运实行时,世界经济危机爆发,东西四路与满铁之间出现了运营竞争战。尤其是东四路,距离满铁本线较近,经济资源丰富,担负改变南满经济格局的重任,也是中日铁路竞争最激烈的地带。

由于1929年后银贱金贵的世界金融形势,东四路的运价比南满路有很大优势,吉林和辽宁境内原本由满铁本线开原、铁岭和四平街等站吸收的货物几乎全部被吉海、沈海路吸收,利用北宁线输往秦皇岛和营口。交通委员会还特别针对东四路实行各种运费优待。1929年联运开始后,运费不但较满铁低廉二成,比国内其他铁路的联运价格也减少四五成。如吉林省特产大豆,由吉林运往沈阳每车(30吨)价格为现大洋156元,如果缴纳吉大洋,则为161.1元(吉大洋合现洋0.7元)。南满路的运费则为160多金元,因金票每元合1.3元现大洋,比沈海、吉海两路昂贵不少。为招徕业务,两路还大搞宣传战,在各大站设置广告牌,标明路途远近及票价差距,② 打出"联运货物的运费比其他铁路低减若干,不信请查查价目表看""中国人应乘中国车"的口号。③ 由于措施得当,尽管"北宁设备之周全,运输之迅速,远不如南满",④ 但低廉运价带来的吸引力使得该路运营量有不少提升。1929年北宁路的货运量为753万吨,

---

① 《东北年鉴(民国20年)》,第382页;王同文:《东北铁路问题之研究》下册,第36页。
② 李镜涵:《"九一八"后我去沈阳工作的回忆》,中国人民政治协商会议天津市委员会文史资料研究委员会编《天津文史资料选辑》第55辑,天津人民出版社,1991,第123页。
③ 《沈海吉海实行联运》,《中东经济月刊》第6卷第1号,1930年,第12页。
④ 王同文:《东北铁路问题之研究》下册,第40页。

不足满铁货运量1856.2万吨的一半,实行东西四路联运后,到1931年,其货运量增加到1010多万吨。

对于东北的铁路联运,时人曾积极评价道:"东北以海陆交通的关系,最为富于国际性与世界性,在事变前三十年以来,其铁路发展实为急进,至于地方当局对此交通事业——铁路运输之经营亦为不遗余力。……东北交通委员会管辖下之国有铁路……其营业俱甚发达,各路间之客货联运办法尤为使东北交通达于繁盛之唯一因素。"①

不过,总体而言,东北铁路的运营能力和竞争力虽因四路联运有所提升,但它的整体实力仍难以与满铁相匹敌。而且,东西四路的低价运输策略虽能在与满铁的竞争中争取到不少运输量,但也导致东西四路的盈利空间不断缩减。1930年下半年,东北进入特产物运输旺季,东四路与满铁之间的竞争趋于白热化。满铁开始利用其旁系组织国际运输会社与东四路大打价格战。双方在不到一个月的时间内三次调整价格。然而由于满铁实力雄厚,国际运输会社又前往吉林各地招揽生意,推行混合保管等措施,到12月初,满铁运费已比起初降低近79%,而沈海、吉海路的运费已接近下限,无法随之再降。② 最终,吉林的大豆等物产转而经由吉长、吉敦路和满铁本线运往大连,这场争夺战最终以日方获胜告终。

第四节　寻找自主出海口——葫芦岛开港

"铁路与海港,相为表里,有唇齿之关系。……倘铁路所经之地,无相当之海港,则输出之物产必不由是路矣。又海港而无铁路以通达焉,则输出之物产亦不至是港矣。"③ 日俄战争后,日本占据

---

① 王钟羽:《东北铁路之今昔观》,《边铎》第1卷第4期,1934年,第5页。
② 王同文:《东北铁路问题之研究》下册,第42页。
③ 金士宣:《东北铁路现势及我国铁路政策》,《东方杂志》第27卷第19号,1930年,第24页。

南满路及大连港，东北的经济输出犹如脖颈被人扼制，东北的经济资源源源不绝地流入日本手中。自 1900 年代起，东北当局在规划东北铁路发展的同时，也试图开辟自己的出海口，并将目标瞄向葫芦岛港。张学良主政时期，交通委员会的路港一体化计划实以葫芦岛港为尾闾。1930 年，在东北当局和南京国民政府的支持下，葫芦岛港工程经历多次顿挫后再次开启。

一 清末民初"既办而复辍"的葫芦岛开港

开辟葫芦岛港的设想最早是东三省总督徐世昌目睹日俄战争后大连崛起、营口没落、关内外经济联系受挫而提出的。他详细分析了营口港相较于大连港的四方面劣势，提出开辟新港口以急起直追、争回已失之利权。1907~1909 年，他特聘请京奉路的英国水利工程师休斯在葫芦岛一带勘测并制订了 5~6 年的葫芦岛筑港计划，希望此港建成后，"补营口之缺陷，又西与秦皇岛为唇齿，北与京奉路相连接，故可控制华北，成辽东之要隘"。[①]

徐世昌去职后，继任的锡良于 1909 年 7 月再聘请休斯制订葫芦岛开港计划，并派人复勘葫芦岛和菊花岛。此次，休斯提出了为期 6 年、共计 450 多万元的详细开港规划，预计修筑宽 100 英尺、长 4900 英尺、可容纳 300~400 英尺的轮船 15 艘的码头，并在港内建筑 5 倍于大连港的货栈，同时修筑车站及各类房舍，建设连葫铁路及葫芦岛至望海寺的马路。[②]

1910 年初，锡良派李镜清等人前往葫芦岛征收民房，选定开港地亩，筹备开港事宜。5 月，锡良向清政府上奏，提出"得此口岸则全局俱振，失此口岸则坐困堪虞"，强烈建议锦瑷铁路和葫芦岛港同时并举，吸收西伯利亚的物产南下，将葫芦岛打造成"欧亚交通

[①] 锦西市地方志编纂委员会办公室编辑发行《锦西市志》，1988，第 304 页。
[②] 张含英：《葫芦岛建设实录》，交通部、铁道部北方大港筹备委员会，1934，第 7~8 页。

之枢纽",并且拟向度支部借款500万两完成开港工程。8月,锡良计划从东三省官银号红利下提取10万两作为葫芦岛购地费用,从东三省盐务局盈余(每年可得20万两左右)以及其他各类补征盐厘、盐栈店贴、税票费、减平等杂款下(每年可得7万~8万两)提解款项用于机器购买、海堤船坞等工程费用,不敷之款,再由度支部酌量分担。①

锡良的提议得到清政府的支持,随后,清政府任命奉天劝业道黄开文为葫芦岛筑港总办、郑孝胥为督办,聘休斯为总工程司,设立葫芦岛开埠局,于10月正式动工修建葫芦岛港。

到1911年10月,葫芦岛开港工程已经完成或进行的工程已有十几项,其中葫芦岛至京奉路连山站的连葫铁路已几近完成,仅有至浪堤末端的一小段未铺设枕木;防波堤完成了400英尺,已经砌石未成部分约200英尺,北边已经开筑但尚未完工的堤坝约500英尺;浅滩水坝已经完成过半;其他各类房屋建成数十间。② 由于辛亥革命爆发,时局动荡、款项不敷,筑港工程只得于10月底停止,葫芦岛开埠局转驻天津,工程处被裁撤。

1912年2月,民国甫经成立,奉天都督赵尔巽预备恢复葫芦岛工程。葫芦岛开埠局随后迁回葫芦岛,并以辛亥前剩余筑港款项将岸上未完工程勉强修复,海堤工程因资金问题未能动工。葫芦岛开埠局认为工程"规模既已略具,自应继续进行,断无中途废止之理",但奉天省财政拮据,难以负担,提请由中央政府负责。10月,赵尔巽呈请北京政府直接管理葫芦岛工程。

然而,此时的北京政府毫无财力物力继续此项工程。1912年底,新任奉天都督张作霖下令将开埠局和工程处裁撤,各工程一律停止,仅留数人管理各类文卷、公物。此时,葫芦岛工程已不同程度完成

---

① 《密陈筹办葫芦岛不冻口岸情形折》《奉省葫芦岛商埠工程重要筹款开办折》,《锡良遗稿·奏稿》,第1139~1140、1203页。
② 《督办奉天葫芦岛开埠局补用道金还为呈报事》附件(宣统三年十二月),辽宁省档案馆:JC10-1-3699。

铁路、房舍、浪堤、绿化、马路、电线电话等各种基础设施，共计费用约墨西哥大洋102.8万元。①

1914年1月，北京政府计划将归化城、张家口、多伦诺尔、赤峰、洮南、龙口等地开辟为商埠，葫芦岛也一体开放。3月，奉天省成立葫芦岛开埠局，由王树翰任总办。开埠局原拟接修铁路、分年建筑海堤和码头等各项设施，但开埠局除总办外，仅有员工数人，每月仅数百元经费，根本无力进行建设。不久后，连总办王树翰也去职前往吉林。

1916年10月，通裕煤矿总办陈应南因通裕铁路路线过短、不足以吸收客货，向奉天省省长张作霖请求将葫芦岛所在的连山湾辟为港口，将通裕铁路展修为连峰铁路，并提出由殷商巨贾集资2000万元。该计划得到葫芦岛商埠局的响应，局长王孝因亲往通裕铁路沿线考察，建议筹办连峰铁路商埠公司。② 随后，张作霖令葫芦岛开埠局通盘规划连峰铁路商埠公司事宜，结果，因筹款无方，此计划再度搁浅。此时距离1907年徐世昌初次规划开发葫芦岛港已有10年之久，葫芦岛开港工程仅在1910~1912年锡良和赵尔巽任内有所进展，其余多次接续计划均告失败。

二 奉系的第一次开港计划与顿挫

1918年，日本驻华公使照会北京政府外交部，要求将此前未能开放的商埠迅速落实。张作霖认为洮南、葫芦岛两处"日本政府既迫我实行，以奉省现时财力论，实际上固难办到，形式上不可不筹

---

① 《东三省总督赵札督办葫芦岛开埠局金还》（1912年2月26日）、《督办葫芦岛开埠局金还呈奉天都督赵》（1912年9月24日）、《督办葫芦岛开埠局金还呈奉天都督张》（1913年1月13日），辽宁省档案馆：JC10-1-3699；《苏理文呈葫芦岛开埠局赵世杰》（1919年7月15日），辽宁省档案馆：JC10-1-21363。
② 《锦县商埠局兼葫芦岛商埠局局长王孝因呈奉天督军兼省长张作霖》（1916年12月10日），辽宁省档案馆：JC10-1-3867。

备进行",① 令锦县商埠局王孝因先事筹备。

此时,葫芦岛工程虽耗费 100 多万元,但"其已成工程,揆之当日计划,仅及十分之一,而自停办以来,风雨摧残,又去十之四五"。王孝因主张暂时以修补旧有工程为主。张作霖也赞同以渐进方式先应付日本的催促,但又担心日本对洮南、葫芦岛等地素具野心,若中国方面无所作为,两地可能沦入日本控制下,提议与中央政府共同出资解决开埠经费。②

1919 年,张作霖与北京政府委派株钦(株洲—钦州)铁路的代理总工程师苏理文拟定筑港详细规划书。苏理文认为葫芦岛背后利源广大,一旦开港,将成为"纯净中国口岸",可与日本控制的大连港竞争,经济效益难以估量,并且开港工程难度较小。此外,苏理文强调,"铁路为商务之命脉",开港须与铁路建设同步,提议修筑锦瑷铁路,从而使葫芦岛真正与东北各地经济势力范围融为一体。资金方面,苏理文建议借用美国资本 1000 万美元,以港口工程和产业、连葫铁路、海关收入等作为抵押。③

1920 年 1 月,交通部与张作霖筹商共同办理葫芦岛港。张作霖既想借用中央政府力量开港,又不愿意非奉系力量进入东北,因而提出地方行政权须完全由奉天省掌握,工程事务由部省两方考核,款项由部省各分担一半,但声明绝不用外款,并且部拨款项无论如何不能以款绌为辞停止支付。交通部认为"葫芦岛口岸为辽西门户,内接榆关,外连渤海,形势极为重要",赞同与奉天各出资 500 万大洋合办葫芦岛港,并拟建筑锦县铁路联通葫芦岛。

2 月中旬,以奉系意见为基础,交通部与奉天方面达成合办葫芦

---

① 《奉天督军兼省长张作霖令锦县商埠局局长》(1918 年 8 月 29 日),辽宁省档案馆:JC10-1-3706。
② 《锦县商埠局兼葫芦岛商埠局局长王孝因呈奉天督军兼省长张作霖》(1918 年 10 月 4 日)、《锦县商埠局兼葫芦岛商埠局局长王孝因呈奉天督军兼省长张作霖》(1919 年 1 月),辽宁省档案馆:JC10-1-3706。
③ 《苏理文呈葫芦岛开埠局局长赵世杰》(1919 年 7 月 15 日),辽宁省档案馆:JC10-1-21363。

岛商埠纲要。28 日，北京政府任命周肇祥为葫芦岛商埠督办，正式筹备葫芦岛开埠事宜。海军部趁机请求将葫芦岛港建设成为军港，但被奉系以葫芦岛为"完全商埠"，建筑军港"不特款无所出，而商旅闻风裹足，埠务发生困难"的理由拒绝。①

5 月，督办葫芦岛商埠事宜处正式成立，在北京设办事处。随后，工程局派遣陈懋解、曾仰丰、傅锐林等重新测量葫芦岛港，修复此前的各种工程、扩充商埠地、编练警察。

8 月，葫芦岛督办处拟定出详细的葫芦岛筑港及开辟商场计划书。计划书提出，在 7 年半工期内投资 1908.4 万元（防波堤码头共计 682.5 万元、西附岸墙 234 万元、北附岸墙 232.8 万元、商埠布设 408.3 万元、铁路建设 59.2 万元、船坞设备 60 万元、各种货栈和厂棚等 221.6 万元、办公房舍 10 万元），将葫芦岛打造成"他日能与大连相颉颃，以固我东北之海权"的中心站。督办处乐观地预计葫芦岛开埠后，"不特内蒙西部到处可通，即欧亚之途亦将以本岛为起讫点"，"我国东北部农产、矿产、林木、毛革、药材……散出于各处者皆可萃集于本岛以谋输出，即热河西南之货物，前之经古北口、张家口以出天津者，又奉天洮昌道属及热河东北之货物前之经四郑、南满以出大连者，或由辽河以下驶于营口者，亦将由前述各路而出于本岛"。② 此外，督办处认为铁路为葫芦岛港之生命，力主修筑锦通（起自锦县，经义县、新邱、绥东至通辽，约 235 英里）、锦赤（起自锦县，经朝阳、黑水达赤峰，约 192 英里）、锦热（起自锦县，经朝阳、凌源、平泉达承德，约 241 英里）、齐洮（起自洮南，经泰来达齐齐哈尔，约 160 英里）、齐黑（起自齐齐哈尔，经龙江、嫩江、瑷珲至黑河，约 320 英里）、新开新郑（起自新民，经法库至开

---

① 交通铁道部交通史编纂委员会编辑发行《交通史航政编》第 4 册，1931，第 2109~2112 页。
② 《为折呈葫芦岛商埠计划书画册图件并附拟修铁路意见书》（1920 年 8 月 26 日），辽宁省档案馆：JC10-1-21363。

原，延长至郑家屯，长约 160 英里）等铁路。[①]

11 月，交通部召集以荷兰工程师方维因为首的中外工程师审核筑港计划。11 月底到 1921 年 5 月，交通部两次派遣工程师复查周肇祥及方维因的筑港方案，提出市场及附属工程暂缓，先以包工形式筑港，并令周肇祥造具筑港正式计划。7 月，周肇祥重拟葫芦岛商港计划书，预计各项资金约需 1327.4 万元。[②] 9 月，交通部组织临时审查会，召集中外工程师逐项讨论工程计划、合同条例。最终于 10 月确立葫芦岛包工条例，拟定 7 年半时间完成葫芦岛港工程。

奉天当局对交通部先期筑港的决议极为赞同，认为"三省梯航冲要之口岸多已权操于人，致运输受其垄断，商业颇见萧条，现只葫芦岛一隅尚堪由我主持"，[③] 开港事关国权和利权。10 月 29 日，张作霖致函交通总长张志潭，表示奉天省款已筹定，但要求交通部先补齐此前奉天历次建筑葫芦岛所用款数（葫芦岛督办处核算此前各项工程约计现洋 64 万元左右，算作奉天方面投资）。[④]

张志潭表示交通部将从京奉路盈利中拨付，自 12 月起，每月拨付 1 万元，不敷之数将另行筹集，每年交通部与奉天各出资 100 万元。1922 年 1 月，交通部再度表态，葫芦岛港竣工之前，无论何项需要，均不得挪用其款项。

实际上交通部的资金迟迟不能就位。自 1921 年 9 月到 1922 年 1 月，交通部的款项一直未拨付，后屡经催促，京奉路局始将 1921 年 12 月的 1 万元经费到账。

1922 年初，葫芦岛督办处开始筹备筑港包工招标，引起了不少英、美、日、意、荷等外国公司和资本家的关注，荷兰方面最为积

[①] 《交通史航政编》第 5 册，第 2124～2125、2138～2144 页。
[②] 《重拟筑港计划书》（1920 年）、《督办奉天葫芦岛商埠事宜处重拟筑港计划书》，辽宁省档案馆：JC10－1－21363。
[③] 《交通史航政编》第 5 册，第 2189 页。
[④] 《奉天省长公署令督办葫芦岛商埠事宜周肇祥》（1921 年 10 月 29 日），辽宁省档案馆：JC10－1－21363。

极。自葫芦岛计划开埠起，荷兰工程师就参与了调查和设计。1920年2月，曾借款给陇海铁路赎还国内借款的荷兰银公司以及在上海、烟台等地经营水道工程的荷兰治港公司代表陶普施就曾向北京政府交通部表示有意承包葫芦岛开埠工程。1921年1月，陶普施又通过荷兰驻华公使欧登科表示包修之意。[①] 正式招标案出台后，荷兰治港公司及欧登科多次与交通部、内务部接洽。

到1922年3月，参与竞标的共有日、美、英、荷共12家公司。因交通部力主慎重，开标日期一再延期，最后拟定于1922年6月6日开标。结果，未到开标日期，直奉战争爆发，北京政局陷入一片混乱之中。京奉路局应拨付的葫芦岛港资金已积欠七八个月之久。

6月，交通总长高恩洪以京奉路局收入支绌、葫芦岛港工程与地方利益关系极重，向国务会议提交撤销葫芦岛商埠经费案。交通部中止与奉系的合作后，奉系不得不宣布招标一事暂缓。葫芦岛督办处因无款可用，被迫大幅裁员并削减开支，各项工程计划只得暂停。

12月末，奉天派员接收葫芦岛工程，相关文卷、工程图表、计划、财产、器物等全数交由奉天方面管理，周肇祥的葫芦岛督办职务也被北京政府免除。[②] 奉系的第一次开港尝试在直奉两系嫌隙丛生、政局变动频仍的局势下有始无终。

三 1930年的葫芦岛筑港

1927年7月，打通路即将完工，一直关注葫芦岛港、参与陇海路建筑的荷兰银公司向北京政府表示愿意在陇海路完成后，集中建设葫芦岛港，请求前往奉天与杨宇霆等人商议。杨宇霆认为葫芦岛"为奉天门户，借款一层必须慎重。荷兰于东省本无政治关系，惟其

[①] 《交通总长令督办葫芦岛商埠事宜周肇祥》（1921年1月25日）、《和兰银公司经理陶普施函叶恭绰》（1920年2月20日），辽宁省档案馆：JC10-1-21363。

[②] 《交通史航政编》第4册，第2115~2117页。

本国无钱,必将须转借他国,将来转生纠葛,不可不防",①主张从国际关系角度暂不考虑此事。此时又正值国民政府北伐,安国军政府应对不暇,开港未有后续。

到1929年春,东北当局再度将葫芦岛港建设提上日程。张学良在葫芦岛视察时,提出由中央和地方投资2000万元,在六年内将葫芦岛港建设为至少容纳汽船40只、年吞吐量至少为300万吨的港口。②张学良此时提出开港,并非心血来潮,背后有多重因素的考虑。

第一,从军事角度而言,东北当局迫切需要自主港口。第一次直奉战争后,退踞关外的奉系决心整军经武。1922年8月,张作霖任命曾任吉黑江防舰队司令部参谋长的沈鸿烈为东北保安总司令部航警处处长,筹办海军。奉系首脑认为,"东北海军之强盛,必先以培训各项人才为主,而教育机关实其命脉之所寄也"。③筹办海军期间,先在葫芦岛设立了海军航警学校,培训海军人才,并于1923年春正式招生。1923~1924年,奉系在接收江防舰队的基础上,添置各类海军装备,初步形成江防舰队和海防舰队两支海军力量。1926年1月,东北海军独立成军,并在青岛设立海军司令部。张学良主政后,东北海军进一步整编和扩充。1928年12月10日,张学良在奉天设立东北海军总司令部,下有江防舰队、海防第1舰队以及海防第2舰队三支舰队,大小舰船20多艘,总吨位超过3万吨,舰队官兵3300多人,其实力仅次于国民政府的中央海军。建立自主的葫芦岛港,是张学良寻求军事现代化的急迫任务。

第二,从东北交通自主化和经济利益的角度来说,建设自主港口已刻不容缓。到1929年,张作霖时期的各项铁路计划已经初步实现,东北自主铁路网粗具规模。然而,"国际贸易,端赖海运之发展,而铁路运输,尤恃海港为其尾闾",东北铁路网初步成形后,东

---

① 《张学良电》《杨宇霆复电稿》,辽宁省档案馆编《奉系军阀密电》第3册,中华书局,1987,第118~119页。
② 《张学良年谱》上册,第357页。
③ 《东北年鉴(民国20年)》,第303页。

北物产虽部分依托北宁路南下陆运出口,但由于营口、秦皇岛等港吃水浅、吞吐量小、运输量有限,完全无法与大连港相匹,"由北宁路而通平津者,仅微乎其微,故输出入口货物,向为日俄人专利"。① 可以说,不建筑自主港口,就无法实现真正的交通自主化,无法切实推动东北的经济开发,根本改变东北经济权益大部分为外人掌握的局面。正如北宁铁路局副局长劳勉所分析的:

> 年来东省铁路,兼程并进,线网之密,非他省可能比拟。苟无出口良港,则东省物产非东走海参崴,则南走大连,举凡四洮、吉长、吉敦、沈海、洮昂、齐克等路,名为我有,实则徒为外路之培养线……东北货物苟长恃大连、海参崴为尾闾,同时必分走南满、中东两线。由南满线走,则利权完全外溢;由中东线走,亦溢去其半。利权外溢固为国家经济之重大损失,因之运价高下,亦必完全操诸外人之手。物价既被操纵,则东省农民之生产物即不能自由处分,东省铁路势将为南满路或中东路之延长。……辽吉黑热四省……天产丰富如此,以无出口良港,故一切利权尽归外人垄断,一息尚存,不能不亟思补救。况锦朝洮热诸路正在筹划之中……若葫芦岛开港以后,黑热两省之物产,势必朝宗于此,而辽吉两省之货物,亦可由四洮吉海沈海各线接运而来。故从地理经济观察,葫芦岛之开港,不特足以抵抗外人之经济侵略,亦为发展农工商业之要图。②

第三,此时开辟葫芦岛港也具有了一定的基础和条件。自清末开启的葫芦岛港工程虽几度开工、几度中辍,但基础设施已经略有成效:临海的连胡铁路建成;有机车库、铁厂3所;填埋的海面已有六七千

---

① 《东北年鉴(民国20年)》,第522、550页。
② 慕实:《葫芦岛筑港及其前途》,《中东经济月刊》第6卷第7号,1930年,第38~39页。

平方公尺；防波堤工程和道路住宅等也有初步修筑。荷兰治港公司此次承办的海港工程主要是修筑防波堤（共计 5100 英尺）、码头（包括临时码头和商用码头，共计长 4600 英尺）、护岸坝（约 7000 英尺）以及港底挖掘（深度为 33~36 英尺）四项工程及其附属设施。

第四，北宁路营业和收入的增长及其由奉系控制的现实，使葫芦岛开港具备了一定物质基础。高纪毅任北宁路局局长后，在对北宁路的定位上，明确提出它"系吾国铁路之先河，当东北交通之要冲，为欧亚联运之干线，实国际兴替所关，民生利病所系"。[①] 经过他的商业化和革除积弊的整理后，北宁路气象一新，收入迅速增长，除了还付借用的英款旧欠本息，尚有不少余裕可支持葫芦岛港建设。

此外，尽管国民政府和铁道部将东北交通委托东北交通委员会管辖，对其工作多采取放任态度，但实际上东北交通上的诸多动作也契合了此时国民政府的励精图治。1928 年初，南京政府成立铁道部，孙科出任部长。开辟葫芦岛港是孙中山规划的实业建设计划中的重要内容，孙科对东北当局的筑港计划极表赞同，表示葫芦岛开港"关系于北宁路营业发展及东北对外交通，至为重要，尤应积极图维，以重建设"。

正是在这样的背景下，7~8 月，孙科前往北平、沈阳与张学良磋商恢复关内外交通以及东北交通发展等问题时，在葫芦岛开港上很快达成一致意见。双方初步决定：由北宁路局主持开港事务，下设港务处，负责葫芦岛和营口港务；北宁路营业盈余不得提充军费，每月除本路经常开支、解部经费及偿还债务本息外，自 1928 年 10 月起，按月保留 50 万元，分存于天津、沈阳的边业银行，作为葫芦岛开港工程专用款。[②]

[①]《本局通令》（1929 年 9 月 30 日），《铁路公报北宁线》第 46 期，1929 年 10 月 10 日，第 25 页。

[②]《行政院致国民政府呈》（1929 年 12 月 20 日），中国第二历史档案馆编《中华民国史档案资料汇编》第 5 辑第 1 编《财政经济》（9），江苏古籍出版社，1994，第 441~442 页。

1929年12月，国民政府正式通过葫芦岛开港案，铁道部遴派林逸民（后林氏因病请辞，由辽宁省政府委员兼建设厅厅长的彭济群充任）为北宁路港务处处长兼总工程师。1930年1月，港务处正式成立，下设事务课、工务课、技术室，各项材料准备、工程监督和验收由工务课负责，技术室则主管海港工程的计划与审核。①

1930年1月24日，北宁铁路管理局与荷兰治港公司在天津签订《建筑葫芦岛海港合同》，合同规定：荷兰治港公司为葫芦岛海港承办人，工程造价共计640万美元，主要承办防波堤、护岸坝、港底挖深等工程，造价总数根据工程可有增减；工程用款由北宁路局在每月月末分批交付，每批为9.5万美元，如工程延误，则可扣发用款，并将款项存入"葫芦岛准备金"账户下；北宁路局每月扣除摊付款项5%作为合同的特别担保，但总数不超过32万美元，此款亦存入"葫芦岛准备金"户下；荷兰治港公司应提交50万现大洋作为特别保证金；双方以"葫芦岛准备金"名义存入现洋100万元作为履行合同之用，且其半数非两方会同签字不得支取；各项工程定于1935年10月15日前完成，工期共计5年半，如不能如期完成，则承办人应赔偿损失。②

4月1日，葫芦岛港动工。7月2日，辽宁省举行了盛大的葫芦岛港开工典礼，与会者500多人，国民政府也派遣代表出席。

北宁路局预计葫芦岛港筑成后，可容纳5000吨轮船16艘，每年货物吞吐量为700万吨，略次于大连港（900万~1000万吨）。从地理距离来看，沈阳到大连约397公里，沈阳到葫芦岛约301公里，郑家屯经四平街到大连约675公里，郑家屯经通辽到葫芦岛约530公里。显然，葫芦岛港建成后，郑家屯、通辽等地原来属于满铁范围的一些物产可经由交通委员会管辖的铁路系统改由葫芦岛输出。

---

① 《北宁路局呈报增设港务处管理葫芦岛工程》（1930年4月4日），辽宁省档案馆：JC10-1-3882。
② 《北宁铁路管理局与荷兰治港公司建筑葫芦岛海港合同》，《中华民国史档案资料汇编》第5辑第1编《财政经济》（9），第443~448页。

故此，国内舆论对葫芦岛开港可谓欢欣鼓舞。不少人认为这将改变东北的交通和经济格局，"凡吉江热辽各部之货物，大部分必舍大连而趋葫芦岛矣，从前经东省铁路及海参崴，而受制于俄者亦可经葫芦岛出口矣。东北交通网之独立，胥于葫芦岛筑港是赖"。[①] 更有论者认为它将成为抵制日本经济侵略的重要手段，"将日本侵略我东北之大本营——南满铁路、大连——根本推翻"，"抵制帝国主义经济侵略，发展我东北国民经济，当自葫芦岛筑港始"，[②] "非特为大连之劲敌，亦且置南满路于死命也"。[③]

与之相比，日本对葫芦岛开港则坐立不安。张学良筹备葫芦岛港期间，齐克铁路正在兴修之中，因此，日本方面认为，葫芦岛港正是东北的路港一体化计划的重要一步，其真正目标是形成葫芦岛—打虎山—通辽—齐齐哈尔—嫩江—黑河的海陆大干线。[④] 一旦实现，这将直接形成与满铁的竞争铁路以及与大连的竞争港口，北满的大量物资将沿打通、吉海、奉海等路南下，对满铁造成极大打击。[⑤] 提出必须对东北自建路港有所对策，否则他日恐将有"噬脐之恨"。[⑥] 北宁铁路局与荷兰治港公司签订合同后，日本认为这是东北当局与美国资本交好（荷兰治港公司有美资背景）的曲折之举。[⑦] 日本舆论和各类机关不断渲染这是东北交通委员会主导的"妨害"其"满蒙政策"的举动，[⑧] 将形成对满铁的包围之势，以陷日本在

[①] 傅振国：《葫芦岛筑港后东北交通局势》，《东北新建设》第3卷第2期，1931年，第2页。
[②] 大中：《葫芦岛筑港与东北将来》，《新亚新亚》第2期，1931年，第26、28页。
[③] 何维藩：《东北铁路问题之鸟瞰》，《清华周刊》第36卷，1931年，第42页。
[④] 「齊克鉄道卜其ノ背後地」、日本外務省外交史料館、亜一－4、B02130086700、REEL No. 調－0012：0588。
[⑤] 大連商業会議所『満蒙ノ鉄道ニ就テ』、1928、49、53頁。
[⑥] 満鉄庶務部『奉海鉄道卜葫芦島築港問題』、1926、1頁。
[⑦] 満鉄庶務部調査課『満蒙事情』102号、1930年2月、57、60頁。
[⑧] 「葫蘆島築港費小切手支払問題」、日本外務省外交史料館、C14030580900：0474。

满蒙于"自灭之境"。①

由于北宁路系借英国资本建筑,且借款到1930年还未还清,葫芦岛筑港合同签订后,英国曾反对以北宁路盈余充当葫芦岛筑港资金(1930年,北宁路每月盈余在70万~80万元),要求将其收益全部用于还付北宁路借款,但遭到高纪毅的拒绝。

东北当局对日本等国对葫芦岛筑港的反应处理比较慎重。在开工典礼上,高纪毅在发言中表示,修筑葫芦岛港主要是解决东北铁路发展中"无网领可携""孤翼前进""与国际铁路逐渐变成了孤立"的三个短处,寻求一个"一举三得"的解决办法,即开设海港,"第一层就要给东北铁路不分中外,找出个吸引的中心,并且要叫这个中心能有吞吐的肠胃、集散的手腕。第二层要把陆地的交通,使他长了个水路的翅膀。第三层要使东北乃至非东北的各个路线,不管他是国内的、国际的,是干线、是支路,是纵的、横的,都发生个关连串通的作用"。高纪毅特别强调修筑葫芦岛港并非与日本和大连港敌对,是为了顺应世界贸易趋势,为世界经济发展做贡献,"绝不是卑浅的政治论和一两国暂时的关系所能限制的",葫芦岛开港并不是要建立东北军事根据地,而是要实行开放主义,使它成为一个"国际栈台"。②

高纪毅的这种表态,反映出此时东北当局在处理东北问题上,仍有前清时期以各国均势之力,实行开放以维持东北平衡与稳定的策略的影子。尽管东北当局有以葫芦岛开港抵制日本在东北的扩张之意,但它无意将与日本的矛盾表面化。1931年1月,张学良明确向日本表示,"根据现在东北财政状况,恐怕没有如此庞大计划的余裕……目前形势下,尚有很多比交通更重要的问题急待解决",东北交通"不排除日本资本,同时也不能拒绝欧美资本。我们对欧美和

---

① 南満洲鉄道株式会社『東北鉄道政策ノ概要』、1930。油印本,无页码标识。
② 《葫芦岛筑港开工典礼纪念册》,第5、8、9~13页。

日本将一视同仁……只有在必要时才引进外资"。①

不过，东北当局的这些言辞并不能打消日本的不满。葫芦岛港开工后，"时有日人秘密调查之举"。1930年8月，曾有日人在未知会港务处、未办游历手续的情况下，以参观为名，私自前往葫芦岛港调查。10月，日本还曾派出两艘军舰停泊在距离葫芦岛海岸仅一里之处。日方的举动引起交通委员会的警惕，要求辽宁省政府密令港务处将工程区域划定，并禁止游历参观，"以杜觊觎而护港务"。港务处遂特将工程区划定并保护。②

高纪毅曾形容对葫芦岛港的修筑是"望眼欲穿""急欲实现"，期望经过五六年的建设，将葫芦岛从一个"荒凉的半岛"变成一个须"另眼看待"的与"世界经济事业很有关系的港口之一"。③张学良在其撰写的葫芦岛开港纪念碑碑文中，欣喜地寄语"二十载经营未就之伟业，行将观厥成功"。④

不过，与东北当局的期待相比，葫芦岛港的建设并不顺利，原因之一是荷兰治港公司在承包工程期间，时常不按合同行事，与港务处纠纷不断。

1930年夏，开工后不久，荷兰公司就在石料采用上与港务处发生摩擦。筑港工程所用的石料原本规定为花岗岩或其他坚实、防水性强的石料，对品质与大小均有一定要求，但荷兰方面却在未经港务处核准情况下选择了距离葫芦岛不远的东山后石厂的一般卵石。港务处在劝说、交涉无果后，只得折中处理，仍在东山石厂采石，但要求选择质量较佳石料。9～10月，港务处发现所选石料质量仍不过关，要求荷兰方面寻找替代品，几次与荷兰代表口头交涉，仍未

---

① 《满铁奉天公所搜集张学良关于满洲铁路等问题谈话情报》（1931年1月12日），《"九·一八"事变前后的日本与中国东北——满铁秘档选编》，第97～98页。
② 《东北交通委员会咨辽宁省政府》（1930年12月13日），辽宁省档案馆：JC10-1-2767；《辽宁省政府为葫芦岛港湾工程重要应禁止日人游历参观事给辽宁特派员密令》（1930年12月20日），《东北边疆档案选辑》第28册，第129、256页。
③ 《葫芦岛筑港开工典礼纪念册》，第1、4页。
④ 《记张学良所撰葫港碑文》，《盛京时报》1930年7月6日，第5版。

得结果。无奈之下港务处甚至不得不对石料进行第二次人工挑拣。荷兰治港公司却以停工要挟,导致工程在1931年初停工20多天。1931年1月下旬,阿姆斯特丹总公司派人来华与港务处交涉,结果以港务处让步结束。

荷兰方面"遇有负责之事,则迁延数月",工程进度因荷方的不合作和交涉而耗时良久。到1931年5月,混凝土制作、工作码头的设立、海底挖深、港湾内填高、护岸堤等8类工程中,仅有港湾内填高工程按额完成,其余各项均未能如期实现。① 九一八事变后,筑港工程到11月底仍在按序进行。锦州沦陷后,工程被迫停工,此时,工程大概已完成1/5,共计投入资金374万美元。②

第五节 九一八事变与东北路港自主化的被迫中断

皇姑屯事件后,东北当局的路港建设被日本视为威胁其既得利益和"满蒙政策"的行动。1929年,世界经济危机爆发,国际经济形势的低迷造成满铁的经营危机。日本却片面夸大中日铁路竞争对满铁的影响,制造出"满铁被包围"说、"满铁危机"论,进而炮制"满蒙危机"论。1930~1931年,尽管中日就东北铁路再次展开交涉,但已无法扭转日本武力占领整个东北的阴谋。最终,东北的路港自主化因九一八事变爆发而不得不夭折。

一 从"满铁被包围"说到"满蒙危机"论

1928~1929年,东北境内的奉海、吉海、呼海等自建铁路、合办铁路都陆续竣工并开始营业,东三省交通委员会时代提出的铁路网计划中的东西干线初步完成。在改组后的交通委员会的推进下,东北又提出了新的路港一体化计划。东北自建铁路的快速发展引起

---

① 张含英:《葫芦岛建设实录》,第76~77页。
② 《满铁档案资料汇编》第5卷,第681页。

满铁的忧虑和敌视。此外，尽管满铁通过 1927～1928 年的"满蒙铁路"交涉取得了洮索、长大等路线的包工权，但在以张学良为首的东北当局的抵制下，这些路线均未能动工，加深了日本与东北当局的矛盾。

日本认为易帜后东北官民的利权回收浪潮更澎湃，排日运动日趋表面化。① 在铁路交通方面，满铁认为东北铁路已经焕然一新，原本满铁本线和支线纵贯并全然独占南满洲的局面已经改变，满铁本线两侧已经有被中国国有铁道完全包围之势。② 进而，满铁宣称，东北当局实行的是"侵害外国权益，防止利权外溢"的"违背国际信义"的"极不合理"的政策，并且试图引起"民众的充分共鸣"。交通委员会改组后，日本曾多方打探其人员设置及组织，将其看作满铁的大敌。满铁认为，这一组织是"东北地方特殊存在"，尽管它沿用的是东三省交通委员会的名称，实则其改组是"根本的改革"，成为一个"面目一新""全然新设"的机构。③ 由于交通委员会委员长高纪毅又兼职北宁路局局长，满铁认为交通委员会不仅掌握着东北四省的交通行政权，其势力还有向京津一带延伸的趋势，且实际上半独立于南京政府的铁道部和交通部，"这一委员会的一举一动都与我满铁的社业关系极为密切"，并且"现在的交通委员会的排斥满铁有愈加露骨和积极化的倾向"，④ 是东北当局和民间反日政策在交通领域的主导者。⑤

特别是 1930 年前后，交通委员会推进东西四路联运、开辟葫芦岛港，满铁对它的仇视日益强烈。满铁认为这些举措是露骨的夺取满铁利益的动作。每每交通委员会在东北铁路上有所行动，日本几

---

① 满铁庶务部调查课『昭和三年满州政治经济事情』、1929、154 页。
② 满铁铁道部涉外课『铁道关系の重要事项の年表解说』、1929、2 页。
③ 产业系：《张学良周围的势力》（1931 年 6 月），《"九·一八"事变前后的日本与中国东北——满铁秘档选编》，第 87 页。
④ 「南满州铁道关系一件/综合情报第 1 卷」、日本外务省外交史料馆、F-1-9-2-1-9_001、B10074565200、F-0173：0183。
⑤ 『东北铁道政策の概要』、1930。油印本，无页码标识。

乎无一例外以各种理由反对，企图阻止。如对交通委员会实施的中外货物运费新政策以违反"九国公约"的机会均等为由进行干扰，对东四路联运后开行的北平—吉林间直通车辆也提出抗议。对于葫芦岛开港，满铁尤为仇视，认为这不仅对满铁和大连港造成重大打击，并且将导致"世界贸易和满蒙形势为之一变"。为此，满铁提出须有两方面对策：消极方面，要以多种手段牵制奉海路，尤其是须加强四洮、洮昂等借款铁路与满铁的联络，以免向来作为南满路势力范围的四洮、洮昂等线货物为葫芦岛吸收，防患于未然；积极方面则须从日本的满蒙发展政策上着手，加快推进日本在东北的发展势头。①

1930年交通委员会的路港计划出台后，满铁更一片哀叹，认为这是中国收回利权运动勃兴的产物，更是东北当局抵抗日本的"满蒙开发"政策的表现，"满铁被包围"说更加盛行。满铁产业部曾评价交通委员会委员长高纪毅在东北交通上的行动"如驰骋于无人之境，奔放不羁"，"断然进行改革、整顿和扩充，锐意推进东北铁路网的建设和实行联运，威胁满铁的势力范围，其计划与气概，诚可谓宏伟壮阔"。②

在此基础上，由于1930年满铁出现经营困境，日本进而制造"满铁危机"论。

1929年世界经济危机开始后，满铁的收入一度"处在相当悲观的境地"。不过，由于中东路事件的发生，原本由中东路经海参崴输出的货物几乎全部南下经由满铁出口，其运输量达80万吨之多，为"前所未有的现象"。因而1929年，满铁反而"取得了比创业以来最高年份的前一年度增加103万吨、335万元的惊人成绩"。③

然而，好景不长。1930年，随着中东路事件的解决以及世界经

---

① 『奉海鉄道ト葫芦島築港問題』、18~19、148頁。
② 满铁产业系：《张学良周围的实力》（1931年6月），《"九·一八"事变前后的日本与中国东北——满铁秘档选编》，第82、93页。
③ 《满铁档案资料汇编》第5卷，第43、46页。

济危机加深的连锁反应,满铁遭遇空前的经营困境。这一年,在满铁收入中占绝大比重的铁路收入中,客运收入由 1745 万日元下降到 1146 万日元,货运收入由 1.01 亿日元跌落到 7793.6 万日元,总计下跌 24.6%。满铁的整体收入降至 2.7 亿日元,比 1929 年减少 31%(2000 万日元)。满铁商股分红下降近半,满铁股票价格由 1929 年的 67.3 日元降至 45.2 日元。① 满铁自创设以来的 20 多年中第一次出现营业额下降。尽管满铁采取了降低运费以吸收客货、裁员、节减开支等措施,但没有实质性改善。

满铁在分析这一经营危机的原因时,曾明确表示这主要是"基于世界性共同原因,特别是白银落价,造成购买力减退,金融机关紧张,物价下跌等影响市场不利因素相继发生,给贸易方面带来沉重打击",②"世界农产物丰收造成的生产过剩,又使特产的国外销路为之杜绝,同时,中俄纷争结束,南行货物盛极一时的局面已告消失……银价空前惨跌,金银牌价相差悬殊的结果……20 年来一直上升的局面不得不宣告结束"。③

然而,在舆论宣传中,满铁却有意放大东北铁路与满铁的竞争以及东北官民维护利权运动对其造成的影响。比如,在打通路上,满铁对外宣称此路严重威胁其利益,但满铁铁道部长却向长春、四平街等地日商明确表示,打通路的影响不过是暂时的,无须过虑,而且中国货运价格平均每吨不过比满铁运费便宜 1.2~1.3 元,每车运费相差不过 40 元。④ 不仅如此,满铁还鼓吹中国的路港建设侵害了日本"在满蒙的特殊权益",实为欲图收回满铁、驱逐满铁。⑤ 对日本而言,东北是它向外扩张的重要根据地,如满铁所言,"经营满

---

① 《满铁史》,第 422~423 页。
② 商工课调查股:《最近日满贸易的趋势》(1931 年 7 月),《"九·一八"事变前后的日本与中国东北——满铁秘档选编》,第 346 页。
③ 《满铁档案资料汇编》第 5 卷,第 44 页。
④ 《大通路积极策进后满铁沿线受影响》《满铁不受影响》,《盛京时报》1930 年 7 月 18 日第 4 版、1930 年 7 月 19 日第 4 版。
⑤ 《满铁史资料》第 2 卷《路权篇》第 3 册,第 905 页。

蒙，为帝国维新以来之国策……无论国防、产业与帝国未来，完全与满蒙之发展如何休戚相关"。① 满铁则是日本在东北的国策性机构，直接关涉其"满蒙政策"和大陆政策的实施。由于满铁的此种地位，满铁、日本政府、关东军以及其他在东北机关和团体将满铁经营危机归咎于中国官民的自主铁路建设，并鼓吹"满铁危机"论。

在东北，渲染"满铁危机"论最积极的是1928年成立的满洲青年联盟。该组织成员名义上是"由驻满有志日本青年"组成，实际其背后有满铁的财政支持，且"以满铁社员为主力军"，② 会员有5000多人，并在东北各地设立了24个支部。它的宗旨是"顺应国策，于满蒙大陆掀起发展我民族所必需的诸种行动，以尽力于殖民政策之执行。同时，主动奠定久居满蒙大地的发展基础"。自成立起，满洲青年联盟就申明东北对日本国家利益的重要性，称"满蒙之地不只已是我帝国国防上的重要地区，且对确保我国国民经济上的生存发展也已是唯一必须的产业原料供应地；生产商品的良好市场，并且是过剩人口的移民地，其得失意味着我帝国产业的兴衰，其关涉至为重要"。在此基础上，它不断谴责东北的自主化建设，将其定性为"无视铁路借款、商租细目协定、铺设奉海铁路等既定条约。尤其是近来，……无视国际信义，在蹂躏着我既得权益"的举动。③

1930年，满铁经营危机出现后，满洲青年联盟决定"把所谓'满蒙危机'在现地或者日本内地用小册子等做启蒙宣传"，并且积极联系满铁和关东军，为日本制造更大事变寻找借口。④ 为此，满洲

---

① 《当满蒙国策会议之际》（1927年11月8日），《"九·一八"事变前后的日本与中国东北——满铁秘档选编》第320、323页。
② 朱诚如主编《辽宁通史》第5卷，辽宁民族出版社，2009，第13页。
③ 《满洲青年联盟理事长小日山直登致满铁总裁山本条太郎函》（1929年8月5日），《"九·一八"事变前后的日本与中国东北——满铁秘档选编》，第144~145页。
④ 〔日〕伊藤武雄：《生活在满铁》(2)，陈国柱、戚亚民译，中国人民政治协商会议吉林省长春市委员会文史资料研究委员会编印《长春文史资料》第4辑，1984，第82、83页。

青年联盟在东北各地以及东京、大阪等地到处演说和游说,抛出"满蒙危机"的言论,称:"在满洲的日本人的生存权受到中国政府的压迫蹂躏,现已濒临危机。如果朝野坐视,帝国权益将被消灭,亡国之悲运必将笼罩祖国。目前既得权益被一举夺去的危险时刻日益迫近。"① 满洲青年联盟的代表还拜访日本首相、外相、陆相等高管要员,要求对中国采取强硬手段。在日本各种力量的蓄意宣传下,"满铁危机"论、"满蒙危机"论迅速蔓延,成为日本武力占领东北政策的舆论温床。中日间的最后一次东北路权交涉就是在这样的环境下开始的。

二 民族主义浪潮冲击下的中日铁路交涉

到1930年,日本在张作霖时期进行的"满蒙铁路"交涉中获得的路权始终未成为现实,这成为日本政府和满铁的一大心病。1930年10月底,币原喜重郎担任外务大臣,外务省决定由满铁出面与东北当局再次进行铁路交涉。此时任满铁理事并兼任满铁铁道部交涉部长的是曾长期在外务省亚洲局任职的木村锐市。木村锐市在满铁内部讨论后,提出尽管要有难以取得中国方面的谅解的觉悟,仍要尽力从中国内部进行活动和说服,并决定与驻奉天总领事林久治郎一起,于11月中旬开始正式交涉。②

11月初,结合满铁方面的意见,外务省详细拟定了此次铁路交涉的基本方针。外务省首先提出此次交涉的缘由在于中国的利权回收运动及其对日本的影响,要通过此次铁路交涉缓解东北的中日紧张气氛。在交涉方针上,外务省认为,"对今后中国方面修筑置满铁于死地的竞争线时,虽应竭力设法加以阻止,但政府以及满铁却都不应该受过去做法的束缚,要尽可能地对中国方面表示宽大的态度,

---

① 臼井勝美『満州事変:戦争と外交と』中央公論社、1974、23頁。
② 「東北(満蒙)解決交渉」日本外務省編纂『日本外交文書』昭和期Ⅰ第1部第4巻、外務省、1993、59頁。

以期调整彼我之间的关系",并提出"日本关于满洲铁路的方针、态度……必须在某种程度上加以改正"。

在此基础上,外务省提出了一系列交涉的具体方案。其一,消除中国方面反对满铁的原因,在一些铁路悬案上,满铁可适当让步,满足中国的希望。其二,在借款铁路和承包铁路上切勿焦躁行事。在"满蒙新五路"上,尚未签订正式承包合同的延海、吉五、洮索路可由中国自行建筑,必要时满铁可予以援助;已签订承包合同的长大线,从现状看,难以迅速实现,日本可先保留权利,同时援助地方实力人物建筑此线;吉会路最刺激中国方面的神经,更难实现,在交涉时机和方法上必须极其慎重,首先应力求只修筑敦化至老头沟间的路线,而老头沟至国境间目前以保留权利为好。其三,在满铁竞争线这一最困难的问题上,对满铁几乎有致命影响的路线,一旦中国方面开始修建,与打通路和吉海路不同,必须采取一切手段阻止其修筑;对满铁无致命影响的各线,可对中国的修筑给予援助;一直成为问题的打通路和吉海路在签订永久性联运协定后,可撤销抗议,如中国拒绝签订协议,则设法阻止中国的铁路联运。

这一基本方针是币原喜重郎的"协调外交"的反映。表面上看,似乎日本决定在铁路交涉中有所退让。然而,从其表述看,一面称要缓和中日路权矛盾,向中国表示宽大,一面却认为中国在交通上"有目标有计划地前进,并且已着手收入日本以外的外资;根据此等情况,事态绝不容轻视",认定"中国方面的铁路计划是出于政治原因"。显然,日本的心态并非它所说的那样宽大。而且,外务省虽提出要区别处理对满铁有致命影响和无致命影响的路线,但实际上对于二者之间如何认定,却并无确定看法,仅称可由满铁研究。

与外务省的矛盾表态相比,日本军方的态度则极为强硬。12月初,陆军方面针对外务省的方案,提出修正案。这一修正案明白表示:"中国方面的对满铁政策系出于政治目的,因而以善意的谅解谋求共存共荣无疑是不可能的;如果作为暂时的对策,也不能期待效果的持续性。所以,认为有必要采取措施,使他们从经济观点认识到和我方对抗竞争是不可能的,从而彻底打消这种念头。"①

12月12日,在征求各方意见后,外务省正式决定由满铁负责与中国进行铁路交涉,并令驻华代理公使重光葵和驻奉天总领事林久治郎等与满铁密切联系,明里暗里支援满铁。因东北政务委员会主席及边防军司令长官张学良和交通委员会委员长高纪毅此时都在天津,林久治郎只得先与辽宁省主席臧式毅和吉林省主席张作相接洽,表示日本愿以亲善、互让的精神解决中日间铁路悬案,但臧式毅称自己与交通委员会并无关系,难以负责,张作相也没有做出回应。②

1931年1月中旬,张学良返沈途中与南京政府外交部长王正廷交换东北铁路交涉意见,双方同意该问题并非地方问题,应由中央直接交涉。③ 随后,22日,木村锐市与张学良在沈阳举行第一次会谈。

木村锐市向张学良提出四项交涉要点。①新线敷设问题。木村称与日本有条约、合同关系的路线,将来日本可协助中国方面敷设,现在日本对于与其有关的新线并无任何强行敷设的意图。②平行线问题。木村提出,这是中日纠纷数年的政治外交问题,希望东北铁路当局和张学良能予以解决。③中日铁路竞争问题。木村要求东北方面解决铁路连接、联运、运费协定等问题,或与平行线一起解决。④借款整理问题。木村要求将吉敦路、洮昂路改订正式借款合同,并解决其他如借款利息等问题。

对于木村锐市的提案,张学良表示东北方面愿意以谅解精神对待,但现在是尊重民意的时代,当政者必须慎重考虑,以便得出国民满意之结果,又称本人对铁路问题了解不多,待向有关当局传达后再为答复。

---

① 《满铁史资料》第2卷《路权篇》第3册,第1040~1044页。
② 「東北(滿蒙)解決交渉」『日本外交文書』昭和期Ⅰ第1部第4卷、79~80、85、87~88頁。
③ 「東北(滿蒙)解決交渉」『日本外交文書』昭和期Ⅰ第1部第5卷、外務省、1994、21頁。

木村锐市在随后向张学良提交的备忘录中，对此前的四点进行了补充。①新线问题。包括中国和日本双方计划的路线；平行线界定为与日本有利害关系并损害满铁利益的路线，具体有通辽至洮南、开通及其延长线、彰武至郑家屯及其延长线等；日本计划路线指签订承包合同的"满蒙新五路"及其他有关路线；日本并无强求意图指的是与日本有关新线，在适当时机有意进行交涉。②成为政治外交问题的平行线指的是打通路和吉海路。③中日铁路竞争和铁路连接不仅包括已建路线，也包括今后将建设的路线；解决铁路连接、联运及运费问题的路线包括吉长、吉海路；吉长、吉海、沈海、满铁；北宁、四洮；北宁、四洮、满铁；齐克、洮索、洮昂、四洮、满铁以及其他路线与满铁。④铁路借款指的是吉长、吉敦、四洮、洮昂。①

从中可见，木村锐市的方案的基本目的是打破目前的东北铁路与满铁争衡的局面，遏制东北自建铁路的发展势头，争取实现"满蒙新五路"的修筑，通过借款、联运、材料供应等各种方式将东北已成和计划的各路线纳入以满铁为中心的体系。尤其是将平行线问题定性为政治外交问题，更凸显日本的本意并非仅在于铁路交涉。而木村所称的"亲善""宽大"态度，不过是交涉之技巧。早在1930年12月7日拓务省召开的解决满蒙问题的会议上，列席会议的木村就表示了对张学良和东北当局的不满，认为"张学良敢于脱离军阀根性，而牺牲其特殊政权，奉还南京，以避其对我重大责任，此不仅高筑炮垒以自卫，且放射外交的毒瓦斯于东亚全土，意欲毒塞我日本之性命"。他还与林久治郎等人提出日本须在对满政策上实行"恩中威"（即"一面予以利益，一面即借之行使威权"）和"亲中恶"（即"精神方面，则以亲善及平等表面原则，里面则行使中伤及破坏策略"）并举的手段，"对现有悬案及未实现之既得权，以日华共存共荣或合办性质为表面上之解决方针，其实仍以取得特权并

---

① 《满铁史资料》第2卷《路权篇》第3册，第1050~1055页。

保留之为要素"。①

事后，张学良将与木村锐市会谈内容提交东北政务委员会讨论，决定由高纪毅负责。高纪毅等人虽表示愿意商洽，实际上并不积极，还极力淡化和回避将铁路交涉视为政治外交问题，仅将其限定为铁路的事务性问题。1931年2月10日，张学良对日本记者说，"东北铁路问题与日本方面似非必须交涉之事，惟因木村理事由满铁前来，已作为事务的研究"。②

由于日方提出的不少路线都在吉林省境内，与吉林省利害攸关，吉林省主席张作相的态度也非常重要。张作相认为吉敦等路问题重重，借款筑路则属根本错误，日本提出的货物和运费竞争等问题纯属中国内政，他方无权干涉，对铁路交涉实抱抗拒态度。③ 直到2月底，张作相的态度才稍有转变。④

26日，张学良向木村锐市示意交涉问题可与交通委员会委员长高纪毅讨论，但表示此后的会谈应避免以外交、政治色彩，而为实际的非正式恳谈以及事务性的商议形式。⑤

3月6日，高纪毅与木村锐市首次会谈。高纪毅称其交涉非政治性、外交性，仅是作为铁路业务人员进行谈判。对木村此前的四个议题，高纪毅表示第一、第二项不在其权限内，第三项铁路竞争问题，他个人并不认为东北铁路与满铁之间存在竞争，满铁收入减少完全是金银价格变动所致，但因此问题与第四项借款问题同属铁路业务，可一起交由专门委员会讨论。双方在第二项平行线问题上争执不下，木村要求或作为政治外交问题，或作为铁路业务问题讨论，高纪毅却坚持外间舆论批评声甚大，张学良及其个人在政治上和与

---

① 秦孝仪主编《中华民国重要史料初编——对日抗战时期》绪编（1），第239~240页。
② 《张学良与日本新闻记者团谈话记录》（1931年2月10日），辽宁省档案馆编《"九·一八"事变档案史料精编》，辽宁人民出版社，1991，第86页。
③ 「東北（満蒙）解决交涉」『日本外交文書』昭和期Ⅰ第1部第5卷、66~68頁。
④ 《满铁史资料》第2卷《路权篇》第3册，第1056~1057页。
⑤ 「東北（満蒙）解决交涉」『日本外交文書』昭和期Ⅰ第1部第5卷、69~70頁。

南京政府关系上，立场困难，要求尽力避免此议题。最后木村提出以书面说明结束此问题。整体交涉方面，双方约定成立专门委员会讨论，中国方面遴选代表后，满铁再选任人员组织相应委员会。①

此时的东北当局内部，无论是最高首脑张学良还是具体负责的高纪毅，都无意与日本在铁路问题上进行谈判。张学良提出应由南京政府外交部与日本正式谈判。② 外交次长王家桢在14日与驻华公使重光葵的会谈中，表示联运、运费、借款合同改订问题可由高纪毅在地方解决，其他问题与中央相关，可能解决不易，③ 实际上仍是在中央与地方间踢皮球。

高纪毅在与木村锐市会谈后，召集吉长路局局长郭续润讨论交涉对策，决定由吉长路局局长郭续润、吉海路总办李铭书、四洮路局局长何瑞章、洮昂路局局长万国宾、北宁路局副局长劳勉等组成铁路交涉委员会，以高纪毅为委员长。然而，交涉委员会徒有其名，只是高纪毅为应付日本采取的拖延战术。高纪毅常驻天津，基本不出面参与会议，由郭续润应付了事。郭续润的对日策略是，"开会的时间，我们愿意长就长，愿意短就短，至少也能拖延三、四月至半年以上，以后我们再看形势的变化再拟定第二步办法"。④ 结果，"每次开会，由我（罗靖寰，时任交涉委员会日文秘书）翻译阅读一件满铁的提案文件，然后大家便聊天喝茶，谁也没有认真去审核文件的内容。每星期木村来询问开会情形时，我也就随便找一些材料应付"。⑤

---

① 《满铁史资料》第2卷《路权篇》第3册，第1057~1058页。
② 《复孙科电》（1931年3月11日），《张学良文集》（上），第438页。
③ 「東北（満蒙）解決交涉」『日本外交文書』昭和期Ⅰ第1部第5卷、77页。
④ 罗靖寰：《九一八事变前东北当局对于日本要求修筑敦图路问题的交涉经过》，中国人民政治协商会议全国委员会文史资料研究委员会编《文史资料选辑》第52辑，中国文史出版社，1964，第100页。
⑤ 罗靖寰：《九一八事变前东北当局对于日本要求修筑敦图路问题的交涉经过》，《文史资料选辑》第52辑，第101页；卢景贵：《对〈九一八事变前东北当局对日本要求修筑敦图路问题的交涉经过〉一文的质疑与订正》，《文史资料存稿选编·政府·政党》，中国文史出版社，2002，第686~688页。

满铁方面于3月也成立了专门委员会,运费并联运问题由满铁铁道部长村上义一负责,借款铁路工费问题由计理部长神鞭常孝负责,新线及平行线问题由计划部长大藏公望负责,委员长由木村锐市担任。① 不过,木村认为,解铃人不在专门委员会,而在"先在满洲求得拥有最高实权的执政者张学良及其幕僚的谅解",提出交涉重点是与张学良、高纪毅等保持私人接触并利用张学良周边的权势人物以促成问题的解决。但此时恰逢日本内阁改组前夕、满铁总裁仙石贡病重,铁路交涉一时之间毫无章法,木村也抱着"促使专家们无顾忌地广泛交换意见,不使会谈中断,以便拖延时日"的想法,聊以对付。②

4月17日,张学良离开沈阳,前往北平,将其东北政务委员会主席和边防军司令长官的职务交由张作相、臧式毅和荣臻代理,铁路交涉在东北实际上处于无人负责的局面。

与此同时,东北民众掀起了轰轰烈烈的维护路权运动。在成员达到7000人、分会达到40个的辽宁国民外交协会的组织下,东北民众团体发动了一系列抗议运动,要求维护利权、反对日本侵略、反对铁路交涉、公开谈判情况,组成保路组织,甚至提出收回南满路和旅大租借地。③ 一时间,"反日运动如燎原烈火之势扩展起来"。④

张学良有意支持民众的维护利权运动,他对卢广绩、阎宝航等"人民团体"负责人表示,"政府不便出面的事,你们可以出面做;政府不便说的话,你们可以说,可以出面反对、可以抗议、示威游

---

① 「東北(満蒙)解決交渉」『日本外交文書』昭和期I第1部第5卷、77~78頁。
② 《满铁史资料》第2卷《路权篇》第3册,第1062~1067页。
③ 《吉林农安县国民外交协会为反对日本强修五路告同胞书》(1931年8月4日),《奉系军阀档案史料汇编》第12册,第105页;卢广绩口述《辽宁国民外交协会》,辽宁省文史研究馆编《辽海鹤鸣》,上海书店出版社,1994,第66~67页。
④ 〔日〕满洲国史编纂刊行会:《满洲国史(总论)》,步平等译,黑龙江社会科学院历史研究所,1990,第68页。

行。总之，你们要做政府的后盾"。① 日本要求南京政府和东北当局取缔民众活动，但东北政务委员会以"东北人士日在外交紧迫之环境中，因而激愤其心，似亦不无可谅"的理由拒绝。②

尽管"对于这次铁道交涉，无论在满洲或在日本内地，一般人都以为由此可以解决已经陷入僵局的所谓满蒙问题……人们对这次交涉都抱有极大的希望和期待"，③ 但民间的反对运动、中方的拖延政策、日本政局的变迁、满铁的消极应对，加上张学良和高纪毅避往天津，使得铁路交涉实际上到5~6月处于停顿状态。

直到7月下旬，中方铁路交涉委员会开会20多次后才提出方案，主要有：满铁对敦图路垫款利息不得超过年息3厘；线路选择应请中国技术工程人员同满铁原勘测人员重新勘测，中方认为有必要修改时，应按中方意见修改，其他工程设计亦同样处理；以前向满铁借款修筑的吉长、吉敦、四洮、洮昂各路利息，为收支和运费的统一，亦应一律改为3厘；过去由满铁保修的吉敦路，在保固期内，有多处损坏，应由满铁按合同全部修复；敦图路与朝鲜铁路接轨联运问题，俟该路工程完成一半以上时，由两路负责人员另行组织委员会进行协商，拟定具体条件。④ 8月下旬，新任满铁总裁内田康哉（6月13日上任）在与臧式毅的秘密会谈中，感叹"关于铁路交涉……迁延至今，仍未达到开始阶段"。⑤

然而，铁路交涉此时只是中日间的次要问题。6~7月，万宝山事件、中村事件先后发生，日本武力侵略东北已成定局，铁路交涉的进展对东北整体局势的影响已经微乎其微。8月，郭绪润携带交涉

---

① 卢广绩：《回忆张学良将军》，中国人民政治协商会议沈阳市委员会文史资料研究委员会：《沈阳文史资料》第10辑，1985，第8~9页。
② 《外交部密令取消辽宁外交协会及其进行的各种反日活动》（1931年7月4日、7月25日），辽宁省档案馆：JC-10-1744。
③ 〔日〕林久治郎：《"九一八"事变——奉天总领事林久治郎遗稿》，第101页。
④ 罗靖寰：《九一八事变前东北当局对于日本要求修筑敦图路问题的交涉经过》，《文史资料选辑》第52辑，第102页。
⑤ 《满铁史资料》第2卷《路权篇》第3册，第1069页。

委员会提出的铁路方案前往北平请示张学良和高纪毅，但等候许多天都未能见到张学良。① 未几，九一八事变爆发。

三 九一八事变与东北路权的全面沦陷

1930年末日本决定进行铁路交涉时，国内的"满蒙危机论"已甚嚣尘上，并演化为"满蒙生命线论"，代表人物是此前担任满铁副社长的松冈洋右。松冈洋右一再宣称满蒙与日本"国家生存权"密切相关，中国不能独自垄断满蒙的天然富源，而应为国际开放和利用，日本出于"生存权"的要求，当然应有"满蒙开发"之权。② 1931年1月，松冈洋右进一步在日本议会中宣扬"满蒙是日本的生命线"，提出日本须对此"牢牢确保和死守"。日本国内舆论也广泛散发日本为经营满洲牺牲了"几十万英灵"、耗费了"几十亿国币"的言论，进而提出日本必须树立面目一新的满蒙经营和对华政策。③

在东北，"大多数日侨已经尝到侵略大陆的甜头，因此也倾向上述舆论（指松冈洋右的满蒙生命线言论），他们不断制造各种口实，以使侵略行为合法化。……同时促使关东军动用武力进行侵略"。④ 满洲青年联盟更高调宣称，"在满日人，自应官民上下一致，为打开局面而献身"。⑤ 币原喜重郎再度遭遇舆论围剿，越来越多的日本人反对交涉，主张采取更激进的手段解决东北问题。驻奉天代理总领事森岛守人注意到，"对满强硬论早已成为当时在满洲日本人中间的

---

① 《罗振邦笔供》（1954年10月27日），中央档案馆编《伪满洲国的统治与内幕——伪满官员供述》，中华书局，2000，第330页。
② 满铁社员会『山本松冈正副総裁ノ满蒙ニ関スル所见』、1930、26页。
③ 阪田隆盛『满鉄ヲ中心トスル满蒙ノ新交通政策—日支鉄道交涉ノ再会セサレントスル前ニ』、1931、1页。
④ 《城野宏笔供》，《日本帝国主义侵华档案资料选编——"九·一八"事变》，第54、100页。
⑤ 《满洲青年联盟致满铁总裁仙石贡函》（1931年6月6日），《"九·一八"事变前后的日本与中国东北——满铁秘档选编》，第159页。

口头禅,并不是什么新闻了",关东厅厅长木下谦次郎公开表示,"不能把帝国外交的希望寄托在霞关(指代外务省)的电报文学上面"。①

当然,在急剧升温的对东北强硬论氛围中,最突出的还是日本的军方势力,特别是以石原莞尔和板垣征四郎为代表的关东军。石原莞尔早在1929年7月就提出"解决满蒙问题的钥匙,掌握在帝国国军手中","解决满蒙问题,唯有占有该地,才能完全实现"。1931年3月,板垣征四郎在石原莞尔的基础上,提出"从目前中国方面的态度来考察,如果单用外交的和平手段,毕竟不能达到解决满蒙问题的目的"。②

中村事件发生后,关东军扬言要从此次事件开始,解决过去各项"满蒙悬案"。6月,陆军省和参谋本部制定《解决满蒙问题方策大纲》,提出对东北"也许终于不得不采取军事行动",军事行动应"与关东军协商后由参谋本部作战部提出计划"。③

8月24日,陆军省决定如若中村事件不能得到满意解决,日本将对洮索实行"保护性占领"。军部的"武力征服满蒙,保卫帝国的生命线"的战争煽动言论已经到白热化程度,东北的形势已经是"感觉如同站在即将爆发的休眠火山脚下,或像抱着定时炸弹一样"。④ 显然,无论中日铁路交涉能否顺利进行,都改变不了日本武力占领东北的决策了。

9月18日,日本关东军制造武力占领东北的事变。九一八事变后,日本迅速扩大军事行动并在占领地区扶植地方伪政权的建立。到9月末,"辽宁地方维持委员会""吉林省政府""东省特别区治

---

① 〔日〕森岛守人:《阴谋·暗杀·军刀——一个外交官的回忆》,第39、60页。
② 石原莞尔:《解决满蒙问题方案》(1929年7月5日),板垣征四郎:《从军事上所见到的满蒙》(1931年3月),辽宁省档案馆、吉林省档案馆、吉林省委党史研究室合编《万宝山事件》,吉林人民出版社,1991,第3、5页。
③ 《解决满蒙问题方策大纲》(1931年7月),《万宝山事件》,第8页。
④ 〔日〕森岛守人:《阴谋·暗杀·军刀——一个外交官的回忆》,第39页。

安委员会"先后成立。

关东军能够迅速占领东北各地,一个重要原因就是满铁的密切配合。双方均将九一八事变作为夺取东北路权的大好机遇。10月10日,关东军指示满铁,称"此次事变对统制满蒙各铁路、整备国防来说是绝好的机会",鼓励满铁迅速行动,掌控"满铁会社拥有借款关系的铁路以及其他中国各铁路的委托经营",从事"满铁会社已同中国订立合同的铁路及军部希望的铁路的修建",并表示"军方自当极力支持和协助"。[1] 满铁欣然应允,在日军占领东北过程中,它为关东军的军事行动提供了大量的人力、物力支援,因事变而立功的满铁社员达到22254人,占满铁社员总数的60%。[2]

满铁在夺取东北路权中最先着手的是控制北宁路、沈海路和成立伪东北交通委员会。事变发生后,东北交通委员会大部分成员离开东北,流离关内,在北平成立临时办公处,但实际上已无法管控关外事务。10月中旬,满铁理事十河信二、村上义一二人抵达沈阳,收买交通委员会部分人员,策划成立伪东北交通委员会。

10月23日,伪东北交通委员会正式成立,以"奉天地方自治维持会"委员丁鉴修为委员长,吉长路局兼吉敦路局局长金璧东为副委员长,满铁理事十河信二为主席顾问,村上义一为代理首席顾问,另有3名满铁社员担任顾问职务,四洮路局局长阚铎、洮昂路局局长万咸章、吉海路局局长艾乃芳加入,实权皆由满铁掌握。满铁成立伪东北交通委员会的目的在于"明确各铁路的经营管理主体,收拢动荡的人心","把铁路从各独立政府中分离出来,以便于建立新政府","加速恢复一般经济","和平占据军事占领所未及的中东、洮昂、吉海、齐克、北宁、打通等线",以及"制造解决铁路悬案的主体",[3] 即攫取东北路权,实现此前日本图谋的各铁路,并为建立

---

[1] 《满铁史资料》第2卷《路权篇》第4册,第1108页。
[2] 解学诗:《隔世遗思——评满铁调查部》,人民出版社,2003,第7页。
[3] 《满铁史资料》第2卷《路权篇》第4册,第1110~1113页。

伪政权服务。

11月1日，在关东军司令部的直接支持下，满铁与伪吉林省省长熙洽签订了《吉长吉敦铁路借款及经营合同》，以及关于吉五线、长大线、延海线、依兰线、扶余线、拉法至呼海线六条线路的换文。28日，满铁与熙洽签订《吉海铁路经营合同》，将吉海路委托满铁经营。12月1日，与四洮路局局长阚铎签订《四洮铁路借款及经营合同》。1932年1月8日，满铁与伪黑龙江省政府订立黑龙江省官银号借款合同以及呼海路经营合同，将呼海路一切经营委托于满铁。

作为借款铁路的洮昂路在事变发生后表示愿承认满铁的主导权。此时洮索路怀远至索伦段仍未完成，满铁本拟定将此路与洮昂路一起确立借款及经营合同，但到伪满洲国成立前并未实施。齐克路在日军攻占齐齐哈尔时，将路局迁往洮南继续办公，但到1932年初也为满铁所占。同时，北宁路山海关至沈阳的关外段也于1932年1月为满铁控制，被改名为奉山线，由奉山铁路局管理。

1932年2月18日，以张景惠为委员长，包括臧式毅、熙洽等人在内的"东北行政委员会"发表由关东军拟定的《满蒙新国家独立宣言》，宣布"从此与党国政府脱离关系，东省区，完全独立"。3月1日，"东北行政委员会"正式发表《满洲国建国宣言》，"即日与中华民国脱离关系，创设满蒙新国"，伪满洲国成立。[①]

伪满洲国建立后，显然东北路权以及相关所谓"悬案"已成为日本的囊中之物。3月10日，溥仪与关东军司令本庄繁订立换文，其中第二条为"敝国承认贵国军队凡为国防上所必要，将已修铁路、港湾、水路、航空路等之管理，并新路之布设，均委诸贵国或贵国所指定之机关"。所谓"贵国所指定之机关"即满铁。此时的关东军认为，在东北交通上，应当采取"无论从对外关系，或从事实来看，都是最具有现实的可能性的"的"委托满铁会社经营"方案。3月

[①] 解学诗主编《关东军满铁与伪满洲国的建立》，社会科学文献出版社，2015，第509~510页。

12日，满铁总裁与关东军司令官磋商几次后，签订了关于东北铁路、港湾、河川的协定备忘录，提出"军方将满洲国的铁路、港湾、河川（包括附属事业）委托满铁经营"，"经营期限定为五十年"。4月初，日本内阁会议在这一协定备忘录的基础上略做修正后，达成谅解事项。4月15日的内阁会议正式批准。19日，关东军司令与满铁总裁在协定上正式签字。① 东北的11条已成铁路（四洮、洮昂、洮索、呼海、吉长、吉敦、吉海、沈海、奉山、打通等）及其他待建设的铁路、港湾（葫芦岛、营口、安东）、河川（松花江、嫩江、辽河、黑龙江、鸭绿江）由此全部由满铁经营。

四　余波——东北路权问题与国联调查团

九一八事变后，国民政府和东北当局将解决事态的希望寄托在国际联盟的介入与处置上。9月19日，中国驻国际联盟代表施肇基将事变公诸国联，请求国际联盟制止日军行动。9月30日，国际联盟行政院通过关于日军撤兵的决议，但并未对日军的行动造成实际影响。由于日军行动扩大，中国不断要求国际联盟做出处理，日本也提议派遣代表团前往东北实地调查，12月10日，国际联盟行政院会议决议派遣一个五人调查团前往东北就地研究，但决议也表示，"该委员会对于任何一方之军事办法，无干涉之权，该委员会之委派及其考量对于日本政府在九月三十日决议内所为日军撤退之铁路区域内之保证，并无任何妨碍"。②

1932年1月21日，由英国人李顿担任团长的国际联盟调查团正式成立，并于4月抵达东北。李顿调查团来华期间，中日双方都进行了积极准备，申明各自的立场，以争取在国际联盟的处置中占据优势。日本方面早在1931年12月便召集了多次会议，确定对策，并决定由满铁负责铁路问题。1932年初，满铁组织了"满铁应对国

---

① 解学诗主编《满铁档案资料汇编》第4卷，第529~531页。
② 《国联调查团报告书》，上海申报社，1932，第2页。

联调查团准备委员会"和"经济调查会",主要负责满铁的相关材料的准备,尤其以日本在东北的铁路权益合法性以及东北当局对日本权益的"侵害"为材料的主线。满铁经过数月的搜罗,共组织了提交给国联调查团的 19 种文献。[①] 在此基础上,外务省国际联盟中国调查准备委员会集中递交给在日的国联调查团系列资料,包括:调查报告书 A《中国破坏国际和平及国际和平基础的国际谅解的相关现状》(「国際平和及国際平和ノ基礎タル善良ナル国際的了解ヲ攪乱スヘキ事項ニ関スル支那ノ現状」,Present Condition of China)及 7 个附件、调查报告书 B《日本与满蒙》(「日本ト満蒙」,Relations of Japan With Manchuria and Mongolia)及 1 个附件,以及《满洲事变经过各项说明事项》(「満州事変経緯ノ各事項説明振」)等。[②] 这些资料的核心立场是宣称东北与日本的生存发展有密切关系、日本对东北的发展做出了巨大贡献、东北官民损害了日本在东北的权益、日本发动事变是正当举动,以此为日本在东北的侵略活动做辩护。

中国组织了以顾维钧为首、包括熟悉东北各种情况的专家在内的委员会,人数达 20 人。此外,东北部分民间人士也自发组织起来,收集相关资料,以为应援。但中国方面的调查活动受到日本和新近成立的伪满洲国的严重干扰乃至威胁。[③] 最终,中国委员会向国联调查团递交了 29 号说贴,阐明了日本对中国的种种侵略和渗透,驳斥了日本报告书中的借口。其中,第 2 号《关于平行线问题及所谓一九〇五年议定书之说贴》、第 6 号《关于吉会铁路之说贴》、第 11 号《中国对于日本所谓五十三悬案之驳正》(所谓"五十三悬案"是 1931 年 11 月 3 日日本驻华公使馆发表的,有近 20 个悬案直接与

[①] 武向平:《满铁与国联调查团研究》,社会科学文献出版社,2015,第 48~55、59~67 页。
[②] 「支那調査準備委員会作成資料 第一巻」、日本外務省外交史料館、A-1-1-0-21_12_2_3_001、B02030452500、REEL No. A-0181;0006-0007。
[③] 《顾维钧回忆录》第 1 分册,第 425~430 页;刘仲明、张韵泠:《东北爱国人士向国联调查团揭露日寇侵略罪行经过》,中国人民政治协商会议全国委员会文史资料研究委员会编《文史资料选辑》第 6 辑,中华书局,1960,第 78~86 页。

铁路相关)、第 15 号《关于日本企图独占东三省铁路之说贴》直接与东北路权相关。①

从中日双方提交的各类资料看,中日关于东北铁路问题的交锋的第一个焦点是满铁平行线说的合法性问题。满铁和日本政府将所谓平行线问题追溯至 1898 年 5 月 7 日中俄《续订旅大租地条约》,称 1905 年 12 月 22 日中日《会议东三省事宜条约》的会议录中约定禁止修建满铁平行线,甚至表示所谓满铁平行线不需确定的界定,应当根据具体情况认定。② 中国则提出,日本所谓的法理依据站不住脚,日方所谓的《秘密议定书》不过是从 1905 年北京会议的每次会议记载的临时谅解中"任意摘出"的,此谅解"其本身可谓毫无束缚之能力","一九〇五年北京会议所产生之是年十二月二十二日签订之正式条约及附约,并未提及平行线问题,更无条文给予日本权利,使得因此阻止中国在满建筑铁路"。③

---

① 中国提出的 29 个说贴分别是:(1)关于中日纠纷问题之总说贴;(2)关于平行线问题及所谓一九〇五年议定书之说贴;(3)关于日本占领东三省之说贴;(4)关于二十一条及一九一五年五月二十五日中日条约之说贴;(5)关于朝鲜人在东北各省之地位之说贴;(6)关于吉会铁路之说贴;(7)关于南满铁路护路军之说贴;(8)关于万宝山事件之说贴;(9)关于一九三一年七月朝鲜各地仇华暴动之说贴;(10)说明日本不赖东三省供给原料粮食的统计表;(11)中国对于日本所谓五十三悬案之驳正;(12)关于日本破坏中国统一之谋划之说贴;(13)关于日人在东北沪津以外各地挑衅寻仇情形之说贴;(14)关于抵制日货之说贴;(15)关于日本企图独占东三省铁路之说贴;(16)关于日方所谓中国教科书内排外教育之说贴;(17)关于中国努力开发东三省之说贴;(18)关于日本违犯条约及其侵夺中国主权二十七类案件之说贴;(19)关于东三省币制及其与大豆关系之说贴;(20)关于中国政府在沪案开始时决定和平政策之说贴;(21)关于外蒙古之说贴;(22)关于东三省匪患之说贴;(23)关于东三省海关被劫经过之说贴;(24)关于在中国共产主义之说贴;(25)关于东三省盐税被劫经过之说贴;(26)关于所谓东三省独立运动之说贴;(27)关于东三省邮政被劫经过之说贴;(28)关于日本劫夺东三省担保外债盐税摊款之说贴;(29)关于日本人民商行在华贩运麻醉毒品之说贴。参见中华民国国民政府外交部印《中日问题之真相——参与国际调查团中国代表提出之二十九种说贴》(1932 年)。

② 「支那実状調査材料蒐集関係第二卷」、日本外務省外交史料館、A‐1‐1‐0‐21_12_2_8_002、B02030465500、REEL No. A‐0191;0330~0332。

③ 《参与国际联合会调查委员会中国代表处说贴》,上海商务印书馆,1932,第 29~30 页。

双方关于东北铁路问题交锋的第二个焦点是各"悬案"问题。日本将东北当局的铁路建设称为妨害日本利益的"违约"举动，并历数在各具体路线上、整体政策上以及铁路运价上对日本造成的影响。与之针锋相对，中国提出东北的铁路建设是中国努力开发和发展东北的正当举措，日本在东北实施的是独占铁路的政策，并针对各具体"悬案"驳斥日方的主张和意见。

国联调查团在经过大半年的调查后，最终于1932年10月公开发表了《国联调查团报告书》。该报告书共计十章，前八章为调查情况，最后两章提出了"解决之原则及条件""考虑及对于行政院之建议"。报告书肯定了中国对东北的主权，多次提出东北属于中国领土，确认了日本发动九一八事变不具备正当性和合法性，伪满洲国的出现实际上是"日本军队之在场"和"日本文武官吏之活动"联合造成的，"日本军队未经宣战，将向来毫无疑义属于中国领土之一大部分地面，强夺占领，使其与中国分离并宣布独立，事实俱在"。[①] 这些论点无疑为中国在国际上争取了一定的有利条件。但报告书也花了大量篇幅为日本在东北的利益及其政策辩护，承认日本所谓在东北的"特殊地位"有合理性，乃至提出日本所说的东北是日本生命线论也表示同情。正如当时即有论者提出，"实际上这报告书的全文，是处处自相矛盾的"。[②]

报告书有相当部分内容论及东北铁路与中日关系，针对此前中日双方在东北铁路上的诸多问题有所梳理，指出中日东北路权纷争的诸多问题关键均在所谓"平行线"说是否存在以及在国际法律观点上是否有效。[③]

显然，中日间的冲突绝非所谓国际法理所能调处解决的，它是长期以来两国在政治、外交、经济、军事等多重层面上国家利益的

[①] 《国联调查团报告书》，第72、99页。
[②] 胡愈之：《评国联调查团〈报告书〉》，《胡愈之文集》第3卷，三联书店，1996，第70页。
[③] 《国联调查团报告书》，第27~28页。

根本矛盾的爆发。国联调查团的报告书在立场上的二元性决定了它在解决方案上的矛盾性，认为"如仅恢复原状，并非解决办法"，"维持及承认满洲之现时组织，亦属同样不合适"。它所提出的强调"国际合作"以及"准许东省有高度之自治"的十项原则以及建议实质上也是不痛不痒、毫无可操作性。结果，该报告书既被中国各方强烈批评，也招致了日本的反对。

报告书公布之前，日本政府已经于9月15日与伪满洲国订立了承认伪满洲国的《日满议定书》。随后，日军还在山海关、热河发起军事行动。1932年2月14日，国联十九国委员会通过了对日劝告案。2月24日，国联大会就十九国委员会的报告和劝告案进行投票表决。最终，赞成者42票，反对者仅有日本1票，此外1票弃权。3月27日，日本政府正式退出国联。

小　结

与张作霖时代相比，以张学良为首的奉系在成员结构上有显著的变化，东北新教育体系中的毕业生以及海外留学人员构成的文官群、东北军内的新一代武官群体的力量稳步上升，张作霖时代的旧式"绿林"集团的影响力持续下降。① 这些新的文武群体的共同特征是接受了新式教育，受到了民族主义思想洗礼，具有比较强烈的国家主权、利权观念和追求东北近代化的意志。同时，易帜后，尽管奉系及其控制的东北仍保留有很强的独立性，然而，统一后东北的政治、外交等大权收归国民政府，东北设立国民党党部，国民政府的三民主义的意识形态、内政方针、"革命外交"也制约和影响着东北当局。

在这样的氛围下，1928年后的东北出现了各方面的整顿和革新。在交通方面，东北当局形成了新的路港一体化和自主化方针，并以

---

① 〔日〕西村成雄：《张学良》，第40页。

改组后的东北交通委员会为主导机构,拓展铁路新路线,整改东北铁路的运营和管理,实行东西四路联运,重启了葫芦岛港筑港工程,意图建构起覆盖东北三省的以自主的葫芦岛港为输出泵、以铁路和公路为血脉的庞大交通网,将东北打造成凝聚力更盛、竞争力更强的政治和经济实体。

到1931年前后,自张作霖时代开始的经济建设已使东北初步形成了新兴的中国民族经济体系。满铁产业部曾评论道,"东北交委已具备了东北新资本主义的基础的资格"。[①] 铁路无疑奠定了这一新资本主义的基础。正如有研究者所论断的,"东北地区的产业构造,是这样一个民族资本体系,位于金字塔顶端的是铁路部门、军需部门等国家资本主义"。[②]

在近代东北,民族资本主义经济的发展显然有抵抗日本和维护中国利权的色彩和意义。日本在1927~1928年的"满蒙铁路"交涉中获得的路权在以张学良为首的东北当局的抵制下却无法顺利变为现实,1928年后东北路港建设的成效使东北出现中国控制下的铁路体系与日本控制下的满铁系统相抗衡的局面。

东北当局路港建设的积极进取、世界经济危机的爆发以及由此引发的满铁经营危机成为日本鼓吹"满蒙危机"论的发酵剂。尽管中日自1930年底起再次进行"满蒙铁路"交涉,然而,东北当局固然无意对日本让步,日本也不过是以铁路为政治问题的幌子,双方立场的南辕北辙注定了铁路交涉不再可能取得任何进展。万宝山事件和中村事件后,用武力侵占东北已成为日本的既定政策,形势一点即燃,铁路交涉已不足为重。最终,东北的自主路港建设在经历短暂的全新局面后,因日本发动九一八事变和全面占领东北而被迫中断。

[①] 满铁产业系:《张学良周围的实力》(1931年6月),《"九·一八"事变前前后的日本与中国东北——满铁秘档选编》,第82、93页。

[②] 〔日〕西村成雄:《张学良》,第36页。

第七章
自建铁路与近代东北社会变迁

"作为社会系统的大动脉和重要的社会现象,交通具有鲜明的社会公益性;作为重要的经济部门,交通运输生产具有半公共性;作为人类的行为本能,交通具有人文性和社会性,它本身就是我们人类的一种生活方式。"[1] 在近代以来的交通发展中,铁路无疑具有深刻的意义。在最基础的层面上,它是近代物质文明和工业革命的直接成果,让世界的交通系统发生质变,实现了交通工具的机械化。进而,它对社会各个领域都产生了深远的影响:推进了经济资源的开发和利用,加速了城镇化进程,提升了社会资源的整合力,改变了人们的日常和社会生活,促进了思想文化的交会与变迁。正如马克斯·韦伯所言:"就总的经济生活而不单单就商业来说,铁路是有史以来最具有革命性的一种工具。"[2]

1918~1931年,奉系主持建设的官办自建自营铁路达到1290.9公里,合办或包工铁路为541.6公里,此外还有完全商办或民办铁路242.3公里,三类铁路总里程达到2074.8公里。其中,商办和民办铁路多里程较短,且为运煤等专用。而自建铁路不仅为数较大,也是奉系铁路建设的核心,它们对近代东北的经济和社会变迁的影响最为广泛和深刻。

---

[1] 谷中原:《交通社会学》,民族出版社,2002,第1页。
[2] 〔德〕马克斯·韦伯:《经济通史》,姚曾廙译,三联书店,2006,第186页。

第一节　自建铁路与近代东北经济

"改善交通运输工具也属于发展一般生产力的范畴","生产越是以交换价值为基础,因而越是以交换为基础,交换的物质条件——交通运输工具——对生产来说就越是重要"。① 铁路是一种新型交通方式和经济推动力,奉系修筑的自建自营铁路,进一步促进了东北交通的现代化,推动了东北的贸易和资源开发,带来了东北经济区域化新发展,对东北经济产生了积极影响。

一　自建铁路与近代东北交通运输格局的变迁

在铁路出现以前,近代东北的交通运输主要就是陆运和水运互相配合、辐射东北各地。

传统上的东北交通主要由水运和陆运构成。陆运多是以骡、马为牵引力的大车运输,道路则以民间土路和驿道为主。东北传统陆运最重要的是从山海关经奉天、吉林抵达瑷珲的干线,也被称为"御路",长 2000 多公里。以"御路"为中心,延伸出多条支路。水运则包括内河航运和海运。内河航运以风力、人力牵引的牛船、帆船、槽船等为主。东北传统的水运航道主要集中于辽河、松花江、黑龙江和鸭绿江。特别是 19 世纪中后期营口开埠后,东北的水运渐趋发达,海运和水运相依存,形成了由海入河并深入东北腹地的水运网络。其中又以辽河最为突出,它流经内蒙古、吉林、辽宁 3 省近 20 个县,直接注入的大小河流有 300 多条,总长 1650 公里,周边农业开发相对成熟,可通行汽船、驳船、槽船、牛船等多种船型,主流可通行载重 10~16 吨的船只,是东北水运的主力。从营口溯河北上,经过铁岭、开原、昌图等地,可上至东西辽河源头的相汇地

---

① 马克思:《政治经济学批评》,《马克思恩格斯全集》第 30 卷,人民出版社,1995,第 520~521 页。

点郑家屯,沿途各地又可接续陆运。到19世纪中晚期,由于东北开埠以及经济开发的推进,辽河一线的水运吸纳了东北全境客货运输量的70%,"一切南北交通,胥惟此辽河是赖。此外别无通衢大道","一交春令开河,则货物皆以船运"。① 辽河水运最重要的枢纽营口周边有2万多艘船只,"舶来之品,土产之货,水陆交通,皆以此为总汇","夏则轮声帆影,万船鳞集;冬则车尘马迹,络绎于途。商业之繁荣,市面之兴隆,为满洲之冠"。②

不过,传统的陆运和水运也有天然的不足。陆运方面,一是道路里程和辐射区域有限;二是运输的马拉大车最重载重不超过1000公斤,并且至少需要5~6匹马作为动力,此外,还须顾及路况以及牲畜的体力状况。水运受气候影响大,封冻期内不能行船,并且耗时过长。如辽河上游、辽宁昌图境内的水运重镇通江口,与营口贸易往来频繁,两地间水路距离519公里,由通江口顺流而下到达营口需14天,反之溯河而上需18天,且每年仅五月至九月可通行。郑家屯到营口约为717.5公里,帆船顺流需7天,逆流需14~15天。③

20世纪初,中东铁路和京奉铁路相继开通。前者穿越东北腹地,东可与海参崴出海口相连,南则与大连港相接,后者联通奉天与关内,成为沟通关内外的动脉。随着它们的出现,东北的交通运输格局发生重大转变。

与此前以自然力和人力为主的传统交通方式相比,铁路这一新式交通工具具有传统陆运和水运难以比拟的优势:其一,铁路载重能力大,一辆列车载重一般在20~50吨,非传统大车和民船的运输能力可比;其二,运输速度快,平均时速在30~50公里(南满铁路的特快列车时速可达到100公里),远远超过普通水运

---

① 连濬:《东三省经济实况概要》,观海时事月刊社,1931,第222页。
② 营口市史志办公室编《营口市志》第1卷,中国社会科学出版社,2004,第4页。
③ 垦民:《四郑路郑洮路之沿线概况》,《中东经济月刊》第6卷第10号,1930年,第26页。

民船一天航行 50~55 公里的速度；其三，铁路交通受气候和季节影响小，安全性更强，还可全年畅通无阻。因此，铁路开通后，很快取代传统陆运和水运，成为发展最快、比重日渐增加、受各界欢迎的交通运输方式。以中东铁路为例，1906 年，其货运量为 41.49 万吨，10 年后，猛增到 208.6 万吨。其客运在 1903 年就达到了 175.5 万人次，即便在日俄战争期间，运送的普通旅客也有 45 万~62 万人次之多。①

到辛亥前夕，东北已经初步形成了以京奉、南满和中东等铁路干线为骨干，以大连等港口为门户的铁路交通网。1910~1920 年，随着南满铁路各支线以及吉长路、四洮路等国有路线的兴修，东北境内的铁路里程迅速增加，达到了 4000 公里，加上日本在东北扩张路权、发展南满铁路与其他路线间的联运，铁路运输的竞争力进一步加强，其骨干地位更趋巩固。

与此同时，东北传统的陆运和水运则遭遇巨大冲击。到日俄战争结束时，未通铁路的广大农村地区，马车仍起主导作用，但在铁路周边地区，马车和驿道的作用已变成为港口和铁路车站集散货物提供服务和补充。一些地区如山海关至锦州的道路年久失修，交通渐少，沿线的商店和旅店业随之多半歇业。②1920 年前后，中东铁路沿线原本繁华的陆运因无法与铁路竞争，"所有与东铁平行之大车线固然几全不能营业，即在距离东铁路线较远地方之大车运输，因东铁添设商务代办机关之故，亦逐渐萧索，不复占有旧日之地位"。③

水运受铁路的冲击更大，尤其是盛极一时的辽河水运，在中东铁路本线和南满支线开通后，营业渐趋衰落。1904 年，辽河流域各

---

① 哈尔滨铁路局志编审委员会编《哈尔滨铁路局志（1896~1994）》，中国铁道出版社，1996，第 185~187 页。
② 《辽宁省公路交通史》第 1 册讨论稿，第 91 页。
③ 《中东铁路南线货客运输及沿线概况》，《中东经济月刊》第 7 卷第 1 号，1931 年，第 10 页。

种船只 4 万艘、载重帆船 2.2 万艘，客运量达 20 多万次，货运量 400 万吨。① 但南满铁路运营后，辽河水运急转直下。到 1906 年，辽河运输量急降到不足 200 万吨；1918 年，运输量更低至 17.5 万吨。② 辽河干流北端的水运重镇郑家屯，1914 年外运的 7 万吨货物中经辽河水路运出的有 5 万吨（占 71.4%），运入的 1.7 万吨杂货中经辽河水路运入的有 0.96 万吨（占 56.5%）。但自 1917 年四洮铁路建成后，水运迅速萎缩。1918 年，郑家屯运出的 4.55 万吨货物中，经辽河水路运出的有 2.35 万吨（占 51.6%），一年之后，郑家屯的货运量增加到 9.15 万吨，辽河的水运却剧减到 3300 吨，仅占总数的 3.6%。到郑通（郑家屯—通辽）铁路通车后，辽河的吉林省内航道中已再无船只航行了。③

当然，铁路与传统陆运和水运在竞争的同时，也形成了密切的合作。铁路不及的地区，仍须依赖于水路和陆路运输，间接与铁路相连，从而形成三者相互支撑的局面。特别是从 1910 年代中后期起，东北境内出现了汽车的客货运输，道路进行整修和扩修，陆路交通得到一定发展，成为铁路运输的有益补充。如有研究者所指出的，铁路修建以后，"铁路与其他运输方式的竞争与合作，导致了传统交通体系的巨大变化，形成了以铁路为主导、以河运和传统陆运为辅助、以港口为铁路指向终点的新的交通体系"。④

1920 年代东北自建铁路的陆续修建和运营，使东北铁路运营里程大幅增加，铁路密度提升，辐射范围扩大，进一步促成了东北交

---

① 曲晓范、周春英：《近代辽河航运业的衰落与沿岸早期城镇带的变迁》，《东北师大学报》（哲学社会科学版）1999 年第 4 期。
② 郑川水：《锦绣衣带缀明珠：辽河流域城镇文化》，辽海出版社，2000，第 211、213 页。
③ 吉林省地方志编纂委员会编《吉林省志·交通志》（公路·水路·民航），吉林人民出版社，2003，第 449~450 页。
④ 李书源、徐婷：《铁路与近代东北交通体系的重构（1898~1931）》，《社会科学辑刊》2014 年第 4 期，第 130 页。

通运输格局的变迁。

首先，自建铁路运营后，此前未能与铁路发生直接经济联系的不少地区的物产多转经铁路输送，陆路运输继续向铁路靠拢。如奉海路沿线从外输入的货物以往"全赖搬运农产之马车回头捎带，故皆于冬季结冰时行之"，"自铁路开通后，商人为谋安全与便利起见，概皆利用铁路为之运输"。① 松浦镇距离马船口不到8公里，以往周边各县的粮食用大车齐集于此，再用帆船过江运往哈尔滨，旺季时，"每日过江粮车不下千余辆"，但到呼海路运营后的1928年，即便在粮运旺季，"由江北来哈之运粮马车即不甚多，日仅数百辆……每日最多不过一百车至二百车，且所谓呼兰附近之出场，稍远之处，已均交付呼海路代运"。②

当然，在铁路不通的地区，大车仍是最重要的运输工具。尤其是第一次直奉战争后，王永江等人积极谋划东北道路修筑，在原有的驿道和民间道基础上，还兴建了部分公路。到1929年，辽宁省已经有公路2454.5公里，1931年，汽车运营里程有1万多公里，③ 黑龙江境内通车的公路达6200多公里。④ 汽车与传统的大车主要从事中短途运输，在各铁路各站点与中长途的铁路运输相接续运输，形成三者间的密切合作。

其次，东北水运因东北当局整顿航运业在某些地区有所改观，一些水道因与铁路密切相接，航运甚至较前更为繁荣，但整体来说，水运在铁路和公路运输的双重冲击下继续弱化。

辽河水运由于河道淤积严重和东北自建铁路的发展由衰落走向枯竭。到1920年代，辽河的通航河段已经日益缩减，外辽河和大辽

---

① 介卿：《沈海铁路与其沿线之经济状况》，《中东经济月刊》第6卷第8号，1930年，第45页。
② 《东北路政近讯》，《东北新建设》第1卷第3期，1928年，第2页。
③ 《辽宁公路交通史》第1册讨论稿，第9、93、94页。
④ 黑龙江省地方志编纂委员会编《黑龙江省志》第19卷《交通志》，黑龙江人民出版社，1999，第41页。

河的航运已经困难至极。尽管辽河工程局对部分河段稍有整修,但辽河航运业已经难以维持。① 1930 年,辽河水域的船只降到不足 900 艘,总吨位仅 2.6 万吨,仅相当于 20 世纪初的 4%。开埠后因水运繁忙而迅速崛起的营口到 1930 年前后,由于铁路运输的日益发达以及大连港的压倒性优势,船只"余存者仅三千艘而已,现且日就衰落,岌岌乎有不能保持其地位之势"。② 浑河、清河、柴河、柳河的发源地清原,一度水运极为发达,周边各地的农产品常用木排由浑河上游运往抚顺、沈阳,或由清河、柴河上游运往开原和铁岭。然而,1927 年后,由于奉海铁路的开通,清原一带的木排运输已经全部被铁路运输取代。③ 辽河水运繁荣不到 50 年就走向衰落,其中主要原因就在于铁路运输的崛起及其带来的经济格局的变化,奉系的自建铁路无疑是促成它黯淡落幕的力量之一。

松花江流域和鸭绿江的航运业因可与乌苏里江、嫩江等联通并外输,在铁路开通后,"仍能局守其一部",④ 部分地区水运甚至有所发达。不过,由于近代官办航运业的发展和铁路的冲击,松花江的传统民间木帆船行业受到重挫,在许多地方退出运输主流。到 1930 年代初,黑、吉两省的大小帆船总共仅 3000 艘,总载重量只有 2 万多吨。⑤

松花江支流呼兰河向来"舟楫往来极盛",从呼兰河河口上行 500 公里可至铁岭,下行可至绥化以下 200 公里之地,沿途可通行轮船、帆船、舢板等,全流域有民船 500 多艘,特别是哈尔滨与呼兰间,轮船往来极为密集。⑥ 但自呼海路开通后,呼兰河的水运因铁路的强势竞争而迅速败落。

---

① 水利部松辽水利委员会编《辽河志》第 4 卷,吉林人民出版社,2003,第 163 页。
② 连潘:《东三省经济实况概要》,观海时事月刊社,1931,第 223 页。
③ 清原县志编纂委员会办公室编《清原县志》,辽宁人民出版社,1991,第 213 页。
④ 《奉天通志》卷 160,第 3732 页。
⑤ 《黑龙江省志》第 19 卷《交通志》,第 699 页。
⑥ 《东北年鉴(民国 20 年)》,第 573 页。

呼兰县内原有两家轮船公司从事客货往来，呼海路通车后，"航运尽为所夺，轮船公司亦取销，今所存者仅帆船十余种，皆宜运粮为业，往来呼兰绥化暨松花江上下游而已"。[1] 松花江下游各码头，原本水运异常发达，粮运期间，船只常常往返三四次，平均可收运费四五千元，但呼海铁路运营后，"各码头之粮石多被呼海路吸收"，船运至哈尔滨的粮食"顿形减少"。[2] 位于松花江北岸的马船口站，与南岸的哈尔滨隔江相望，以往过江依靠轮渡。呼海路开通后，铁路局自行购置中型轮船，从事过江的客货运输业务。结果，民间的小规模水运几乎无法生存。"自路局航运营业以来，所有江中小汽船，在无形中竟被淘汰。一般赖江水生活之劳工，今受大资本家鲸吞之影响，遂无所为业。去岁江中之汽船，往返如同穿梭，目下之萧条景象，船只已寥如晨星"。[3] 望奎县内的通江埠码头，是海伦通往哈尔滨、兰西、呼兰等地的水路要冲，可通行木帆船，1921年全县尚有运输船户42家、91艘船，但在1929年呼海路全路通车后，水路运输日渐冷落，乃至绝迹。[4] 呼兰河至哈尔滨之间的帆船运输"大形衰落"，"松花江三姓以下，帆船行驶绝少"。[5] 绥化县原本众多的木帆船因铁路运输与日俱增而"一落千丈"，境内的水运重地双河，原本来往船队桅杆如林，是呼兰河流域的重要集散中心，但呼海路开通后，水运基本被铁路取代。[6]

可以说，随着自建铁路的延伸和铁路里程的增加，铁路在东北交通运输中的主体地位继续强化，传统水运因奉系的这一波铁路建

---

[1] 《呼兰县志》卷4，凤凰出版社编选《中国地方志集成·黑龙江府县志辑2》，凤凰出版社，2006，第354页。
[2] 任伯勤：《松花江下流各码头之形势及其运输消长》，《中东经济月刊》第7卷第7号，1931年，第69页。
[3] 史亚擘：《黑省绥化县商业农产最近之状况》（续），《东三省官银号经济月刊》第1卷第7号，1929年，第4页。
[4] 望奎县地方志编纂委员会：《望奎县志》，望奎县人民政府，1989，第221页。
[5] 胡兼善：《北满江运之研究》，《中东经济月刊》第8卷第11～12号，1932年，第12页。
[6] 黎成修主编《绥化县志》，黑龙江人民出版社，1986，第74页。

设浪潮而彻底退出交通运输主流,以铁路网为主脉、公路和其他陆路为辅助的东北交通运输格局进一步巩固。

二 自建铁路与近代东北的资源开发

交通运输的发达对社会经济的直接效果是它可以有效降低社会经济生产的各种中间成本,进而提高资源的流转效率,扩大地区之间的经济联系。开发以农业为主的富源、促进东北经济进步是奉系推进铁路自主化建设的重要目的。张学良谈及打通铁路的修筑时曾表示,"由打虎山到……黑龙江。东北那个时候最要紧的出的是大豆,大豆是黑龙江出来的,我们那个时候要运到黑龙江的东西,南满铁路非常刁难我们。为自己的经济修筑铁路,那是自然的事情"。[①]

为提升铁路的运输能力以及对沿线各类资源的吸引力,东北各自建自营铁路均在市场、粮食交易所等基础设施上有不少投入。一些重要站点的市场动辄数千亩。如吉海铁路八百垧市场占地面积达1600多亩,烟筒山市场占地达2000多亩,奉海铁路的奉天站市场面积最大,达3200多亩。由于粮食和特产在东北对外贸易中的重要性,自建自营铁路沿线的重要物资集散城镇还设有粮食交易所或特产交易所,如奉海铁路公司在山城镇和奉天设立粮食交易所,朝阳镇设立分所,呼海路所在的海伦县因粮食交易大量增加,也于1929年设立了粮食交易所。另外,各自建铁路还常常采取运费折扣、混合货物报运等各种政策以吸纳沿线资源。特别是1929~1931年东西四路联运实施后,基础设施的改进和运输政策的多样化增强了各铁路的吸纳能力,推进了东北经济资源的开发。

第一,各自建铁路对东北贸易和经济资源开发的积极效应体现在它们的营业状况上。整体来说,如表7-1所见,各铁路虽从事旅客运输,但无论是从其车辆配置还是营收形势看,货运是它们最主要的业务和收入来源,并且其运输量呈现逐年上升的趋势。1930年,

---

① 毕万闻编《张学良赵一荻合集》第6册,第11页。

东北交通委员会管理的 9 条铁路（北宁、沈海、吉海、吉长、吉敦、四洮、齐克、洮昂、呼海）的总货运量达到 1322.66 万吨，货运总收入为 4024.48 万元，占全年 9 路总收入（6488.96 万元）的 62%。① 以地区为例，吉林省的吉林市，早在 1912 年就有吉长铁路开通，但因缺乏其他铁路路线的接续，货物发送量在 1922 年只有 77.4 万吨。吉敦路、奉海路、吉海路运营后，吉林市境内的货物运送量不断增加。1928 年，吉长、吉敦两路在吉林市的货物发送量为 155.9 万吨，1930 年，吉长、吉敦、吉海三路在吉林市的货物发送量增加到 167.3 万吨。②

表 7-1　1928~1931 年交通委员会管辖的部分铁路的货运和收入统计

单位：万吨，万元

路线	客货车数量	货运吨数、货运收入及总收入	1928 年	1929 年	1930 年	1931 年
吉敦	客车 14 辆、货车 188 辆	货运吨数	—	54.08	47.44	37.54
		货运收入	37.4	114.09	114.78	189.77
		客货总收入	75.35	180.20	163.27	—
洮昂	客车 32 辆、货车 157 辆	货运吨数	35.54	57.39	31.74	85.98
		货运收入	56.35	120.27	86.70	372.95
		客货总收入	113.83	208.07	159.64	—
齐克	客车 29 辆、货车 426 辆	货运吨数	—	9.22	31.91	89.74
		货运收入	—	9.69	115.58	236.79
		客货总收入	—	—	155.45	—
洮索	客车 56 辆	货运吨数	—	—	—	3.1(3~12 月)
		货运收入	—	—	—	2.46(3~12 月)
		客货总收入	—	—	—	—
沈海	客车 18 辆、货车 451 辆	货运吨数	92.3	114.1	75.81	125.94
		货运收入	262.99	366.69	490.57	578.41
		客货总收入	372.80	534.30	737.69	—

---

① 《东北国有铁路十九年份营业概况》，《东北新建设》第 3 卷第 2 期，1931 年，第 32~33 页。
② 《吉林市志·铁路运输志》，第 74 页。

续表

路线	客货车数量	货运吨数、货运收入及总收入	1928 年	1929 年	1930 年	1931 年
吉海	客车 26 辆、货车 314 辆	货运吨数	—	55.04	32.33	22.74（1～4 月）
		货运收入	4.76	66.95	98.13	43.73
		客货总收入	13.42	100.54	175.49	—
呼海	客车 39 辆、货车 443 辆	货运吨数	59.6	62.69	68.42	58.5
		货运收入	351.7	159.55	296.96	369.84
		客货总收入		472.15	396.25	

注：根据《满铁档案资料汇编》第 5 卷（第 57 页）、《东北年鉴（民国 20 年）》（第 383～445 页）、《东北国有铁路十九年份营业概况》（《东北新建设》第 3 卷第 2 期，1931 年）等相关资料统计。各铁路的车辆状况主要根据《东北年鉴（民国 20 年）》。同一路线因统计分类不同，数据有不一致的情况，尤其是 1930 年的货运情况，《满铁档案资料汇编》与交通委员会的数据相差极大，表格统计时按照交通委员会数据。1931 年的数据来自《满铁档案资料汇编》。

第二，在各铁路的货运中，除了铁路自线材料外，占大宗的是粮食和特产，铁路对沿线经济资源开发影响最大的是大豆、小麦、玉米等农业资源。

以具体路线为例。东干线中的奉海铁路沿线经过的地区素被称为东山，土地肥沃、物产丰富，是奉天境内有名的谷仓，每年的剩余农产约有 150 万吨。在奉海路未开通前，"地势多山，交通不便，峰峦重叠，往来维艰，遂致有用物产不能外输，利源顿塞"。[①] 吉海路所经的东边道——奉天省东部、长白山区以及浑河、鸭绿江、柳河流域的大部分地区，此前一直被清政府封禁，直到 20 世纪初才随着南满路的开通有规模开发，但开发程度仍比较低。奉海、吉海路开通后，"专事开发东北"，货运量极大，1930 年，吉海、奉海两路的货物运输吨数为 108.14 万吨，货运收入合计达到 588.7 万元。[②] 而两路输送的货物中 70% 为大豆、豆饼等农产品。运输的便利、贸

---

① 忆先：《沈海铁路之过去将来观》，《东三省官银号经济月刊》第 2 卷第 1 号，1930 年，第 1 页。
② 《1920～1930 年东北各铁路货物输送概况》，《满铁档案资料汇编》第 5 卷，第 57 页。

易的发展还影响了沿线物价。奉海路沿线"粮石、木料、石材、煤斤等物输送有赖,非仅减少车脚费用,尚可抬高粮价",粮食的价格由此前的每斗现洋 1.2 元增长到 1929 年的 1.9 元。①

呼海铁路经过的绥兰道即呼兰、巴彦、绥化、海伦四县,"平原沃土,昔称东荒,实乃黑省菁华所聚",②"从呼兰到海伦,一路间油黑的土色,除河流外,处处可耕",③ 是北满地区重要的产粮区,尤其以大豆为最多,占其沿线种植农产的 34.2%,并且出产的豆类含水量较高,品质好;其次是小麦,占 20%,谷类收获量每年超过 130 万吨。④ 每年有大量的剩余农产:呼兰有 10 万吨,绥化约 15 万吨,海伦 10 万余吨,沿途其他各地达 60 万吨之多。⑤ 在铁路未开通前,沿线粮产多通过大车辗转从陆路运输到中东铁路,"但沿路沟壑纵横,殊患跋涉冬季,一经解冻,既又寸步难移,故粮价一落千丈,农人视同粪土"。⑥

呼海路通车后,起初购置了货车 400 辆、客车 18 辆,仍不能满足沿线的运输需求。1929 年,呼海路沿线仅豆类就收获 45.12 万吨,除本地消费外,剩余 36.4 万吨。⑦ 因此,呼海路沿线的客货运极为繁忙,"每天客货混合列车,往返各两次,货车往返四五次,各站之乘客,非常拥挤,每日被摈于车外者计辄有三百人之多,因客车缺少,不足支配,沿站不能登车之旅客,啧有烦言。各站台之粮石,堆积如山。亦缘货车过少,载运不胜其多,大站每日装车二十辆,小站二三辆,故各站业粮之商店,皆得提前向货物处挂号要车,依号码之

---

① 介卿:《沈海铁路与其沿线之经济状况》,《中东经济月刊》第 6 卷第 8 号,1930 年,第 37 页。
② 《东北年鉴(民国 20 年)》,第 435 页。
③ 刘十洲:《海伦见闻录》,《东北月刊》第 1 卷第 2 期,1931 年,第 6 页。
④ 介卿:《呼海铁路与其沿线之农业状况》(续),《中东经济月刊》第 7 卷第 4、5 号,1931 年,第 150~151 页。
⑤ 《东北年鉴(民国 20 年)》,第 440 页。
⑥ 《东三省经济实况概要》,1931,第 237 页。
⑦ 《民国十八年中东路范围内农产输出之概况》,《中东经济月刊》第 6 卷第 8 号,1930 年,第 27 页。

前后，分配车辆。以绥化一处，车号竟积累至三千四百号之多"。①

途经黑龙江中西部腹地的齐克路，沿途经过的拜泉和克山等地盛产大豆等农产品，但此前由于距离中东铁路车站有200多公里，只能用马车运输，甚为不便。齐克路运营后，沿线农产品改由齐克路输出。1930年2~5月，由齐克路发送至昂昂溪的货物就有900车，且尚有1200车货物堆积待运，齐齐哈尔站1930年2~5月发送的货物有884.37吨公里。②

正如当时的观察者所言，"试观近四五年来东北兴筑之铁路，均为自办……又均系生产繁富之区，交通扼要之地。其经济之价值固不难与中东南满相颉颃，其直接间接足以助长东北对外贸易之发展，有断然者"。③

第三，自建铁路的运营还直接提高了农业生产商品化程度，引起农业生产的区域变化。

1929~1931年，东北平均每年粮豆总产量达到1887万吨，其中，输出量为494万吨，占总产量的26.3%。大豆更占东北农产品输出的八成。到1920年代末，东三省的大豆商品率高达80%~83%。④ 由于铁路的便利和快捷，铁路沿线的农产品商品化程度迅速提高。以黑龙江为例，早在1922年，中东铁路沿线80%的玉米和小麦、55%的玉米、45%的高粱都对外出售，售粮收入占铁路沿线农户收入的60%。⑤

奉系的东西干线形成后，进一步提高了沿线农产品的商品化程

---

① 史亚擘：《黑省绥化县商业农产最近之状况》（续），《东二省官银号经济月刊》第2卷第2期，1930年，第3页。
② 《哈尔滨铁路局志》，第210页。
③ 宗孟：《东北对外贸易概论》（续），《东三省官银号经济月刊》第1卷第8号，1929年，第18~19页。
④ 吉林省地方志编纂委员会编《吉林省志·农业志·农村生产关系》，吉林人民出版社，1999，第100页。
⑤ 黑龙江省地方志编纂委员会编《黑龙江省志·农业志》，黑龙江人民出版社，1993，第128页。

度。不仅农产品的输出量不断增加，而且一些主要农产品如大豆、小麦等受到铁路交通的吸引，其种植区域也呈现向铁路沿线集中的趋势，其中以沈海、北宁和呼海路三条路线表现得最为突出。表7-2和表7-3反映的是沈海、北宁和呼海路三路1930年的部分农产种植面积以及1928~1929年沿线的部分农产品产量情况。1929年，东三省的大豆产量约为545万吨，上述三路沿线的产量约为70万吨，占东三省大豆总产量的12.8%。1930年，上述三路的大豆种植面积为51.8万公顷，占当年东北地区大豆种植面积419万公顷的12.36%。

表7-2 1930年北宁路区、沈海路区、呼海路区的部分农作物种植面积和产量

单位：万公顷，万吨

种类	面积和收获量	北宁路区	沈海路区	呼海路区
大豆	面积	6.40	11.51	33.9
	收获量	6.32	16.10	42.69
其他豆类	面积	1.71	1.42	1.48
	收获量	1.75	2.13	1.29
高粱	面积	41.26	7.08	9.45
	收获量	64.49	13.46	12.81
小麦	面积	1.10	0.99	21.67
	收获量	0.96	1	22.04

资料来源：《民国十九年东三省农产收获量与输出之估计》，《中东经济月刊》第6卷第10号，1930年。

表7-3 沈海、北宁、呼海路1928~1929年沿线出产的农产品数量

单位：万吨

种类	年度	沈海路	北宁路	呼海路	合计
小麦	1928	1.33	1.42	2.46	5.21
	1929	2.19	1.42	2.41	6.02
水稻	1928	2.66	0.11	0.2	2.97
	1929	2.8	0.91	0.04	3.75

续表

种类	年度	沈海路	北宁路	呼海路	合计
高粱	1928	1.04	7.05	1.58	9.67
	1929	1.48	7.14	1.55	10.17
大豆以外的豆类	1928	4.37	1.86	2.15	8.38
	1929	3.05	1.61	1.64	6.3
谷类	1928	9.37	13.14	30.65	53.16
	1929	12.01	11.5	30.86	54.37
大豆	1928	15.78	7.82	46.47	70.07
	1929	16.34	7.82	47.55	71.71
各种类合计	1928				149.46
	1929				152.32

资料来源：《东三省十八年度之农产数量调查》《东三省大豆收获估计》，《东三省官银号经济月刊》第2卷第4号，1930年。

第四，由于铁路建设本身的需要以及其巨大的经济效应，自建铁路的建设与运营也影响了沿线其他产业的发展。

以奉海铁路为例，沿线所经过的抚顺的煤产量位居东北三省前列，1929年，其原煤产量占东北煤炭总产量的69%。[1] 奉海路的货运中，矿产品由1926年的1564吨增加到1929年的11.4万吨，林产品从1926年的1563吨增加到1929年的4.9万吨。[2] 为了开发抚顺县城附近的煤炭，奉海铁路公司于1925年7月与周文贵合办金沟煤矿公司，1930年，沈海铁路公司又将金沟煤矿全部收购。另外，1927年奉天省长公署和奉海铁路公司出资重组西安煤矿。由于有沈海、吉海及梅西支线的运输条件以及官方的支持，西安煤矿公司的产量逐年增加，年产量为6万～15万吨，成为当时东北的知名煤炭企业。[3] 所产的煤主要供东北各铁路和东三省兵工厂使用，改变了原

---

[1] 王渤光：《抚顺煤矿开发史》，通化市政协文史学习委员会编辑发行《东边道经济开发史略》，1998，第155页。
[2] 《东北年鉴（民国20年）》，第428~429页。
[3] 《中国煤炭志》编纂委员会编《中国煤炭志·吉林卷》，煤炭工业出版社，1997，第393页；《东边道经济开发史略》，第173页。

来部分铁路和东三省兵工厂用煤严重依赖日本控制下的抚顺煤矿的局面。①

铁路建设也促进了沿线土地的开发、森林采伐业的发展。以吉敦路为例，仅吉林站至敦化站的土地面积就达到4.45万亩，其中，线路用地2.17万亩，停车场和市场用地2.28万亩。② 由于吉敦路沿线森林资源丰富，该路运营的主要业务就是木材输送。该路开通后，松花江上游及其支流的木材大多用畜力运至铁路各站，每年出产的木材有28万立方米。1929年，其货运量为54.08万吨，除了铁路建筑材料外，林产品占比重最大，达到17.92万吨。③ 辽宁的清原县从19世纪初期开始成为采伐区，林业资源不断被开发，奉海铁路营业后，因交通运输的便利以及兴修铁路需要大量枕木，县内的木材砍伐量和输出量逐年增加，大部分原始森林资源被开发殆尽。④

此外，各铁路路局还经营各种附属产业。如奉海铁路公司总务处下设附业课，经营和管理各种附属产业，共计12种，包括粮食交易所、贩卖所、石灰窑、采石厂、印刷所、砖瓦厂、堆积场、兴京林区等。其中，印刷所有20多台机器，170多名工人，每年纯利润2万多元，砖瓦厂每月可出青砖30多万块，除供路局使用外，还投放市场，营业兴旺。⑤ 这些附属产业无疑也对各行业起到一定的推动作用。

三 自建铁路与近代东北区域经济的新发展

"所谓的铁路吸引范围不是绝对的，并不单指距离铁路很近的地

---

① 杨大金：《近代中国实业通志》，开明书店，1933，第49页。
② 《吉林市志·铁路运输志》，第280页。
③ 《东北年鉴（民国20年）》，第424页。
④ 《清原县志》，第151页。
⑤ 天高：《沈海铁路公司附属营业之最近状况及其将来计划》，《中东半月刊》第1卷第6期，1930年，第30~31页。

区。在铁路出现后,远离铁路的地区总是设法通过公路或水运或其他运输途径与铁路取得联系,尽可能通过铁路走向更广阔的市场,这样的地区也应当归入铁路的吸引范围区内。"① 铁路的直接辐射范围在其沿线的数十公里之内,但由于它在运输和开发上的强大吸引力,不直接属于铁路沿线的地区可通过其他陆运和水运的接续与铁路发生联系,从而使更大范围内的地区形成以铁路为核心脉络的经济共同体,促进区域经济的形成与发展。

在奉系的铁路网兴修以前,东北在区域经济发展方面,主要形成了以京奉铁路、中东铁路和南满铁路为中心的经济发展区。尤其是南满铁路和中东铁路沿线,形成以它们为纽带的"T"字形交通经济带,将铁路周边乃至二三百公里内的资源均吸纳至其经济范围之内。

东北自建自营铁路的兴筑和运营,在一定程度上改变了此前交通运输和经济发展过于集中在中东铁路和南满铁路沿线,地区发展不平衡的状况,形成了新的铁路经济发展支脉,并围绕这些支脉,形成新的经济区域,推动了东北经济的新发展和平衡。

东干线的奉海、吉海是东北地区中部的交通干线,它们的运营改变了辽吉两省东部地区的经济格局。自奉海路开通后,奉天省东部经济产出流通不畅的局面为之一变,沿线车站附近"地价涨至四倍","相当地点业经开发"。② 吉海铁路运营后,长白山一带的濛江、临江、双阳等县的物产改由吉海路输出。由于奉海、吉海在朝阳镇相连,实际上吉海、奉海两路将奉天、抚顺、清原、海龙、柳河、金川、东丰、西安、磐石、桦甸、吉林、新宾、通化、濛江、临江、双阳等十几个县的许多地方纳入其经济范围内。在此基础上,两路沿线出现了数个充当中转市场和集散中心的大城镇。如表 7-4 所示,朝阳镇、山城镇等 6 个奉海、吉海路的主要车站 1929 年运输

---

① 朱从兵:《铁路与社会经济——广西铁路研究(1885~1965)》,合肥工业大学出版社,2012,第 5~6 页。
② 冷观:《东北之游》(续),《大公报》1928 年 9 月 28 日,第 2 版。

的农产品就达到了 1.45 万车、47.85 万吨，占 1929 年奉海路货运量的 41.9%。其中，仅朝阳镇的经济辐射范围就包括海龙北半部一带以及辉南、金川、桦甸、磐石等县的全部或一部分，甚至濛江县内的一些物产，也辗转经奉海路输送，其经济范围有一二百公里，每年吸收的粮食在 15 万吨左右。①

表 7-4 1929 年奉海、吉海两路部分车站的农产品运输量

车站	运输的车数	运输的数量（万吨）
山城镇	3500	11.5
西安	1500	4.9
海龙	2000	6.6
东丰	2000	6.6
朝阳镇	5000	16.5
清原	500	1.65
共计	14500	47.75

资料来源：介卿：《沈海铁路与其沿线之经济状况》，《中东经济月刊》第 6 卷第 8 号，1930 年。

奉海、吉海路还改变了辽吉两省东部的人口状况。如磐石、桦甸、海龙等现属于吉林省东部半山区的 12 个县，受到铁路及其带来的经济发展的影响，人口迅速增加。1916 年，这里的人口为 244.56 万人，人口密度为每平方公里 29 人，占全省人口比重为 40.74%；到 1929 年，人口增至 320.25 万人，人口密度为每平方公里 36 人，取代中部平原区，成为吉林人口最多的地区，占全省总人口的 40%。②

黑龙江中东部的经济格局也因呼海路的开通发生重大变化。呼海路直接经过的只有呼兰、巴彦、绥化、望奎、海伦 5 个县，但其经济势力范围还包括庆城、绥棱、通北三县的大部分地区，此外，

---

① 介卿：《沈海路与其沿线之经济概况》（续），《中东经济月刊》第 6 卷第 10 号，1930 年，第 67 页。
② 吉林省地方志编纂委员会编《吉林省志》卷 5《人口志》，吉林人民出版社，1992，第 40~44 页。

兰西、克山、明水、龙镇等部分地区也与呼海路有经济联系,① 从而形成了囊括十余个县的铁路区域经济体。沿线地区"以前商务途径向来分道扬镳",各自通过陆路或水运运往中东路,但往往因路途遥远、匪患成灾、气候影响等因素而困难重重。呼海路开通后,"自交通便利,地价增高,移民入境又复容易,大势所趋,不能不渐归于几月,且粮价腾贵,农人对于谷物自然重视,故人口日中,而产额转随之增加",②"对于呼海路成百川汇海之势"。如原本偏僻、"农业之衰为黑省东部各县之首"的龙镇,借助呼海铁路的开通和运输便利,垦务有所发达,到1930年前后,熟地有近5万垧,每年可通过通北向海伦站输出粮食1万吨左右。另如通北,此前情况与龙镇类似,呼海路开通后,"陡然引起置产家机农商界之注意,纷纷领置荒段",由于距离海伦仅80公里,有汽车通行,1929~1930年,已经有熟地10万垧,一年有5万吨粮食经海伦输出。③ 正是由于铁路的便利,通北、龙镇成为呼海铁路经济圈中的一员。

西干线对改变东北的区域经济格局同样重要。齐克路开通后,既与洮昂路相连,又可与呼海路联络,克山、讷河、龙江、林甸、依安、拜泉、克东等县的特产及百杂货因此可被吸收南下,为西干线铁路经济带的形成起到积极作用。仅齐克路和洮昂路两路的收入就从1929年的129.6万元增加到1930年的315万元和1931年的609.6万元。西干线中的打通路沿线以通辽以北地区的物产最为丰富。在打通路开通前,四洮路、洮昂路、齐克路沿线每年五六十万吨的物资也多通过四郑支线经由南满路从大连出口,或向中东路方向集中。打通路运营后,它本身的运输量"为数固其微",1929年

---

① 介卿:《呼海铁路与其沿线之农业状况》,《中东经济月刊》第7卷第2号,1931年,第122页。
② 吴士元:《呼海铁路在经济上之价值》,《中东经济月刊》第6卷第2号,1930年,第8页。
③ 吴士元:《呼海铁路在经济上之价值》,《中东经济月刊》第6卷第2号,1930年,第4~5页。

全路输出量只有 5.34 万吨、输入量仅 1.57 万吨，合计不足 7 万吨。但是，由于它"上承四洮、洮昂、齐克、洮索各线，下接北宁路以出营口"，① 它最大的经济价值在于把辽西、东蒙古一带不少地方纳入北宁铁路的经济势力范围，为从黑龙江腹地到吉林西南和辽西大片区域的经济和资源流通提供了另一条通道。四洮、洮昂等路线自打通路开通并与北宁路联运后，原本过分依赖南满铁路的局面，"已稍变迁，而转入中国铁路网系范围"。②

由于东西干线的联通均以北宁路为接续，奉系自建铁路对北宁路的输送能力的提升极为显著。特别是辽宁西部和黑龙江南部的大量物产由于西干线的运营大量南下。北宁路的货运量从 1925 年的 688.01 万吨增加到 1927 年的 781.18 万吨和 1930 年的 861.12 万吨，其营业收入从 1928 年的 2182.15 万元增加到 1930 年的 3671.6 万元，盈利从 1928 年的 1086.37 万元增加到 1930 年的 1629.96 万元。③ 北宁路作为关内外铁路经济命脉的作用和地位进一步强化。

可以说，正是由于自建铁路的建设和运营，近代东北区域经济发展不平衡的局面有所改观，形成了新的以东西干线为核心的铁路经济区域，特别是促进了此前发展相对滞后的东北西部一带的区域经济进步。

四　自建铁路与东北经济利权

（一）打破中东铁路和南满铁路的垄断地位

由于近代东北在铁路和经济发展上受以日本为代表的外力控制

---

① 厚生：《最近打通路与营口之运输量》，《中东经济月刊》第 6 卷第 9 号，1930 年，第 33 页。
② 南阳：《过去现在未来东三省之铁路网》，《中东经济月刊》第 6 卷第 8 号，1930 年，第 45 页。
③ 王余杞：《北宁铁路之黄金时代》，星云堂书店，1932，第 18 页；《东北年鉴（民国 20 年）》，第 392 页；《东北国有铁路十九年份营业概况》，《东北新建设》第 3 卷第 2 期，1931 年，第 32 页。

既深且广的现实,自建自营铁路的修筑和运营,还具有显著的打破外力尤其是日本对东北路权的控制,与南满铁路和中东铁路竞争,维护东北经济权益的目的和意义。如时人所说,"非仅便利地方之居民,亦挽回外溢之利益"。①

东四路中的奉海和吉海两路所经过的地区向来被满铁视为其势力范围,此前两路沿线的经济产出和资源主要依赖南满铁路的四平、开原和铁岭等站输出,其特产几乎全被满铁垄断,实际上是南满铁路区域经济的组成部分。奉海、吉海两路运营后,采取运价优惠政策以提高其吸引力。奉海铁路开通后,采取诸多优惠政策,如对东三省官银号托送的粮食一律减价五成还可运到后再交款、奉天八王寺出产的啤酒和汽水减价一成五、建筑用材料减价二成五、西安煤矿的煤产减价五成、阿金沟煤减价二成。尤其是针对东丰和西安两地原来大量粮产用大车运往南满路开原、铁岭等站的情况,特别提出对这两地的粮食采取减价优惠,结果,满铁对这些地区的物产的强势吸纳局面受冲击,"向来东山一带所产粮石,赖南满铁路开原、四平街、铁岭各站,输经各地者,今竟被该路吸收无余"。② 西安的煤产由于沈海铁路公司对其运费减半,运到沈阳后每吨仅售价现洋 8 元,比日本控制的抚顺煤矿的煤价略低,"实与抚顺煤一极大之打击,结果沈海沿线以内,抚顺煤进出实为困难,几有绝迹之势"。③

尤其是东四路实施联运后,与南满路的竞争更趋激烈。1930 年9 月,吉林、沈阳间又实行特别优惠运费,自吉林起运到沈阳的货物运费仅需现洋 12.14 元,合日金 6.15 元。从吉长和满铁线起运到沈阳

---

① 廉英:《齐克铁路与其沿线之概况》,《中东经济月刊》第 7 卷第 4、5 号,1931年,第 153 页。
② 介卿:《沈海铁路与其沿线之经济状况》,《中东经济月刊》第 6 卷第 8 号,1930年,第 38 页。
③ 介卿:《沈海铁路与其沿线之经济状况(续)》,《中东经济月刊》第 6 卷第 12号,1930 年,第 55 页。

的运费则需日金 10.41 元,两相比较,东四路的优势显而易见。为招徕营业,北宁路甚至对各级车辆重新装饰,整理一新,与南满车辆不相上下。一时间,"各路业务,顿形活跃,颇有应接不暇之势"。①

不仅如此,维护民族利权的意识还渗透在不少路局的其他方面。1930 年 11 月 3 日,北宁路的站长和副站长招聘考试的历史试题第一题是:吾国东北地方之开发、人口之繁殖、经济之发达,有赖于北宁中东南满三大干路者甚多,但三路之政治经济的使命不同,且日趋于竞争状态,试略述三路之历史及其竞争之现势。② 东北当局和路局的经由铁路发展实现"利权由我掌握"的观念从中可窥见一斑。

西四路对打破南满路和中东路的垄断地位,开发经济也功不可没。齐克路修筑前,沿线物产大多经中东路的安达等站输出。自此路开通后,中东路安达站以西的七八个县的粮食可由齐克路直接南运。打通路的修筑联通了西干线,也有与南满路竞争的意味。它开通后,时人曾称此路"实足以制日人之死命","与南满路平行之下,有互相争雄之势"。③ 1929 年 6 月,东北交通委员会规定自 7 月 1 日起,北宁四洮洮昂齐克各路运输货物到营口者,减收运费十分之三,通过税减征十分之七。④ 1929 年底,为提高西干线的运营能力,东北交通委员会推行齐克、洮昂、打通、北宁西四路联运。1930 年,西四路进一步采取减免运费等策略。结果,运费上,由安达经哈尔滨南运到大连,每吨 26.8 元,而由齐克经过洮昂运到大连,每吨 25.3 元,"非仅每吨省却一元五角之运费,且可免却倒车装卸之手续与杂费"。⑤ 满铁曾估计西四路联运效应发挥后,北满每年有

---

① 《东北四路联运后南满路收入锐减》,《申报》1930 年 7 月 22 日,第 8 版。
② 《本路考试站长副站长题目》,《北宁铁路运输公报》第 33 期,1930 年 11 月 8 日,第 59 页。
③ 夏开儒:《实业计划铁路篇》,青年书店,1939,第 21 页。
④ 厚生:《最近打通路与营口之运输量》,《中东经济月刊》第 6 卷第 9 号,1930 年,第 23 页。
⑤ 廉英:《齐克铁路与其沿线之概况》,《中东经济月刊》第 7 卷第 4、5 号,1931 年,第 153 页。

30 万~50 万吨物产经打通路南下。①

1927 年 2 月，关东军司令部高级参谋河本大作、满铁经济调查局经济部部长奥村慎次和满铁本社铁道部次长谷川善二郎等前往公主岭、四平街、开原、铁岭一带调查奉系方面的铁路货运情况，发现这些地方由于奉系的积极争取，满铁的运输总量与 1926 年同期相比减少了六成，打通铁路沿线运输和积累的物资比上年增加了一倍，奉海铁路沿线比上一年运输量增加了三成。② 时人也观察到，"东省粮石运输之系统，自呼海、齐克两路相继筑成，已起最大之变化……垄断东省货运之外路，更不能不因环境之改变而日就衰微"，③其论断虽过于夸张，但也印证了奉系的铁路建设对打破中东路和南满路的垄断地位的积极影响。

（二）东北三大铁路体系的比较

当然，奉系的铁路网尽管在东北经济开发和维护利权中有积极影响，具有一定的竞争力，但并未在东北交通体系中占优势，形成完全独立自主的路网经济，未能根本动摇南满铁路在东北铁路交通和运输中的主导地位，也未能根本改变近代东北铁路和经济发展受外人操纵的局面。

如表 7-5 所示，1930 年，交通委员会主管的九条路线（北宁、吉长、四洮、洮昂、吉敦、齐克、呼海、沈海、吉海）虽然总里程超过南满铁路和中东路的总和，但中东铁路平均每公里有货车 5.2 辆、客车 0.37 辆、机车 0.29 辆，南满铁路平均每公里有货车 7 辆、客车 0.47 辆、机车 0.4 辆，而交通委员会九路平均每公里货车仅有 2.17 辆、客车 0.2 辆、机车 0.14 辆，与前两者差距极大。交通委员会管辖的九条铁路虽然在货运总量上与南满铁路相差不大，但

---

① 满铁总务部调查课『社外铁道ノ满铁ニ及ボス影响・打通线篇』、1931。无页码标识。
② 《满铁档案资料汇编》第 13 卷，第 451 页。
③ 季弗：《最近半年来各路运抵满铁之农产及满铁粮运减少之原因》，《中东经济月刊》第 7 卷第 2 号，1931 年，第 1 页。

前者的运营里程是后者的两倍多。在收入上，1930年，交通委员会管辖的九路为6488.96万元，平均每公里收入2.29万元，而南满铁路的收入为1.22亿日元，按照当年中日货币换算，平均每公里收入超过20万元。1931年，仅满铁本线的货运量就达到了1545万吨，占当年东北全年货运总量的65.1%，远超过中东铁路及交通委员会管辖各路。

表7-5　1930年东北三大铁路交通系统车辆和货运量比较

	运营里程（公里）	机车数量（辆）	客车数量（辆）	货车数量（辆）	货运量（万吨）
中东铁路	1729.9	507	633	9004	505.4
南满铁路	1129.1	458	533	7945	1519.31
交通委员会管辖的九路	2838.4	386	571	6172	1322.66

资料来源：根据《东北年鉴（民国20年）》、《中东铁路民国十九年之货运量》（《中东经济月刊》第7卷第4、5号，1931年）等资料统计。

以地区为例，如海龙、东丰、柳河、金川、辉南五县，因地处奉海、吉海沿线，其出产绝大部分由此二路运至西安、清原，随后大部分由南满铁路开原站吸收，新宾、通化两县虽属奉海、吉海经济范围内，但因两路运输能力和条件稍逊于南满铁路，其物产多通过抚顺而至南满铁路和大连港输出。打通路虽是西干线中的重要一段，且由打虎山到营口（130公里）、打虎山到通辽（251公里）、营口至通辽（381公里）比由打虎山经郑家屯和南满铁路至营口的距离（600多公里）更短，但四洮路和洮昂路的大量货物仍经由南满铁路而非北宁路输出。1929年，南满路运至营口的货物达99万吨，而北宁路运至营口的货物仅17.7万吨，由营口起运至南满路的货物有29.4万吨，而营口起运至北宁路的仅6.4万吨。"运输量比较，南满路则为天渊之别"。[①] 另如黑龙江省，中东铁路

---

① 厚生：《最近打通路与营口之运输量》，《中东经济月刊》第6卷第9号，1930年，第33页。

始终是交通、运输和经济开发的最大者,"最近虽有呼海、洮昂各路与之竞争,要亦不过占其运后之声誉而已,实无夺其全部货运之可能"。①

另以行业来看,东北重要产业长期处在"多半俱为外人所侵夺"②的局面。如呼海路虽营业发达,但沿线之粮食市场基本被日本出口商垄断,"欧洲出口商几不见只影,而华商亦只为哈尔滨各大制造工业收买粮石"。③再以木材行业为例。1928年,奉天的木材需求量为17万吨,小部分通过满铁、北宁、沈吉线运往外地,80%~91%为当地所用。奉天的铁路吞吐口是满铁奉天站、京奉线皇姑屯站、奉海线沈阳站,1923~1928年平均到达三站的木材总数为14.8万吨,但其中,满铁线到材量占97%,为14.4万吨,而京奉路和奉海线仅占3%。

造成这种状况的原因是多方面的。第一,东北是世界经济体系和市场的一部分,东北出口的绝大部分物资和资源都输往海外,如大豆主要输往欧洲。而东北缺乏自主出海口,营口港的吞吐能力和竞争力远逊于大连,葫芦岛港虽筹划多年,但始终未能建成,东北输出的物资和资源绝大部分通过大连港和海参崴外输。

第二,中东路和南满路盘踞东北数十年,奉系铁路网在东北铁路中所占的比重、基础设施和条件、运营能力、相关产业发展与它们相比,仍相差甚远。尽管奉系建成的各铁路发展联运且"营业旺盛,收入激增,是东北铁路的一大特色",④但由于中东路和南满路、海参崴和大连港的强势,奉系主管各铁路的联运实际上均是间接或直接与南满路和中东路联运,奉系铁路仍未完全摆脱成为南满路和

---

① 廉英:《齐克铁路与其沿线之概况》,《中东经济月刊》第7卷第4、5号,1931年,第153页。
② 《东北产业经济之现态及其将来》,《中东经济月刊》第6卷第6号,1930年,第103页。
③ 《呼海铁路民国十八/十九年度之营业概况》,《中东半月刊》第1卷第12号,1930年,第14页。
④ 《东北铁路的长度和收入》,《黑白半月刊》第1卷第2期,1933年,第40页。

中东路的营养线的局面。

第三，南满铁路和中东铁路与奉系铁路网所经过地区的经济发展基础悬殊。如南满路，所经"为东北人烟最为稠密，出产又最丰富之地"，而奉系所建各铁路沿线地区，虽有经济富庶之区，但大部分是"人烟稀疏，尚未尽开发之地"，① 而洮昂、吉敦等包工铁路又因借款修筑而债台高筑，自然难与南满铁路抗衡。

第二节 自建铁路与近代东北社会变迁

"交通者，人类互相来往之媒介，感情因之以达，经济赖之以周，布粟得以运输，而文化所攸促进者也。"② 奉系铁路网的修筑和运营，不仅在整体上进一步改变了东北的交通运输状况，推动了沿线地区的经济发展，作为与人们生产、生活息息相关的媒介，还带来了城市化的新发展，影响了人们的日常生活。此外，由于近代东北的特殊情况以及奉系当局的催垦政策的鼓励，铁路还成为东北当局移民实边和强化社会控制的重要工具。

一 自建铁路与近代东北的城市化

城市化是社会生产力变革带来的人类生产、生活、居住方式改变的过程，它以农村人口向城市转移、城市人口的比重不断提高为主要特征。它既包括城市数量、规模、基础设施的不断增加和提高，也包括人们日常生活日益摆脱自然经济下的自给自足，日益市场化。在近代东北，城市化进程与交通运输的变革，尤其是水运和铁路运输的变化息息相关。

19世纪中后期水陆运输的繁荣带来了近代东北的第一波城市化

---

① 《中日问题之真相——参与国联调查团中国代表提出之二十九种说贴》，第344页。

② 《东三省经济实况概要》，第221页。

浪潮，突出表现在近代城镇的出现。19世纪后期和20世纪初，辽河水运最盛时，干流沿岸的停船大码头有50多个，自然码头有130多个。[①] 其中一些较大的码头，如辽河沿岸的营口、辽阳、开原、铁岭、通江口、三江口等，迅速发展成为商品集散和转运中心，最终在辽河流域形成了依托于水运和码头的30多个城镇组成的带状城镇群，构成了辽河流域的多层次梯级市场。

20世纪初期，随着中东铁路、南满铁路、京奉铁路的修筑与运营，东北出现了20世纪城市化的第一波浪潮。

首先，城市的数量和规模迅速发展。中东铁路建成后，东北的城镇总数从1898年前的45个增长到1908年的75个。[②] 1902年，东北最大规模城市20万人，仅有2个，1930年，20万以上人口城市有3个，10万~20万人口城市2个，3万~10万人口中等城市有17个，1万~3万人口的城镇从20个增加到53个。[③]

其次，东北传统的城市发展模式也因铁路带来的商业和市场结构、经济发展模式的转变而发生巨大变化。这主要表现在以下几方面。

部分旧的码头（水运）和驿站（陆运）催生的城镇由于航运业和陆运业难以维系，无法再与其他城镇建立有效的经济和市场联系，转运机能消失，丧失市场集约中心的功能，最终导致城镇的人口缩减、规模减小，甚至回落到农村的普通集市。

如此前繁盛的水陆交通要冲、辽河北路商务汇总地通江口在水运繁盛时，停泊的牛船和槽船达1000多艘，每年输出大豆、杂粮共8万石，输入洋货8000多件，[④] 然而，南满路开通后，通江口码头急速萧条，与马厂、马蜂沟等码头一样，已基本失去作用。[⑤] 20世

---

① 营口市地方志编纂委员会办公室编《营口市志》第2卷，方志出版社，1997，第319~320页。
② 曲晓范：《近代东北城市的历史变迁》，东北师范大学出版社，2001，第62页。
③ 戴均良：《中国城市发展史》，黑龙江人民出版社，1992，第314页。
④ 昌图县地方志编审委员会办公室编辑出版《昌图县志》，1988，第102页。
⑤ 《辽河志》第4卷，第170页。

纪初期，辽河沿岸的 190 多个大小码头绝大多数或闲置，或废弃，仅有田庄台仍在利用。1904～1909 年，辽河流域上游和中游的铁岭、开原、昌图、西安等 10 个县，其总人口从 210 万人增加到 257 万人，但该地区的 18 个主要城镇中，绝大部分城镇人口均在下降，总体城镇人口由近 30 万人下降到 25 万人，城镇人口的比重从 14% 下降到 10%。[①] 这表明，东北以辽河城镇带为代表的局部地区出现城市化不增反降的现象。

部分原有的城镇依托铁路的建设，迁移到铁路站点，与铁路形成依存关系，转变成近代铁路城市，得以持续发展。如郑家屯、铁岭、开原、昌图、辽阳、新民等城镇，京奉铁路和南满铁路开通后，这些地方的水运比重逐渐降低，但依托水运或陆运与铁路交会，转而利用原有的运输基础，吸收周边地区物产，发展成铁路运输的重要集散地，发展更趋多元。

不少地方由于铁路的经行而崛起为新兴城市。如哈尔滨由于中东铁路的兴建，从村落迅速崛起为城市。到 1903 年，哈尔滨已有 4.5 万人，1916 年，人口增加到 8.75 万人，成为东北首屈一指的大城市。中东路的昂昂溪站，原本仅有 30 多户人家，是个农商兼营的小驿站，中东铁路在此设站后，迅速发展成工商城镇。这些新兴城市的出现，也促成了近代东北城市分布的变化，即由南部的辽河流域大量向中部和北部转移。

1920 年代奉系的铁路建设进一步改变了近代东北城市的发展模式和结构，可以说是东北城市化的第二波浪潮。这些铁路沿线途经的许多地方发展为新兴城市，改变了此前城镇过于集中在中东铁路和南满铁路沿线的局面，将东北城市继续向内陆和腹地推进，东北城市格局由原来的带状结构向四周辐射，初步形成了网状发展的模式。大致来说，这些自建铁路沿线的城镇或城市可分为以下几种情况。

---

① 曲晓范：《近代东北城市的历史变迁》，第 275 页。

第一，随着自建自营铁路的开通，部分原本的铁路城市的经济发展由于多条铁路的交会更上层楼，城市布局和产业都向车站集中。

如齐齐哈尔，中东路建设时城市并未靠近铁路周边，城市发展受限。齐克路和洮昂路开通后，由于北边的克山，西边的龙江、林甸、甘南、依安，以及东部的拜泉和克山等地的特产和粮食均被齐克铁路吸收，[①] 齐齐哈尔成为新的铁路交通运输中心，城市布局和发展也向车站附近聚拢，到1930年，齐齐哈尔人口已有9.5万多人。

奉海路经过的山城镇，原本海龙、柳河、辉南三县及附近几十个村镇的粮食和山货均汇集此地，"远地客商，赍临极多"，"每当冬季粮货车辆，不绝于途"。奉海和吉海路开通后，其工商业虽一度因为其他站的分流而受影响，但经济仍保持繁荣气象，市内的商号有550多家，粮商有58家，丝房27家，杂货商220家。山城镇也被人们称为"小奉天"，人口由原来的2.4万人增加到1930年前后的4.1万多人。[②]

尤其是奉天，因东干线的建成以及地处奉海、京奉和南满三条铁路的交会地而出现巨变。奉海路的奉天站建筑有规模为4平方公里的奉天市场，是1920年代东北大型客货运输集散中心。围绕奉天站，出现了兵工厂、铁工厂、造币厂等各种新式企业聚集的新工业区。由于交通运输、工商业的兴旺，以奉海市场为中心，出现了向周围发散的6条大马路，以及十几条中型马路，奉天的城市格局也因此更新。

第二，部分铁路沿线的地方由于铁路运输的便利，吸引了大量人口涌入，商业日渐繁盛，一跃为新兴工商业城镇，东北的城市数量随之增加，城市规模扩大，城市化程度有所提高。

朝阳镇是奉海路的终点、吉海路的起点，在奉海、吉海两路

---

① 钊廉英：《齐克铁路与其沿线之概况》，《中东经济月刊》第7卷第7号，1931年，第95页；陈逢时：《东北贸易在中国贸易中之地位》，《中东经济月刊》第7卷第9号，1931年，第19页。

② 介卿：《沈海铁路与其沿线之经济状况》（续），《中东经济月刊》第6卷第9号，1930年，第55页。

开通前，商业已经比较繁荣，仅次于山城镇。铁路开通后，这里成为著名的粮食、亚麻、木耳、药材等物资集散地，① 其商业范围"北占磐石、桦甸两县，东占辉南及濛江两县，南至柳河县之东部"，"各地派来之作客商人及设立分号于此者，接踵相继，故其人口亦年年大有激增之势"，很快发展成中等规模的城市。到1930年，其人口有2.5万多人，市街南北长三里，东西宽五里，"中央大街最为繁盛。粮栈杂货以及大小商号鳞次栉比，极尽热闹"。城内各种商铺有四五百家之多，仅粮栈就有大规模的12家，小规模的20多家，机织业有80多家，油坊有14家，转运公司有20多家。②

磐石县自1928年吉海铁路开通后，人口一年内从20.9万人增加到22.3万人，人口密度由1916年的44.17人/平方公里增加到61.3人/平方公里，县、区人口比例从1916年的2.68%上升到1929年的2.77%。③

梅西支线的起点梅河口，1926年是一个人口只有百余户的小村庄，村内只有一条不到二里长的小街，可谓名不见经传。1928年，奉海路梅西支线通车，梅河口设站，此地成为交通要冲，车站的规模仅次于奉天总站。由于有西安煤矿等产业的发展以及交通便利的吸引力，梅河口的人口迅速增多，出现各种手工业作坊。到1930年，梅河口已经颇具繁华集镇规模，此前的集镇保安镇由于梅河口的崛起而衰落。1936年，梅河口的人口增加到1700多户，总人口近万人。④

齐克路沿线城市因铁路开通迅速近代化。如拉哈站在铁路开

---

① 冷观：《东北之游》（续），《大公报》1928年9月28日，第2版。
② 介卿：《沈海路与其沿线之经济概况》（续），《中东经济月刊》第6卷第10号，1930年，第67、71页。
③ 《吉林省志》卷5《人口志》，第20、40~44页。
④ 梅河口市地方志编纂委员会编《梅河口市志》，吉林人民出版社，1999，第19~20页。

通后，车站周边有公安局、骑兵游击队、步兵队、邮政局、电报局、税捐局、商会、小学校等各种机构，商铺有20多家，还有电灯厂1处。宁年站周边原本仅有住户130多家，人口不过800多人，齐克路开通后，人口激增数倍。克山县境内除县城外，沿线的泰安、古城、通宽以及北兴镇等交通要地的工商业逐渐发展。泰安镇1920年代初期"仅为一小村落，人口不满四千"，1930年齐克铁路途经后，"人口激增，工商发达"，人口迅速增加到1万多人，商铺50多家。① 1931年，这里的商铺增加到134家，1935年，激增到271家，仅比克山县城少103家。②

呼海路的马船口，此前仅仅是一个贫寒小村庄，呼海路开通后，"人口遽见增加，地价亦腾涨二三倍以上"，并且因地处松花江北岸，与哈尔滨隔江相望，属于交通要冲，城市和经济"益见发达，大有蒸蒸日上之概"。③ 距离马船口7公里左右的松浦，1926年才设市，此前"不过茅舍十数椽而已"。自从呼海铁路兴修后，松浦设有总站和路局办公地点，这里"陡行发达，抢报街基者，大有人在"，由默默无闻的荒凉之地一跃成为近代化城镇。"新建筑之房舍，约三千余间……其租金较江南之道外尚昂。"居民达500多户、3200多人，且一半人口从事买卖等行业，客栈、伙房、小店有40多家，其他商店有30多家。1927年后，由于从哈尔滨前往绥化、海伦等地的旅客多赴松浦乘坐火车，松浦至哈尔滨的过江船只由原来的几艘激增到几十艘。邮局、电报局、学校等机构也渐趋完备。④

尤其是位于铁路沿线、工业有一定基础的部分地方，其经济和

---

① 钊廉英：《齐克铁路与其沿线之概况》（续），《中东经济月刊》第7卷第7号，1931年，第77~81页。
② 克山县志编纂委员会编《克山县志》，中国经济出版社，1991，第298页。
③ 介卿：《呼海铁路与其沿线之农业状况》，《中东经济月刊》第7卷第4、5号，1931年，第145页。
④ 辽左散人：《滨江尘嚣录》，李兴盛主编《东游日记（外十六种）》上册，黑龙江人民出版社，2009，第1055~1056页。

城市发展更为迅速。奉海路所在的西安县,在1930年前后,其人口达到了5.2万人,"为东山一带之一重要都市"。以西安煤矿为代表的工业也带动了商业发展,"商店鳞次栉比","市内农产之集散,遽形增加,而其商业范围,亦因之扩大"。市内有大商号27家,其中,机织业有40多家,南丝房15家,洋杂货店14家,木材商店大小24家,马车铺13家,饭馆55家,客栈50多家,粮栈20多家,铁匠炉10多家,油房8家,石板印刷8家,布店14家,烟麻店6家,洋服店6家。不仅如此,铁路及其带来的经济变化还影响着西安县城的城市布局。由于商业中心在北边,城市重心也随之北移,商业辐射范围由此前的六七十里扩充到百里之外。①

第三,部分城市在丧失以往的多地农业转运集散地的地位后,商业和农业中心地位有所下降,但城市依托铁路出现转型迹象。

呼海路沿线各地的物产原本主要集中在海伦、绥化和呼兰三地,其他地方的市场"不过供来往商旅停骖驻足之所而已",铁路开通后,沿线设置了18个站,其中有14站都有较大货源,呼兰、海伦和绥化的集运地位迅速下降。特别是呼兰县,"铁路未通以前……市面极为繁荣""百业蔚兴",呼海路运营后,客货分流,运出的粮食不到1500车,结果"市况凄寂,有江河日下之势","除十字街商号尚有相当生气外,其他概门可罗雀"。②不过,当地利用其发展基础以及交通重镇的有利条件,近代工业却有新发展,有8家烧锅(即制酒)店、12家油房,并开设了振兴火柴公司,一日可制造火柴80箱,职工有1200人。整个城市"大有为工业地之现象。颇可为一般之注目"。③

---

① 介卿:《沈海铁路与其沿线之经济状况》,《中东经济月刊》第6卷第12号,1930年,第53~55页。
② 吴士元:《呼海铁路在经济上之价值》,《中东经济月刊》第6卷第2号,1930年,第9页。
③ 介卿:《呼海铁路与其沿线之农业状况》,《中东经济月刊》第7卷第4、5号,1931年,第146页。

第四，部分原有的铁路城镇因新建铁路的分流，其工商转运中心的地位下降，又难以转型，经济状况持续下降。

安达镇因中东铁路在此设站，工商业从 20 世纪初起极其繁荣，1925 年前后，安达有大大小小的商号 1000 多家，道东市场有九道大街，粮栈数十家，是附近十几个县的重要粮谷集散中心，每天进出安达站的粮车不下千辆。曾有俗语称，"拉不完的拜泉粮，填不满的安达站"。但自从呼海路通车后，拜泉的粮食改经呼海路运输，入站的粮车逐渐减少，工商业渐有萧条之势。①

拜泉县在呼海路未通之前，周边数县的物资和农产品均需经由这里运往中东路安达站，商业极其繁荣，1926 年，商业遍及 54 个行业，大小商号有 792 户，有"北上海"之誉。但自 1927 年呼海铁路开通后，北部各县的物产转经呼海路输出，拜泉县的商业中转中心地位丧失，商业反而不及此前发达，② "从前之繁华热闹之商店……多行歇业者"。③ 呼海路在未完全通车前，仅在松浦至绥化间营业，绥化县遂汇集了海伦、望奎、通北等地的资源，"百凡业务……皆有欣欣向荣之概"，仅粮食采买店铺就有 30 多家，以此为副业的还有 100 多家，钱庄业有十四五家，但自呼海路全线通车后，各地粮食都就近车站运输，"绥化亦成一过路站区……故城内业粮相继倒闭者，迭有所闻"。④

二 自建铁路与东北的移民垦殖

"移民殖边为巩固国防、调剂民生之第一要义。"⑤ 由于近代东北的地广人稀、土质肥沃的自然条件，自清末起就有大量关内民众前往东北垦殖，还形成了以冀鲁豫一带的农民为主力的"闯关东"

---

① 柳成栋等主编《黑龙江市镇总览》，黑龙江教育出版社，1998，第 60 页。
② 拜泉县志编审委员会编《拜泉县志》，黑龙江人民出版社，1988，第 198 页。
③ 廉英：《齐克铁路与其沿线之概况》，《中东经济月刊》第 7 卷第 9 号，1931 年，第 53 页。
④ 史亚擘：《黑省绥化县商业农产最近之状况》（续），《东三省官银号经济月刊》第 1 卷第 7 号，1929 年，第 4~6 页。
⑤ 《北宁铁路运输公报》第 33 期，1930 年 11 月 8 日，第 60 页。

潮流。奉系主政东北后，推行了更多的招垦和催垦举措。如1923年设立东蒙垦务局，对前往东北垦荒的移民采取发给旅费、一定时期内免租等优惠条件。1925年2月，奉系决定在各省设立专门负责屯垦的屯垦会办，并在奉天设立垦务局，以350万元作为开垦费，为垦民提供农具等物资。各县也推出了催垦措施，如洮南、洮安、通辽、开通县等地均可用低价手续费承垦土地。张学良主政后，东北屯垦更有新发展，如1928年公布《黑龙江省沿边各属荒地抢垦试办章程》、1928～1929年设置了兴安屯垦区、1930年颁布《辽宁移民垦荒大纲》等，为东北垦殖提供比较优越的政策环境。

在奉系修筑的各铁路运营前，东北移民输入的主要路线有两条：一条由大连起行，经由南满路到长春，或再由此向北；另一条是经由营口起行，前往吉林或北满。奉海、吉海、打通、呼海等路开通后，移民输入的路线选择更多：可由京奉路出关，沿奉海、吉海两路前往吉林、黑龙江两省；或由京奉路出关，沿打通、四洮、齐克等路前往辽西、东蒙古、黑龙江。

铁路既是移民的输入途径，也是他们垦殖的重要目的地。尤其是打通、洮昂、齐克路沿线，有大量未开发的蒙旗地和荒地。据1927年粗略估计，奉天可垦的1300万亩荒地中，多数集中在洮南道一带，黑龙江省近7000万亩的可垦荒地中，多数集中在齐克路以北的地区。①

为了推动移民垦殖，东北当局和交通委员会做了不少努力。1926年，交通委员会颁布东北开垦难民输送规定，规定在移民返乡之季，东北各路实行票价减免50%～60%的优惠。② 1928年，奉天当局要求京奉、奉海等路局对关内难民前往东北垦荒一律予以免票。1929年交通委员会实施西四路联运时，提出"为扶助内地各

---

① 朱偰：《满洲移民的历史和现状》，《东方杂志》第25卷第12号，1928年，第18～19页。
② 马尚斌：《奉系经济》，第288页。

省贫民谋生暨调节人口密度及奖励移民殖边之实现",订立联运移民暂行办法。具体办法为：每年春季由关内开行特别移民减价列车，专为运输内地人民移往东省之用；每年 2 月初至 5 月底，由北京、天津至龙江、克山间特开通运送移民列车；实行移民优待票，分减价优待票和免费优待票；成年男子按三等票的三成核收，成年女子按三等票的一成五核收，所有学捐等一概免收，未满 12 岁之小孩及 60 岁以上的老人全部免费；成人每人可免费携带 20 公斤行李、40 公斤农具。同时，从 11 月 15 日至次年 2 月 15 日，作为移民还乡之季，同样实施铁路运输优待政策。票价减免额度较春季略低。① 1930～1931 年，交通委员会进一步提出了东西四路移民运输办法，以减低票价、鼓励家庭式移民、开行移民列车等方式帮助移民运输。

受到这些措施的激励，加上关内连年天灾人祸，大量关内民众前往东北垦殖，直接促成了东北人口的增长和变化。1920 年代，东北人口从 1920 年的 2261.1 万人增加到 1930 年的 2996.1 万人，整体增加了 735 万人。1911～1930 年，关内人民向东北的移民估计总数在 500 万人以上，每年至少都在数十万人。② 1924 年，东北移民人数为 38.47 万人，到 1927 年，迅速增至 105.08 万人，1928 年，又增至 108.9 万人，1929 年，人数稍有下降，但也达到了 104.63 万人。③ 在这样为数庞大的移民中，有不少得益于交通委员会的移民优待政策，经由东北自建铁路网前往目的地。

以奉海路为例，1923～1924 年，经奉天起行的移民数量约 21.8 万人，到 1926～1927 年奉海铁路部分开通时，从奉天起行的移民人数增加到 24.2 万人，占全年总体移民数量（39.9 万人）的 60.7%。④ 1928 年，仅由奉海铁路及开丰铁路流入吉林境内的移民

---

① 《京奉四洮洮昂齐克铁路客运联运规章》，第 49～52 页。
② 高乐才：《近代中国东北移民研究》，商务印书馆，2010，第 140～141 页。
③ 《东三省移民概况》，《中东经济月刊》第 6 卷第 11 号，1930 年，第 70 页。
④ 《北满之移殖与移民之搭运》，《中东经济月刊》第 4 卷第 2 号，1928 年 2 月，第 51 页。

就有 5.5 万人，占移民总数的 48.85%。① 1928 年，从打通线直接北上的有 7900 人，全年由四平街和北宁路转乘打通线的移民有 6 万人左右，而洮昂路从 6 月末到 10 月的短短 4 个月内，输送的难民就有 4.65 万人。1929 年，前往东北的移民中，去往沈海及其沿线的约 6.5 万人，四洮、洮昂及其沿线约 3 万人，北宁及其沿线约 1 万人，吉长、吉敦及其沿线约 3.5 万人，呼海路沿线约 3.9 万人，合计 17.9 万人，超过了中东路东线及周边的 7.26 万人，② 占当年东北移民人数的 17.1%。

前往东北的移民为数甚巨，多为短期移民，即季节性移民，"每多春去秋归，以谋生为目标，而非真正的移民垦殖也"，③ 但大量移民的输入，实际上是将关内过剩劳动力由"社会的严重的负累"转变为关外的"劳动生产的人力资源"。④

进入东北的移民绝大多数从事农业生产，"志于务农者占百分之八十五，充工业劳动者百分之十"，⑤ 他们的流入对东北土地的开垦和农业的发展影响最大。

以黑龙江省为例，不仅"直、鲁人民出关开垦，多以黑省为目的地"，且黑龙江当局对移民可以说是"取来者不拒主义"。⑥ 洮昂、齐克、呼海路沿线，"自民国十四年起，迁来者势如泉涌"，⑦ 克山、青冈、林甸、海伦、绥化、呼兰、望奎等地都成为移民聚集区。呼海路沿线原本"因交通不便，居民鲜少，因之荒地未垦者，在在皆

---

① 《吉林省志》卷 5《人口志》，第 264 页。
② 《民国十八年东部移民移动状况》，《中东经济月刊》第 6 卷第 11 号，1930 年，第 1~2 页。
③ 《东三省移民概况》，《中东经济月刊》第 6 卷第 11 号，1930 年，第 70 页。
④ 王奉瑞：《东北之交通》，文海出版社，1982，第 49 页。
⑤ 《东三省经济实况概要》，第 300~301 页。
⑥ 民国浙江省通志馆编、浙江省地方志编纂委员会整理《重修浙江通志稿》第 2 册，方志出版社，2010，第 1034 页。
⑦ 《北满之移殖与移民之搭运》，《中东经济月刊》第 4 卷第 2 号，1928 年 2 月，第 55 页。

是。自该路开通以来,年年有移民之流入,垦地激增,粮产亦有增加"。① 如龙镇县,以往"北与黑龙江、东与松花江、南与哈尔滨距离实远,以故人口之少,农业之衰,为黑龙江东部各县之冠",但呼海路开通后,"县内开垦者,日渐繁众"。② 到1930年前后,齐克路和呼海路两侧二三十公里以内,荒地已经开垦殆尽。即便是在人口较为稀少的地方,也出现了"人烟日繁,荒地日辟"的景象,黑龙江耕地面积以平均每年4%~5%的速度增加。③ 黑龙江的大豆种植,由于移民的大量进入和铁路的延伸,呈现由南向北移动的迹象,呼海、齐克路沿线的拜泉、克山县的大豆种植率伴随着铁路的延伸上升到45%~47%。④

到1931年,黑龙江省境内移民开垦了400多万垧土地,耕地面积增加了335万垧,其中,绥化、克山、海伦、拜泉等呼海路沿线所在的松嫩平原成为主要产粮区。1912年,黑龙江省西部地区人口为193.4万人,东部地区为151.5万人,到1930年,分别增加到330.2万人和270.8万人。特别是1927~1929年,黑龙江省人口增长进入极盛时期,净增人口112万人。1929年,克山、拜泉、绥化、呼兰、海伦、望奎、巴彦七县人口达到153.69万人,占黑龙江省人口的40.9%。⑤

洮索铁路修筑后,受到兴安屯垦区优待政策的吸引,不少拓荒者沿着洮索路前进,沿线索伦、归流河、哈拉黑、阿尔山、察尔森等村镇的私营商号逐年增加。到1935年,索伦镇有杂货店215户,肉脯10户,果子商5户,酱油业3户,理发店5户,豆腐坊2户,

---

① 介卿:《呼海铁路与其沿线之农业状况》(续),《中东经济月刊》第7卷第4、5号,1931年,第149页。
② 介卿:《呼海铁路与其沿线之农业状况》,《中东经济月刊》第7卷第2号,1931年,第124页。
③ 《东省特产逐年激增之概况》,《中东经济月刊》第4卷第2号,1928年2月,第34页。
④ 于春英、衣保中:《近代东北农业历史的变迁(1860~1945)》,吉林大学出版社,2009,第147页。
⑤ 黑龙江省地方志编纂委员会编《黑龙江省志》第57卷《人口志》,黑龙江人民出版社,1996,第110~111页。

米面铺5户，药铺5户，成衣铺50户。①

此外，涌入东北的移民中，有相当大一部分是难民。例如，1929年，河南遭遇灾荒，大量难民无家可归，兴安屯垦区和各铁路局决定接收部分难民，分批将难民从打通铁路、四洮铁路和洮昂铁路向兴安屯垦区运送。第一批1846人、第二批1584人、第三批1376人，还有数百人被雇佣为铁路工人，合计5000人左右。② 当年河南赴东北避难的难民达到399910人。与其他移民一样，难民们多数也沿着铁路迁徙和移居。1927年河南、河北、山东一带前往东北的难民中，去往呼海路沿线的难民有3819人，占吉黑两省难民总数的7%，1928年，有3608人，但比重增加到8%，1929年为1052人，占吉黑两省难民总数的10%。1929年流亡东北的39910名河南难民，多数集中在呼海路沿线、兴安屯垦区和洮索铁路一带，其中前往呼兰有500人，绥棱500人，绥化1000人，龙江2507人，青冈2000人，海伦1400人，洮安及索伦4472人，拜泉3000人，通辽3000人。③ 可以说，这些难民的移入，一方面缓解了难民来源地的社会危机；另一方面又促进了东北的人口和经济增长，可谓一举多得。

对于东北铁路对推进移民垦殖的积极作用，曾有论者如此评论，"考最近东北之移民……其最大之理由并可以使其实现者，即诸铁路对于移民之奖励有以使然也。……东北近几年来人口所以渐次增加者，一方是由于铁路之发达，一方即由于奖励移民之有术。……东北铁路……虽不能称之尽达于铁路之本能，但于我国铁路中，可谓鹤立鸡群"。④

---

① 冯学忠主编《科尔沁右翼前旗志》，第511页。
② 《民国十八年东部移民移动状况》，《中东经济月刊》第6卷第11号，1930年，第7页。
③ 《难民到东北后》，《国立中央研究院社会科学研究所集刊》第2号，1930年，第30~34页。
④ 李德海：《最近东北移民与铁路之考查》，《铁路公报北宁线》第23期，1930年8月30日，第37、43~44页。

三 自建铁路与东北的社会控制

"地方治安问题,为国家百业之本,万事致源,未有社会安宁之条件不具,而国家地方能日即于发展巩固之域也",[①] 近代东北不仅面临经济发展和开发的难题,还面临社会治理和政治控制的困境。铁路作为一种交通工具和媒介,虽不是直接的社会治理和政治控制单位,但它可以提升行政当局的经济实力,提高行政治理的效率、资源流通的速度,从而推进社会控制。自建铁路带来的交通便利和自主化程度的提高,无疑对奉系的经济实力和军事实力的增长起到了积极作用,也为奉系加强对东北的社会控制提供了有力支撑。

在经济实力方面,奉系修筑的各条铁路,多数属于官办企业性质,实质是奉系官僚资本的重要组成部分,铁路收入是奉系的重要财源。1930 年,交通委员会直辖下的北宁、四洮、洮昂、吉长、吉敦、呼海、齐克、沈海、吉海 9 条铁路运送的旅客达到 1209.29 万人,客运收入为现大洋 2464.49 万元,运送货物 1332.72 万吨,货运收入为 4024.48 万元,客货收入达到 6488.96 万元。[②] 可以说,自建铁路是奉系经济实力的重要保障。

在军事实力方面,奉系作为当时举足轻重的一支政治军事力量,军事实力是它发家和壮大的基础。"大兵集中战场,自必赖夫路运,而开拔之初,铁路之关系尤大,良以兵贵机先,急于星火,集中稍有迟延,战争前途即有不堪设想者……筑设铁路,平时所以便懋迁,有事所以利军用",[③] 铁路交通便利与否,直接影响到军队的调动和军事物资的转运。在东北自建铁路网形成以前,奉系军队的调动和

[①] 高重源:《东北开发之四大问题》(续),《中东经济月刊》第 7 卷第 1 号,1931 年,第 11 页。

[②] 《东北年鉴(民国 20 年)》,第 379~383 页。

[③] 郭克兴辑《国有铁路军运沿革略》,《铁路公报北宁线》第 39 期,1929 年 7 月 31 日。

军事运输往往要因借南满路、中东铁路,费用无法节省,还须受对方的牵制。自建铁路网构建后,奉系可以借助东干线直接联通奉吉两省,又可借助西干线联通奉黑,并用京奉路联通关内外。从吉林省境内出发,经东干线和京奉路,奉系的军队和军需物资等可在不到40个小时内抵达北京。

自建铁路对奉系的军需物资、军队、官办企业等或无偿服务,或仅收取低廉运费,运输费用只需记账,无须给现。军运从而成为各自建铁路的主要业务之一。以奉系长期控制的京奉(北宁)路为例,客运中的军运比例在1922年高达32.5%,1925年占25.78%,1926年为14.88%,1927年为15.63%,1928年为11.73%。[①] 1925年12月中旬,郭奉战争正酣,黑龙江省境内的军队即经四洮、洮昂等路抵达京奉路沿线,京奉路沟帮子至奉天间开行军用列车,帮助张作霖的军队运输。1929年5月,北宁路在5月21~31日的10天内,军运车辆数就高达5379辆。[②] 1930年7月到10月上旬,不到4个月的时间内,北宁路共开行各类列车11408列,其中,军用物品列车共计393列,军用列车共计1077列,两者合计约占12.9%,行车里程共计15万多公里。[③] 东三省兵工厂生产的武器弹药也可经由奉海、吉海路供给吉林军队。如1929年8月19日,吉军从辽宁输入、经沈海路军运的山炮弹药就有100多箱,共计20多万枚。[④]

铁路的延伸就是奉系军政势力的延伸过程。东北匪患严重,一些自建铁路沿线"交通阻滞,搜剿无方,且以人民运输货物款项全恃大车为维一之交通利器,青纱帐起尤易掀动",历来社会治安是一大难题,而铁路的运营与管理也是对沿线的治理过程,"剿匪军队往

[①] 严中平等编《中国近代经济史统计资料选辑》,科学出版社,1955,第210页。
[②] 《北宁铁路十八年五月二十一日起三十一日止军运报告》,《铁路公报北宁线》第34期,1929年6月10日。
[③] 《本路逐日开驶各项列车之次数及里程统计表》,《北宁铁路运输公报》第31期,1930年10月25日。
[④] 《沈海路运输炮弹》,《盛京时报》1929年9月12日,第4版。

来便利","足寒宵小之胆"。① 尤其是西干线经过的东北西北部,自然条件相对较差,也是奉系控制相对较弱的地区,而伴随着西干线的建设成功,奉系可从打虎山直接进入黑龙江,这为奉系加强对辽西和东蒙古地区的整体控制提供了条件,有利于东北边防的稳固。

而且,各铁路路局在运营后,设有路警人员,维护沿线的治安和治理。吉敦路"沿线山深林密,胡匪出没无常",因此设立路警维持路上秩序,为了维护旅客安全还设立了押车警察队,有队长副队长各1人,长警40人。洮昂路的警察有240人,加上警长、巡查员和巡官等,维护路务的警务人员超过280人。洮索路虽兴修较晚,且未完全竣工,但其警务人员也有53人。② 奉海铁路更"惟路警是赖",护路警务段共有警察295名、大小枪械260多支,并且在沿线9个大车站设立派出所,16个小车站设立分所,各置警官数名,而且列车还有随行的押车警,共有6班、警察36人。此外,为维护秩序,奉天站市场也设有保安队,共计31人。车站周边还有守卫分所3个,派所5个。③ 这些护路机构和组织的工作不仅限于治安,还处理户口、沿线卫生等部分市政事务,它们对于保障铁路运行安全意义重大,对于奉系实施对铁路沿线的社会治理也起到积极作用。

四 日常消费和生活的变化

铁路还是日常消费、文化生活、社会观念的重要媒介和载体。如中东铁路和南满铁路沿线,呈现"辽长之间,宛然日本领域,所经无一而非日本化。中东沿线'俄国化'之情形,与南满沿线之'日本化'相对照"的景象。④

奉系修筑的各铁路同样对沿线民众的日常生活和消费文化产生

---

① 《呼海铁路纪略》,第6~7页。
② 《东北年鉴(民国20年)》,第411、424、455页。
③ 金毓黻等纂《奉天通志》(3)卷164,东北文史丛书编辑委员会,1983,第3832、3837页。
④ 冷观:《东北视察记》,《国闻周报》第6卷第31期,1929年,第1页。

了巨大影响。

运输的便利、经济的发展直接促进了民众的生活消费。东北以农产品为输出主体,但工商业发展相对迟缓,日常所需的用品和杂货均须依赖进口。以往,许多地方的日用杂货主要靠向外地搬运粮食的马车回程时捎带,由于粮运多在秋季,比较繁忙,且冬季道路不便,因而日用杂货难以即时输入,且价格昂贵。自建铁路开通后,运输条件得以改善,日常生活所需的物资可依靠铁路输入,采购的范围迅速扩大,频率加快,价格较此前更平缓。如奉海路沿途的山城镇,此前日用杂货只能依靠运送粮食的大车返程时从开原购买,自奉海路运营后,其日用杂货多直接从大连和营口方面购入。朝阳镇输入的日用杂货,原来主要由开原、四平街、公主岭购入,奉海铁路开通后,直接由奉天和营口方面输入的"大见激增"。呼海路沿线不少地方,原本日用必需品都采购自哈尔滨,"成本既昂,税捐又复繁重,故售价平均较哈埠昂十分之二",用铁路运输则可以与哈尔滨间朝发夕返,大宗日用品可随时前往哈尔滨采买,既便利又实惠。①

一些城市的日常消费由于城市发展和运输便利而飞速增长。以西安县为例,这里因为西安煤矿的存在和农业相对发达,经济实力比较好,"一般杂货之销路,实为东山一带之冠",部分日用杂货的年消费量也相当惊人:冰糖3.75万斤;白砂糖37.5万斤,棉系1.8万捆,胶皮底鞋400箱,肥皂3100打。仅罐头每年市内的消耗就达现洋5000元以上。② 而且,随着输入品的增加,外来产品对人们生活的冲击更大。东北的输入品中,占第一位的是棉织物,其次是钢铁、糖、烟草、机器、石油、纸、面粉、皮革、染料等工业和消费用品,这些制造品多数来自日本、英美等,又以日本为最。1927年,

---

① 吴士元:《呼海铁路在经济上之价值》,《中东经济月刊》第6卷第2号,1930年,第9页。
② 介卿:《沈海铁路与其沿线之经济状况》,《中东经济月刊》第6卷第12号,1930年,第53页。

日本与东北的贸易量占东三省贸易总量的39.3%。① 1918～1930年，东北输入中"第一位置无一不为日本所占"，"其数与其他竞争各国之全数相较，尚属有盈无绌"。② 沈海路沿线日用杂货"以日本制者为多，大有被其独占之势"。③ 如山城镇，1931年仅洋货店就有20家，年销售额达14.6万元，④ "商家所陈列之物品，殆皆购自外埠。其中尤以外国货为多，每年所输入之重要大宗物品……除煤油绸缎纸烟外，其余殆皆为日本货"，"砂糖销售于市面者，为日本与南洋二种，面粉从先虽有美国制者销售该地，而最近已不见踪影矣"。⑤ 齐克、洮昂、四洮路所在的洮南，由于铁路的交会，英美洋行均在此经营，营业额"年约五十万元"，仅美孚亚细亚煤油年销量就达到1万箱之多。⑥ 即便远在北满腹地的克山县泰安镇，输入的日用杂货同样"以日本货为最多"。

这种贸易态势，一方面表明东北已经成为世界市场不可分割的一部分，另一方面也揭示了东北乃至整个中国自然经济的进一步解体以及民族工商业发展的相对滞后。

随着铁路的延伸，电灯、电话、电报、邮局、旅馆等设施也出现在铁路沿线的城镇，进一步将工业革命的物质文明传播到东北各地。泰安镇在齐克路开通后，有两家汽车公司从事附近城镇的运输，镇上还有邮便代办所，电话和电报虽仅为铁路局使用，但也刺激了

---

① 汪谔公：《东三省经济统计概略》，《中东经济月刊》第7卷第8号，1931年，第148～149页。
② 孙祖源：《各国竞争满洲市场之一斑》，《中东经济月刊》第8卷第5号，1932年，第26页。
③ 介卿：《沈海铁路与其沿线之经济状况》，《中东经济月刊》第6卷第12号，1930年，第54页。
④ 曲爱平、冯元年：《"小奉天"山城镇》，《东边道经济开发史略》，第427页。
⑤ 介卿：《沈海铁路与其沿线之经济状况》（续），《中东经济月刊》第6卷第9号，1930年，第56页。
⑥ 伍荣先：《洮南纪略》，《旅行杂志》第4卷第11期，1930年，第30页。

民间创办电话、电报的热情。① 海伦县"县城街道宽敞整齐,为各县所无……县城……有商号千余家,粮栈三十八家,皆甚殷实,各种金融机关殆无不备"。② 绥棱县的邮运在呼海路通车前,须用人力背行递送,但铁路通车后,可由县城用二马爬犁将邮件运至火车站,便利不少。

铁路的延伸也进一步提高了人们对近代交通的认识。而且,由于铁路建设、电讯等通信事业的需要,交通委员会还着手推进东北交通教育的发展。如1927年9月,常荫槐在锦州创办了交通大学,开设铁路管理科,1929年,该校改称东北交通大学,学生达200多人。1930年交通委员会创办了东北交通职业学院,高纪毅兼任校长,教职工和学生超过300人。另外,各铁路局还创办了主要针对铁路员工子弟的扶轮公学,1918~1931年,北宁路和东北地区的扶轮小学达到35所,占当时全国扶轮小学总数(142所)的24.6%。③

对于人们的日常出行,铁路更便利良多。"在昔交通闭塞,长征万里,视为畏途,今则轮轨私通,初无险阻,千山万水,指日往还"。④ 东北民众的出行,以往主要依靠牛车、马车和水运,但自1910年代以后,火车出行在东北是比较常见的现象。人口大量集中在铁路沿线几十公里以内的地方,稍远的地方则主要利用汽车和火车。⑤ 到奉系东西干线开通后,铁路成为更多人出行的选择,由表7-6可见,1930年,北宁、沈海、呼海、洮昂、齐克、吉海、吉敦7路运送的旅客达到1021.68万人次,北宁路更由于是东西干线的总

---

① 钊廉英:《齐克铁路与其沿线之概况》,《中东经济月刊》第7卷第7号,1931年,第80~81页。
② 吴士元:《呼海铁路在经济上之价值》,《中东经济月刊》第6卷第2号,1930年,第5~6页。
③ 许守等主编《中国铁路教育史(1939~2000)》,西南交通大学出版社,2007,第757页。
④ 赵君豪:《东北履痕记》,《旅行杂志》第3卷第7号,1929年,第46页。
⑤ 曾宪文:《东北农民的生活》,《国风半月刊》第3卷第1期,1933年,第49页。

汇，其输送旅客高达690万余人次，也显示了关内外人口流动之频繁。

表7-6 1930年东北交通委员会管辖各铁路运送旅客数据

单位：万人次、万元

	北宁	沈海	呼海	洮昂	齐克	吉海	吉敦
客运量	690.69	134.78	62.35	41.83	27.06	28.30	36.67
客运收入	1580.44	247.11	95.28	72.93	39.86	81.71	49.19

资料来源：《东北国有铁路十九年份营业概况》，《东北新建设》第3卷第2期，1931年，第32~33页。

不过，东北的铁路体系中，奉系铁路网的运营、管理以及出行体验明显落后于中东铁路和南满铁路。南满铁路的火车仿照美式，车内装饰完备，座位旁边各置烟具，"车中清洁，无稍紊乱""殊无旅途之苦"，中东铁路"车身壮丽，其规模远过南满，惟清洁则似稍逊"。[1] 东北自建铁路则完全是另外一番景象，1930年，民族实业家卢作孚曾如此描述，"车上的情况与南满迥然不同了。拥挤得人没有座次，亦没有人管理，人乱吐痰，抛渣滓，厕所尤无下足之地。每到一站，卖食物的大声叫喊，和国内其他的路站上一样，好像就在这几点表示中外之分别似的"。[2] 此外，自建自营铁路"亦苦不甚安全"，[3] 沈海、吉海两线曾频出事故，张作相的专车一度意外落入河中，列车还时不时发生脱钩行驶的事故。

交通便利、经济发展和消费提升的同时，社会风俗和心理也随之发生变迁，即如呼海路局所言，"交通便利，不独省府命令可朝发夕至，而人民贸易往来各界新智识之灌输自易际此训政开始着手进行，既可保持原有朴厚之美德，复可振起奋发猛进之精神，此后政

---

[1] 赵君豪：《东北履痕记》，《旅行杂志》第3卷第9号，1929年，第63页。
[2] 卢作孚：《东北游记》，凌耀伦、熊甫编《卢作孚文集》，北京大学出版社，2012，第110页。
[3] 冷观：《东北视察记》，《国闻周报》第6卷第31期，1929年，第7页。

以社会习俗为例，婚丧嫁娶向自由开放方向发展，以致1930年代初期的《海龙县志》感叹，"近世风气大开，打倒廉耻，凡男女婚姻，不注重父母之命，媒妁之言，专侧重两性方面自由恋爱，结婚绝端开放，所谓结婚自由，离婚亦自由"，西式婚礼等风俗也流入东北城市，"豪贵人家改用文明结婚……都市内多有仿行之者"。在吉林磐石，人们在婚娶方面，出现了"旧礼繁而费用巨，新礼简而费用省"的认知，虽乡村仍照旧式，但城镇出现了"婚礼间采新式"的景象。②北宁路沿线的昌黎县，"近来自由之说兴，结婚离婚之案，数见不鲜"。③

　　当然，城市化进程中的风俗变迁也有负面影响，特别是赌博和吸食鸦片等恶习迅速蔓延。如因呼海路崛起的松浦镇，因哈尔滨城内实行烟禁，不少烟馆转至松浦镇营业，结果，松浦镇大小烟馆有170多家，"平均每日每家收入可四十余元。吾人一入其室，见夫黑籍中人，错杂枕卧，一灯紫然，无异阴府"。④

小　结

　　铁路及其带来的运输革命是现代化的重要推动力。在东北，铁路对现代化进程的第一轮大冲击是在19世纪末和20世纪初期，即中东路、南满路和京奉路开通时期。1920年代，奉系的铁路建设对东北现代化造成了第二波冲击。

　　在经济上，东北自建铁路首先进一步改变了近代东北的交通运

---

① 《呼海铁路纪略》，第6页。
② 丁世良、赵放主编《中国地方志民俗资料汇编·东北卷》，北京图书馆出版社，1997，第284、305页。
③ 丁世良、赵放主编《中国地方志民俗资料汇编》第1册，国家图书馆出版社，2014，第236页。
④ 辽左散人：《滨江尘嚣录》，《东游日记（外十六种）》上册，第1055～1056页。

输格局,对东北传统的陆运和水运造成更大冲击,继续提升了铁路在近代东北交通中的主体地位。进而,自建铁路的运输便利和交通变化带来了铁路沿线的资源开发和贸易进步。自建铁路的运营为东北农、工、矿产品等提供了南满路、中东路之外的运输途径,加强了关内外的经济联系。由于自建铁路对沿线地区的运输吸引力,以它们为中心,形成了新的铁路经济带,促成了东北区域经济向内陆地区推进。

在社会变迁上,自建铁路带动的沿线工商业的活跃和区域经济发展,对东北的城市化进程产生了积极影响,不仅带来了新兴工商业城镇的兴起,还引起了部分原有城镇的转型,乃至城市布局的变迁和人们日常生产生活面貌的更新。而且,由于东北的特殊情况以及交通委员会的大力推动,自建铁路成为鼓励移民、实边屯垦的重要媒介,吸引了大量关内人民迁入东北,不仅改变了东北的人口结构,更为东北的发展注入了新鲜血液。

如果说20世纪初期中东铁路和南满铁路对东北的交通运输、经济发展和社会变迁造成的冲击在很大程度上是日、俄等外力侵夺东北路权和强制推动的结果的话,1920年代东北铁路发展对东北现代化的推动在一定程度上则可以说是奉系主动选择和追求东北自主化发展的结果。

结　论

在20世纪初期的北洋集团中，奉系是极为独特的一支力量。它实力强劲、地盘稳固，在中国政治和军事舞台上驰骋十数年。作为最后谢幕的北洋集团的成员，它参与和见证了北洋这一政治军事集团的兴衰，又成为南京国民政府统治初期举足轻重的实力派。它以偏安一隅之势，搅动时局之一潭春水，以"旧军阀"之出身，而入"新军阀"之时代，捭阖纵横如此之长久、对时局影响如此之重要，其中一重大原因即在于它有稳固的后盾和根据地——东北。

奉系作为军阀中一员，的确具有"以一定军事力量为支柱，以一定地域为依托，在'中体西用'思想指导下，以封建关系为纽带，以帝国主义为奥援，而以只图私利为行使权力之目的之个人和集团"的基本特征，有极强的军事性和守旧性。然而，不可否认的是，从1918年张作霖担任东三省巡阅使到九一八事变爆发，奉系是东北的施政主体，它主导了东北的军事、政治、经济和文化活动，是东北现代化进程的重要参与者。对奉系的多面性，也应当进行深入研究和探讨，这样才能更为立体地展现奉系的兴衰和全貌。近年来学术界对奉系的经济、对外活动等方面的研究正体现出这一趋势。

在奉系对东北的经营中，铁路交通可以说是极富特色和成效的领域。因近代东北在东北亚国际政治中的重要性以及东北路权的特殊性，奉系又在铁路问题上与日、苏等发生频繁和复杂的互动，乃至发生激烈冲突，直接影响了近代中日、中苏关系的变动。

一 奉系铁路建设的特点和成败

1918~1931年,东北在铁路交通领域"大有一日千里之势,实为优异之现象",[①] 形成了近代东北铁路建设的第二个高潮期。促成这一发展的主导者是以张作霖、张学良父子为首的奉系集团。

奉系成系统的铁路建设是在第一次直奉战争结束后开始的,正如时论所指出的,"东北以前只为日俄二铁道系统之逐角场,无所谓铁道政策,自民十年以来……始有统筹全局之铁道系统的计划",[②] 奉系铁路交通政策的核心理念是建立自主的东北交通体系。在这期间,奉系集团虽经历了首脑的变动以及从北京政府统治时期到南京国民政府号令下的过渡,但在东北铁路交通发展上矢志不渝。

总体来说,奉系的铁路交通建设呈现以下几个特点。

第一,总投资大、路线多、自主化程度高。1918~1931年,东北当局经过十几年的努力,在东北建设了锦朝、打通、奉海、吉海、呼海、齐克、洮索等多条以官办为主的自建自营铁路,以及天图、吉敦、洮昂等包工或合办铁路,此外,民间投资修建了开丰、鹤岗等铁路,这些铁路的营业里程达到了2074.8公里,占1931年东北铁路营业里程(6225.9公里)的33.3%和全国铁路里程(13960公里)的14.8%。其中,由中国自主出资,利用本国技术修建,自主运营的官办、商办和民办铁路达到1533.2公里,占同时期东北增建铁路(2603.5公里)的58.9%,占同时期国内增建的国有、省有和民有铁路(2653公里)的57.8%。东北政府、民间绅商及企业在自建铁路和民营铁路方面投资共计8000多万现大洋,

---

[①] 宗孟:《东北对外贸易概论》(续),《东三省官银号经济月刊》第1卷第8号,1929年,第18页。

[②] 任发涛:《横梗东北之中日铁道问题》,《东北新建设》第3卷第2期,1931年,第8页。

远远超过全国的平均水平。可以说，奉系主政时期东北铁路交通建设在一定程度上改写了近代中国铁路自主化程度极低、受外国资本强势操控的局面（表8-1）。

表8-1 1918~1931年奉系主持以及民间修建的铁路统计

性质	路线	修建年份	里程
自建自营（官办为主）	沈海（沈阳—朝阳镇干线，梅西支线）	1925~1928	337.1公里（其中干线263.5公里，支线73.6公里）
	吉海（吉林—朝阳镇）	1926~1929	183.9公里
	呼海（马家船口—海伦）	1926~1928	220.1公里
	打通（打虎山—通辽，包括虎壕铁路）	1921~1927	251.7公里
	齐克（齐齐哈尔—泰安为干线，支线：宁年—拉哈、昂昂溪—齐齐哈尔、昂昂溪—榆树屯）	1928~1930	213.7公里（其中干线128.9公里，拉哈支线48公里，昂齐支线30.4公里，昂榆支线6.4公里）
	洮索（洮安—索伦）	1929~1931	84.4公里
			共计1290.9公里
商办、民办	锦朝（锦州—朝阳）	1921~1924	112.6公里
	蛟奶（蛟河—奶子山）	1928~1929	10.0公里
	开丰（开原—西丰）	1925~1926	63.7公里
	鹤岗（莲花口—兴山镇）	1925~1926	56.0公里
			共计242.3公里
合办、包工	天图（天宝山—老头沟）	1922~1924	111.0公里
	洮昂（洮南—昂昂溪）	1925~1926	220.1公里
	吉敦（吉林—敦化）	1926~1928	210.5公里
			共计541.6公里

注：本表仅涉及奉系官方主导以及民间完全自建的铁路，没有纳入民间中外合办的铁路。1918~1931年，东北民间中外合办了穆棱铁路（中俄合办，58.9公里）、溪碱铁路（中日合办，14.9公里）、金福铁路（中日合办，102.1公里）等路线。

第二，规划性和体系性比较强，铁路建设的见效比较迅速。从张作霖时代到张学良时代，为了推动东北的铁路交通发展，东北当局设立了独立的管理机构，对东北铁路建设进行了整体规划和设计，先后提出了东西干线铁路网计划、路港一体化计划，推行了东西四路联运，在一定程度上避免了各条铁路单打独斗的不足。而且，奉系主导的铁路大多采取分段修筑、边修筑边运营的办法，不少铁路在全线开通前已经积累了一定的运营经验和成果，铁路运营见效早、成效比较突出。

第三，历史延续性强。无论是建设铁路还是开发自主出海口，奉系的这些活动都非独创，而是自20世纪初期以来东北官民数代人的共同追求。奉系的铁路建设，是对20世纪初期以来东北官民以铁路建设促进经济发展、巩固边防、维护利权的铁路发展理念的继承和发展。也可以说，奉系部分地实现了近代东北官民的铁路发展和近代化的梦想。

当然，奉系的铁路建设成就是相对而言的，还存在一些明显的不足，主要体现在以下几点。

其一，铁路交通发展虽是奉系经营东北的一大重点，但奉系在整体发展取向上仍是偏重军事和政治，铁路建设不得不让位和从属于军事发展。1918~1929年，奉天（辽宁）省的财政支出"陆军费几至支出总额90%"，"只余5%用为外交、司法、农商、教育、建设"。[①] 在各种新兴事业中，为数不多的投资也常向军工相关企业倾斜。资金不继成为1920年代东北铁路发展中的长期困扰，不少铁路或只得尽量从简，或被迫中断。

其二，它所取得的成功多体现在自建自营铁路方面，在合办、包工铁路上，奉系得不偿失。由于日本的渗透、奉系的监管不力，合办或包工路线质量低劣、管理混乱、债台高筑，运营后陷入资不抵债的困境，导致它们或几乎成为日办铁路，或沦为借款铁路，是

---

① 《辽宁省财政志（1840~1985）》，第34~35页。

东北铁路发展中的一大痼疾。

其三，如前所述，在整体实力上，奉系的铁路系统也难与日本控制下的南满铁路相匹敌。奉系管辖的铁路运营里程虽大大超过南满铁路，然而，无论是铁路的硬件设施还是管理或运营的软环境，都远不如南满铁路，并且由于缺乏自主出海口，奉系管辖的铁路多半仍沦为南满铁路的中继站。

二 奉系主导建设的铁路与东北现代化

铁路也是生产力，奉系的铁路建设，无论是对奉系本身实力的提升，还是对东北现代化进程，都产生了积极影响。

从奉系本身看，以东西干线为核心的东北铁路网的形成及运营，为奉系提供了自主交通要道，在一定程度上减轻了奉系对中东铁路、南满铁路的依赖，促成了奉系力量的凝聚与提升。以军事而言，吉林、黑龙江两省的军事运输和军队调动，即可或由东干线——吉海、奉海、北宁路集结，或由西干线——齐昂、洮昂、打通、北宁路集结，无须如此前处处受日本和南满铁路的制约。以经济而言，铁路在运输上的便利使它与其他交通运输方式相比更具有竞争力，加以东北资源的丰富、对外贸易的发达，奉系铁路网运营的客货收入极为可观，成为奉系的重要财源，为它的其他军事、政治和经济活动提供了重要支撑。以政治而言，交通的便利与否直接影响行政的效率和效能，东北铁路网的形成和运营过程中，铁路的延伸也随之带来了对铁路沿线的政治和社会控制的强化。特别是此前交通不畅、运输不利、经济不兴的东北北部和西部，由于西干线的开通，奉系对这些地区的管理和控制有所增强。

当然，奉系对东北铁路的强势控制如同双刃剑，铁路成为其军事和政治活动的工具，不仅铁路收入常被截留，铁路的运营与管理也时常遭遇军队和军事活动的干扰，乃至发生1928年奉军撤退至关外途中扣留京奉、平汉、津浦等路数千车辆等事件。

"在张作霖氏及张学良氏统治时代，中国人民及中国利益对于满洲经济富源之开发及组织，其致力之宏，远胜于从前"，[①] 奉系这一政治军事集团虽在九一八事变后撤出东北并渐趋解体，但它主导建设的铁路对东北现代化的多重价值却并未因此消失。

其一，它直接推动了沿线的经济开发。1917年东北输出1.6亿海关两，输入1.5亿海关两，到1931年时，输出激增到4.7亿海关两，输入2.2亿海关两，一直保持比较巨大的贸易顺差状态，[②] 铁路带来的交通运输条件的改善功不可没。铁路沿线各类农林矿等资源均因铁路的运行而迅速开发，乃至影响到重要农业作物的种植和生产。不仅如此，铁路还促成了东北区域经济的新进步，在此前的中东路区、南满路区和京奉路区之外，催生了以东西四路为中心的新的经济发展区。尤其在此前发展较缓的东北西部，因西干线的贯通以及黑龙江省境内铁路的发展，形成了紧密联系的铁路经济带，一定程度上改善了东北区域经济发展不平衡的状况。

其二，铁路是东北移民实边的重要手段。在东北当局和交通委员会的政策激励下，东北自建铁路网大量输送关内移民，铁路沿线成为移民的主要聚集地，东北的土地开垦、农业发展和人力资源结构因此发生不小变化。

其三，铁路引发的经济、人口的变化带来了城市化和社会生活的新变迁。不少内陆地点因铁路开通迅速成为工商业重镇，人口增长到数万人，一些旧的城镇受铁路的刺激和影响出现转型，部分城镇因铁路冲击又无法适应新形势而没落，近代东北由于这些铁路的运营乃至城市和其他行业布局，人们的日常消费和文化生活因铁路的开通而明显为之一变。

其四，奉系的铁路建设，从目的和效果上看，具有明显的与中

---

① 《国际联合会调查团报告书》，第88~89页。
② 胡赤军：《近代中国东北经济开发的国际背景（1896~1931）》，商务印书馆，2011，第255页。

东铁路和南满铁路抗衡的性质，其中又以与日本及其南满铁路对抗的性质最为突出。奉系所主导的铁路建设，使东北当局管理的铁路里程超过了中东铁路和南满铁路的总和，尽管仍难撼动南满铁路的地位，但东北铁路网系统的形成无疑具有显著的维护路权和经济利权的意义。

三　东北铁路与奉苏、奉日关系

在近代中国，路权问题也是中外关系的重要内容。如果将近代东北亚国际政治看作一个迷局，东北路权问题无疑是其中的一把钥匙。自19世纪后期起，东北路权即引发了多国的文争武斗，尤其是日俄战争结束后，东北路权更深远地影响着中俄（苏）、中日关系的变迁。即如1932年国联调查团在报告书中所指出的，"最近二十五年来满洲之国际政治，大半关于铁路问题"。[①] 无疑，在九一八事变前的十多年中，东北路权引起的中外纷争是最为激烈而复杂的。

从奉苏关系而言，奉系全面统治东北后，正值苏俄政权诞生之际，中东铁路乃成为一国际问题。由于奉系是中东铁路的直接利益主体，它不仅配合北京政府收回中东铁路部分权益的行动，还积极参与了中苏有关中东路、中苏通商和通航等问题的外交交涉。然而，奉苏关系经历了短暂的平静后，很快由于双方在对中国国内各政治势力政策上的南辕北辙，屡屡交恶，嫌隙丛生，并突出地表现在中东路上。苏俄不愿意放弃帝俄时代获得的中东路权益，奉系则要求改变旧有管理体制的积弊，双方各不相让，直接导致了奉系在中东路上走上强制接收外围机构的方向。在张作霖时代，中苏虽未在中东路上发生严重的武装冲突，但中东路的沉疴未除为易帜后中苏在该路上的矛盾埋下了伏笔。

东北易帜后，东北地方政权的对苏态度既继承了张作霖时期的

[①] 《国际联合会调查团报告书》，第123~124页。

一些特点，也受到南京国民政府对苏政策和革命外交的影响。在中东路问题上，以张学良等为首的东北政务委员会仍旧无法实现中苏平权的目标，加上对形势的误判以及南京政府的推波助澜，选择强制接收中东路，引发了1920年代中苏最激烈的武装冲突。中东路事件虽根源于东北地方政权与南京政府的对苏政策，然而，长期以来形成的中东路管理体制引发的中苏分歧则是导火线。奉苏关系的起伏与中东路的命运息息相关，乃至形成了中苏间的遗留问题。

当然，近代东北对中日关系的影响更加复杂和深刻。近代中日关系在1930年代由局部战争走向全面战争，但冰冻三尺，非一日之寒，引发中日关系变动的诸多因素的矛盾由来已久。

在日本宣称的对满蒙的"特殊地位"和"特殊权益"中，路权是极为重要的一部分。九一八事变前，某种程度上，可以说"满蒙问题中最重要的是铁路问题，因为这些铁路不但曾经发生严重的国际问题，并且是日本帝国主义侵略满蒙的最重要的工具"。[1]

由于奉系全面统治东北并力图打造自主的铁路—港口一体化交通体系，中日在东北路权上的较量在1920年进入最为激烈的阶段。奉系排除外力，以发展东北自建自营路线和开辟葫芦岛港为重心，推进东北的路港建设，夺取了满铁的部分经济利益，强烈冲击着日本的"满蒙铁路网计划"及"满蒙政策"。双方不仅在东北自建铁路上频生摩擦，也在其他路权、领事裁判权、关税权、商租权等问题上纷争不断，形成日本所谓"满蒙悬案"，铁路问题是这些悬案中最首要的。

1927~1931年，奉日间进行了旷日持久的路权交涉。然而，奉系本身对日本"满蒙政策"的不满、日奉双方利益的根本冲突、中国国内民族主义浪潮下的反日和维护路权运动的蓬勃发展导致奉系虽不愿意与日本决裂，但始终只肯做有限让步。在张作霖时代，铁路交涉的不顺、奉系自主姿态的加强，引发关东军内河本大作等人

---

[1] 蓝孕欧：《满蒙问题讲话》，南京书店，1932，第114页。

的强烈不满,制造了皇姑屯事件。

张学良主政后,东北当局和民众更强烈地要求发展民族经济,建立更具民族凝聚力的地方政权,加上世界经济危机的爆发及其引发的满铁经营危机,中日在铁路上的矛盾更为尖锐。日本夸大中日间的铁路经营竞争,趁机炮制"满铁被包围"说、"满铁危机"论,进而演变为"满蒙危机"论、"满蒙生命线"论,制造出愈演愈烈的侵略舆论,路权交涉更加无可解决,也无法撼动日本武力占领东北的政策。

1932年4月11日,作为东北主政者和九一八事变前中日关系变化亲历者的张学良在北平欢迎国联调查团的宴会致辞中,曾如此论及中日关系:

> 此次中日争端之真正原因,实在中国经济社会之进步,与渐臻政治统一,而非在中国政府不良,或社会停滞也。日本久抱宰割东三省之野心,1915年后,尤为显著。日本恒以东三省之铁路发展为其宰割之工具,且竭力妨害吾人发展交通与天然资源,故铁路问题,实为中日争端第一主要原因。……故近30年或35年来,力图扩张交通,以便联络全国,保护边陲,并奠定国民之经济幸福。自民国成立以后,东三省在社会与经济建设上,均大有进步,曾造成许多道路与铁路,曾开办许多学校与文化机关,曾设立许多工厂,曾开垦许多荒地……然东北参与中国政治之发展与统一,也已真确而完全……遂引起日本之仇对,卒乃以武力违法占据东三省。①

简而言之,在日本"宰割东三省之野心"的"满蒙政策"下,东北铁路既是日本殖民侵略的工具,又是奉系寻求自主发展的内容

---

① 《在欢宴国联调查团席上的致词》(1932年4月11日),毕万闻编《张学良与赵一荻合集》第4册,第399~400页。

与重点,路权是奉日间根本利益冲突的外在表现,也是九一八事变爆发的引子之一。

九一八事变爆发后,随着国土的沦陷,以张作霖、张学良为首的东北当局苦心经营十多年的铁路自主化历程被迫中断,成为一场令人惋惜和痛心的悲剧。

参考文献

未刊档案

1. 辽宁省档案馆馆藏档案

全宗号 JC10，目录号 1，案卷号：311、1706、1707、1734、1744、1779、2111、2136、2138、3480、3481、3699、3706、3781、3784、3786、3787、33789、3793、3795、3796、798、3799、3800、3801、3818、3823、3824、3831、3834、3835、3849、3863、3864、3866、3867、3872、3882、3897、3920、8085、8111、8190、8191、8266、8282、8286、8481、9109、20528、21363、23708、29961。

2. 吉林省档案馆馆藏档案

全宗号 J101，目录号 13，案卷号 0204；

全宗号 J101，目录号 15，案卷号 0112；

全宗号 J101，目录号 16，案卷号 0262、0331、0345；

全宗号 J101，目录号 17，案卷号 1704、0375；

全宗号 J101，目录号 28，案卷号 2414；

全宗号 J101，目录号 20，案卷号 2122；

全宗号 J102，目录号 02，案卷号 0414；

全宗号 J111，目录号 01，案卷号 0217；

全宗号 J109，目录号 15，案卷号 0605。

3. 日本外务省外交史料馆馆藏档案

已刊档案、资料汇编、满铁出版物

1. 日本外交文书

日本外務省編纂『日本外交文書』第 34 巻、外務省、1955。

日本外務省編纂『日本外交文書』第 35 巻、外務省、1956。

日本外務省編纂『日本外交文書』第 39 巻第 1 冊、外務省、1959。

外務省編纂『日本外交年表竝主要文書』原書房、1965。

日本外務省編纂『日本外交文書』大正 9 年第 2 冊上、外務省、1973。

日本外務省編纂『日本外交文書』大正 13 年第 2 冊、外務省、1981。

日本外務省編纂『日本外交文書』大正 15 年第 2 冊下巻、外務省、1985。

日本外務省編纂『日本外交文書』昭和期Ⅰ第 1 部第 1 巻、外務省、1989。

日本外務省編纂『日本外交文書』昭和期Ⅰ第 1 部第 2 巻、外務省、1990。

日本外務省編纂『日本外交文書』昭和期Ⅰ第 1 部第 3 巻、外務省、1993。

日本外務省編纂『日本外交文書』昭和期Ⅰ第 1 部第 4 巻、外務省、1993。

日本外務省編纂『日本外交文書』昭和期Ⅰ第 1 部第 5 巻、外務省、1994。

2. 中文档案和资料汇编、铁路出版物

交通部铁路联运事务处:《京奉四洮洮昂铁路联运会议议事录》,1927。

东北铁路联运清算所:《京奉四洮洮昂齐克铁路客运联运规章》,

1929。

呼海铁路工程局总务科编《呼海铁路纪略》，呼海铁路工程局，1929。

东北交通委员会总务处第一科编《东北交通委员会职员录》，1930。

北宁铁路局：《北宁铁路商务会议汇刊》，1930。

北宁铁路管理局：《葫芦岛筑港开工典礼纪念册》，1930年7月。

北宁铁路局编《北宁铁路商务会议汇刊》，大公报馆，1930。

兴安区屯垦公署秘书处：《兴安区屯垦第一年工作报告》，兴安区屯垦公署，1930。

铁道部统计处编《中华国有铁路会计统计汇编（1915～1929年）》，1931。

张含英：《葫芦岛建设实录》，交通部、铁道部北方大港筹备委员会，1934。

交通铁道部交通史编纂委员会编撰并发行《交通史路政编》，1935。

严中平等编《中国近代经济史统计资料选辑》，科学出版社，1955。

张蓉初译《红档杂志有关中国交涉史料选译》，三联书店，1957。

《中美关系资料汇编》，世界知识出版社，1957。

王铁崖编《中外旧约章汇编》，三联书店，1957。

中研院近代史研究所编《中俄关系史料·外蒙古（民国十年）》，中研院近代史研究所，1959。

孙瑞芹译《德国外交文件有关中国交涉史料选译》，商务印书馆，1960。

宓汝成编《中国近代铁路史资料》，中华书局，1963。

中研院近代史研究所编《中俄关系史料·俄对华外交试探》（民国九年），中研院近代史研究所，1968。

铁路部财政司：《国有铁路债务节略》，台湾学生书局，1970。

北京大学历史系中国近代史教研组编《中国近代史参考资料》，1972。

复旦大学历史系中国近代史教研组编《中国近代对外关系史资料选辑（1840～1949）》，上海人民出版社，1977。

张枬、王忍之编《辛亥革命前十年间时论选集》，三联书店，1977。

吉林省社会科学院《满铁史资料》编辑组编《满铁史资料》第2卷《路权篇》，1979。

王芸生：《六十年来中国与日本》，三联书店，1980。

秦孝仪主编《中华民国重要史料初编——对日抗战时期》绪编，中国国民党中央委员会党史委员会，1981。

吉林省档案馆、吉林省社会科学院历史所编《清代吉林档案史料选编——辛亥革命》，1983。

齐世荣主编《世界通史资料选辑》现代部分第1册，商务印书馆，1983。

程道德等编《中华民国外交史资料选编（1919～1931）》，北京大学出版社，1985。

辽宁省档案馆编《奉系军阀密信》，中华书局，1985。

荣孟源、章伯锋主编《近代稗海》，四川人民出版社，1985。

黑龙江档案馆编《中东铁路》，黑龙江档案馆，1986。

日本防卫厅战史室编纂《日本军国主义侵华资料长编》，天津市政协编译委员会译校，四川人民出版社，1987。

步平等编《东北国际约章汇释（1689～1919年）》，黑龙江人民出版社，1987。

辽宁省档案馆编《奉系军阀密电》，中华书局，1987。

辽宁省档案馆、浑江市政协文史资料研究委员会：《临江抗日风暴档案史料——一九二七年临江官民拒日设领斗争》，1987。

中央档案馆、中国第二历史档案馆、吉林省社会科学院合编《日本帝国主义侵华档案资料选编——"九·一八"事变》，中华书局，1988。

中国人民银行金融研究所编《美国花旗银行在华史料》，中国金融出版社，1990。

阎广耀、方生：《美国对华政策文件选编（从鸦片战争到第一次世界大战）》，人民出版社，1990。

辽宁省档案馆编《奉系军阀档案史料汇编》，江苏古籍出版社、香港地平线出版社，1990。

中国人民银行总行参事室编《中国清代外债史资料（1853~1911)》，中国金融出版社，1991。

褚德新、梁德主编《中外约章汇要（1689~1949)》，黑龙江人民出版社，1991。

辽宁省档案馆编《"九·一八"事变档案史料精编》，辽宁人民出版社，1991。

辽宁省档案馆、辽宁社会科学院编《"九·一八"事变前后的日本与中国东北——满铁秘档选编》，辽宁人民出版社，1991。

辽宁省档案馆、吉林省档案馆、吉林省委党史研究室合编《万宝山事件》，吉林人民出版社，1991。

吉林省档案馆编《九·一八事变》，档案出版社，1991。

陈奋主编《梁士诒史料集》，中国文史出版社，1991。

中国边疆史地研究中心、辽宁省档案馆等合编《东北边疆档案选辑》，广西师范大学出版社，2007。

傅文龄主编《日本横滨正金银行在华活动史料》，中国金融出版社，1992。

中研院近代史研究所：《中日关系史料——东北问题》，中研院近代史研究所，1992。

梁为楫、郑则民主编《中国近代不平等条约选编与介绍》，中国广播电视出版社，1993。

薛衔天等编《中苏国家关系史资料汇编（1917~1924)》，中国社会科学出版社，1993。

中国第二历史档案馆编《中华民国史档案资料汇编》第5辑第

1编《外交》,江苏古籍出版社,1994。

中国第二历史档案馆编《中华民国史档案资料汇编》第5辑第1编《财政经济》,江苏古籍出版社,1994。

《北洋军阀史料·吴景濂卷》,天津古籍出版社,1996。

中共中央党史研究室第一研究部编《共产国际、联共(布)与中国革命文献资料选辑(1917~1925)》,北京图书馆出版社,1997。

中共中央党史研究室第一研究部编《联共(布)、共产国际与中国国民革命运动(1926~1927)》,北京图书馆出版社,1998。

辽宁省档案馆:《辽宁省档案馆珍藏张学良档案——张学良与东北易帜》,广西师范大学出版社,1999。

中央档案馆编《伪满洲国的统治与内幕——伪满官员供述》,中华书局,2000。

辽宁省档案馆编《满铁调查报告》第3辑,广西师范大学出版社,2008。

殷梦霞、李强选编《民国铁路沿线经济调查报告汇编》,国家图书馆出版社,2009。

苏崇民、解学诗主编《满铁档案资料汇编》,社会科学文献出版社,2011。

解学诗主编《满洲交通史稿》,社会科学文献出版社,2012。

中国社会科学院近代史研究所、《近代史资料》编译室主编《秘笈录存》,知识产权出版社,2013。

刘坤一撰《刘坤一奏疏》,岳麓书社,2013。

姜维公、刘立强主编《中国边疆文库·初编·东北边疆卷(二)》(上),黑龙江教育出版社,2014。

王彦威、王亮辑编,李育民、刘利民、李传斌、伍成泉点校整理《清季外交史料》,湖南师范大学出版社,2015。

解学诗主编《关东军满铁与伪满州国的建立》,社会科学文献出版社,2015。

3. 满铁出版物

満鉄庶務部『奉海鉄道ト葫芦島筑港問題』、1926。

満鉄庶務部調査課『満蒙ニオケル既成及未成鉄道概論』、1927。

大連商業会議所『満蒙ノ鉄道ニ就テ』、1928。

満鉄庶務部調査課『昭和三年満州政治経済事情』、1929。

満鉄鉄道部渉外課『鉄道関係ノ重要事項ノ年表解説』、1929。

満鉄奉天鉄道事務所『吉海線及其ノ背後地調査ニ関スル件』、1929。

満鉄庶務部調査課『東三省鉄道網ノ発達』、1929。

満鉄庶務部調査課『奉海鉄道ノ満鉄ニ及ボ影響』、1929。

満鉄庶務部調査課『満蒙事情』102号、1930年2月。

南満洲鉄道株式会社『東北鉄道政策ノ概要』、1930。

満鉄社員会『山本松岡正副総裁ノ満蒙ニ関スル所見』、1930。

満鉄總務部調査課『社外铁道ノ満铁ニ及ボス影响・打通线篇』、1931。

伊藤武雄『現代史資料（満鉄）』第31卷、みすず書房、1966。

文集和年谱、回忆录和文史资料

1. 文集和年谱

中国科学院历史研究所第三所工具书组整理《锡良遗稿·奏稿》，中华书局，1959。

叶恭绰：《退庵汇稿》，文海出版社，1968。

徐世昌：《退耕堂政书》，文海出版社，1968。

胡光麃：《波逐六十年》，文海出版社，1979。

中国科学院近代史研究所近代史资料编辑组编《杨儒庚辛存稿》，中国社会科学出版社，1980。

毕万闻编《张学良文集》，新华出版社，1992。

中国社会科学院近代史研究所中华民国史研究室等合编《孙中山全集》第 2 卷,中华书局,1982。

《马克思恩格斯全集》第 30 卷,人民出版社,1995。

胡愈之:《胡愈之文集》,三联书店,1996。

李兴盛等编《程德全守江奏稿》,黑龙江人民出版社,1999。

毕万闻编《张学良赵一荻合集》,时代文艺出版社,2000。

张友坤、钱进、李学群编著《张学良年谱》,社会科学文献出版社,2008。

凌耀伦、熊甫编《卢作孚文集》,北京大学出版社,2012。

郭春修主编《张作霖书信文电集》,万卷出版公司,2013。

2. 回忆录和文史资料

陈存恭记录、王奉瑞口述《王奉瑞先生访问记录》,中研院近代史研究所,1985。

顾维钧:《顾维钧回忆录》,中国社会科学院近代史研究所译,中华书局,1983。

沈云龙访问《刘景山先生访问纪录》,中研院近代史研究所,1987。

全国政协文史和学习委员会编《何柱国回忆录》,中国文史出版社,2015。

中国人民政治协商会议全国委员会文史资料研究委员会编《文史资料选辑》第 2 辑,中华书局,1960。

中国人民政治协商会议全国委员会文史资料研究委员会编《文史资料选辑》第 6 辑,中华书局,1960。

中国人民政治协商会议全国委员会文史资料研究委员会编《文史资料选辑》第 17 辑,中华书局,1961。

中国人民政治协商会议辽宁省暨沈阳市委员会文史资料研究委员会编《文史资料选辑》第 2 辑,辽宁人民出版社,1963。

中国人民政治协商会议全国委员会文史资料研究委员会编《文史资料选辑》第 52 辑,中国文史出版社,1964。

中国人民政治协商会议辽宁省暨沈阳市委员会文史资料研究委员会编《辽宁文史资料》第 5 辑，辽宁人民出版社，1965。

中国人民政治协商会议天津市委员会文史资料研究委员会编《天津文史资料选辑》第 2 辑，天津人民出版社，1979。

中国人民政治协商会议辽宁省政协文史资料研究委员会编《辽宁文史资料》第 6 辑，辽宁人民出版社，1981。

中国人民政治协商会议黑龙江省哈尔滨市委员会文史资料研究委员会编《哈尔滨文史资料》第 1 辑，1982。

中国人民政治协商会议辽宁省委员会文史资料研究委员会编《辽宁文史资料》第 7 辑，辽宁人民出版社，1983。

中国人民政治协商会议吉林省长春市委员会文史资料研究委员会编《长春文史资料》第 4 辑，1984。

辽宁省人民政府参事室、辽宁省文史研究馆编《文史资料》，1985 年号。

中国人民政治协商会议沈阳市委员会文史资料研究委员会编《沈阳文史资料》第 10 辑，1985。

方正、俞兴茂、纪红民编《张学良和东北军》，中国文史出版社，1986。

中国人民政治协商会议辽宁省委员会文史资料研究委员会编《辽宁文史资料》第 1 辑，辽宁人民出版社，1988。

中国人民政治协商会议吉林省吉林市委员会文史资料研究委员会编辑出版《吉林市文史资料》第 7 辑《辅帅生平》，1988。

中国人民政治协商会议天津市委员会文史资料研究委员会编《天津文史资料选辑》第 55 辑，天津人民出版社，1991。

政协沈阳市委员会文史资料委员会编辑出版《沈阳文史资料》第 21 辑，1994。

中国人民政治协商会议辽宁省盘山县委员会文史资料研究委员会编《盘山文史资料》第 8 辑，1997。

白城市政协文史资料委员会编辑《白城文史资料》第 1 辑，

1999。

中国人民政治协商会议全国委员会文史资料研究委员会编《文史资料选辑》第47辑（总第147辑），中国文史出版社，2002。

中国人民政治协商会议全国委员会文史资料研究委员会编《文史资料选辑》第37辑（总第137辑），中国文史出版社，2000。

中国人民政治协商会议全国委员会文史和学习委员会编《文史资料选辑》合订本第3卷，中国文史出版社，2011。

中国人民政治协商会议辽宁省委员会文史资料研究委员会编《张学良将军资料选》，辽宁人民出版社，1986。

中国人民政治协商会议辽宁省委员会文史资料研究委员会、抚顺市顺城区委员会文史资料委员会编《王卓然史料集》，辽宁人民出版社，1992。

辽宁省文史研究馆编《辽海鹤鸣》，上海书店出版社，1994。

方志、史志

东北文化社编辑刊行《东北年鉴（民国20年）》，1931。

黎成修主编《绥化县志》，黑龙江人民出版社，1986。

昌图县地方志编审委员会办公室编辑出版《昌图县志》，1988。

拜泉县志编审委员会编《拜泉县志》，黑龙江人民出版社，1988。

锦西市地方志编纂委员会办公室编辑发行《锦西市志》，1988。

沈阳铁路局志编纂委员会编《沈阳铁路局志稿·工运篇》，1989。

望奎县地方志编纂委员会编《望奎县志》，望奎县人民政府，1989。

清原县志编纂委员会办公室编《清原县志》，辽宁人民出版社，1991。

克山县志编纂委员会编《克山县志》，中国经济出版社，1991。

冯学忠主编《科尔沁右翼前旗志》，内蒙古人民出版社，1991。

吉林省地方志编纂委员会编《吉林省志》卷5《人口志》，吉林人民出版社，1992。

齐齐哈尔铁路局志编纂委员会编《齐齐哈尔铁路分局志（1896~1985）》，中国铁道出版社，1992。

黑龙江省地方志编纂委员会编《黑龙江省志》第18卷《铁路志》，黑龙江人民出版社，1992。

黑龙江省地方志编纂委员会编《黑龙江省志·农业志》，黑龙江人民出版社，1993。

辽宁省公路交通史编审委员会：《辽宁公路交通史》第1册讨论稿，1984。

辽宁省财政志编审委员会编辑《辽宁省财政志（1840~1985）》，1993。

辽宁省财政志编审委员会编《辽宁省财政志（1840~1985）》，辽宁省财政厅，1994。

吉林市地方志编纂委员会编《吉林市志·铁路运输志》，中国铁道出版社，1995。

黑龙江省地方志编纂委员会编《黑龙江省志》第57卷《人口志》，黑龙江人民出版社，1996。

哈尔滨铁路局志编审委员会编《哈尔滨铁路局志（1896~1994）》，中国铁道出版社，1996。

营口市地方志编纂委员会办公室编《营口市志》第2卷，方志出版社，1997。

丁世良、赵放主编《中国地方志民俗资料汇编·东北卷》，北京图书馆出版社，1997。

《中国煤炭志》编纂委员会编《中国煤炭志·吉林卷》，煤炭工业出版社，1997。

柳成栋等主编《黑龙江市镇总览》，黑龙江教育出版社，1998。

吉林省地方志编纂委员会编《吉林省志·农业志·农村生产关系》，吉林人民出版社，1999。

黑龙江省地方志编纂委员会编《黑龙江省志》第 19 卷《交通志》，黑龙江人民出版社，1999。

梅河口市地方志编纂委员会编《梅河口市志》，吉林人民出版社，1999。

水利部松辽水利委员会编《辽河志》第 4 卷，吉林人民出版社，2003。

吉林省地方志编纂委员会编《吉林省志·交通志》（公路·水路·民航），吉林人民出版社，2003。

凤凰出版社编选《中国地方志集成·黑龙江府县志辑 2》，凤凰出版社，2006。

通辽军分区：《通辽市军事志》，军事科学出版社，2008。

民国浙江省通志馆编、浙江省地方志编纂委员会整理《重修浙江通志稿》第 2 册，方志出版社，2010。

丁世良、赵放主编《中国地方志民俗资料汇编》，国家图书馆出版社，2014。

营口市史志办公室编《营口市志》第 1 卷，中国社会科学出版社，2004。

李兴盛等编《陈浏集》，黑龙江人民出版社，2001。

李兴盛主编《东游日记（外十六种）》，黑龙江人民出版社，2009。

报刊

1. 报纸

《盛京时报》《申报》《大公报》。

2. 期刊

《中国经济》《地质汇报》《中东经济月刊》《东三省官银号经济月刊》《东方杂志》《铁路协会月刊》《东北政务委员会周刊》《铁路公报北宁线》《东北铁路同人协进会月刊》《东北新建设》《新亚新亚》《清华周刊》《东北月刊》《中东半月刊》《北宁铁路运输公报》

《交通管理学院院刊》《黑白半月刊》《国闻周报》《国风半月刊》《铁路公报津浦线》《旅行杂志》。

著作

园田一龟『東三省ノ現勢—満州問題ノ研究』奉天遠東事情研究会、大正13年。

竹内虎治『満蒙ノ鉄道问题ニ就テ』大連商業会議所、1927。

山田武吉『満蒙政策更新論』中日文化協会、1927。

阪田隆盛『満鉄ヲ中心トスル満蒙ノ新交通政策—日支鉄道交渉ノ再会セサレントスル前ニ』、1931。

臼井勝美『満州事変：戦争と外交と』中央公論社、1974。

山本条太郎伝記編纂会『山本条太郎』原書房、1982。

汤尔和：《黑龙江》，商务印书馆，1929。

陈博文：《中俄外交史》，商务印书馆，1929。

谢彬：《中国铁道史》，中华书局，1929。

祁仍奚：《东北铁路要览》，商务印书馆，1930。

李德周、吴香椿：《东北铁路大观》，北宁铁路运输处计核课庶务股，1930。

陈觉：《日本侵略东北史》，商务印书馆，1931。

连濬：《东三省经济实况概要》，观海时事月刊社，1931。

黄文涛：《中日俄竞争下之东北铁道网》，南京书店，1931。

中华民国国民政府外交部：《中日问题之真相——参与国际调查团中国代表提出之二十九种说贴》，1932。

何西亚：《东北视察记》，现代书局，1932。

王余杞：《北宁铁路之黄金时代》，星云堂书店，1932。

王一新：《日本侵略东北之新经济政策》，中华国风社，1932。

范任宇：《二十年来列强环伺下之东北问题》，民智书局，1932。

金士宣：《中国东北铁路问题汇论》，大公报馆，1932。

蓝孕欧：《满蒙问题讲话》，南京书店，1932。

申报社：《国联调查团报告书》，上海申报社，1932。

王同文：《东北铁路问题研究》，交通大学管理学院，1933。

张宗文：《东北地理大纲》，中华人地舆图学社，1933。

郭续润：《日本侵略吉长吉敦铁路痛史》，天津精华印书局，1933。

国民政府外交部译《国际联合会调查团报告书》，世界书局，1933。

杨大金：《近代中国实业通志》，开明书店，1933。

方乐天：《东北问题》，商务印书馆，1934。

曾仲鸣：《路政论丛》，上海开明书店，1934。

金士宣：《中国铁路问题论文集》，交通杂志社，1935。

何汉文：《中俄外交史》，中华书局，1935。

陈晖：《中国铁路问题》，新知书店，1936。

杨大金：《现代中国实业志》，商务印书馆，1938。

万良炯：《中日问题》，商务印书馆，1937。

夏开儒：《实业计划铁路篇》，青年书店，1939。

中国工程师学会编辑刊行《三十年来之中国工程》，1946。

〔日〕东亚同文会编《对华回忆录》，胡锡年译，商务印书馆，1959。

〔美〕菲尔德：《美国参加银行团的经过》，吕浦译，商务印书馆，1965。

〔日〕森岛守人：《阴谋·暗杀·军刀——一个外交官的回忆》，赵连泰译，黑龙江人民出版社，1980。

〔苏〕B.阿瓦林：《帝国主义在满洲》，北京对外贸易学院俄语教研室译，商务印书馆，1980。

〔苏〕鲍里斯·罗曼诺夫：《俄国在满洲》，陶文钊等译，商务印书馆，1980。

常城主编《张作霖》，辽宁人民出版社，1980。

凌鸿勋：《中华铁路史》，台湾商务印书馆，1981。

〔美〕芮恩施:《一个美国外交官使华记》,李抱宏、盛震溯译,商务印书馆,1982。

中华民国史事纪要编写组编《中华民国史事纪要(初稿)》,中华民国史料研究中心,1982。

王奉瑞:《东北之交通》,文海出版社,1982。

张恪惟:《东北抗日的铁路政策》,文海出版社,1982。

〔日〕猪木正道:《吉田茂传》,吴杰等译,上海译文出版社,1983。

黑龙江省档案馆编《黑龙江历史大事记(1900~1911)》,黑龙江人民出版社,1984。

〔日〕河本大作等:《我杀死了张作霖》,陈鹏仁译,吉林文史出版社,1986。

中国人民政治协商会议黑龙江省委员会文史资料研究工作委员会编辑部编《中东铁路历史编年(1895~1952)》,黑龙江人民出版社,1987。

〔日〕林久治郎:《"九一八"事变——奉天总领事林久治郎遗稿》,王也平译,辽宁教育出版社,1987。

〔日〕满史会编著《满洲开发四十年史》,东北沦陷十四年史辽宁编写组译,新华出版社,1988。

〔英〕加文·麦柯马克:《张作霖在东北》,毕万闻译,吉林文史出版社,1988。

〔日〕满洲国史编纂刊行会:《满洲国史(总论)》,步平等译,黑龙江社会科学院历史研究所,1990。

章伯锋、李宗一主编《北洋军阀(1912~1928)》,武汉出版社,1990。

林军:《中苏外交关系(1917~1927)》,黑龙江人民出版社,1990。

苏崇民:《满铁史》,中华书局,1990。

王学良:《美国与中国东北》,吉林文史出版社,1991。

戴均良：《中国城市发展史》，黑龙江人民出版社，1992。

黑龙江金融历史编写组编《华俄道胜银行在华三十年》，黑龙江人民出版社，1992。

吴文衔、张秀兰：《霍尔瓦特与中东铁路》，吉林文史出版社，1993。

赵德久：《哈尔滨近代对外经贸关系史略》，华文出版社，1993。

政协大连市金州区文史资料委员会、大连市文物管理委员会编《王永江纪念文集》，大连出版社，1993。

常城、崔丕：《世界列强与东北》，中国大百科全书出版社，1995。

王贵忠：《张学良与东北铁路建设》，香港同泽出版社，1996。

权立主编《中国朝鲜族史研究》（3），延边大学出版社，1996。

〔日〕铃木隆史：《日本帝国主义对中国东北的侵略》，吉林省伪皇宫陈列馆译，吉林教育出版社，1996。

杨天石主编《中华民国史》第2编第5卷，中华书局，1996。

吴心伯：《金元外交与列强在中国（1909~1913）》，复旦大学出版社，1997。

通化市政协文史学习委员会编辑发行《东边道经济开发史略》，1998。

〔日〕铃木隆史：《日本帝国主义与满洲》，周启乾译，金禾出版社，1998。

〔日〕西村成雄：《张学良》，史桂芬译，中国社会科学出版社，1999。

董小川：《美俄关系史研究：1648~1917》，东北师范大学出版社，1999。

来新夏等：《北洋军阀史》，南开大学出版社，2000。

郑川水：《锦绣衣带缀明珠：辽河流域城镇文化》，辽海出版社，2000。

曾业英主编《五十年来的中国近代史研究》，上海书店出版社，

2000。

陈志新、邵桂花、王玉玲：《中东路风云——中东铁路护路军司令暨东省特别区行政长官》，吉林人民出版社，2000。

曲晓范：《近代东北城市的历史变迁》，东北师范大学出版社，2001。

马尚斌：《奉系经济》，辽海出版社，2001。

胡玉海主编《奉系人物》，辽海出版社，2001。

车维汉：《奉系对外关系》，辽海出版社，2001。

薛子奇、刘淑梅、李延龄：《近代日本"满蒙政策"演变史》，吉林人民出版社，2001。

谷中原：《交通社会学》，民族出版社，2002。

姚金果、苏杭、杨云若：《共产国际、联共（布）与中国大革命》，福建人民出版社，2002。

唐德刚、王书君：《张学良世纪传》，山东友谊出版社，2002。

初祥：《远东共和国史》，黑龙江教育出版社，2003。

杨钟健著，朱秀珍、甄暾点校《西北的剖面》，甘肃人民出版社，2003。

解学诗：《隔世遗思——评满铁调查部》，人民出版社，2003。

马陵合：《清末民初铁路外债观研究》，复旦大学出版社，2004。

〔美〕埃德加·斯诺：《西行漫记》，董乐山译，东方出版社，2005。

杨乃坤、曹延汹：《近代东北经济问题研究（1916~1945）》，辽宁大学出版社，2005。

汪建丰：《铁路与欧美主要国家现代化》，吉林人民出版社，2005。

沈予：《日本大陆政策史（1868~1945）》，社会科学文献出版社，2005。

刘信君、霍燎原主编《中国东北史》第6卷，吉林文史出版社，

2006。

关捷主编《日本侵华政策与机构》，社会科学文献出版社，2006。

〔德〕马克斯·韦伯：《经济通史》，姚曾廙译，三联书店，2006。

中国社会科学院近代史研究所：《沙俄侵华史》，中国社会科学出版社，2007。

宓汝成：《帝国主义与中国铁路（1847～1949）》，经济管理出版社，2007。

中国铁道学会教育委员会：《中国铁路教育史（1949～2000）》，西南交通大学出版社，2007。

程维荣：《近代东北铁路附属地》，上海社会科学院出版社，2008。

于春英、衣保中：《近代东北农业历史的变迁（1860～1945）》，吉林大学出版社，2009。

朱诚如主编《辽宁通史》第5卷，辽宁民族出版社，2009。

关贵海、栾景河主编《中俄关系的历史与现实》第2辑，社会科学文献出版社，2009。

薛衔天：《民国时期中苏关系史（1917～1949）》，中共党史出版社，2009。

唐启华：《被"废除不平等条约"遮蔽的北洋修约史》，社会科学文献出版社，2010。

高乐才：《近代中国东北移民研究》，商务印书馆，2010。

李新总编《中华民国史》，中华书局，2011。

〔俄〕维特伯爵：《维特伯爵回忆录》，肖洋、柳思思译，中国法制出版社，2011。

胡赤军：《近代中国东北经济开发的国际背景（1896～1931）》，商务印书馆，2011。

唐启华：《巴黎和会与中国外交》，社会科学文献出版社，2014。

鲍振东、李向东：《辽宁工业经济史》，社会科学文献出版社，2014。

武向平：《满铁与国联调查团研究》，社会科学文献出版社，2015。

朱从兵：《铁路与社会经济——广西铁路研究（1885~1965）》，合肥工业大学出版社，2012。

佟德元：《转型、博弈与政治空间诉求：1928~1933年奉系地方政权研究》，中国社会科学出版社，2015。

马蔚云：《从中俄密约到中苏同盟——中东铁路六十年》，社会科学文献出版社，2016。

谭桂恋：《中东铁路的修筑与经营（1896~1917）——俄国在华势力的发展》，联经出版公司，2016。

论文

尾形洋一「東北交通委員会と所謂『満鉄包囲鉄道網計画』」『史学杂志』1977年8月。

芳井研一「『満蒙』鉄道問題の展開と田中内閣」『人文科学研究』1985年7月。

李明「所謂『満蒙懸案交渉』と張学良の対応」『社会科学研究』1986年3月。

戴五三：《东北早期铁路发展对地区经济和社会的影响》，《社会科学战线》1992年第2期。

郑言：《打通铁路建设与中日交涉》，《日本研究》1992年第2期。

李淑云：《"九一八"事变前的东北铁路建设》，《辽宁大学学报》1999年第3期。

吕福元：《日奉铁路交涉与"九一八"事变》，《民国档案》1991年第4期。

习五一：《"满蒙铁路交涉"与日奉矛盾的激化》，《近代史研究》1992 年第 5 期。

张德良:《中日铁路交涉案与九一八事变》,《党史纵横》1997 年第 12 期。

李淑云:《铁路交通与东北近现代经济发展》,《辽宁师范大学学报》1999 年第 4 期。

曲晓范、周春英:《近代辽河航运业的衰落与沿岸早期城镇带的变迁》,《东北师大学报(哲学社会科学版)》1999 年第 4 期。

杨小红:《从铁路政策看东北地方政府的治边思路》,《辽宁大学学报(哲学社会科学版)》2004 年第 3 期。

王海晨:《论民国时期东北地方政府自办铁路的意义》,《辽宁大学学报》2004 年第 3 期。

王海晨:《从"满蒙交涉"看张作霖对日谋略》,《史学月刊》2004 年第 8 期。

马尚斌:《东北自建铁路网计划的演变及其特点》,《辽宁大学学报》2004 年第 5 期。

杨奎松:《蒋介石、张学良与中东路事件之交涉》,《近代史研究》2005 年第 1 期。

范丽红:《张作霖父子与"满蒙铁路悬案交涉"》,《炎黄春秋》2005 年第 5 期。

张盛发:《列强在中国东北的争夺与中东铁路所有权的历史演变》,《俄罗斯中亚东欧研究》2007 年第 5 期。

刘显忠:《中东路事件研究中的几个问题》,《历史研究》2009 年第 6 期。

武向平:《三十年来我国满铁研究现状述评》,《日本问题研究》2009 年第 2 期。

刘显忠:《中东路事件研究中的几个问题》,《历史研究》2009 年第 6 期。

于春英:《中东铁路与近代牡丹江地区城镇的兴起》,《东北亚论坛》2008 年第 1 期。

曲晓范、王凤杰：《沈（阳）吉（林）铁路的修建与1920年代奉天、吉林两省东部地区的城市化》，《史学集刊》2011年第2期。

李书源、徐婷：《铁路与近代东北交通体系的重构（1898～1931）》，《社会科学辑刊》2014年第4期。

李书源、徐婷：《铁路与近代东北区域经济差异：1898～1931年》，《江西师范大学学报》2014年第4期。

刘威：《铁路交通与近代开原城市的形成》，《关东学刊》2016年第3期。

马蔚云：《中国学者中东铁路学术研究回顾》，《中国边疆史地研究》2016年第4期。

何一民、韩英：《中东铁路与民初东北城市发展变迁》，《深圳大学学报》2016年第5期。

刘莉：《近代交通变革与城市结构变动——以东北城市为例（1860～1931）》，《浙江学刊》2016年第6期。

佟银霞：《1920年代东北地方政府的铁路政策及其成效》，《东北师大学报（哲学社会科学版）》2017年第6期。

后　记

从 1997 年上大学至今的 21 年中，我有三分之一的时间是在东北学习和工作。也恰是从上大学开始，我的长途旅程几乎全部依赖于铁路。从绿皮车到动车、高铁，我亲历了中国铁路交通的更新换代，也在铁路旅行中留下了诸多或欢乐或离愁的记忆。本书可以说是我多年来与东北以及铁路这份不解之缘的暂别。

本书是在博士论文的基础上完成的，能够在学业上取得些微进步，离不开金冲及和臧运祜两位导师的指导和帮助。我作为基础和天资都非常薄弱的学生，在就读博士研究生之前，从未料想有机会聆听金老师这样的史学大家的教诲，更不用说请金老师担任我的导师。自 2009 年求教于金老师起，我深刻感受到的是老师思想的深邃、学问的高深、治学的严谨、指导的悉心、对后辈的深切关心。老师在审阅博士论文初稿和本书初稿时，乃至标点符号和错别字都一一帮助我订正，令我既惭愧又感动。毕业后，工作和生活也时常得到老师的关心和勉励，给予我许多启迪。金老师的言传身教，是我收获的宝贵财富。

臧老师从 2003 年担任我的硕士导师起，十几年来悉心指导我完成了硕士和博士研究生的求学。我从完全不知如何研究历史的门外汉到现在能够从事中国近现代史的教学工作，与老师的严厉要求和耐心指点分不开。我时常拿不成熟的论文请老师指导，老师总是细致地提出各种建议。十多年来，老师和师母在工作和生活上也一直对我关心有加，给了我许多帮助和鼓励，铭感在心。

过去的 21 年中，我还有三分之一的时间是在北京大学度过的。我也要感谢北京大学历史系其他各位老师的教导，以及邵璐璐、李晓霞、黄硕、张海荣等诸位朋友的许多关怀和帮助。

诚挚感谢"东方历史学术文库"和社会科学文献出版社给我提供这一不太完善的作品的出版机会。评审老师和金冲及老师提出了许多深刻的意见，但由于我个人能力和学识不足，在修改时未能完全实现。由于我个人前期工作的失误，造成了编校过程中出现不少错漏，给李期耀先生增添了不少麻烦，本书能够出版，离不开李先生的帮助和指正，谨表感谢。

易丙兰
2018 年 6 月

《东方历史学术文库》 书目

1994 年度

《魏忠贤专权研究》，苗棣著

《十八世纪中国的经济发展和政府政策》，高王凌著

《二十世纪三四十年代河南冀东保甲制度研究》，朱德新著

《江户时代日本儒学研究》，王中田著

《新经济政策与苏联农业社会化道路》，沈志华著

《太平洋战争时期的中英关系》，李世安著

1995 年度

《中国古代私学发展诸问题研究》，吴霓著

《官府、幕友与书生——"绍兴师爷"研究》，郭润涛著

《1895～1936 年中国国际收支研究》，陈争平著

《1949～1952 年中国经济分析》，董志凯主编

《苏联文化体制沿革史》，马龙闪著

《利玛窦与中国》，林金水著

《英属印度与中国西南边疆（1774～1911 年）》，吕昭义著

1996 年度

《明清时期山东商品经济的发展》，许檀著

《清代地方政府的司法职能研究》，吴吉远著
《近代诸子学与文化思潮》，罗检秋著
《南通现代化：1895～1938》，常宗虎著
《张东荪文化思想研究》，左玉河著

1997 年度

《〈尚书〉周初八诰研究》，杜勇著
《五、六世纪北方民众佛教信仰——以造像记为中心的考察》，侯旭东著
《世家大族与北朝政治》，陈爽著
《西域和卓家族研究》，刘正寅、魏良弢著
《清代赋税政策研究：1644～1840 年》，何平著
《边界与民族——清代勘分中俄西北边界大臣的察哈台、满、汉五件文书研究》，何星亮著
《中东和谈史（1913～1995 年）》，徐向群、宫少朋主编

1998 年度

《古典书学浅探》，郑晓华著
《辽金农业地理》，韩茂莉著
《元代书院研究》，徐勇著
《明代高利贷资本研究》，刘秋根著
《学人游幕与清代学术》，尚小明著
《晚清保守思想原型——倭仁研究》，李细珠著

1999 年度

《唐代翰林学士》，毛雷著
《唐宋茶叶经济》，孙洪升著
《七七事变前的日本对华政策》，臧运祜著
《改良的命运——俄国地方自治改革史》，邵丽英著

2000 年度

《黄河中下游地区东周墓葬制度研究》,印群著

《中国地名学史考论》,华林甫著

《宋代海外贸易》,黄纯艳著

《元代史学思想研究》,周少川著

《清代前期海防：思想与制度》,王宏斌著

《清代私盐问题研究》,张小也著

《清代中期婚姻冲突透析》,王跃生著

《农民经济的历史变迁——中英乡村社会区域发展比较》,徐浩著

《农民、市场与社会变迁——冀中11村透视并与英国农村之比较》,侯建新著

《儒学近代之境——章太炎儒学思想研究》,张昭君著

《一个半世纪以来的上海犹太人——犹太民族史上的东方一页》,潘光、王健著

《俄国东正教会改革（1861～1917）》,戴桂菊著

《伊朗危机与冷战的起源（1941～1947年）》,李春放著

2001 年度

《〈礼仪·丧服〉考论》,丁鼎著

《南北朝时期淮汉迤北的边境豪族》,韩树峰著

《两宋货币史》,汪圣铎著

《明代充军研究》,吴艳红著

《明代史学的历程》,钱茂伟著

《清代台湾的海防》,许毓良著

《清代科举家族》,张杰著

《清末民初无政府派的文化思想》,曹世铉著

2002 年度

《唐代玄宗肃宗之际的中枢政局》,任士英著

《王学与晚明师道复兴运动》，邓志峰著
《混合与发展——江南地区传统社会经济的现代演变（1900—1950）》，马俊亚著
《敌对与危机的年代——1954~1958年的中美关系》，戴超武著

2003年度

《西周封国考疑》，任伟著
《〈四库全书总目〉研究》，司马朝军著
《部落联盟与酋邦》，易建平著
《1500~1700年英国商业与商人研究》，赵秀荣著

2004年度

《后稷传说与祭祀文化》，曹书杰著
《明代南直隶方志研究》，张英聘著
《西方历史叙述学》，陈新著

2005年度

《汉代城市社会》，张继海著
《唐代武官选任制度》，刘琴丽著
《北宋西北战区粮食补给地理》，程龙著
《明代海外贸易制度》，李庆新著
《明朝嘉靖时期国家祭礼改制》，赵克生著
《明清之际藏传佛教在蒙古地区的传播》，金成修著

2006年度

《出土文献与文子公案》，张丰乾著
《"大礼议"与明廷人事变局》，胡吉勋著
《清代的死刑监候》，孙家红著
《〈独立评论〉与20世纪30年代的政治思潮》，张太原著

《德国 1920 年〈企业代表会法〉发生史》，孟钟捷著

2007 年度
　　《中原地区文明化进程的考古学研究》，高江涛著
　　《秦代政区地理》，后晓荣著
　　《北京城图史探》，朱竞梅著
　　《中山陵：一个现代政治符号的诞生》，李恭忠著
　　《古希腊节制思想》，祝宏俊著
　　《第一次世界大战后美国对德国的政策（1918~1929）》，王宠波著

2008 年度
　　《古代城市形态研究方法新探》，成一农著
　　《政治决策与明代海运》，樊铧著
　　《〈四库全书〉与十八世纪的中国知识分子》，陈晓华著
　　《魏晋南北朝考课制度研究》，王东洋著
　　《初进大城市》，李国芳著

2009 年度
　　《知识分子的救亡努力——〈今日评论〉与抗战时期中国政策的抉择》，谢慧著

2010 年度
　　《冷战与"民族国家建构"——韩国政治经济发展中的美国因素（1945~1987）》，梁志著
　　《清末考察政治大臣出洋研究》，陈丹著

2011 年度
　　《周道：封建时代的官道》，雷晋豪著

《民族主义政治口号史研究（1921~1928）》，王建伟著

2012 年度

《现代中国的公共舆论——以〈大公报〉"星期论文"和〈申报〉"自由谈"为例》，唐小兵著

《卜子夏考论》，高培华著

2013 年度

《时间的社会文化史——近代中国时间制度与观念变迁研究》，湛晓白著

《占领时期美国对日文化改革与民主输出》，张晓莉著

《宾礼到礼宾：外使觐见与晚清涉外体制的变化》，尤淑君著

2014 年度

《清代人丁研究》，薛理禹著

《走向统一：西南与中央关系研究（1931~1936）》，罗敏著

2015 年度

《信心行传：中国内地会在华差传探析（1865~1926）》，林美玫著

2016 年度

《清代法律的常规化：族群与等级》，胡祥雨著

《历史书写与认同建构：清末民国时期中国历史教科书研究》，刘超著

《刻画战勋：清朝帝国武功的文化建构》，马雅贞著

2017 年度

《近代江南城镇化水平新探——史料、方法与视角》，江伟涛著

《乡路漫漫：20世纪之中国乡村（1901~1949）》，王先明著

2018年度
《朱家骅学术理想及其实践》，黄丽安著
《清代仓储的制度困境与救灾实践》，吴四伍著
《近代日本对华官派留学史（1871~1931）》，谭皓著
《清代卫所归并州县研究》，毛亦可著

图书在版编目(CIP)数据

奉系与东北铁路 / 易丙兰著 . --北京：社会科学文献出版社，2018.7
（东方历史学术文库）
ISBN 978 - 7 - 5201 - 2929 - 9

Ⅰ.①奉… Ⅱ.①易… Ⅲ.①奉系军阀 - 关系 - 铁路运输 - 交通运输史 - 东北地区 - 近代 Ⅳ.①K258.206 ②F532.9

中国版本图书馆 CIP 数据核字（2018）第 132299 号

·东方历史学术文库·
奉系与东北铁路

著　　者 / 易丙兰

出 版 人 / 谢寿光
项目统筹 / 宋荣欣
责任编辑 / 徐成志　李期耀

出　　版 / 社会科学文献出版社·近代史编辑室（010）59367256
　　　　　地址：北京市北三环中路甲29号院华龙大厦　邮编：100029
　　　　　网址：www.ssap.com.cn
发　　行 / 市场营销中心（010）59367081　59367018
印　　装 / 三河市龙林印务有限公司

规　　格 / 开 本：787mm×1092mm　1/16
　　　　　印 张：27.25　字 数：375千字
版　　次 / 2018年7月第1版　2018年7月第1次印刷
书　　号 / ISBN 978 - 7 - 5201 - 2929 - 9
定　　价 / 118.00元

本书如有印装质量问题，请与读者服务中心（010 - 59367028）联系

▲ 版权所有 翻印必究